U0913797

吴念鲁金融文选

（上册）

中国金融出版社

责任编辑：彭元勋
责任校对：张志文
责任印制：程　颖

图书在版编目（CIP）数据

吴念鲁金融文选（Wunianlu Jinrong Wenxuan）/吴念鲁著．—北京：中国金融出版社，2012.3
ISBN 978－7－5049－6241－6

Ⅰ.①吴…　Ⅱ.①吴…　Ⅲ.①金融—文集　Ⅳ.①F83－53

中国版本图书馆 CIP 数据核字（2012）第 000527 号

出版发行 中国金融出版社
社址　北京市丰台区益泽路 2 号
市场开发部　（010）63266347，63805472，63439533（传真）
网上书店　http://www.chinafph.com
（010）63286832，63365686（传真）
读者服务部　（010）66070833，62568380
邮编　100071
经销　新华书店
印刷　北京汇林印务有限公司
尺寸　169 毫米×239 毫米
印张　48.5
插页　6
字数　800 千
版次　2012 年 3 月第 1 版
印次　2012 年 3 月第 1 次印刷
定价　98.00 元（上下册）
ISBN 978－7－5049－6241－6/F.5801
如出现印装错误本社负责调换　联系电话（010）63263947

吴念鲁（1936—），出生上海，籍贯重庆。著名国际金融学家，享受国务院特殊津贴。曾任中国国际金融学会副会长兼秘书长、中国金融学会常务理事兼副秘书长、中国银行国际金融研究所所长、中国银行体改办主任、中国银行卢森堡分行行长、《国际金融研究》杂志主编，曾赴西德商业银行和瑞士圣加仑经济学院及瑞士银行进修。现任中国人民银行研究生部学术委员会委员、教授、博导，中央财经大学教授、博导，北京交通大学中国产业安全研究中心副主任、教授，中国人民大学、武汉大学、南开大学、对外经济贸易大学、西南财经大学、东北财经大学、上海财经大学等高等院校兼职教授。

长期从事国际经济金融研究、实务与教学工作，积极参与金融体制改革，主持多项国家级重点课题研究，取得了大量科研成果，撰写和主编二十部金融专著与教材，发表论文四百余篇。研究领域主要涉及国际国内金融的诸多方面，尤其在国际收支、外汇储备、人民币汇率、商业银行经营管理等方面有很深的造诣和实践经验。其学术观点和商业银行经营理念在国内外具有较大的影响。

左上：1987年日内瓦联合国贸发会资金委员会中国政府代表团成员合影。

右上：1992年在哥伦比亚出席第八届联合国贸发会。

右下：1994年在卢森堡主持中国银行卢森堡分行建行15周年庆典。

左中：1988年主持中国银行与瑞士银行联合召开的外债风险研讨会。

左下：1986年在香港出席中国对外贸易及投资研讨会。

1986年主持中国国际金融学会第三次代表大会，作主题发言。

1999年在台湾高雄出席亚太金融中心研讨会，作专题发言。

2011年出席中国人民银行研究生部30周年校庆。

1995年与卢森堡首相容克合影。

1992年与卢森堡首相桑特和副首相普斯合影。

1981年与西德歌德学院的同学们合影。

在中国人民银行研究生部博士研究生毕业论文答辩会上。

在中央财经大学与指导的部分博士合影。

出席西南财经大学博士学位论文答辩会。

2006年与直接指导的部分博士、硕士合影。

2006年接受专访。

2004年接受专访。

左下：《亚洲周刊》1999年9月中国50年专刊专访。

右下：《中华英才》1997年第19期专访。

在经济金融研讨会上发言。

自序

光阴似箭，日月如梭。我于1960年大学毕业后进入中国人民银行国外局（中国银行）从事国际金融调研工作。1963年，中国银行从事研究的人员都并入新成立的中国人民银行金融研究所。1967年，我下放到中国人民银行河南淮滨五七干校劳动。1972年，我又回到中国银行，仍然从事调研工作。1979年，中国银行从中国人民银行分设出来，并成立了中国银行国际金融研究所。1981年，我被评为副研究员，担任研究所西欧处副处长，并有机会去西德商业银行实习半年，这一年中国人民银行研究生部成立，我作为第一批指导教师开始招收国际金融方向的研究生。1984年，我担任中国银行国际金融研究所副所长，1986年任所长，被评为研究员，并担任中国银行体制改革办公室主任、中国国际金融学会副会长兼秘书长、《国际金融研究》主编。1989年，我又以访问学者身份到瑞士圣加仑经济学院和瑞士银行进修。1992年，我被任命为中国银行卢森堡分行总经理。1993年，国务院学位办批准我为经济学的博士生导师，同年，享受国务院特殊津贴。从1994年起，我开始在中国人民银行研究生部招收博士生。1998年，我从行政岗位退下后至今，专职在中国人民银行研究生部、中央财经大学从事学术研究、教学、指导博士研究生的工作。从1994年至今，共招收了博士生50多人，取得学位的已有30多人。

从1960年以来，我在金融领域已工作了半个世纪，主要从事研究、实务、教学三方面工作。记得刚进入这个领域时，我感到很陌生，因为我在大学学的是外国语言文学，没有系统学习过经济金融学知识和理论，专业基础很差。这就迫使自己在工作中边干边学，从资料工作做起，向书本学习，向老同志学习，向实际学习。在实干中，我对国际金融研究工作越来越有兴趣，越来越喜爱这项工作和这个行业。在组织培养帮助和自己的努力下，虽然在工作中取得了一些成绩，但是如何探索和揭示金融的奥秘，如何认清和把握金融发展运行的规律，我感到仍有差距。五十年来，我的工作范围和从事的重要工作大致如下：

上世纪60、70年代，工作重点是跟踪西德经济金融情况，分析、预测西方外汇市场汇率变化趋势，研究通货膨胀及人民币汇率问题；西方跨国银行发展动向、欧洲美元与欧洲货币市场动向，参与人民币实行贸易内部结算价可行性研究和准备工作以及实施后的利弊调查。这就为日后我撰写专著《西德的货币与银行》《国际支付中的货币与汇价》《欧洲美元与欧洲货币市场》《人民币汇率研究》打下了基础。

80年代，1985年我开始主持中国银行国际金融研究所、中国国际金融学会、《国际金融研究》杂志工作。随着我国对外开放的实施，我的业务活动范围和视野也逐渐扩大，加之有机会参与党中央、国务院及有关部委关于经济金融体制改革的相关会议；经常有机会与国外金融机构研究人员，就国际金融领域有关问题进行探讨和交流；代表中国银行参加国际货币基金组织代表团的年度磋商；作为政府代表团成员多次出席联合国贸发大会及属下的资金委员会等活动；并任全国哲学社会科学国际问题研究规划小组组员以及其他社会团体的理事、常务理事，参加他们组织的一些活动。通过对中国银行总行以及全辖研究工作的组织和推动，有助于中国银行提升金融研究水平，促进中国银行业务特别是国际业务的开拓与发展；通过对中国国际金融学会工作的组织和活动开展，以及编辑出版《国际金融研究》杂志，有助于我国国际金融领域的学科建设、学术研究及人才的培养，一定程度上全面提升了我国国际金融领域的学术研究水平。

1981年1月，在利用外资座谈会上，我提交了《利用外资与国际收支平衡》的论文。当时，我意识到为了更好地利用外资，有必要改革和从新编制我国新的外汇收支平衡表，于是我把意见呈送给国家计委，计委领导作了批示，国家统计局约我就改编工作进行了多次讨论。后来为这建议，国家统计局与外汇管理局共同召开会议，从此编制了我国第一张国际收支平衡表。1984年6月4日，我在《经济日报》头版周末论坛上，发表《从西方黄金用途谈我国黄金销售》，此文首次公开提出扩大黄金首饰、工艺品、金币销售的主张。当时反响很大，后来商业部正式作出国内扩大金制品销售的决定。1985年第19期《红旗》约我撰写了《汇率变动对经济的影响》以及1989年第22期撰写了《谈西方股市风暴》，文章指出：必须密切关注和深入研究汇率、股市、利率波动对我国经济的影响，为了适应和促进改革开放和外贸体制改革以及对外贸易的发展，必将涉及人民币汇率机制的改革。该文的分析和观点受到有关部门的重视。1987年第1期《国际金融研究》首次全文发表了陈云同志在 1973 年 6 月 7 日听取银行工作汇报时的讲话。这是反映陈云同志经济思想的重要文献。我与另一位同志以特约评论员名义撰写了《要很好地研究资本主义》的评论，指出陈云同志早在 1973 年就明确告诫我们，“不研究资本主义，我们就要吃亏。不研究资本主义，就不要想在世界市场中占领我们应占的地位。”该文献和我们的评论次日就被《人民日报》《经济日报》等报刊转载。这在当时反响很大，《国际金融研究》的影响力也大大提升。

90 年代，1991 年夏，我参加了中央政策室在中南海召开的会议，江泽民总书记和宋平同志就世界经济形势以及对我国经济金融发展的影响，听取意见，当时参会者共七人，金融界的代表就我一人，我详细地汇报了国际金融形势并提出针对性的对策建议，受到了领导们的首肯。江总书记说，中国银行利用外资的工作是有成绩的。会后，宋平同志把我留下，专门询问了我国外汇储备中国家外汇库存与中国银行外汇结存的关系，我一一作了回答，他很满意。同年秋，联合国贸发会秘书长邀请了全球十位专家，就 90 年代世界经济发展趋势，在日内瓦贸发会资金委员会上作主旨发言，我作为中国唯一的专家邀请与会，我把 90 年代全球经济发展态势归纳为“依存、合作、竞争、发展”。也就是说，无论是发达国家或发展中国家，它们之间的经济发展关系都离不开这八个字，这一观点受到与会代表的认同。

1990 年秋，按照国务院和国家教委的要求，中国人民银行教育司在上海召开全国高校国际金融课程教学大纲审定会，会议确定由我担任全国普通高等学校金融类专业“八五”期间统编教材《国际金融学概论》的主编，负责组织该书的编写工作。该书共 11 章，我撰写了 5 章，并审定了全稿。该书于 1993 年出版，1995 年加印，共印 12000 册。该书是当时第一本全国高校金融专业国际金融的统编教材，一定程度上起到了开创性的作用。

1992—1997 年，我主持了中国银行卢森堡分行业务运营，使自己进一步加深了对西方商业银行经营管理的了解，积累了这方面的经验，树立了自己经营管理商业银行的全新理念。该行取得了年人均利润 50 万美元、资本和资产回报率分别高达 130% 和 1.3%、综合效益在卢森堡国际中心 220 家银行中名列前 10 名的好业绩，在中国银行海外行中也名列前茅。我把积累的经营理念和经验编著了《商业银行经营管理》教材，于 2004 年出版，该教材被评为普通高等教育“十一五”国家级规划教材。

新世纪以来，我把主要精力放在学术研究、教学和指导博士生工作上。

在此期间，我加深了对人民币汇率改革的研究，提出了实现人民币资本项目可兑换的时间最好不迟于2016年，并对人民币国际化利弊、路径作出了具体的可行性建议。在对我国外汇储备不断增长的原因进行了深入透彻的分析研究后，提出加强管理经营以及规避风险的对策主张。针对我国资本市场出现的种种问题，提出了加强和完善资本市场的建议，指出我国股票市场的发展有助于资产价格的重估，有助于资产价格的发现，必须把资产的定价权和溢价权牢牢掌握在自己手中。在对我国商业银行股份制改造研究中，针对大型商业银行上市前，必须把引进海外战略投资者作为必要条件和只按净资产作为入股定价的依据提出了质疑。此外，对中国银行业海外发展战略、对如何应对世界经济金融挑战和金融安全问题的研究，以及有关国际金融中心的研究，都提出了具体的政策措施和政策主张。上述研究和主张受到有关部门的重视，在国内外也有一定的影响。

当今，在经济金融全球化不断深化的背景下，全球金融领域出现了许多新动向、新事物、新问题，都需要人们去探索、去研究。但是要进行深入透彻的分析，并上升到一定理论高度，得出符合实际的结论和看法，是有相当难度的。这就需要不断提高分析能力和专业水平。对此，我的体会是：首先要掌握扎实的学科基础理论和知识；第二要善于借鉴本学科和其他学科的研究成果；第三头脑中要经常有问号，要学会独立思考；第四要善于找到一个解决问题的思路；第五，理论与实际必须紧密结合。也就是说，有了扎实的金融学理论基础，必须不断观察思考，强调理论要为现实服务，应以各个时期国家经济建设中心为研究重点，不能闭门造车。我始终认为，“金融研究必须关注现实问题，要对社会经济变化作超前研究，不仅要研究热点，而且要研究潜在的热点和问题，对具体问题提出针对性建议并作可行性研究，对政治、经济、金融领域的变化和已执行的政策措施作比较性、规律性和总结性研究。”这也是我本人长期从事金融研究工作遵循的原则。

五十年来，我撰写、主编的专著、教材、书籍有20部，在报刊上发表的文章约有450多篇。近年来，我的学生、亲友都建议我出一套文集，对研究和教学工作做一个全面总结。但仔细考虑后，觉得专著、教材、书籍大都有了单行本，而文章则散见在诸多报刊中，我决定从发表在报刊中的文章里，选出101篇结集文选，分为上下册出版。文选的主要内容是：对世界经济金融形势与国际货币关系的研究；对人民币汇率改革与防范汇率风险的研究；利用外资与国际收支平衡的研究；对我国外汇储备问题的研究；

对金融危机的研究；我国如何应对世界经济金融挑战对策的研究；对我国金融体制改革的研究；对我国商业银行经营管理和股改上市的研究；以及做学问、做人、教学工作中的心得体会。这些文章基本上代表和反映了我在不同时期，主要是改革开放以来，对所涉及金融现实问题的观点和看法，凝聚了自己几十年来研究工作的心血和汗水，以及做人、做学问的原则。需要指出的是，文选收集了曾康霖教授、刘锡良教授、缪明杨教授主编的《百年中国金融思想学说史》第一卷第四十五章“吴念鲁金融思想学说概要”一文，此文集中突出阐述了我所研究的金融问题的基本观点和政策主张。我把此文放在文选的前面。我期望此文和文选所收集的这些文章可能会对读者有所启迪和帮助，也可能有的值得进一步商榷和探讨。我将以“求真务实、开拓创新”的精神，把“学习、学习、再学习，研究、探索、再研究”作为座右铭，愿与读者们、朋友们、教师们、同学们一起，共同去探索和揭示金融的奥秘，在学习和研究中得到愉悦和收获。

吴念鲁

2011 年 8 月于北京

目录

下 册

吴念鲁金融思想学说概要*

一、作出了世界经济发展态势与国际货币关系演进的基本判断

（一）世界经济发展态势："依存、合作、竞争、发展"①

1991年，吴念鲁在联合国贸易发展委员会资金委员会专家会议上提出："进入90年代以来，世界经济、金融的格局基本上仍在80年代多极化、区域化、集团化的基础上进一步发展和完善。支配这种格局的形成和发展是从当今世界发展的一种不可逆转的态势出发的。对此，可以归纳为八个字：依存、合作、竞争、发展。"他认为，世界经济态势可以概括为四个特点，一是"世界经济发展已经进入各国经济活动越来越紧密融为一体的阶段，国际分工构成了各国经济相互依存的基本格局。在当今世界经济这个整体中，任何国家都不可能脱离国际分工和依存关系而保持封闭式的、自给自足的经济"，即"依存"。二是"超越国界，并且是不同社会制度之间的经济合作，包括资金、技术、人才等方面的合作与交流，将进一步促进国际经济贸易的增长，推动科学技术的进步。同时，合作也成为消除国际经济摩擦的润滑剂，并且越来越成为创造良好国际秩序的重要基础"，即"合作"。三是"竞争是现代市场经济发展的基本规律，任何社会制度的国家、企业和个人非但无法避开这个规律，而且还必须充分利用这个规律，竞争推动着社会生产力的进步和发展"，即"竞争"。四是"作为人类获得社会稳定、经济繁荣、维护和平的共同愿望，世界经济将在依存、竞争、合作之中，为实现这个愿望不断发展"，即"发展"。

---

* 本文选自曾康霖等主编的《百年中国金融思想学说史》（中国金融出版社，2011）第四十五章。

① 吴念鲁：《国际金融纵横谈——对策研究》，23～24页，北京，中国金融出版社，1998；吴念鲁：《金融热点探析》，24～27页，北京，中国金融出版社，2005。

(二)“依存、合作、竞争、发展”观点提出的历史背景和影响

吴念鲁的这八字主张是在1990—1991年提出的，当时世界上处于美苏冷战后期，东欧社会主义阵营已经解体，苏联国内局势混乱，前景飘摇不定。当时对国际经济形势的判断多为对两极格局不合理性的批判和对其所造成的“国际社会两极分化严重，富国越富，穷国越穷，二者矛盾与冲突不断”的担忧。尤其是1990年以来，美国、英国、加拿大等出现衰退迹象，美国银行业陷入困境，进入最艰辛的年代，而日本和德国则内需旺盛，世界经济出现了差异和不同步性。而中国则在十一届三中全会确立改革开放政策以后，结束了长期对外封闭的经济模式，国内经济运行与世界经济运行融合得越来越紧密起来。吴念鲁当时敏锐地看到，“正是由于世界经济一体化的发展，各国之间既相互依存合作，同时又展开激烈的竞争，从而使得世界经济这个庞大系统更为复杂”，他建议“我国应更积极地、坚定不移地执行改革开放政策，参与国际经济、金融往来”。尽管世界经济贸易发展仍然很不平衡，但世界经济会向着多极化、地区化和集团化方向发展，国际经济关系的主题不是斗争与革命，而是相互依存基础上的合作与竞争，并在此过程中获得发展。

进入21世纪以来，经济全球化浪潮席卷世界各国，经济周期和经济增长出现了一些新规律，国际货币体系的格局和汇率制度也出现了一些新的趋势。由美国次贷危机引发的国际金融危机波及全球，很多国家都陷入了严重的危机，国际经济格局再次出现动荡。在这种背景下，吴念鲁提出的“依存、合作、竞争、发展”观点仍然适用于当前的世界经济形势，区域经济贸易集团的形成、治理金融危机的联合行动、国际贸易摩擦不断等都明确地印证了这八个字。根据这一判断，他于2001年以来，先后在《中国金融》、《经济学动态》、《世纪大讲堂》深入阐述了上述观点，并进一步提出了应对当前国际经济关系的四项原则，即“（1）对发达国家的依存开放有个适度的问题，依存是相互的；（2）如何进行合作，如何处理好合作与独立自主、自力更生的关系，如何体现公平、互利、无歧视，这都需要从斗争中实现；（3）要学会掌握运用好国际游戏规则，要健全自身的法律、法规，保持应有的独立性，增强品牌意识，树立竞争意识；（4）发展是硬道理，要充分认识到当前所有的竞争归根到底还是人才的竞争，只有加快培

养、造就和留住大批优秀人才，增强我国自身的综合实力，才能立于不败之地。”①

（三）国际货币关系演进的基本判断：布雷顿森林体系的影响并未消失

吴念鲁从20世纪80年代开始陆续发表了多篇学术文章，专门对国际货币关系进行了讨论和分析。吴念鲁认为，“布雷顿森林体系崩溃并不意味着国际货币关系又要重新回到以前的无序状态中去。（1）就汇率制度而言，1973年以后，各国货币逐渐脱离与美元或与黄金的法定关系，转而依靠市场供求决定汇率水平，但各国政府并不是对汇率波动放任不管，而是在必要的时候进行干预（一国干预或几国联合干预），从而避免一国货币长期过分高估或过分低估。所以，目前的汇率制度是有管理的浮动汇率制。（2）就货币兑换性而言，1973年以后，原来布雷顿森林体系下可自由兑换的货币仍然照旧，而原来不可自由兑换的货币也越来越多地可以自由兑换，许多国家相继放松或完全解除外汇管制。（3）就国际储备资产而言，1973年后，美元在国际储备资产中的比重相对下降，而日元、德国马克的比重相对上升，国际储备资产出现多元化的趋势，国际储备资产多元化有其合理的一面，但却增加了对其进行管理的难度，从而滋生了全球货币发行量过度膨胀而引发全球性通货膨胀的危险。（4）就国际资本流动而言，1973年以后，各国对资本跨国界流动的行政性限制逐渐取消，国际资本从资金盈余国家流向资金短缺国家的渠道进一步通畅，从而对有关国家改善国际收支状况和经济发展起到了较好的作用。但是，国际资本流动仍有不少问题，比如大量资金有明显的投机性，流动频繁，这在一定程度上助长了金融市场动荡。另外一个比较重要的问题是发展中国家爆发债务危机后，出现了资金倒流的反常现象。（5）就国际货币基金组织在国际货币合作领域所起的作用而言，国际货币基金组织是和布雷顿森林体系一起产生的，在布雷顿森林体系于1973年崩溃之后，它非但没有随之消失，相反，它在协调国际货币合作等方面所起的作用得到进一步加强。”②

---

① 吴念鲁：《金融热点探析》，25页，北京，中国金融出版社，2005。

② 吴念鲁：《国际金融纵横谈——对策研究》，5~6页，北京，中国金融出版社，1998。

（四）国际货币体制格局的演进和改革①

由于“美国国际收支不断逆差，黄金储备大量流失；美国长期执行通货膨胀政策，物价上涨，出口竞争力减弱，美元购买力下降；发展中国家联合反对美国霸权斗争不断加强；美国经济实力相对下降，西欧、日本的经济实力相对增强；汇率制度成为世界各国矛盾焦点”等，吴念鲁认为，自1960年开始，美元危机爆发，直至1973年，以美元为中心的固定汇率彻底瓦解，“二战”后形成的布雷顿森林体系解体。1976年1月，国际货币基金组织临时委员会在牙买加召开会议，正式肯定浮动汇率合法化，切断了黄金和货币的法定联系，当前的国际货币体制已经进入“美元信用本位制”时代。

20世纪八九十年代到21世纪以来，随着中国经济改革的不断深化和对外开放程度的逐渐加深，吴念鲁认为，美元信用本位主导的国际货币体制是当今流动性过剩、通货膨胀，经济危机的主要根源，必须从根本上改革不合理的国际货币体系和建立国际经济新秩序。以超主权货币取代美元，如特别提款权。随着中国经济的崛起，货币地位的提高，人民币自由兑换的问题已经提到议事日程上来，人民币汇率的改革离不开国际经济的大环境，尤其是与国际货币制度的改革有着密切的关系，对国际货币制度的改革动向和发展趋势给予关注是极其必要的，对于国际货币关系的基本判断是决定人民币汇率制度改革和中国参与国际贸易、金融市场的基本参考依据。吴念鲁对国际货币关系的基本判断对人民币汇率制度改革有积极参考价值。

二、确立了人民币汇率改革的理论框架与实践过程

（一）人民币汇率和人民币国际化相关问题的基本观点

20世纪80年代，吴念鲁在《红旗》等多本刊物以及内部刊物发表了数十篇文章，系统阐述了他关于人民币汇率相关问题的基本观点。

1. 关于人民币汇率的决定。他认为：“从理论上讲，人民币与外币的汇率应该是国际价值量之比，即它们的商品和劳务在国际市场上所反映的社

① 吴念鲁：《中国应对世界经济挑战的思考——金融热点再探析》，191页，北京，中国金融出版社，2009。

会必要劳动量之比。”① “在实际操作中，由于进出口贸易的重要性，人民币汇率的确定往往是按照出口换汇成本作为制定和调整的唯一参照物和理论基础，有一定的局限性、片面性，因为它仅仅考虑出口这一单一因素，而未考虑到进口、非贸易收支、国内外价格体制差异等综合因素的交叉作用。据此，应把各类外汇收支及其有关商品和劳务的国内外比价，以不同的加权进行测算，尽可能求出一个比较符合实际的综合比价。因此，制定和调整人民币汇率，应从我国经济发展程度较低、需要尽可能多地利用国外资源这个前提出发，要有利于出口、非贸易收入和利用外资，同时兼顾进口。对此，人民币汇率处于略有高估的状态是可以接受的。”② “另外，对人民币汇率水平的调整在外贸实行自负盈亏、取消补贴、物价基本理顺的情况下，要尽可能做到一步到位，这样才能真正发挥汇率在对外经济贸易中的杠杆作用。”③

2. 关于汇率制度选择。他认为：“尽管我们现行的汇率制度有许多优点，但它的缺陷却是无法弥补的，集中反映在缺乏弹性、对市场供求反应不灵敏等方面。随着我国经济体制改革和对外开放的逐步深入，迫切需要建立一个有弹性的汇率制度，即有管理的浮动汇率制度，这是大势所趋。当然，建立有弹性的汇率制度需要有一些先决条件，比如外汇市场的完全放开，财政补贴的完全取消，国际市场与国内市场价格差距的缩小，外汇管制的放松等。”④ 基于对人民币汇率问题的深刻认识，吴念鲁提出了我国汇率改革的目标和基本方针，即“人民币汇率改革的目标是汇率合理化，发挥其经济杠杆的作用。人民币汇率改革的基本方针是：配合经济体制的整体改革，鼓励出口，适当兼顾进口，逐步扩大汇率经济杠杆的作用”。⑤

3. 关于人民币的资本项目可兑换和国际化。吴念鲁与陈全庚较早地在2000年进行了研究，他们认为，实现人民币资本项目的可兑换需要具备“良好的宏观经济环境和稳健的宏观经济政策、健全的金融体系和有效的金融监管、良好的国际收支平衡状况和适度的外汇储备、具备自主竞争能力的现代企业、合乎实际的汇率水平”等五个方面的条件。实现资本项目可兑

---

① 吴念鲁、陈全庚：《人民币汇率研究（修订本）》，195页，北京，中国金融出版社，2002。

② 吴念鲁：《国际金融纵横谈——对策研究》，15～16页，北京，中国金融出版社，1998。

③ 吴念鲁：《国际金融纵横谈——对策研究》，15～16页，北京，中国金融出版社，1998。

④ 吴念鲁、陈全庚：《人民币汇率研究（修订本）》，213～215页，北京，中国金融出版社，2002。

⑤ 吴念鲁、陈全庚：《人民币汇率研究（修订本）》，213～215页，北京，中国金融出版社，2002。

换的步骤为："（1）放开贸易融资；（2）进一步放宽外国直接投资的外汇管理，逐步实行国民待遇；（3）对外债继续实行规模和结构控制；（4）放宽资本项目下外汇结汇的限制；（5）稳步推进在国际证券市场的融资；（6）有区别地放宽资本的输出；（7）逐步开放资本市场；（8）严格控制短期无实际交易背景的资金流出和流入；（9）采取审慎的步伐和战略开放金融市场。"①

4. 人民币国际化的利弊。吴念鲁在2009年第11期《国际金融研究》上发表了《论人民币可兑换与国际化》，深入分析了国际化的利弊。"这里所说的人民币国际化是指人民币在资本项目放开实现了人民币可兑换后，人民币已成为国际货币。人民币国际化的主要收益：一是使中国的货币政策与调控行为具有溢出效应，具有影响其他经济体的能力，可以提高人民币在国际金融市场上的作用，进而能够在一定程度上推动国际货币体系的改革，增强我国在世界经济、政治上的地位和在国际事务中的影响力与话语权。二是中国企业可以在世界范围内用本币通过发行各种债券、股票等开展融资活动，也可以在世界各国进行直接投资或证券投资，增强我国企业的竞争力。三是人民币国际化可以使中国获取铸币税收益。四是有利于中国打造国际金融中心，争取金融资源与大宗商品的定价权。五是有利于金融机构、企业乃至整个经济体规避汇率风险，解决债务与收益货币不匹配的问题。六是有利于减少美元汇率波动对我国和周边地区贸易的干扰。七是有利于我国适度降低外汇储备规模，减少巨额外汇储备对货币政策的制约，并降低储备自身的风险。人民币国际化的负面影响：一是陷入'特里芬两难'。货币受到世界信任，在国际计价、交易和价值储藏中广为运用，世界对该国货币的相对需求大幅增加，表现为该国货币升值，产生贸易逆差。在逆差积累到一定程度后，可能引起其他国家对该国货币的信任危机，进而削弱了其作为国际货币的基础。二是人民币国际化将明显增加宏观调控难度，削弱国家调控物价和GDP增速等经济目标能力。三是人民币国际化将不利和干扰我国经济的稳定性，使金融市场和宏观经济变得容易波动甚至动荡。四是中国在本币国际化之后理应承担起平抑世界经济波动的责任，对外供应人民币的责任最终将使中国贸易收支状况趋于恶化，国际收支失衡。五是如果人民币币值不稳定，可能遭受国际化逆转风险，即人民币国际化程度出现反复甚至出现被其他国际货币替代的风险。""从

① 吴念鲁、陈全庚：《人民币汇率研究（修订本）》，250~255页，北京，中国金融出版社，2002。

国际上货币可兑换进程来看，在经常项目实现可兑换后，逐步推进资本项目可兑换大体要15～20年时间。日、英、德从经常项目开放到资本项目开放分别为16、18、20年，鉴于人民币经常项目可兑换比预定计划提前完成，因此按此时间推算，人民币资本项目可兑换将在2015年左右完成。”

吴念鲁还同时提出了货币国际化的基本条件，即币值稳定、发行国在国际贸易和投资中占比较高、可兑换货币、具备一个发达且和世界密切联系的金融市场。“可以把人民币国际化放在国际货币体制改革这一大环境中研究。在保证我国经济和金融稳定的前提下，逐步实行资本自由化，为人民币国际化创造一些条件，如对外经济贸易往来中推行人民币计价结算，允许非居民开立可兑换的人民币账户，有限度地允许人民币在香港、澳门流通，发展离岸金融市场和国际金融中心，扩大外资金融机构进入，促进我国金融机构走向世界，建立全球性的业务和机构网络，在金融机构、业务和市场方面先一步实现国际化。”①

（二）提出人民币汇率改革的制度背景、理论价值和实践意义②

1981年以来，为了适应我国经济体制改革和对内搞活、对外开放的需要，人民币汇率实行了一系列的改革，1981年初至1984年底的双重汇率制，1985年的单一汇率制和两次汇率下调后，吴念鲁对这一轮汇率改革的措施进行了评价，指出了人民币汇率下调作用的局限性，并提出了人民币汇率水平确定的基本原则、汇率的调整以及人民币汇率应略有高估等观点；1990年11月17日，人民币再次对外币贬值，这一次贬值是配合1991年外贸体制改革的进一步深化而采取的重要行动，针对这一轮改革，吴念鲁提出了人民币汇率政策的新目标和方针，并就汇率改革应该走什么样的道路、调剂价在一定程度上反映了汇率的合理水平、人民币汇率应向弹性汇率制过渡等问题进行了分析和建议。1994年，人民币实现汇率并轨，取消官方汇率，实行以市场供求为基础的、单一的、有管理的浮动汇率。在这一标志性的改革实行后，吴念鲁、陈全庚提出了较为完整的人民币资本项目可兑换以及人民币国际化的条件和步骤设想。

汇率改革是建立和完善社会主义市场经济体制的重要内容，同时也是极

① 吴念鲁、陈全庚：《人民币汇率研究（修订本）》，258～259页，北京，中国金融出版社，2002。

② 吴念鲁、陈全庚：《人民币汇率研究（修订本）》，258～259页，北京，中国金融出版社，2002。

为复杂的系统工程。吴念鲁与陈全庚利用多年的时间，把新中国成立以来，人民币对西方国家和社会主义国家货币汇率的演进历史、汇率政策制定的依据以及不同角度的争议做了比较系统的整理，对各个时期、各个阶段进行了科学的划分，对汇率政策的制定做了较深入的理论阐述和分析，填补了该领域资料的空白。通过关于这一领域的一系列文章，他们不但提供了许多宝贵的和有价值的第一手资料和数据，更重要的是形成了一个全面系统、科学的研究人民币汇率问题的理论分析框架，他们对人民币汇率改革及人民币国际化的相关问题提出的分析和政策建议都具有较强的理论基础和实践价值，为政府管理部门改革和完善人民币汇率机制提供了重要的决策参考。

三、设计了外汇储备管理与经营的模式

（一）我国外汇储备管理与经营的主要观点

1. 我国外汇储备管理的基本原则。在 20 世纪 80 年代，我国的外汇储备包括国家外汇库存和中国银行外汇结存两部分。80 年代以来，吴念鲁在其多篇文献中发表了其对我国外汇储备管理的主要观点，提出了我国外汇储备管理的基本原则，即“对国家外汇库存的管理原则是：（1）以保持储备货币的多元化，以分散汇率变动的风险；（2）根据支付进口所需货币的币种和数量，确定该货币在储备中的比例；（3）选择储备货币形式时，既要考虑其收益率，也要考虑它的流动性和安全性；（4）密切关注汇率变化的趋势，随时调整各种储备货币的比重。因为国家外汇结存管理的中心是保值而不是牟利。对中国银行的外汇结存管理原则是：借什么货币存什么货币，用什么货币还什么货币，即借、存、用、还一致，以减少汇率风险。这样做的原因是：中国银行不仅是我国的外汇指定银行，同时还是一家国际商业银行，它的外汇结存是它的对外负债，只有中国银行的盈利足以负担起其负债成本时才能维护其信誉。因此，中国银行外汇结存管理的中心是盈利”。[①] 随后，吴念鲁又提出了在进一步完善国家“集中管理、统一经营”的外汇管理方针的同时，建立外汇储备基金制度的主张。

2. 辩证看待外汇储备的多与少。进入 21 世纪以来，针对我国外汇储备快速增长的现状，吴念鲁指出，应科学辩证地看待我国外汇储备的多与少。外汇储备保持在适度较高水平是符合改革开放需要的，但是外汇储备必须

---

① 吴念鲁：《国际金融纵横谈——对策研究》，13～14 页，北京，中国金融出版社，1998。

为我国经济发展服务，并不是越多越好。对此，他认为："外汇储备是一国拥有的特殊债权，是国家用人民币置换来的特殊外汇债权。"① "外汇储备的增减变化受国内外政治经济形势的影响和制约，应密切关注外商投资企业所实现的贸易顺差和利润的使用和投向，关注和分析资本与金融项目中外资流出和流入的规律，加强监管证券投资和国际借贷等资金的流入动向。"②"外贸顺差是外汇储备持续增长的最主要原因，应积极引导外资投向，调整外商投资企业的结构，改善对外资的过度优惠政策，辩证地看待汇率因素对外汇储备过快增长的影响，从战略上改变外贸依存度偏高、储蓄率偏高、内需不足的状态。"③ 关于外汇储备的使用方向，吴念鲁认为："外汇储备最主要的需求是满足进口支付，同时也要做好为企业'走出去'的服务。"④

3. 外汇储备的机会成本和风险。截至2009年上半年末，我国外汇储备已占全球外汇储备的30%以上。如此大规模的外汇储备，不仅造成了国内外汇占款的大量投放和人民币升值的压力，也给外汇管理部门的经营管理带来了较大的压力，并包含着巨大的金融风险。

吴念鲁指出："（1）持有大量外汇储备意味着较高的机会成本。（2）储备货币可能贬值产生的汇率风险。（3）金融资产变动和金融机构倒闭产生的风险。（4）增大境内流动性压力，影响金融调控能力并增加贸易摩擦频率。"⑤

4. 实现外汇储备收益与风险的最佳组合。吴念鲁提出加强我国外汇储备管理的对策思考："（1）深入贯彻落实科学发展观，采取综合措施，转变经济增长方式，提高综合实力，改善国际收支失衡。（2）提高外汇储备的经营效益，拓宽外汇储备的投资范围，实现收益和风险的最佳组合。（3）积极稳妥地加快人民币国际化进程。（4）重视外汇储备的安全存放保管，提高企业尤其是涉外企业及全民外汇风险意识和风险防范的能力。"⑥

---

① 吴念鲁：《中国应对世界经济挑战的思考——金融热点再探析》，216～224页，北京，中国金融出版社，2009。

② 吴念鲁：《中国应对世界经济挑战的思考——金融热点再探析》，216～224页，北京，中国金融出版社，2009。

③ 吴念鲁：《中国应对世界经济挑战的思考——金融热点再探析》，216～224页，北京，中国金融出版社，2009。

④ 吴念鲁：《中国应对世界经济挑战的思考——金融热点再探析》，216～224页，北京，中国金融出版社，2009。

⑤ 吴念鲁、贾彦龙：《以新思维审视我国外汇储备风险》，载《广东金融学院学报》，2010（1）。

⑥ 吴念鲁、贾彦龙：《以新思维审视我国外汇储备风险》，载《广东金融学院学报》，2010（1）。

（二）外汇储备管理与经营观点的政策意义和影响

改革开放初期的一段时间，我国外汇储备的规模较小，在形式上也分成国家外汇库存和中国银行外汇结存两种不同性质的资金，根据当时的经济体制和外贸体制，吴念鲁对外汇储备管理提出了较为清晰的管理原则，且政策主张具有很强的实践性，并且不断进行跟踪研究。

1991 年 1 月 14 日的《金融时报》以访谈录的形式发表了吴念鲁的《我国外汇储备管理改革设想》一文，当时影响较大，受到了国际社会的关注，并被日本《国际贸易》杂志转载。

1996 年 12 月，我国外汇储备余额突破 1 000 亿美元大关，吴念鲁针对外汇储备应保持在什么水平、人民币汇率应该升还是贬、对外资流入要不要进行管理、人民币自由兑换应具备什么条件、中央银行应如何加强外汇管理等问题进行了思考，并提出了较为详细的政策主张。

2006 年，我国外汇储备余额突破 10 000 亿美元大关，雄踞世界第一位，外汇储备增长过快、积累过多造成了国内通胀压力增大、国际收支失衡、投资的安全性和盈利性受到严重考验等问题。对此，2007 年吴念鲁在《金融研究》（第 10 期）等文献中发表《重新认识我国外汇储备的经营与管理》一文，提出应科学辩证地看待外汇储备的规模，全面分析了外汇储备增长过快的原因，并对重新构建我国外汇储备管理新架构体系和加强经营管理，提出了新的观点和主张，受到国内外学者的广泛关注。

此外，吴念鲁曾于 1985 年 6 月 4 日在经济日报上发表《从西方黄金用途谈我国的黄金销售》一文，提出了在国内市场扩大黄金首饰、工艺品、金币销售等政策主张，成为我国第一个公开提出扩大黄金在国内市场销售主张的学者。

四、提出了利用外资策略与对外金融发展战略，实现国际收支动态平衡

（一）关于利用外资的策略①

利用外资是我国对外经济开放的一项主要工作，20 世纪 80 年代，吴念鲁关于利用外资的主要看法是：（1）利用外资的长期性。我国是一个发展

① 吴念鲁：《国际金融纵横谈——对策研究》，8 ~ 9 页、134 ~ 140 页，北京，中国金融出版社，1998。

中国家，经济技术落后，资金短缺，因而在一个较长的经济建设时期必然会出现资金缺口，这个缺口只得通过国外资金来弥补。另外，即便将来我国达到中等发达国家收入水平，鉴于其他国家的经验，仍需要利用外资，其中一个重要原因是利用外资往往与引进国外先进技术和管理经验连在一起。因此，在一个很长时期内，我国将保持一定数额的外债余额，那种认为在某一规定时期内把外债全部还清的观点是不正确的。（2）利用外资的适度量。一个国家能利用多少外资，原则上应控制在为保持国民经济增长速度所需要的、但国内尚不足的那个范围内，同时还要受外资利用的经济效益和外汇偿还能力所制约。看一个国家的外债规模是否适度，不能只看其绝对规模，而要看外债余额占国民生产总值的比例、外债余额占出口额的比例、债务还本付息额占出口额的比例等，以及这个国家的整体经济状况、出口创汇能力等。（3）利用外资的重点。利用外资的形式是多样的，但无论是哪种形式，都有利弊，都要付出一定代价。但是，我们付出了代价，却赢得了时间，取得了先进的技术和急需的设备，有助于加速改变我国目前的生产力状况。因此，我们利用外资的核心问题是保证外资能有效地发挥作用，利用外资的重点应放在能迅速提高我国生产力的基础产业和技术改造上。为保证外资能有效地发挥作用，国内还要提供一些必要的条件，包括国内配套资金、原材料、基础设施、人力资源等，其中最重要的是消化能力和管理水平。（4）利用外资与计划的关系。有计划的商品经济、国民经济综合平衡是保证我国经济长期稳定发展的前提。因此，外资也应纳入国家计划，处理好不同时期外资与财政的关系，特别是和基本建设的关系。除此之外，还要处理好外资与人民币资金之间、外资与物资之间的平衡问题。（5）利用外资与外贸之间的关系。利用外资与对外贸易的关系非常密切，这里有两方面的含义：一是利用外资必然增加从国外进口，否则利用外资就没有意义；二是利用外资能否持续下去，能否对一国经济产生良性影响，关键取决于出口能否持续增长。如果出口能够持续增长，则外债偿还就有了保证，否则就可能出现偿债困难甚至爆发债务危机。

（二）关于对外金融发展战略①

20 世纪 80 年代，在我国实行对外开放、利用外资的政策方针虽然已经

---

① 吴念鲁：《国际金融纵横谈——对策研究》，7～8 页、125～133 页，北京，中国金融出版社，1998。

明确，但无论是在学术界还是在实践中，对外金融发展战略思路都还处于探索阶段，尚没有形成清晰的战略思路。吴念鲁客观地分析了当时的国际经济金融环境，结合我国经济金融体制，较为系统地提出了包括我国战略方针、战略重点和具体措施等在内的完备的对外金融发展战略体系，对于我国制定汇率政策、外贸政策和利用外资的有关政策都具有很强的指导意义。

吴念鲁认为，对外金融发展战略的方针为：（1）筹措外汇资金。由于资金不足和技术管理水平落后是我国目前经济建设的突出矛盾，因此，我国开展对外金融活动的出发点应是从国外市场筹集资金以弥补国内建设资金的不足，同时引进先进的技术设备。（2）促进出口创汇。我国是发展中国家，外汇短缺将长期存在，我国与国际市场的联系程度如何，决定于自己的创汇能力如何。对外开放不能只进不出，必须有进有出，进多少取决于出多少，出得多才能进得多。因此，对外金融发展战略的第二个出发点应是尽可能地促进我国外贸出口创汇和其他非贸易创汇的扩大。

对外金融发展战略的重点为：首先是支持能源、交通、通信和原材料重点建设项目，其次是支持老企业的技术改造，再次是支持和促进新兴技术和产业的发展。

对外金融发展战略的顺利实施要求有关各方包括银行（尤其是作为外汇指定银行的中国银行）、经贸、财政、外汇管理等紧密配合，相互协调，并着重做好以下几个方面：（1）健全外汇计划管理制度；（2）保持合理的外汇储备水平；（3）改革人民币汇价，逐步发挥人民币汇价的经济杠杆作用；（4）充分发挥中国银行的优势和对外筹资主渠道作用；（5）扩大国际金融活动和加强对外金融合作与联系；（6）加强调查研究，适应动荡的国际金融形势；（7）重视和加强国际金融干部队伍的培养。

（三）实现国际收支动态平衡①

一个国家如果想获得持续稳定的经济增长，必须设法同时达到内部平衡和外部平衡：内部平衡即总供给和总需求之间的平衡，外部平衡即国际收支平衡。国际收支平衡对实现总供给和总需求之间的平衡有着决定性的作用。对国际收支平衡本身，吴念鲁认为：（1）要坚持国际收支动态平衡的观点。一个国家在任何时期都实现国际收支的完全平衡，即收支相抵后余额为零，这种状态只是一种理想，而现实中往往是有些国家在一个时期

① 吴念鲁：《国际金融纵横谈——对策研究》，10～11 页，北京，中国金融出版社，1998。

内出现顺差，而另一些国家在一定时期内出现逆差。在实际工作中，我们除了应编制完整的当年国际收支计划表和执行表以外，还要制定中长期国际收支规划，可以增强调节国际收支的目的性、主动性和科学性。(2) 要对导致国际收支失衡的原因进行认真的分析，从而采取相应的政策措施。我们知道，国际收支失衡反映在国际收支平衡表上往往是出现逆差，但这仅仅是一种表面现象，只有把导致失衡的根本原因弄清楚并采取纠正失衡的政策措施才有实在意义。(3) 要把国际收支平衡表各个项目有机地联系起来进行分析。经常项目和资本项目可以相互抵补，从而达到平衡，即便是这两个项目相抵后结果仍是逆差，一国仍可通过外汇储备达到平衡。因此，如何把各项目有机地结合起来实现国际收支平衡是一国政策操作中十分重要的一项。

(四) 利用外资和国际收支平衡观点的历史背景和意义

从 1990 年起，我国逐渐进入还债高峰期，当时有人认为我国外债问题严峻，惊呼我国可能出现债务危机，并提出要严格控制对外借债、压缩进口、增加外汇储备等紧缩措施，以防落入危机陷阱。对此，吴念鲁深入分析我国外债状况，结合当时的经济环境，总结了当时国际收支状况恶化的经济、货币、结构、价格和政策等方面的原因，提出了从国际收支动态平衡和对外经济金融发展战略的角度解决问题的基本观点。吴念鲁认为："(1) 还债高峰不等于债务严重，更不是债务危机；(2) 高峰期间，借新还旧是一种必要的措施和手段；(3) 高峰期间，保持适当的外贸逆差是可取的；(4) 千方百计增加非贸易收入，减少非贸易支出；(5) 制定我国国际收支的中长期平衡规划；(6) 加强外债的管理和监督；(7) 继续在借、用、还上下工夫。"①

20 世纪 70 年代末、80 年代初期，我国对外开放刚刚开始，在利用外资方面确定了"自力更生为主，争取外援为辅"的基本原则，但在利用外资的实践中仍然存在着一定的盲目性，缺乏长远的规划。吴念鲁在 1979 年就详细地介绍了利用外资的各种形式和做法，并提出了我国利用外资中应该注意的几个问题。1982 年吴念鲁在《利用外资和国际收支平衡》一文中系统地介绍了国际收支平衡表的基本内容，成为国内第一个建议国家统计局重新编制我国国际收支平衡表，并提出国际收支综合动态平衡的观点的学者，这些对于日后的国际收支平衡表重新编制和国际收支管理政策的制定

---

① 吴念鲁：《国际金融纵横谈——对策研究》，154 ~ 158 页，北京，中国金融出版社，1998。

都起到了很强的指导作用。

五、梳理了金融危机理论的研究脉络

（一）金融危机理论的研究成果

20 世纪 80 年代至今，吴念鲁对金融危机，尤其是西方发达国家的历次金融危机都进行了深入分析和研究，研究成果发表在《红旗》、《世界经济》、《国际金融研究》、《金融研究》、《经济学动态》等权威性刊物上，有的文章还被香港报刊转载。

吴念鲁认为，“金融危机是指金融领域里出现的严重混乱状况，根据其混乱的严重性判断是否称得上危机，而其严重性首先要看在银行信用领域的表现程度，以及对货币金融市场、对外贸易、国际收支，乃至整个国民经济所造成的影响。”①

吴念鲁把 1929—1933 年的西方金融危机概括为四个主要特征：大批银行倒闭，而且因其国际性的连锁反应造成了整个金融领域的严重混乱；国内和国际支付体系中断，危害和动摇了整个国际信用体系；造成西方金本位货币制度的彻底崩溃；进一步加深了世界经济危机。

对于 1997 年亚洲金融危机，吴念鲁深入分析了其产生的原因，即经济全球化和区域集团化对金融的连带作用、金融自由化的负面影响、过分依赖外资导致的经济结构失调和经济泡沫、政治因素等。

对于 2007 年由美国次贷危机引发的国际金融危机爆发的原因，吴念鲁从国际货币体制和美国金融体制产生的痼疾出发，将危机的根源概括为六大失衡，即流动性过剩与不足的失衡、金融创新与金融监管的失衡、放任与干预的失衡、虚拟经济与实体经济的失衡、全球金融资产配置与价格的失衡以及储蓄与消费的失衡。

（二）金融危机理论的研究脉络

1983 年，吴念鲁在《世界经济》第 12 期上发表《谈谈西方金融危机》一文，并被香港《东方日报》转载。在这篇文章中吴念鲁系统地分析了 1929—1933 年西方金融危机、1945—1973 年国际金融动荡、1974—1975 年和 1982 年银行倒闭风潮的基本情况及原因。1987 年，吴念鲁在《红旗》杂

---

① 吴念鲁：《金融热点探析》，3 页，北京，中国金融出版社，2005。

志第22期上发表《评西方股市风暴》一文，对当年发生的股灾进行了分析和评价。在该文中，吴念鲁将本次股灾与1929—1933年金融危机进行了系统性的对比分析。1999年，吴念鲁在《金融时报》和《国际金融研究》第6期上发表了《金融危机及其防范》一文，在该文中，除了对以往金融危机进行总结外，还对1994年墨西哥金融危机、1997年亚洲金融危机进行了深入分析，并提出了防范金融危机的政策主张。2008年7月5日，吴念鲁在凤凰卫视《世纪大讲堂》的演讲，和2009年发表在《经济学动态》（第2期）上的《从次贷危机到全球金融危机：微观机理、制度根源、应对策略》一文中，认真思考了本次国际金融危机的微观机理和制度根源，并站在经济全球化的视角上提出了我国应对国际金融危机和加强制定金融安全的政策建议。他的观点和建议对于中国如何处理好应对经济全球化的挑战、参与国际货币体系改革、维护国际和国内金融稳定、防范金融危机与风险都具有较强的指导价值。

吴念鲁在跟踪研究金融危机的同时，思考我国企业如何防范风险和保障金融安全，他提出金融安全必须立法，建议“凡重大金融政策的出台和国有金融资产以及其他领域国有资产乃至民营资产发生重大变化时，可经过人大听证，通过立法程序。只有决策程序的公正和透明，才能保证决策结果的正确性。这样才能保护国家、民族、百姓的利益不受侵害，保护国民经济秩序正常地运行，防止危及国家经济金融安全的事件发生。”① 该主张得到了有关部门的高度重视。

六、关于国有商业银行股份制改革与海外发展战略的政策主张

（一）关于国有商业银行改革的基本观点

21世纪以来，吴念鲁在《金融时报》、《经济观察报》、《中国企业家》等权威媒体发表多篇文章，对国有商业银行改革发表了他的一些看法和设想。吴念鲁认为，“股份制改造是国有商业银行改革的核心，并提出了四步走的政策主张，即第一步把改造的重点放在机构设置、组织架构、内控体系上，强化激励机制和约束机制的作用；第二步实现股权主体多元化，借以增加资本金，并建立多元化的国有金融控股集团；第三步发行金融债券

① 吴念鲁：《中国应对世界经济挑战的思考——金融热点再探析》，64~65页，北京，中国金融出版社，2009。

筹措资本金；第四步公开上市。”[①] 建设银行在香港上市后，吴念鲁又鲜明地提出了工商银行应在境内上市的政策主张。对于股改的成功与否，吴念鲁认为，“不能以上市为评价基础，而应从这些银行的具体运营中去考察，即看这些银行的存款占有率是否上升、税前利润是否上升、不良贷款是否下降、职工凝聚力是否增强、竞争力排名是否上升等。”[②] 在引入战略投资者问题上，吴念鲁认为：“在选择海外战略投资者时，应考虑对方的所长能否弥补自身的所短，能否利用起海外市场拓展自身的市场，是否可以达到双赢或者多赢”；[③] “以净资产定价主要适用于破产企业或中小企业的估值方法，我国的国有商业银行在定价时，虽可以以此为基础，但还应该考虑到品牌、机构、市场、产品、客户、国家支持等因素，尤其是不良资产剥离后，更应该综合考虑这些因素制定合理价格。”[④]

（二）研究国有商业银行改革的历史背景和社会意义

吴念鲁对深化改革，即要求各类金融企业建成现代金融企业，选择有条件的国有商业银行实行股份制改造，加快处置不良资产、充实资本金、创造上市条件，给予了充分的肯定，并对是否需要分拆上市、上市须具备什么条件、如何上市等重要问题进行了探讨和设计。2005 年，建设银行在香港上市后，吴念鲁批评了当时国有商业银行股份制改造过程中在上市前过于倾向引入境外投资者的做法，提出了在引入战略投资者时存在的利益冲突和定价矛盾的问题，在国内外引起极大反响，并呼吁工商银行等国有大型银行应在境内上市。2008 年，国际金融危机爆发，欧美大型金融机构出现了大量的亏损、破产和倒闭的情况，国有商业银行的境外战略投资者纷纷变现退出，人们在重新审视我国国有商业银行改革特别是公开上市等问题时，不由自主地把问题集中在引进战略投资者上，对此，吴念鲁在《中国企业家》（2008 年 3 ~ 4 合期）上发表《重读国有商业银行引进海外战略投资者》一文中，系统地回答了要不要引进海外战略投资者、如何引

---

① 吴念鲁：《金融热点探析》，262 页，北京，中国金融出版社，2005。

② 吴念鲁：《中国应对世界经济挑战的思考——金融热点再探析》，132 ~ 133 页，北京，中国金融出版社，2009。

③ 吴念鲁：《中国应对世界经济挑战的思考——金融热点再探析》，123 页，北京，中国金融出版社，2009。

④ 吴念鲁：《中国应对世界经济挑战的思考——金融热点再探析》，127 页，北京，中国金融出版社，2009。

进海外战略投资者、引进海外战略投资者的定价是否合适、如何看待海外战略投资者的套现行为、农业银行应如何选择海外战略投资者等核心问题。

2000 年以来，吴念鲁就密切跟踪国有商业银行改革动向，提出的关于国有商业银行改革的观点和理念具有较大影响。他对国有商业银行改革过程中涉及的所有核心问题都发表了客观独立的见解，并对国有商业银行上市前后应该考虑的问题、如何吸引国内外战略投资者、如何建立金融控股集团、如何公开上市、如何定价等关键问题发表了极具操作性的建议性文章，具有较强的政策影响力。另外，他提出的关于引入境外战略投资者的标准、国有商业银行上市的定价依据等对于未来国有金融企业股份制改革也具有很强的参考意义。

（三）关于我国商业银行海外发展战略的基本观点

2006 年，我国商业银行正处在一个新的历史转折期，随着股份制改革的深入，外资银行的参股，公开在海内外上市，基本实现了由国有商业银行向国有股份制商业银行的过渡，改革将向综合化、国际化方向发展，成为跻身于国际的金融控股集团。因此，重新制定和完善一个符合实际、积极进取的海外发展战略显得尤为重要。有鉴于此，吴念鲁先后在《金融研究》、《经济观察报》、《金融时报》等报刊提出我国商业银行海外发展战略的观点，引起了业内广泛关注。

1. 海外机构和业务必须重新整合，确定新的架构①

（1）以产品导向为主要出发点，把产品导向与地区导向有机结合起来。就当前跨国银行经营的一般准则而言，主要有地区导向型和产品导向型两种模式。第一种模式，即海外机构的设置侧重于按地理分布进行，每一个海外机构根据所在地的特点开展业务，并有自己的侧重点。第二种模式，把各类业务当做产品，把银行的全球网络和经营当做“生产流水线”来看待。从发展来看，应该参照产品导向型海外发展模式的基本思路，在现有框架内重新整合，突出地区业务产品，使这两种模式有机地结合起来。（2）以子公司作为海外机构发展的基础，构建海外机构发展的新架构。从当今国际银行业监管的发展趋势来看，东道国对外资银行的监管逐步实行子公司化，也就是说无论是分行还是子公司，一律按子公司要求监管，因此在业务的发展上较分行具有更大的灵活性和本土化，尤其是欧盟当局规定，只要在欧盟某一国家设立了子公司，该子公司就可以到任何一个欧盟国家开设分行，手续简便易行。

---

① 吴念鲁：《金融热点探析》，246 ~ 250 页，北京，中国金融出版社，2005。

2. 逐步实现海外机构发展的本土化是海外发展战略的核心所在①

几十年来，我国国有商业银行海外机构除了港澳地区基本实现本土化外，其他海外机构的本土化程度仍然极低，为此，在筹建海外机构时，应考虑：(1) 在香港国际金融中心不断发展壮大中，加强和完善港澳机构的本土化，充分发挥其海外业务主力军的作用。(2) 当前，特别是几家大型商业银行上市后，在外汇及人民币资本加大的情况下，应该有目的、有计划伺机收购兼并、参股海外当地银行，这是实现本土化的最佳途径。(3) 应有目的、有计划、有针对性地伺机对跨国公司以及当地有关企业进行投资参股，这也是从另一个层面实现本土化的策略。(4) 有目的、有规划地与发达国家或发展中国家的大银行，以及具有专业性业务的银行相互参股，互为持股，形成你中有我，我中有你，这样做具有互补性。(5) 加快高素质、国际化人才的选拔和培养必须提高到战略化的高度。

参考文献

[1] 吴念鲁：《欧洲美元与欧洲货币市场》，北京，中国财政经济出版社，1981。

[2] 吴念鲁、陈全庚：《人民币汇率研究》，北京，中国金融出版社，1989、1992、2002。

[3] 吴念鲁：《国际金融纵横谈》，北京，中国金融出版社，1991。

[4] 吴念鲁、李瑞呈：《瑞士资本市场》，北京，中国金融出版社，1991。

[5] 吴念鲁：《国际金融纵横谈——对策研究》，北京，中国金融出版社，1998。

[6] 吴念鲁：《商业银行经营管理》，北京，高等教育出版社，2004、2009。

[7] 吴念鲁：《金融热点探析》，北京，中国金融出版社，2005。

[8] 吴念鲁：《中国应对世界经济挑战的思考——金融热点再探析》，北京，中国金融出版社，2009。

① 吴念鲁：《金融热点探析》，246~250页，北京，中国金融出版社，2005。

第一篇

经济金融形势篇

要很好地研究资本主义*

在1987年新春到来之际，《国际金融研究》杂志首次公开全文发表陈云同志1973年6月7日在听取银行工作汇报时的谈话。这是陈云同志关于国际经济贸易、国际货币金融问题的一次重要谈话，也是反映陈云同志经济思想的重要文献。尽管谈话是在14年前的“文革”期间，但在今天，在我们坚持改革、开放，团结奋斗向着“四化”迈进的时刻，学习陈云同志的谈话仍然具有重要的意义。

“要很好地研究资本主义”，这是陈云同志14年前在分析了我国对外贸易关系的变化后所作的指示。陈云同志指出：“和资本主义打交道大势已定”。14年过去了，在我们冲破了闭关自守片面强调自力更生的小农经济生产方式束缚后的今天，在我们基本完成了从封闭经济转向开放经济后的今天，我们回过头来重温陈云同志的谈话，感到十分亲切和中肯。14年的风云变幻，使中国经济终于从与世界经济人为地肢离走向了有机的结合。世界经济的发展不可缺少地应包括中国经济的发展；而中国经济的发展又不可避免地应在相当程度上依存于世界经济的发展，这种辩证的关系要求我们，在今后的经济工作中，必须很好地研究资本主义。

一

正是在1973年，以美元为中心的国际货币体系，在运行了28年后，最终瓦解了。也是在1973年，黄金，这个作为世界各国货币的共同价值尺度，在经历了几百年历史后，终于同货币脱钩，出现了所谓的“黄金非货币化”。陈云同志洞察了世界经济中出现的重大变化以及可能对我国产生的影

---

* 本文原载《国际金融研究》1987年第1期，是作者与陶礼明为该刊首次发表《陈云同志在听取银行工作汇报时的谈话》所撰写的特约评论员文章。该文于1987年2月14日连同陈云同志的讲话转载于《人民日报》《经济日报》。

响，及时地发表了这次重要的讲话。他明确地告诫我们："不研究资本主义，我们就要吃亏。不研究资本主义，就不要想在世界市场中占领我们应占的地位。"

正如陈云同志估计的那样，在此之后的十几年间，世界经济不断地发生着巨大的变化：货币汇价、利率和石油价格的波动，工业化国家的滞胀与发展中国家的债务危机，世界经济格局的变化，全球经济一体化的发展，等等。这一系列的变化，就像一次次的浪潮冲击着全球的经济活动，波及着世界各个国家，当然也包括我们中国。

党的十一届三中全会以来，我国为了高速度低成本地实现四化目标，坚定地采取了改革、开放和搞活的政策。经济的发展使我们迫切需要与国外交换商品、劳务，吸收国外的资金，引进先进的技术，这也就必然使世界经济运动的冲击波越来越多地影响到我国经济的运行。特别是近年来，西方国家货币汇价和利率的变动，国际市场初级产品和原材料价格的波动，国际资本市场资本的供求和流向，以及美国、日本等主要资本主义国家贸易政策的变化等因素，已经在很大程度上直接影响到我国经济的发展。当然，这里包括了有利和不利两个方面的影响。从今后的发展趋势看，中国经济与世界经济建立在平等互利基础之上的交往和融合只会越来越密切。因此，很好地研究资本主义，已经远远不能仅是停留在学术和理论界的探讨，它将越来越成为我们现实经济工作中一个不可缺少的重要组成部分。

二

14 年前，陈云同志在强调要很好地研究资本主义时，十分具体地提出了十个研究题目，归纳起来，可以叫做四二一，即四个方面、两个重点和一项经常工作。

四个方面是：

（1）西方主要资本主义国家的货币流通和外汇储备状况；

（2）西方资本主义国家经济增长以及基本建设投资情况；

（3）西方资本主义国家经济危机情况，特别是其对付危机的经济调整政策情况；

（4）国际资本市场，特别是欧洲货币市场的发展动向。

两个重点是：

（1）资本主义国家之间的政治经济矛盾，特别是贸易与货币的矛盾及其缓和办法；

（2）美国的经济状况，特别是美国国际收支的状况。

一项经常工作是：对国际金融、货币近期和中期变化趋势的分析和估计。

今天，我们重温这些研究课题，可以深深感觉到，它在经历了十几年后，仍然不失为探求资本主义经济运行规律的一个全面而系统的研究体系。因为这十个题目，也正是当今世界各国对全球经济发展普遍关注和重点研究的问题。

这里要特别提出的是关于对资本主义经济危机问题的研究。长期以来，我国经济理论界存在着一种偏向，以危机作为既定的核心来对资本主义经济的运行进行推理、判断和定论，从而完成对资本主义的研究。我们绝不怀疑资本主义制度最终将走向灭亡，但是，从我们开展对外经济工作的角度考虑，仅以研究危机来取代研究资本主义显然是不够的。我们应该冷静地从资本主义经济运行的整体来观察危机，观察它的烈度与传递效应。特别要注意到，危机作为一种调整经济结构的强硬手段，它的本身就意味着是一种可能产生新结构的一定程度上的质变。我们的落脚点应该是，资本主义经济的运行，其可能出现的任何波动与震荡对我国经济所形成的影响。

三

“不要把实行自力更生的方针与利用资本主义信贷对立起来”，这是陈云同志早在 14 年前，即在“四人帮”横行的时候就提出的鲜明观点，反映了他支持对外开放、利用外资的思想。在那个思想禁锢的年代，利用外资问题是个森严的禁区，一提及即要被扣上“洋奴哲学”的大帽子。但陈云同志不仅明确地肯定利用外资是好事，而且还鼓励大家努力冲破开展利用外资工作遇到的阻力。陈云同志坚定地指出：“只要承认是好事，就可以找出理由，要把大道理讲清楚。”

在我国实行对外开放政策的第八个年头，在我们利用外资工作已经有了长足发展的今天，重新学习陈云同志的谈话，我们可以更加清楚地看到：世界范围的科技进步推动着生产力的迅猛发展，从而也使国际经济关系日益紧密，经济生活的社会化已越出一国的范围不断走向国际化。社会主义国家不仅应该充分地利用发达资本主义国家的资金，更多地吸收利用他们的先进技术和管理经验以发展本国经济，同时还应该从促进人类社会发展的进步趋势方面，积极地推进社会主义经济的国际化。正如列宁曾经指出的："人类的整个经济、政治和精神生活，在资本主义制度下已经越来越国际化了。社会主义会把它完全国际化。"

把国外的资金吸收到国内来加以运用，能够加快我们经济建设的步伐。但是，无论在什么时候，自力更生都将仍然是我们经济建设的立足点。利用外资只能是作为国民经济发展总体的补充部分，当然它应该是必不可少的补充。国外提供的资金是有偿性资金，国外资金的流入也将取决于我国国民经济发展的状况。如果经济持续发展，国内的经济状况不断为国外有偿资金的正常回流并带走利润提供良好的条件，则源源不断的国外资金会继续流入国内，吸收利用外资表现为良性循环状态；反之，任何影响国外有偿资金正常回流的国内经济状况，都将不仅无法继续吸收国外资金，而且可能因无法偿还已经运用的国外资金而陷入债务困境。正如陈云同志早在 14 年前就形象地指出那样："这和过去（指解放前）上海、天津那些银行、钱庄一样，看到哪家生意做好了，就找上门来，无非是要些利润，这就是马克思讲的平均利润率。"

因此，吸收利用国外资金，在国民经济的总体中必须有一个量的限度，超出限度地引进外资，将有可能出现非良性循环的质的变化。近几年来，一些发展中国家由于过度引进外资而陷入债务危机泥潭的事实已经说明了这点，正是：你信誉好的时候人家找上门，不好的时候就要逼债。

陈云同志在谈话中还要求，银行把利用外资的任务担当起来。中国银行是我国的国家外汇专业银行。如果说在过去十几年中，中国银行在为国家组织吸收国外资金方面作出了一定成绩的话，那么今后，它应该并且也能够在这方面发挥出更大的作用。我们可以看到，当前正在进行的金融体制改革、外汇和外贸体制改革，将会给具有悠久历史的中国银行不断带来新的活力。我们希望看到，中国银行不断地向着高信誉、高效率、国际化和现代化的方向发展前进。

四

要研究资本主义，必须要有一支具有相当数量和一定理论及业务水平的研究队伍。在陈云同志的这篇谈话中，我们可以看到，陈云同志非常关心研究机构和研究人员队伍的建设。近几年来，随着我国改革、开放的深入，教育事业的发展，以及党的知识分子政策的贯彻落实，国际经济、贸易、金融方面的专业人才有了显著的增加，但是仍然不能适应形势发展的需要。我们热切地希望能有更多的人才投身于这项事业。

从直接服务于我国对外经济工作的角度出发，从事国际经济、贸易、金融的研究工作者，应该具备一定的基本条件。

第一，必须坚持四项基本原则。研究资本主义，实行对外开放，是为了发展我国的生产力，壮大社会主义的物质和技术基础，目的是要不断完善我国的社会主义制度，绝不是要离开社会主义道路。因此，坚持四项基本原则是我们能够真正做到很好地研究资本主义的根本保证。

第二，要具有国际经济、贸易、金融等方面的专业知识和基础理论及一定的外语水平。

第三，从近几年发展起来的研究队伍看，经过一定实践工作的人员从事社会科学的研究是有好处的，这有利于避免从书本到书本，生搬硬套某些理论和模式来研究国际间出现的复杂问题。特别是在研究借鉴资本主义的某些经济理论和实践上，一方面要做到真正吃透它，另一方面还必须深刻了解我国的实际状况，使两者能够恰当地结合。即对资本主义的东西，不是完全排斥，也不是全盘照抄，目的是吸收其有益之处为建设有中国特色的社会主义服务。

金融资本全球化是否历史发展的必然*

——全球资本流动动因分析

人们弹冠相庆金融一体化和资本流动全球化功绩的时候，新兴市场国家金融危机的不期而至为全球化进程蒙上了阴云，这就促使人们反思金融资本全球化的利弊善恶，并提出疑问：金融全球化是历史发展的必然，还是个别发达国家别有所图、进行所谓的“运用金融杠杆掠夺财富的战争”？金融全球化的进程是如何推进的？这个过程的性质如何？发展中国家在金融全球化的浪潮面前如何自处？本文试图通过对金融资本流动全球化历史进程中驱动因素的分析，从一个侧面对金融资本全球化的发展属性作出初步判断。

一、金融资本全球化的内涵与表现

金融资本全球化是国际资本流动发展的重要阶段，是资本跨越国界的大规模活动，表现为多向及多边的资本流动，是资本实现全球范围重新配置的过程。金融资本全球化过程表现为货币资本的国际转移及实物形态的生产资金的国际转移两种形式。世界生产力的发展和国际分工的深化促使资本流动由生产资本和商品资本形式为主转向货币资本为主的国际化过程，并导致全球金融市场的一体化及无边缘化。

资本流动的全球化不是一帆风顺的。20 世纪初，资本流动一度达到很高的全球化程度，1929—1933 年金融危机引发的全球性大萧条和世界范围的战争与动荡使这个进程戛然而止。二战结束后，资本流动重新走上了全球化道路，经历了欧洲资本时期、石油资本时期、债务危机时期等阶段，最终进入资本的全球化流动时期，全球资本流动规模持续扩张，资本跨国流动的影响范围不断扩大。

---

* 本文与鄂志寰合写，原载《金融研究》2000 年第 10 期。

从具体内容看，金融资本全球化具有如下表现形式：

（1）资本跨国流动规模急剧扩张。在国际资本市场，筹资总额由 1988 年的 3 694 亿美元增加到 1995 年的 8 322 亿美元，增长了 1 倍以上。到 1998 年，以银团贷款和其他债务工具为主要内容的国际资本市场融资额达 12 247 亿美元，比两年前增长了近 50%。

（2）资本跨国界流动对经济发展的影响力大幅度上升。在资本流动总量大幅度增加的同时，资本跨国流动与其经济规模的相对比例显著提高。国际清算银行依据国际收支统计资料计算的证券跨境交易资料显示，1975—1998 年，西方国家各类证券在居民和非居民之间的交易总额相对于 GDP 的比重迅速上升，美国由 4% 上升到 230%，德国由 5% 上升到 334%，意大利由 1% 上升到 640%，日本由 2% 上升到 91%，其中，增长最快的时期集中在 80 年代末和 90 年代初。

（3）资本流动的速度快速提高，资本流动性上升。在资本流动规模快速扩张的同时，金融技术的日新月异、金融创新的大量使用以及各类金融衍生工具的开发和普及，大大提高了国际资本的流动速度。根据国际清算银行的调查，到 1998 年 4 月，全球外汇市场的名义日交易金额超过 1.5 万亿美元，比上次统计的 1995 年增长近 50%，3 年间的年平均增长率是 14%，大大超过 1992 年到 1995 年的 9%。

显然，外汇市场交易规模扩大表明全球范围的资本流动在不断加速。

（4）更多的国家和地区以更有利的条件进入国际资本市场。最近几年间，新兴市场国家再度成为资本流动的重要目标，发展中国家进入国际资本市场的条件显著改善，参与国际资本市场活动融通资金的国家越来越多，各类资本市场进入的障碍纷纷消除。

（5）国际资本市场的价格呈现趋同趋势，利率的波动具有明显的联动性。资本流动的全球化使不同国家和地区在国际金融市场的融资条件趋于一致，不同国家的利率差距缩小。过去 20 年间，主要工业国中央银行基准利率差距不断缩小，进入 90 年代后，美国、德国和日本的央行基准利率一度收敛于 6% 的水平，尽管此后又出现一定程度的分离，但总体升降趋势基本同步，利差趋于稳定。此外，随着欧元的出台，欧洲主要国家利率水平率先趋同[①]。

从利率水平的调整看，西方主要国家央行的决策具有显著的相关性，几乎主要国家利率的每一次调整都会引起其他国家的快速响应。

二、金融资本全球化与世界经济和贸易的调整息息相关

从历史发展过程看，经济的发展离不开资本的积累、推动和扩张，国际贸易的发展先行于国际资本输出，但是，当资本可以绕过贸易保护壁垒而自由流动时，其对贸易发展的推动作用就显著上升。可见，资本流动的全球化是一系列经济金融活动规律调整的结果，其中，世界经济和贸易的变化构成了资本流动全球扩张的客观基础。

尽管货币作为虚拟经济符号凌驾于实体经济基础之上，甚至出现与之相分离之势[②]，但是，以资本流动为主体的跨国界的金融活动与世界经济之间的关联仍然是非常深厚的。世界经济增长导致全球范围的金融资产规模快速膨胀，从而为资本的全球流动提供了必要的基础；而资本的全球化布局与全球不同区域的 GDP 表现、通货膨胀水平等因素之间密切相关。

（1）经济周期与资本流动。1973 年以来，全球资本流动[③]以显著的波动性快速扩张。国际资本市场的年度筹资额一度以 50% ~70% 的速度增长，转而又出现 -0. 14% ~ -12% 的下降。从长的周期上看，资本流动的高速增长往往出现在全球 GDP[④] 的上升时期，而 GDP 的周期性低谷也往往伴随着全球资本流动规模扩张速度的降低，甚至出现负增长。

（2）全球通货膨胀与资本流动。相应地，过去 30 年间，全球通货膨胀水平经历了 1969—1974 年的大幅度上升，1974—1986 年的逐步下降并在较低水平的企稳，1986—1990 年的再度上升，以及 1990 年以来的快速下降等几个时期。

从总体上看，国际资本市场筹资额的变动与 GDP 平减指数的相关关系

---

① 在主要国家利率水平趋近的同时，世界各国仍保持一定的利率差距，其主要原因在于各国处于不同的经济发展阶段，不同的经济增长率支持不同的投资收益率；同时，各国金融风险程度的差异导致风险溢价处于不同水平，构成利率差距的主要部分。

② 美国著名经济学家波得·德鲁克认为：“当前，‘符号经济’业已取代了‘实物经济’，成为世界经济的飞轮。它是最容易看得见的，同时也是人们最不理解的变化”——Foreign Affairs，1986，Spring。

③ 由于 FDI 的表现相对平衡，本处仅考察国际资本市场的筹资额的变动情况。

④ 从世界经济的总体发展过程看，1973 年以来的 20 多年间，世界 GDP 的平均增长率为 3. 7%，并经历了 1969—1975 年、1976—1991 年和 1991 年以来这几个发展时期。

是：资本流动增长往往出现在通货膨胀呈现下降趋势时期，而资本流动扩张速度的减慢往往与通货膨胀的上升基本同步。尤其是在 1980—1985 年，全球出现 14% ~15% 的高通货膨胀，资本市场筹资额有 3 个年份出现负增长，其余年份则是高达 40% 和 70% 的增长，表现出极大的不稳定性。而 90 年代后期以后，全球通货膨胀进入低水平稳定发展时期，资本市场的扩张也变得更为平衡，基本稳定在 10% 左右。

（3）全球贸易增长与资本流动。同样，从数量变动上看，全球资本流动与世界商品进出口总额的增长率也表现出一定的相关性。世界进出口总额增长最为迅速的时期往往伴随着国际资本市场筹资额的上升，而世界进出口总额的收缩则与国际资本市场的筹资增长减缓呈现一不定期的同步性。但是，1985 年之后，国际资本市场筹资变动相对平稳，与全球贸易增长的相关性有所下降。

三、国际利率水平的调整与资本流动全球化

国际利率水平的调整在一定程度上左右着资本全球流动的结构和变动方向。

增值是资本运动的内在动力和唯一目标，如果资本投资于国内能够获得多于投资于国外的利润，也就没有必要流向国外。利润驱动是主导资本国际流动的首要动机，因此，各国利率差异必然引起国际资本的频繁流动。

过去 30 年间，发达国家率先实现了利率自由化，而更多的发展中国家把放松利率管制作为金融深化的主要措施，市场决定正在成为国际利率确定的基础，市场利率格局基本形成。

与此同时，利率在发达国家货币政策运用中的作用发生了微妙的调整。整个 70 年代，货币学派主导西方主要国家的货币政策制定与调整，各国中央银行普遍以货币供应量作为控制目标。80 年代以后，西方国家开始面临严重的通货膨胀压力，控制货币供应对通货膨胀的抑制能力有限，从而逐渐确立了利率在反通货膨胀中的基础地位，各国中央银行越来越重视利率工具在货币政策中的使用，利率成为当代货币政策最直接与最有效的工具。最近以来，西方国家货币管理当局有意运用利率来调节金融市场的资产价格，当他们认为金融资产价格过高、可能导致泡沫经济时，便调高利率来控制资金供应，促使金融资产价格回落。这样，利率水平与金融市场价格的相关性明显提高。

过去 30 年，国际利率的调整周期与全球通货膨胀的变动紧密相连，

70～80 年代的高利率是通货膨胀居高不下情况下西方国家实行紧缩性货币政策的直接结果。90 年代以后，尽管西方经济曾在 1992—1993 年间出现短暂的衰退，但通货膨胀得到抑制，利率基本保持在比较低的水平上。

利率作为资本的市场价格直接影响资本全球流动的总量和结构。

首先，从总量上看，在利率水平大幅度调整时期，国际资本市场的融资额也出现比较大的增减变动，而在 90 年代以后利率波动幅度明显收窄之后，国际资本市场进入一个相对平稳的发展时期。显然，利率的波动性大小直接影响资本流动的波动程度。

其次，国际利率的相对水平变动对资本流动的结构产生很大影响。通常情况下，当国际利率处于比较低的水平时，国际资本往往流向收益率较高的新兴市场国家；而当国际利率水平显著回升时，国际资本往往从新兴市场国家撤出，转向西方工业国的金融市场。90 年代初期，美国和日本普遍实行异乎寻常的低利率，低利率与西方国家普遍出现的经济衰退相互作用的结果是，发达国家不动产和证券市场的收益出现萎缩，国际资本被吸引到高投资收益和经济前景看好的亚洲和拉丁美洲地区的发展中国家金融市场。可以说，工业国家经济不景气、低利率是发展中国家进入国际资本市场条件明显好转的重要因素。自 1994 年 2 月起，美国开始实行紧缩性的货币政策，国际利率转入上升轨道，发展中国家资本大规模流入的趋势开始逆转，国内外平衡受到影响，为金融危机的最后爆发埋下了伏笔。

最后，对于新兴市场国家来说，在其他条件基本确定的情况下，国内利率与国际利率水平的差距是决定资本流入规模及结构的重要因素。

四、资本账户管理政策与资本流动全球化进程

随着经济全球化、金融自由化的不断深化，国际资本需要自由地、迅速地流向全球回报率最高的地区，为此，取消外汇管制、推动资本流动自由化的呼声不断高涨。事实上，经常账户和资本账户可兑换范围的扩大成为促进私人资本流动快速发展的重要因素之一。

国际货币基金组织大多数成员国在二战后初期对资本项目交易实行某种形式的限制。布雷顿森林体系瓦解之后，主要工业国家开始了资本账户可兑换的过程，到 1994 年，主要工业国基本实现了资本账户的开放。

相对于发达国家而言，大多数发展中国家一直严格限制着资本外流。80 年代初期以后，在国内金融体系逐步自由化的同时，发展中国家在资本账户可兑换方面开始取得进展。1991—1993 年，部分拉美和亚洲国家相继实

现完全的货币可兑换，而更多发展中国家正在逐步放松对长期和短期证券投资流入的限制，并对商业银行和居民的外汇业务管制实行自由化。

目前，在资本交易控制方面①，控制资本市场证券的成员国为 133 个，控制货币市场工具的国家为 115 个，控制共同投资证券的国家为 103 个，控制衍生和其他工具的国家为 87 个，控制商业信贷的国家为 105 个，控制金融信贷的国家为 112 个，控制担保等备用金融工具的国家为 88 个，控制直接投资的国家为 149 个，控制直接投资清偿的国家为 52 个，控制不动产交易的国家为 134 个，控制个人资本移动的国家为 82 个，针对商业银行和其他信贷机构实行特别条款的国家为 155 个，对机构投资者实行特别条款的国家为 82 个。

此外，联合国贸易发展会议的统计表明，许多原来对外资采取限制和管制政策的国家纷纷修改其外资法或颁布新的外资法，以更有利的条件吸引外国直接投资流入。1991—1998 年间，修改外资法律法规的国家年平均超过 50 个，其中，94% 的修改是为了加大对外资的吸引力度，只有 6% 的修改是加强了对外资的管制。

随着越来越多的国家相继承诺实现经常项目和资本项目的可兑换，国内和外部金融交易的各种限制等影响全球金融市场资本流动的藩篱逐步消除，工业化国家为弥补巨额的财政及经常账户不平衡而产生了对大量国际资本的需求，工业化国家之间资本流量的净额迅速增长，资本流量的增长同样显著。

五、国际货币体系与全球资本流动

国际货币体系稳定是全球宏观经济稳定的基础。国际货币体系作为各国国际收支平衡、汇率调整、国际借贷安排等对外货币政策和法规的集合，构成了维持自由贸易运转所必需的法律框架和制度规范。

过去 200 年间，从本位货币和汇率制度的选择看，国际货币体系经历了金本位时期、以美元为本位的固定汇率时期和浮动汇率三个主要时期。三种不同的国际货币体系是在各自特定的历史条件下产生和发展的，因而带有各自鲜明的特色。同样，在三种货币体系下，资本的跨国流动也表现出截然不同的特征。

首先，从汇率的波动幅度看，金本位时期，西方主要货币汇率波动程

---

① 以下数据引自《Annual Report on Exchange Arrangements and Exchange Restriction 1999》，另由于国际货币基金组织对有关统计进行了调整，1999 年资本账户管制情况与 90 年代前的可比性明显下降。

度很低，英镑对美元汇率高低限相对于平价波动幅度仅为 -0.59% ~ +0.70%，美元对法郎汇率高低限相对于平价的波动幅度为 -0.68% ~ -0.62%。在以美元为本位的固定汇率时期，英镑对美元汇率的高低限相对于平价的变动幅度扩展到上下各1%，同样美元对法郎汇率高低限相对于平价波动幅度扩展至上下各0.99%。而在浮动汇率制度下，主要货币汇率波动率大幅度提高。

其次，在不同的国际货币体系下，西方主要货币利率的波动也表现出不同的特征。基本规律是，长期债券利率波动率的历史最小值出现在金本位时期，美元本位时期居中，浮动时期最高；短期债券利率波动率则以美元本位时期为最低，金本位时期居中，而浮动汇率制时期最高。

最后，从资本跨国流动的相对量来看，在金本位制度下，金币形式资本可以流向任何地区，资本跨国流动常常受到输入国的鼓励，外国证券在大多数股票交易所自由交换，利润回流不受阻碍，资本跨国流动发展迅猛。以跨国资本流动总额相对于各国 GDP 的比例衡量，1880—1914 年间平均为3.3%（Taylor，1996），其中，英国的年平均资本流出量占同期 GDP 的5% ~9%，法国的资本流动占 GDP 的2%，德国为3%。而由于控制资本流动成为美元本位有效实施的前提，资本的跨国流动受到很大程度的抑制，资本流动的相对规模明显低于金本位时代。而在浮动汇率制下，黄金与货币正式脱钩，国际货币制度实际上真正进入信用本位制，这就为资本的无限度膨胀打开了方便之门。随着资本账户管制放松，资本流动规模快速扩张，流动速度显著提高，流动形式出现巨大调整，无论是在数量还是质量上，都大大超过了历史上任何时期。

总之，在国际货币体系由金本位到美元本位再到浮动汇率制度的变化过程中，全球资本流动经历了高度流动到高度抑制再到重新流动的发展过程。其变化的关键在于本位货币、汇率调整以及资本流动管理政策，它们决定了资本跨国流动的法律地位和难易程度，从而直接影响全球资本流动的规模和结构。

六、跨国公司及国际组织政策调整与全球资本流动

1. 跨国公司是资本流动全球化发展的助推器

20 世纪 80 年代中期以来，全球出口增长大大超过全球产出增长，全球直接投资增长又大大超过全球出口增长。跨国公司作为一个或几个国家建立分公司或子公司、从事跨越国界的生产或经营活动的现代经济实体取得

了长足的发展[①]。

目前，世界上共有 4 万家跨国公司，其海外子公司多达 17 万家，每家跨国公司所拥有的国外子公司多达 7 家。世界总值的1/3、世界贸易的 2/3、直接投资的 70% 都掌握在跨国公司的手中。世界上最大的 100 家跨国公司中，美国占了 32 家，其余主要分布在西欧和日本。

跨国公司海外活动的增加要求并推动资本以更快的速度实现国际化，而跨国银行的国际网络逐渐遍布全球，为资本的全球化流动提供了巨大便利。跨国公司及其主导的资本流动全球化发展客观上有助于保持贸易收支的平衡，但也加剧了国际金融市场的动荡程度，削弱了各国货币政策的效力，甚至引发通货膨胀的国际传递。

2. 国际组织和区域金融集团全力推动资本流动全球化进程

在资本流动规模的快速扩张过程中，国际货币组织、经济合作与发展组织和一些区域经济金融集团发挥了积极的推动作用。

国际货币基金组织对资本流动的政策有一个明显的转变过程。布雷顿森林体系实施之初，基金组织认为，经常性国际支付应该是自由的，而资本转移从法律上看可以是限制性的[②]。基金组织协定没有就管理大规模的资本流动所发生的外汇交易与转移作出说明。因此，根据基金组织协定，成员国有权限制资本转移[③]。

尽管在协定中没有明确区分短期投机性的资本活动和生产性投资的资本流动，基金组织协定的目的并不是阻挠长期性的国际投资。基金组织明确表示应当取消管制的不仅限于直接与经常性国际交易有关的支付转移，而且还包括阻滞生产性的资本流动的管制。

---

① 美国哈佛商学院教授乔治·洛奇认为，如果说全球化的主要动力是国际贸易和国际投资，那么跨国公司则是这种动力的载体。

② 国际货币基金组织协定第 6 条第 3 节规定，“成员国对国际资本转移可以采取必要的管制，但这种管制除第 7 条第 3 节第（B）款及第 14 条第 2 节规定的之外，不得限制经常交易的支付，或者不适当地阻滞清偿债务的资金转移，第 6 条第 1 节规定，基金组织可以要求使用基金组织普通资金的成员国实施管制，以防止这些资金用于弥补大规模的或持续的资本外流。”

③ 参阅 Mannel Guitian：《资本账户可自由兑换：使政策结合实际》；Sebastian Edwards：《世界经济中的汇率与货币资本管制及政策》（剑桥大学出版社，1994）。对于经常项目和资本项目区别对待的思想可以追溯到创建基金组织时提出的凯恩斯计划和怀特计划。凯恩斯计划认为，在所期望的固定但可以调整的汇率制度下，所有国家必须能够保护自己不受短期的投机性资本外逃以及临时性外国资本流入的影响，以保持货币政策的独立性。怀特计划认为，汇兑管制是对贸易和资本流动构成干扰的一个不适当的因素，但是，该计划认为，一个国家对资本和商品流动进行限制有时很可能符合该国的最大利益。在对汇率进行监督的过程中，基金组织的政策包括分析资本转移这条原则。

布雷顿森林体系解体后，资本流动规模和结构出现大幅度调整，影响力不断扩大。尤其是20世纪80年代后期，开放资本账户及管理大规模和具有潜在波动性的资本流动所产生的宏观经济与金融风险等问题开始引起关注，并成为基金组织政策讨论的一个焦点。

随着时间的推移，基金组织对于消除汇率限制及资本项目自由化的政策意图开始昭于天下，1997年，基金组织临时委员会达成协议，“同意修改基金组织的条款，将促进资本项目的自由化作为基金组织的具体目标，并授权基金组织对资本流动进行适当的管理”。经济合作与发展组织是全球资本流动的大力推动者之一。

其他一些区域性经济与货币安排等机构也相应建立了有关资本流动的管理规定及新的游戏规则。

七、基本结论

综上所述，推动全球资本流动的主要因素包括：生产力的发展和国际分工的不断深化及世界经济的周期性变动，国际贸易发展，金融市场内在需求及利率变动，金融创新及金融自由化的发展，资本账户管理政策，国际货币体系，跨国公司以及国际组织等方面。有关动力的属性又可以划分为：经济金融发展的客观需要和有关组织人为推动两部分。

在一般情况下，世界经济和国际贸易本身的推动力应归入客观必然性类别；金融活动快速上升产生的内在推动力则兼具客观必然性和人为推动两方面的属性，但是，相对而言，其客观必然性的色彩更强烈一些；在资本账户开放进程中，发达国家的政策推动同样具有客观必然性的一面；国际货币体系为国际货币关系的准则，其总体政策取向更大程度上体现了西方主要工业国家的意愿；跨国公司和国际组织政策调整可以全部归入人为推动的范畴（详见下表）。

资本流动全球化动力因素属性分析

动力因素	客观必然性	人为推动性
经济周期	客观必然性	
贸易	客观必然性	
金融活动：利率调整及金融创新	客观必然性	人为推动性
资本账户管理政策	客观必然性	人为推动性
国际货币体系		人为推动性
跨国公司		人为推动性
国际组织		人为推动性

在上述分析具有一定合理性的假设下，由上述七大因素推进的金融资本全球化进程总体上看是世界经济、金融活动规律调整的必然结果，但是，又在一定程度上体现了部分发达国家的意志，具有人为推动的一面。

从另一个角度看，资本流动的全球化发展和国内金融市场的开放是金融自由化过程中相互联系又各具特点的组成部分。资本运动的自由化意味着居民可以参与国际金融市场活动，也意味着国内消费者可以购买外国金融机构提供的服务，本国金融机构可以为外国消费者提供金融服务，从而从内外两个角度进一步推动了金融服务贸易的自由化。其最终结果是资本效益的最大化和资源配置的最佳化，这就是金融全球化的市场表现形式。

金融资本全球化进程属性的特殊性决定了其发展过程的复杂性和收益分配的不均衡性。从全球资本流动的地域结构看，发达国家和地区继续保持在资本全球流动中的地位和作用，成为资本全球化布局的出发点和目的地，尤其是美国、欧洲各国和日本等相互间的资本流动继续保持较高水平，资本多向流动趋势日益显著。即使是金融危机的大范围爆发，也不仅没有影响发达工业国家在国际资本市场的活动，反而促使资本以更快的速度和更大的规模流入发达国家。尤其是美国成为全球资本流动的最终目的地，大量持续的资本流入促使其金融实力超强发展，使其对国际资本市场未来格局的影响力不断上升。

金融全球化以资本自由流动和金融贸易服务自由化等形式促进了全球金融领域的竞争，推动风险报酬趋向于平均水平，并通过资产价格的迅速调整保持市场均衡与稳定。同时，资本自由流动促使金融中介机构更好地进行风险评估和管理，扩大技术转让的范围，其结果是更多的金融机构能够在更大的范围内提供优质、高效的金融服务，推动金融市场效率的提高。此外，资本流动的全球化要求一国有关管理当局切实提高经济金融政策的可信度和有关政策组合的协调能力。

当然，从人类历史发展的长河看，金融全球化过程中的资本扩张仅仅是个开始，资本的全球化扩张还处于初始阶段。20 世纪 80 年代后期出现的全球金融危机开始逐渐暴露出金融资本全球化的负面效应，与我们传统认识相背离的是，即使不同资本流动工具的变动规模呈现此起彼伏的波动特征，但是作为一个整体，全球资本流动持续增长的趋势并未受到金融危机的影响，国际融资的增长成为一种不断持续的行为。

从这个意义上说，在经济全球化的今天，资本作为经济增长的第一推动力，将不断地向更广阔的范围、更深入的层次发展，因此，金融资本的全球化扩张是一个不间断的持续过程，这个过程还将不断地继续下去。

参考文献

[1] 戴相龙:《关于金融全球化问题》，载《金融研究》，1999（1）。

[2] 厉以宁:《全球化与中国经济》，载《世界经济与政治》，2000（6）。

[3] 李扬:《面对金融全球化》，载《中国外汇管理》，1999（1）。

[4] 樊纲:《21世纪的金融全球化和国际金融改革》，载《中国外汇管理》，2000（1）。

[5] Eichengreen，B: Globalizing Capital——A History of the International Monetary System，PRINCETON，1996.

[6] Rogoff，K : International Institutions for Reducing Global Financial Instability，NBER Working Paper7265.

[7] 布莱恩，D. 法雷尔，《无疆界市场》，中文版，上海，上海人民出版社，1999。

[8] R. I. Mckinnon: The Rule of the Game ，International Money and Exchange Rates，Mit，1996.

长波周期与经济增长*

近年来，经济周期长波理论在西方经济理论界又热了起来，有的经济学家用长波理论解释和预测200年来人类经济发展周期运行的特点和经济增长的关系。

在20世纪20年代，俄罗斯经济学家尼古拉·康德拉捷夫对140年来西方经济的运行用手工进行了统计和分析，建立了经济周期长波理论，得出每50年左右形成一个经济增长起伏周期。每个周期过程中，基础创新是决定经济增长的主要关键，创新不仅推动了技术革新，而且影响整个社会经济的持续进步和发展。在此过程中，并不排除繁荣后会出现短期的衰退，有的创新将被新的创新取代。总的来说，在每一个长波周期中，经济发展将上一个台阶。

目前，西方经济理论界按照康德拉捷夫的理论并沿袭其划分方法，将18世纪末直到现在共分为五个周期。第一个周期由于蒸汽机在工业的广泛应用，促使工业特别是纺织业迅速发展，对生产力产生了划时代的推动作用，该周期于19世纪中叶结束。接着的第二个周期是钢铁生产的增长和铁路的修筑，高涨期为1870—1875年，直到19世纪末才走下坡路。第三个周期是电子技术和化学在工业领域的普遍应用，周期持续到20世纪中叶。第四个周期与石油化工和汽车的繁荣联系在一起，它促进了西方世界原油的需求和发展，使社会经济生活水平大大提高。这个繁荣周期从50年代持续到70年代（如60年代美国108个月的经济持续增长），使工业社会有了比较广阔的发展前景，此后经济增长速度放慢。西方石油化工和汽车工业的发展状况清楚地显示，80年代和90年代的经济增长不再属于第四个长波周期，此时，增长动力被新的创新所代替。但是，仍然应该注意东欧、拉美、亚洲等的发展中国家对汽车需求仍存在着潜在的市场。

长波理论者认为，目前我们已处在第五个长波周期的高涨期，如1992

---

* 本文原载2000年2月19日《金融时报》。

年以来美国持续 8 年多的经济增长。该周期的基础创新是资讯技术（Information Technology），它不仅包括计算机信息技术的应用，也包括社会劳动组织形式和内容的重大改变。90 年代，世界信息和电信市场的增长率为 5% ~ 10%，美国高达 8% ~10%，日本、西欧要慢一点。当前在西欧、俄罗斯、东欧和亚洲的发展中国家还有较广阔的发展空间。

信息技术和电信市场的繁荣能持续多久？目前很难回答，但总体的增长速度已放慢下来。从经济长波理论来看，有的认为，2000 年后经济高涨期将逐步结束，资讯技术对经济增长的决定作用也将淡化。为此，按推算应在 21 世纪 30 ~40 年代进入第六个长波周期，届时支撑经济增长的创新又是什么呢？哪些基础创新将决定周期的发展呢？因为早在 20 世纪 60 ~70 年代的第四个长波周期时，人们就在研究什么样的创新能够推动第五个长波周期经济的发展。从当今资讯业的变化已看得很清楚，基础创新必须从未来的市场上去寻找，因为要发现一个能够持续十年影响经济增长和社会方式变化的创新是相当困难的。

西方一些经济长波理论者提出可能影响第六个长波周期的一些创新，供人们思考。

1. 随着世界能源需求的不断增长，传统能源资源将面临枯竭，在环保的情况下，利用各种形式新技术的能源转化（例如利用风力、太阳能、生物能，光电效应的应用等）。可以预见，今后二十年在能源开发上会有剧烈的竞争。

2. 我们正处在从工业社会走向信息社会的时代，资讯技术、信息产业迅猛发展，全球信息交流日益频繁和网络化，可以说信息无处不在。但是信息技术如何创新，并产生新的市场，仍有很大的空间。

3. 健康是人类拥有的最大财富。保健服务、病员服务、生理和心理服务的需求将不断增加。增强老年人的健康，延长人类寿命就显得越发重要了。在今后数十年内，制药、生化、医疗会有革命性的变化，会有一系列的研究成果出现（例如，生物工程、基因工程、克隆技术等），保健市场将有极大发展。1990 年美国的保健支出占国民生产总值的 12%。保健市场的发展将进一步影响制药技术、药剂工业、环保、营养、旅游、休闲等相关行业的发展。

经济长波理论者认为，该理论已被西方主要国家经济发展的历史过程所证实。英国在第一个长波周期发展得很好，但在第三、第四个长波周期内没有得到充分发展。德国在第三个长波周期中的电子技术更新和化学工业发展以及第四个长波周期中汽车工业发展方面获益很多，经济取得了快速增长。美国在第二、第三、第四以及第五个长波周期内都得到较好的发展。西欧各国在第五个长波周期内仍然落后于美国。发展中国家在各个周期中的经济增长速度都滞后于工业发达国家。那么本世纪内来临的第六个长波周期经济增长的情况怎样，人们将拭目以待。

世界经济金融形势及对我国经济的影响*

一、90 年代世界经济发展态势

进入 90 年代以来，世界经济、金融的格局基本上仍在 80 年代多极化、区域化、集团化的基础上进一步发展和完善。支配这种格局的形成和发展是从当今世界经济发展的一种不可逆转的态势出发的。对此，可归纳为八个字：依存、合作、竞争、发展。

依存——世界经济的发展已进入各国经济活动越来越紧密融为一体的阶段，国际分工构成了各国经济相互依存的基本格局。在当今世界经济这个整体之中，任何国家都不可能脱离国际分工和依存关系而保持封闭式的、自给自足的经济。

合作——超越国界，并且是不同社会制度之间的经济合作，包括资金、技术、人才等方面的合作与交流，将进一步促进国际经济贸易的增长，推动科学技术的进步。同时，合作也成为消除国际经济摩擦的润滑剂，并且越来越成为创造良好国际秩序的重要基础。

竞争——竞争是现代商品经济发展的基本规律，任何社会制度的国家、企业及个人非但无法避开这个规律，而且还必须充分利用这个规律。竞争推动着社会生产力的进步和发展。

发展——作为人类获得社会稳定、经济繁荣、维护和平的共同愿望，世界经济将在依存、竞争、合作之中，为实现这个愿望不断发展。

然而正是由于世界经济一体化的发展，各国之间既相互依存合作，同时又展开激烈的竞争，从而使得世界经济这个庞大系统更为复杂。因此，在世界经济这个整体中，各国间存在严重的经济贸易发展不平衡。这种失衡和为解决失衡各国自身和国际所作的调整和斗争对世界经济、金融格局

---

* 本文原载《国际金融研究》1991 年第 1 期。

的发展也有重大影响。

90 年代，世界经济将继续保持低速增长，由于发展不平衡，竞争会更激烈。各经济大国为在竞争中处于有利地位，都力争形成、巩固和扩大自己的势力范围。可以预计，90 年代世界经济、金融多极化、地区化、集团化的格局将进一步加强。

二、90 年代国际金融发展的几个特征

（一）金融自由化在深度和广度上继续发展

80 年代以来，随着世界经济一体化程度的加深，国际资本的跨国性转移愈加频繁，规模日渐增长，迫使西方国家不得不放松金融外汇管制，以“自由化”为基本特征的金融改革在西方主要国家形成一股不可逆转的基本趋势。这主要表现在三个方面：一是利率自由化，西方国家普遍取消了对银行存贷利率的限制；二是金融业务自由化，西方工业国家相继放松或取消了对商业银行、储蓄银行和证券公司业务交叉限制；三是金融市场自由化。开放国内市场，放松外汇管制，设立离岸市场，国内和国际金融市场高度融合，推动金融国际化。这场战后国际金融领域最深刻的变革持续到 90 年代，对国际金融的深刻影响将得到充分表露。

（二）金融市场扩张速度将继续超过经济贸易的发展速度

随着外汇管制的放松，汇率、利率的自由浮动以及金融创新的发展和交易技术的完善，为各式各样的金融投机提供了机会。国际金融的交易基础是国际贸易，但是以投机盈利为目的的业务活动迅速增加，货币资本可以不依附于产业资本和商业资本的运动，同样获得增值的机会，而且利润可能比商品生产和流通领域的高得多。

金融的扩张超过了经济和贸易的增长速度也表明，部分货币的运动脱离物质生产活动的现象日益明显。金融市场的巨额资金除去满足正常经济贸易发展需要之外，还有相当一块资金活跃在股票、债券、外汇和黄金市场上追逐投机牟利，它在一定程度上能促进经济的发展，推迟了周期性生产危机的发生，把某些矛盾和问题转移到金融领域。然而，金融商品价格、国际资本的转移受非经济因素、短期和投机因素、心理因素的影响很大，这种金融交易带有很大的盲目性、投机性和破坏性。因此，金融的繁荣有一定的虚假性和潜在的不可低估的危机。

（三）有管理的浮动汇率制度将得到完善，世界货币体系多元化趋势不可逆转，并逐步形成三足鼎立之势

80年代以来，西方国家通过联合干预外汇市场和协调货币、利率政策，对稳定国际金融秩序，协调各国经济均衡发展起到了一定的积极作用。90年代，这种协调机制会得到加强和完善。

90年代世界货币体系向多元化方向发展，将基本形成美元、日元、德国马克三足鼎立之势。尽管美元在国际货币体系中的中心地位不会改变，但其作为国际储备、清算和投资货币的地位将相对下降，这反映出美国经济实力的下降。日元的国际地位越来越重要，这与其巨大的经常项目盈余有关，而且，日本是世界上最大的债权国，各国中央银行储备中日元比例将大大增加。德国马克的国际流通性将因德国经济持续增长而攀升。随着1992年欧洲统一大市场的建立，欧洲力量进一步加强，作为欧洲货币体系中主要货币的德国马克在国际经济活动中的作用将进一步增强。

（四）国际资本流向日益趋向西方发达国家，国际债务问题仍然是国际经济、金融领域中的不稳定因素

世界经济的失衡是造成国际资本转移的根本原因，大规模的资本转移又造成西方国际收支的不平衡，对汇率、利率也产生深远的影响。90年代国际资本流动的基本格局将是在西方工业国家之间的双向流动，发展中国家仍然面临资本匮乏的局面。

日本、德国将继续拥有巨额国际收支顺差，成为最大资金供应者，而美国的庞大逆差及财政赤字使其成为最大资金需求者。1992年欧洲统一大市场的建立，将给欧洲经济发展带来新的机会，东欧、苏联的变革对国际资本也有一定的吸引力。值得指出的是，90年代发达国家间的资本双向渗透日益加深，新技术的兴起，产业结构的调整，发展中国家劳动力资源优势已不显得那么突出，追求技术水平的进步是企业首要战略目标，直接投资流向取决于技术与资金的优势。美国、日本对外直接投资70%以上，英国、德国80%以上都是投向发达国家，这也使得西方国家经济的相互依存性加深。

1989年底发展中国家的外债余额达1.3万亿美元，债权国虽然采取了一些免、减、缓的措施，情况有所缓和，但由于2/3属于私人债务，而且多数发展中国家在国际资本市场信誉低下，西方商业银行已不愿再对这些国

家提供新贷款。

（五）国际银行业的监管将趋向统一化

西方金融自由化发展、管制的放松并不意味着金融管理可以放任自流，为适应竞争和国际化趋势，由主要工业国家控制的国际银行业的协调和监管在 90 年代会进一步加强。

西方中央银行将共同协调他们的货币、汇率、利率政策。国际协调机制将始终是 90 年代世界经济、金融的重要调节器。

针对金融自由化发展后各类金融机构业务的自由扩张，1988 年 7 月，国际清算银行的巴塞尔委员会就统一国际银行的资本标准和计算方法达成“巴塞尔协议”，规定到 1992 年从事国际银行业务的银行要将其资本对风险资产的比例提高到 8% 以上，目的是消除各国银行不平等竞争条件，限制过分扩充资产，提高贷款质量。目前，英、美等国的中央银行先后根据该协议原则制定本国金融监管措施。

三、1990 年国际金融形势和变化

1990 年以来，国际金融形势出现了新的动荡和变化，主要表现为：

第一，美国、英国、加拿大经济出现衰退迹象，日本、德国内需仍较旺盛，世界经济出现了差异和不同步性，但西方主要工业国家仍然执行货币紧缩政策。

第二，世界利率水平攀高。1990 年，英国基础放款利率 9 月份上升到 15%，日本中央银行贴现率 10 月份提高到 6%，都达历史最高水平。国际资本市场利率虽有所起伏，但基本上仍处于居高的局面。由于受经济不景气和海湾危机等因素的影响，金融市场波动剧烈，美元对日元和德国马克分别跌近、跌破历史最低点。日本股票行市比上年下跌一半，跌幅越过 1987 年 10 月世界股市暴跌的幅度。

第三，国际银行业面临最艰辛的年代。美国银行业陷入困境，1990 年以来，最大的 25 家银行利润平均下降 91%，股票下跌 30% ~50%，信用等级也相应下降，有的银行大批裁员。200 家大银行中 35 家有严重问题，急需 44 亿至 63 亿美元资金支持，如果无法获取，则可能在 1991 年宣告倒闭。全美商业银行中，有 1 000 家被列入“有问题银行”名单，储贷机构频频出问题，大批破产倒闭。日本银行业也频频告急，信用等级普遍下降。

四、对我国经济的影响及应采取的对策

党的十一届三中全会所确立的改革开放政策，使我国结束了长期对外封闭的经济模式。随着改革开放的不断深化，我国经济运行将越来越紧密地与世界经济的运行和发展融合起来。

我国对外贸易占国民总产值的比例已达 30%，已超过美国（16.4%）、日本（17.1%）的水平。尽管上述数字有许多不可比的因素，但它充分说明，通过十几年来的改革开放，国际经济交往的发展，促进和推动了我国“四化”的进程，同时也充分显示了我国国民经济的增长与国际贸易、国际收支、外汇收支、国际金融有较强的相关性和依存性。因此，我国应更积极地、坚定不移地执行改革开放的政策，参与国际经济、金融往来。

从我国经济发展状况看，仅仅根据生产投资、消费及其结构的变化，判断工农业生产增长的速度是否得当已远远不够了。除此之外，还要充分考虑进出口贸易对工农业生产的影响以及对外汇和人民币资金的影响。比如，进口对国内经济的影响，由于进口商品不同，影响是不同的。特别是所谓与经济波动联系密切的进口，如机电设备的进口。当国内实行紧缩时则进口突降；放松时，则上升。而且对经济的影响有一个滞后期。再如商品能否出口，影响国内商品库存，人民币信贷资金的投放以及市场商品供给。同时，进出口商品对国内物价造成的影响也日趋明显。

下面，我想着重就与我国有关的国际金融方面的问题，谈一些不成熟的看法：

一是“八五”时期，我国虽然进入偿债高峰期（1990 年 6 月底，外债余额为 454 亿美元），每年偿债本息 80 亿~100 亿美元，但从有关各项指标来看，我国的外债形势并不严峻，国家所持有的外汇储备 1990 年 9 月底达 259 亿美元，其中国家外汇库存为 114 亿美元，中国银行结存为 145 亿美元。因此，我国偿债能力是没有问题的。正因为 90 年代西方经济将处于低速增长，1991 年西方工业大国有的将进入经济衰退，这就为我国有选择地增加必要的商品和高技术的进口提供了较好的时机。因此，为了充分利用外资，适当存在一定的外贸逆差是可取的，只要出口也能保持一定增长，千方百计增加非贸易收入，同时继续借新债还旧债保持良性循环。这样做，不仅有利于外贸、外债结构的调整，也有助于国民经济治理整顿，保持稳定、健康、协调的发展。

二是从总的形势看，今后我国出口形势和国际筹资环境将更为严峻，

这对我国沿海地区、开发区和特区将有一定影响，特别在外汇资金运用上可能吃紧。为此，应多争取外国政府贷款、出口信贷和国际金融机构资金，同时也要积极筹借国际商业银行资金，要从严控制借债窗口，充分发挥中国银行筹资主渠道作用，支持中国银行海外分行的建立，尽快落实中国银行外汇贷款“类同外资”的政策，使其为我国对外金融经济发展作出更多的成绩。

三是随着我国外贸体制的改革，我国进出口单位的相当大部分的外汇资金通过国内外汇调剂市场进行交易，为此需进一步完善我国的外汇市场。同时，我国人民币汇率水平和操作方法需进一步研究，我国的外汇储备制度也需作相应的改变，逐步建立外汇储备基金制度。建立外汇储备基金，除国家应急外，主要用于干预外汇调剂市场，为人民币逐步向弹性汇率制过渡作准备。

对当前世界经济金融形势的思考*

一、如何看待经济危机周期性的问题

资本主义国家发生周期性的经济危机是由其生产资料私人占有和生产社会化这一基本矛盾所决定的，它不可能消失，从这一点来说，周期的形成没有质的变化。但是，从1982年西方工业国家摆脱危机以来，经济持续增长，通货膨胀被抑制在较低水平，经济衰退和危机一再推迟到来，经济的周期变化不再那么明显。出现这种状况的主要原因有：（1）西方经济产业结构的变化。随着科学技术的发展，制造业在国民经济中的比重下降，服务业比重上升，使得经济的周期变化不再那么明显。另外，设备投资增长与生产能力扩大逐渐脱离正比函数关系，更多的投资用于生产的合理化，注重提高竞争能力，加之库存管理技术的提高和能源的有效利用等，使经济增长平缓而持久。（2）工业国家经济政策的变化，如国家对经济的更多参与，政府支出占国民生产总值的比例增加，并把反通货膨胀作为首要的经济金融政策，避免了经济增长的大起大落。（3）金融市场管理得以改善。（4）西方经济大国经济增长的不同步性，使过去那种一个经济大国经济衰退而带动其他国家经济衰退的格局发生变化，如在90年代初期，美国、英国和加拿大面临或正步入经济衰退，但日本和德国仍在国内需求旺盛的推动下，经济保持相当的增长速度。

值得注意的是，经济危机和衰退的推迟出现，还在很大程度上是由于经济领域的矛盾转移到货币财政和金融领域。例如，80年代以来，美国货币流通量和信贷额激增，财政预算赤字剧增，国内外债务急剧膨胀，国际收支经常项目巨额逆差，从世界上最大的债权国沦为最大的债务国，因此，80年代美国经济的增长在一定程度上是靠放松财政的刺激，这为今后的经

---

* 本文与李瑞呈合写，原载《国际金融研究》1991年第2期。

济发展埋下了隐患。另外，房地产业和金融证券业在投机的促发下高度繁荣，但这种繁荣有相当的虚假性和危险性。因此，在90年代，过度宽松的财政政策和投机经济的潜在危险很可能使世界经济、金融出现大的震荡。另外，西方工业国家经济出现经济周期的不同步性将持续一段时间。

二、如何估计1991年世界经济前景、衰退的时间、程度以及海湾危机对经济的影响

海湾危机是1991年世界经济中最主要的不稳定因素，也是世界经济走向衰退的催化剂，它将加速经济衰退的到来和加重衰退的程度。依目前估计，海湾战争如能在较短时间内结束，石油价格将逐渐下跌，西方国家经济将保持一种有差异的增长格局，美国和英国经济将出现一次温和的衰退，德国和日本仍能保持相当的增长速度。而一旦海湾战争长期化，而且破坏范围较大的话，油价将最终上升，整个西方经济有可能将相继进入持续较长时间或程度较为严重的经济衰退。

另一方面，在过去的一年中，除东亚国家和地区外的广大发展中国家仍面临着高通货膨胀率、沉重外债负担、缺乏资金和经济停滞的难题；而发达国家经济增长速度下降，世界性的高利率和海湾危机又使得发展中国家的外部经济环境更加恶劣。

前苏联和东欧国家的变化尽管在政治上靠近西方，但其经济调整计划却没有实现，国民经济处于比较困难的时期，普遍存在着国民生产总值下降、财政困难、外债负担沉重的情况。一般看法是，前苏联和东欧国家的经济下降将影响世界经济增长，但是在其经济改革进程中，需要扩大进口和引进资金，这从另外一方面有助于缓解世界经济衰退的程度。

三、如何看待经济和政治格局的变化对国际资本流动的影响

曾经有一段时间，经济界的某些同志认为，世界经济政治的变化对国际资本，特别是对过剩资本的流向影响不大。现在看来还是有相当的影响的。

未来中期内，预计国际投资的动向主要有：（1）随着跨国经济的发展，西方工业国家经济的相互依存性日益加深，资本的双向渗透将继续形成一股潮流，资本流向的重点在欧洲统一大市场；（2）日本和德国作为世界上最大的资本输出国地位将逐渐下降，因为日本的经常收支顺差急剧下降，资金回归国内市场，德国（指原西德）的资本盈余将主要用于德国东部的

建设；（3）苏联、东欧国家现时的经济环境对国际投资的吸引力仍然较小，但西方国家对苏联、东欧国家的政治性援助已开始进行，随着苏联、东欧国家经济的改善，西欧的资金和商品流入苏联、东欧国家也可能形成一种不小的潮流。

相比较而言，中国在国际投资所重视的政治稳定、经济开放和立法健全等现实条件上有很大的优势，仍是对国际投资有很大吸引力的市场。

四、如何看待国际银行业危机对世界经济金融的影响和震荡

对于国际银行业来说，1991 年可能是危机加深的一年。美国银行业在 80 年代经历了债务危机、房地产业萎缩和垃圾债券市场崩溃等多次挫折后，已进入一个全面调整和收缩的时期，而且也暴露出诸如金融市场动荡使投资于房地产和金融证券业的银行因资产流动性小而面临倒闭、存款保险制度危机等深层次的问题，涉及美国银行体制全面彻底的改革。除此之外，日本银行业也开始面对利润下降、证券资产价值缩小、难以达到适度资本比率、信用评级被降低等问题，而同样存在大量投资于房地产业贷款的潜在风险。因此，谈论国际银行业危机已不是危言耸听。未来两年内，世界银行业将是影响世界经济金融的一个重要方面，特别是在巴塞尔协议的规定约束下，国际银行业整体资产的增长将受到抑制，可能出现世界性信贷紧缩的局面。对此，应予以高度重视。

五、如何评估经济发展中的投机问题

近年来，国际金融市场在投机活动的促发下过度膨胀和繁荣，期间虽有过几次大的波动但均未对西方经济造成大的影响。而且这种投机活动并不局限于过剩资本，在正常的投入产出和商品期货贸易中也存在。投机活动在一定程度下转移了经济发展的矛盾，缓解了经济的跌宕起伏，但投机的不确定性和盲目性，也使得我们观察和认识现代西方经济规律更加困难。同时，值得重视的是，90 年代投机活动的进一步发展有可能对世界经济、金融造成大的震荡。

当前国际金融形势及其对我国的影响和思考*

1998 年是国际金融领域自 70 年代以来，动荡剧烈、影响最广、风险最为严重的一年，也是对世界经济贸易产生负面影响最深的一年。

1999 年伊始，欧元启动改变了国际货币体系的格局，它将对国际支付、国际储备、资本市场、银行业，欧洲经济乃至世界经济诸方面产生影响；紧接着巴西雷亚尔大幅度贬值，经济金融陷入困境；2 月以来，欧元对美元从坚挺走向疲软，日元对美元也是忽起忽落，9 月初又大幅度上涨，亚洲经济金融危机已缓和并走向复苏，但不稳定的因素依然存在。

一、当前国际金融剧烈动荡的原因

（一）经济全球化对金融联动作用加大

1998 年，全球贸易总额近 70 000 亿美元，跨国直接投资高达6 400亿美元，国际大型跨国公司和跨国银行的兼并、扩张迅速发展，表明全球经济相互融合程度加深。也就是说，当今任何国家不可能脱离国际分工和依存关系而保持封闭式的自给自足的经济。这种相互依存就要求各国之间进行经济技术合作、知识信息交流。当然，这种依存合并并不是没有竞争，相反，在经济、金融、贸易、技术等方面开展日趋剧烈的竞争。竞争虽然剧烈，从某个局部看甚至是你死我活，但总体看，它推动了社会生产力的进步和发展。正是全球经济的相互依存、合作、竞争和发展，使得各国间的关系越来越密切，相互影响也愈深。一国一旦经济金融出了问题，也必然直接、间接影响连带他国，造成全球的动荡和冲击。

---

* 本文系作者在中国科技金融促进会'99 理事扩大年会上的专题报告，以及对外经贸研究院 1999 年新春报告会上的讲稿。原载 1999 年 3 月22 ~ 23 日《国际经贸消息》，《中国科技产业》1999 年第 10 期，标题为《当前国际金融发展形势及其对策思考》。

（二）金融自由化带来的负面影响

随着经济全球化程度的加深，国际资本跨国性转移愈加频繁，规模日益扩大，迫使西方国家不得不放松管制，金融自由化不可逆转，主要表现在利率自由化、金融业务自由化和金融市场自由化方面。特别是20世纪90年代以来，金融扩张的速度大大超过经济贸易增长速度。国际金融交易的基础原本是国际贸易，但以投机牟利为目的的货币资本可以不依附于产业资本和商业资本运动，同样可获得增值机会，有时的利润比商品生产和流通领域要高得多，成为一种特殊牟利资本。这些数以万亿美元的巨额资金活跃在股票、债券、外汇和黄金市场上，投机牟利，有时在一定程度上能促进经济发展，把某些矛盾和问题转移到金融领域，暂时出现经济金融的虚假繁荣。然而，金融商品价格、国际资本移动除受经济因素影响外，还受非经济因素、短期投机因素、心理预期因素的影响，这种交易和转移带有很大的盲目性、投机性和破坏性。货币资本严重脱离商品生产的基础，虚拟（泡沫）经济的扩张速度大大超过“实体”经济的发展速度，迟早要出问题，这是不以人们意志为转移的规律。特别在经济全球化的今天，其破坏性极其严重，被称之为“用金融杠杆掠夺财富的战争”。1997年7月以来的亚洲金融风暴，虽有其自身的内因，但与国际资本的快速、频繁大进大出，兴风作浪不无关系。

（三）国际货币金融和监管体系严重不适应

自从20世纪70年代以美元为中心的布雷顿森林体系瓦解后，黄金与货币切断了联系。目前实行的是多元化的信用本位制，多数国家实行有管理的浮动汇率，美元在国际支付和储备中仍然起着主导作用，不少国家货币仍然依附美元。这种货币制度本身就助长信用膨胀和资金流动。二十多年来，每当国际金融领域出现动荡和问题时，国际货币基金组织、世界银行等国际金融机构都在协调各国金融货币政策，疏通国际资本流动，解决流通手段、储备资产、信贷资金，汇率以及债权、债务的问题上发挥了积极重要的作用。需要指出的是，当前国际货币制度以及国际金融机构已不适应经济全球化、金融自由化发展所带来的风险和问题。国际货币基金组织一味强调自由、开放、不干预，并开出一些不适应客观形势发展的陈旧药方，这些已愈来愈受到人们的不满和质疑。改革当前的国际货币制度和国际金融机构也成为当务之急。国际清算银行巴塞尔委员会制定的一系列针对银行的监管条例还有待进一步完善和落实，如何对付非金融机构及投资者的过度行为，如何进一步就国际资本流动进行有效监管，对危害性的过度交易作出界定，制定有效的游戏规则和预警机制，这些都是国际金融机构和各国政府面临的严峻考验。

（四）政治因素对金融干扰加重

印尼金融危机引起社会动荡，造成社会持续不稳定和经济负增长，进而导致政局变更；韩国也因金融危机更换了总统；东南亚其他国家也有类似的情况；日本经济不景气、银行坏账严重，证券公司舞弊行为引致了政府要员，特别是财政金融领导人的更换；俄罗斯金融危机又引起总理等一些高层人员的更迭；巴西金融危机后，中央银行行长二度更换。美国、欧洲、日本受到国际金融经济金融大背景的牵制和影响，经济政策的连续性在一定程度上受到影响，使政治问题和各种矛盾更加突出，甚至造成某些地区国际关系的紧张。

当然，正式外交关系的背后还是经济利益的关系，这是冷战结束后世界经济全球化发展的必然趋势和特点。由于在金融动荡中融入较强的政治色彩，加重了金融问题的严重性和复杂性。为此，国际组织、各国政府首脑如何进一步发展世界经济关系，如何协调各国经济货币政策、保持经济金融贸易政策的连续性，处理好政府、经济界、军界和非政府组织间的新型关系，如何开展在文化思想、宗教信仰、信息交流方面的正常对话，都应该被提到议事日程进行双边和多边的讨论。“提倡对话，反对对抗”，加强国际经济金融的合作，避免和减少由于政治因素对经济金融造成的干扰和冲击，成为国际社会的热门话题。

二、1999 年国际金融形势分析

1999 年国际金融形势仍然动荡，对世界经济贸易作用更为加强，主要有如下特点。

（一）经济发展、金融安全成为国际社会的共识

1999 年世界经济增长缓慢；日本、东南亚等国家和地区经济是否可能走出谷底；欧盟经济增长滞缓；作为世界经济火车头的美国虽然有保持增长的条件，但是能否排除国际金融动荡的影响，特别是受日本、俄罗斯以及拉美巴西经济金融危机的干扰；如何避免出现股票的暴跌，导致美国经

济大幅度放慢，从而引起世界经济的衰退等，成为国际经济界最为担心的问题。

为此，各国政府加强宏观经济调控，注重高科技和信息服务业的发展，同时加强国际合作与协调，努力创造一个国际经济发展的良好环境，特别是重视全球经济的可持续发展和金融安全，并采取必要的措施缓解和防范金融危机的扩大和蔓延，以确保实现经济稳定增长已发展成为国际社会的共识。

（二）国际金融改革和监管会取得一定成效

改革现行国际货币体系和金融机构已刻不容缓，打击投机活动、规范金融监管势在必行。从 1998 年以来，国际货币基金组织和西方七国财长提出政策建议和方案，就建立预警系统、紧急援助基金，强调业务的透明度，到今年 2 月 20 日西方七国财长决定建立金融市场稳定论坛，对影响全球金融体系的薄弱环节进行研究，制定行动纲领并监督实施的情况来看，今年在国际金融体系和金融机构改革方面，虽然会出现种种矛盾和争论，但是在某些方面会取得一定成效，一定程度上将有助于国际金融领域的稳定。

（三）国际金融的不稳定性继续存在

由于世界经济发展的不平衡性以及经济全球化、金融自由化所带来的新情况和新问题，如何去适应和改革现行的国际货币体系和协调各国的利益冲突与矛盾是个十分复杂的系统工程。

国际货币体系和金融机构的改革要获得真正的成效还有一个相当长的过程，特别是亚洲金融危机的影响并未完全消失。经济全球化可能带来的联动影响不能低估。

欧元启动后，从长期看有助于欧洲经济发展和国际货币金融体系的稳定，但是超国家的欧洲中央银行在当前欧盟各国分别掌握国家政权的情况下，如何实现和运作统一的货币金融政策将面临困难。这是因为十一个国家的经济发展客观上仍存在着差异，各国的财政政策和欧洲统一的货币政策必然会出现矛盾和冲突，加之普遍面临的高失业必然影响欧元币值的稳定，对欧元进程带来挫折和不稳定性。此外日本和拉美潜在的金融风险和银行体系的脆弱性随时都可能掀起全球危机的浪潮。

（四）外汇市场仍有较大的波动

今年国际外汇市场仍然出现了大的波动，日本经济和金融状况是市场波动和风险的主要威胁。日本经济走出衰退、金融出现转机步履艰难。日本是牵连亚洲，影响美国、俄罗斯、西欧经济金融关系中的重要环节。欧元启动后，日本极力主张促成日元与美元、欧元相等的地位，西方就建立三大货币浮动汇率制进行过讨论，但会议分歧严重，没有达成协议。因此，这反过来可能会增大三大货币之间的竞争，加大汇率的波动幅度。今年7月，欧元兑美元跌至1∶1.01的低点，9月初美元兑日元又跌破1∶105的水平，就是佐证。

总的看来，美元在西方外汇市场的主导地位不会改变。鉴于美国经济状况相对较好，利率水平也高于其他主要西方国家，美元仍将保持相对稳定。但是今年美国外贸和经常项目逆差将继续扩大，随着欧元资本市场的扩大和欧元投资的增加以及日本经济的复苏，美元也会面临一定的压力，强势会有所改变。

三、对我国外经贸的影响

由于亚洲危机的影响，1998年是我国外贸出口形势最为严峻的一年。出口增长速度为十多年来的低水平，特别是对亚洲的出口比上年下降9.9%，对亚洲地区出口所占比重由60%降至53%；同样，在利用外资上，亚洲地区对我国直接投资也大幅度下降。

从发展看，这种不利影响还没有完全消失，因此1999年我国的对外经贸环境和形势依然严峻。

（一）世界经济贸易增长放慢，国际市场需求萎缩，初级产品价格低迷

据国际货币基金组织和世界银行预测，世界经济增长2%～2.5%。不少研究机构认为，今年世界部分国家和地区仍将处于衰退，全球通货紧缩可能加剧，世界贸易增长将继续下滑，可能只有3%的低水平。

国际市场商品价格下跌，贸易条件恶化，特别是天然气、粮食、有色金属等初级产品价格疲软，使发展中国家出口十分困难。与此同时，不少国家和地区贸易保护主义抬头，各种形式的保护主义构成对出口的威胁。

（二）东亚地区经济增长乏力，限制了我国对该地区的外贸和利用外资

我国对东亚的出口占全部出口的50%左右，来自东亚的外资占我国利用外资总额的75%上下。东亚地区受金融危机的打击，经济持续低迷，这将进一步影响我国对该地区的出口和外资的利用；加之东亚和东南亚国际货币贬值效应，今年将进一步发挥出来，更不利我国出口商品的竞争。今年头七个月，我国出口下降幅度为2.8%，进口增长幅度为16.6%，顺差减至113亿美元。

（三）欧元启动对我国外经贸带来的负面影响

欧元启动为我国提供了一个统一的、集中的、低成本的和比较透明的欧洲大市场，这是有利的一面。但短期内，欧元的启动只会强化欧元区内经贸和投资的效应，对区外可能产生一定的排他性。我国劳动密集型产品会遇到东南欧国家的竞争而失去优势；欧元区资本的回流、区内投资的增加也会对我国吸引外资带来不利影响。

（四）人民币持续稳定和不贬值的影响

自从1997年7月发生东南亚金融危机以来，该地区国家的货币纷纷贬值，加大了对人民币贬值预期的压力。但是，从我国国际收支来看，经常项目和外贸都是连年顺差，国家外汇储备1998年底为1 450亿美元，国民经济呈持续稳定发展，因此人民币完全可以保持稳定，没有必要贬值。这对国际经济金融的稳定发展作出了积极的贡献。虽然，近期内从国际商品市场竞争角度来看，尚不会对我对外贸易产生过大影响，但中长期的影响仍然会发生。从当前东南亚国家对美元汇率已有大幅度回升来看，其影响会有所缩小。

四、几点对策建议

（1）正确对待经济全球化、金融贸易自由化的挑战。经济全球化已是不可抗拒的潮流，虽然它有某些负面影响，但是我们应当积极参与国际经济活动与交流。在加强国际贸易、投资、劳务、技术合作时，要清醒地看到市场竞争的基本规律。当前世界政治处于多极化的格局，世界货币多元化不可逆转，美元、欧元和日元将处于相互抗衡的局面，我们要认真分析其联合妥协的一面，同时也应充分估计国际资本流动的投机性和破坏性。

因此，如何审时度势，趋利避害，完善和调整我国对外经济金融关系，不断增强我国在国际经贸金融事务中的地位和作用显得十分重要。

（2）从我国国情出发，结合世界经济全球化的发展趋势，制定切实可行的宏观经济政策和发展国民经济的目标和规划。处理好经济增长、通货膨胀、充分就业与国际收支平衡之间的协调、均衡关系。处理好改革与开放，国内市场与国际市场发展的均衡关系。做好国内经济工作，增强承受抵御风险的能力，使国民经济保持持续、快速、健康的发展。

（3）把调整出口商品结构放在首位，提高出口商品的技术含量，增加出口商品的竞争能力。千方百计扶持高附加值和高技术含量的出口商品，减轻亚洲有关国家货币贬值对我国形成的竞争压力。

（4）扩大完善对生产企业的进出口自营权，提高出口退税率，减少或取消实行配额许可证管理的商品。重点支持名牌产品的生产与贸易，特别是用金融手段和措施支持大集团与大企业的技术改造、产品结构调整和升级换代，使它们早日建成真正的、具有综合功能的跨国公司。

（5）大力改善投资环境，继续开放金融市场，保证各项外资政策的统一性和稳定性。继续吸引外资，把资金引导到生产性、技术性的行业上去，提高利用外资的水平。鉴于今年西方经济增长滞缓，国际资本市场利率将保持低水平，有利于我国进入国际资本市场筹资。

（6）利用引导好虚拟资本，学会驾驭虚拟资本的能力。凡实行市场经济的国家，不可避免产生虚拟资本。随着国内资本市场的发展，股票、证券上市的规模必然增大，相应会引发巨额资金的频繁流动，同时带来正负两方面的影响，为此要对股市发行进行规范，加强管理和监督，把资金引入国家急需的投资渠道。借鉴发展中国家的经验教训，加强对外资流入的监测和管理，具体可采取征收交易税、存款准备金和规定存取最低时限等，防止巨额频繁的短期资金流出、流入，避免可能对国内货币政策乃至经济运行造成的严重干扰。

（7）加快金融体制改革的步伐。特别重要的是，促进国有商业银行企业化的转换，迅速提高我国金融体系中作为主体的商业银行的经营管理水平，理顺商业银行内部及外部各方面的关系，改进和完善商业银行内部管理制度，建立严格的内控制度和有效的管理办法，提高资产质量特别是信贷资产质量。保持人民币对内、外币值的稳定，促进经济结构调整和经济发展，保持经济和社会的稳定。

加强金融监管力度，按照巴塞尔委员会监管核心原则的要求，采取必要措施建立和健全我国社会主义市场经济特色的监管体系，对国内外金融机构进行严格的监管，扩大我国的监管队伍，提高他们的素质和水平。

（8）认真、细致地做好加入世贸组织的各项准备，必须逐步有序地开放国内市场，特别是要谨慎处理好开放资本市场与经常项目下自由兑换的关系。对我国现行浮动汇率制度与外经贸关系，应在调查研究的基础上对其利弊进行全面总结。在条件不成熟的情况下，不急于实行人民币资本项目的自由兑换。

（9）对国际经济金融贸易动态和信息要进行跟踪和分析。深入研究国际重大事件的形成和发展以及对世界经济所产生的影响，如亚洲、俄罗斯、拉美的金融动荡，欧元的启动对我国经贸、金融、外汇储备等带来的影响，并及时制定应采取的对策；从理论上对周期性经济危机、国际资本流动、国际银行业危机，跨国公司发展、兼并的特点和规律以及对世界经济、金融、贸易，尤其是对我国的影响进行深入研究。

当前全球经济金融发展特点及思考*

2002年全球经济金融仍处在风雨飘摇之中。“9·11”事件的阴影仍未消除，伊拉克局势犹如箭在弦上，一触即发，石油价格上涨，企业信心不足，信息产业发展不稳定，股市全面下挫，经济增长仍然低迷，金融动荡起伏。据经合发展组织估计，全球跨国投资停滞，全球经济增幅仅为1.7%。西方有关人士预测，2003年全球经济能否进入全面复苏尚无把握，当今是有史以来全球经济面临最不确定性的时期，其表现特征为：

一、全球经济进入增长停滞、内需不足和低利率时期

由于美国、日本、欧盟三大经济体同时进入经济衰退，造成全球经济增长低迷停滞。据经合发展组织估计，2002年美国经济增长为2.3%，欧盟区为0.8%（德国第三季度为0.3%），日本为-0.7%。2002年11月份，美国失业率为6%；欧盟为8.4%，其中德国失业人数突破400万人，失业率高达9.7%；日本的失业率为5.5%，已经出现了连续19个月失业人数不断增长的状况。

为了促进经济增长，增加就业，扩大内需，西方国家普遍下调利率。美国中央银行贴现率为0.75%，联邦基金利率为1.25%，创40年来最低水平；日本中央银行长期实行零利率政策，中央银行贴现率为0.1%；欧元再贷款利率为2.75%。与此同时，西方国家还采取了扩大财政赤字的政策。美国今年以来财政赤字已达1 576.7亿美元，成为1997年以来的最高数额。由于欧元区经济增长前景暗淡，各成员国都想用财政来刺激经济，这与欧盟制定的《稳定与增长公约》里规定财政赤字不得超过GDP的3%有矛盾。同样，欧洲中央银行在降低利率上也出现了两难境地，因担心降低利率刺

* 本文原载2002年12月24～25日《国际金融报》，标题为《中国应对世界经济形势四大措施》；《国际金融研究》2003年1期；转载于《市场经济研究》2003年2期。

激经济的同时引发通货膨胀，目前欧元区的通胀率已达 2.2%，超过了 2% 的规定指标。日本仍然没有摆脱经济衰退的阴影，加之银行 52 万亿日元不良资产的困扰，日本经济、就业状况、日元汇率都受到深重影响。

世界银行专家认为，全球复苏将延迟到 2004 年。虽然美国官方对 2003 年经济前景持慎重乐观，但许多不确定因素仍然存在，经济界人士对此仍然忧心忡忡。2003 年欧盟经济，特别是德国经济不可能出现复苏和较快的增长。日本要进入复苏困难就更大了，因为日本经济积重难返，首先要摆脱银行巨额不良资产，增加就业、调整结构，用日元贬值来推动出口，从而刺激经济增长，为此小泉政府面临新的巨大压力。

二、经济全球化进程放慢，全球进入一个经济区域性合作发展的新时期

全球化是一个历史发展过程。经济全球化主要指，一方面在世界范围内，各国经济相互交织，相互影响、相互融合的程度加深，逐步形成全球统一市场；另一方面，全球迅速规范经济行为规则和运行机制。经济全球化对发展中国家来说是把“双刃剑”，虽然它带来机遇与挑战，但一定程度上又导致全球贫富差距和南北差距的扩大，因为全球市场的建立和游戏规则的确定都是为少数发达国家和跨国集团公司利益服务的。

虽然和平与发展仍然是当今人类进步的主流，但是，近年来全球经济发展迟缓，各国政治经济发展不平衡，日益增长的文化和价值冲突引发了矛盾和利益冲突，恐怖主义和反恐怖主义的较量和斗争随时可能引发局部战争，上述矛盾和发展阻碍了全球化发展的进程。

与此同时，我们看到区域性经济合作与发展却有着广阔的发展空间，因为它的发展可减少经济全球化带来的负面影响。首先，东盟经济区的合作与发展出现良好势头。1997 年亚洲金融危机后，东盟的经济合作就加快了进程。我国参加了亚太 APEC 会议，积极参加和推动了东盟与中日韩（10 +3）的双边货币互换协议及金融合作。我国还倡导成立中国—东盟贸易自由区，得到东盟国家的积极支持和响应。其次，欧元区经过几年的启动，对经济金融稳定的发展起到了积极作用。欧元区成员国将逐步增加，欧盟东扩也已起步，这都是经济区域性合作进一步加强的反映。总之，除了亚洲、欧洲，北美、拉美、非洲等其他地区区域性经济合作的步伐也不断加快。区域性经济合作是促进区域内经济稳定发展和进步的重要因素和力量。

三、世界贸易和跨国直接投资进入了一个低增长和结构调整时期

由于全球经济增长滞缓，国际贸易的增长受到一定的冲击和影响，特别是全球股市全面下跌和信息产业增长迟缓，世界贸易正面临进一步的结构调整。2002 年 11 月，美国为改善巨额贸易赤字，向世贸组织打出“零关税”牌，要求所有成员国在 2015 年取消消费品和工业品的关税；在 2010 年前，将制造业关税减至 8%，随后 5 年间减至零；目前关税在 5% 或以下的产品，到 2010 年前减为零。此举对发展中国家来说，有极大的不公平性。因为美国等发达国家经历了 200 多年市场经济工业化发展的历程，而发展中国家真正启动现代化才五六十年，其工业化水平和竞争力与发达国家绝不在同一起跑线上。虽然该提议被否决，但是我们要密切关注美国外贸政策的动向。如果美国下决心改善高达 5 000 亿美元、占 GDP 5% 的经常项目逆差，采取减少进口、增加出口等措施的话，必然对世界贸易无论从总额上、产品结构和地区结构上都会产生极大影响，甚至对全球经济的发展产生重大影响。

近年来，全球跨国直接投资增长缓慢。据联合国贸发会议《世界投资报告》统计，2001 年全球外商直接投资额比 2000 年下跌 51%，仅为 7 350 亿美元；该报告对 2002 年前景仍然看淡，特别是对发展中国家的直接投资也大幅度减少。据华盛顿国际金融研究所统计，2002 年流入发展中国家的直接投资只有 1 230 亿美元，创 1992 年来最低点。当年美国流入拉美的资金只有 400 亿美元，较之上年 600 亿美元减少了 1/3，美国企业流入该地区的资金首次出现负增长。特别需要指出的，中国有望成为吸引外资最多的国家，2002 年有望突破 500 亿美元。截至 2001 年，中国累计设立外商投资企业 42 万家，合同金额 8 202 亿美元，实际利用外资达 4 399 亿美元；外资投资重点已从一般的制造业转向基础产业、基础设施和高新技术产业。

四、全球外汇市场仍处于动荡起伏时期

2002 年全球外汇市场仍处于较大动荡起伏之中。主要特点是，强势美元受到欧元的挑战；欧元走上价值回归之路；日元则进入疲软时期，汇率节节下挫；英镑相对走强；拉美货币动荡起伏不定。

2002 年以来，由于美国经济增长乏力，美联储多次降低利率，创四十年以来历史新低。加之美国股市全面下跌，企业和投资者信心不足，导致外资流入大大减少。与此同时，美国经常项目出现创纪录高达 GDP 5% 的赤

字，这无疑对强势美元有极大的影响。欧元区经济状况虽然暗淡，但较上年有所改善，加之欧元现钞流通平稳，负面影响缩小，正面作用不断显现，欧盟央行已卖出多余的700亿美元的储备。此外，欧盟央行为防止通货膨胀，直到12月初才降低了利率，但依然高于美国利率水平，这都是造成欧元利好的因素。7月15日、11月6日、12月12日欧元对美元几度超过平价，欧元对日元也出现几年来的高水平，可以说欧元已走上价值回归之路。日元的疲软与其经济长期未摆脱衰退有关，日本股市下跌、企业信心不足及银行巨额的不良资产长期困扰日本经济的正常运行。日元对美元几度跌至125日元，日本财长扬言，按日本的经济状况，日元兑美元应为150～160日元。这是否意味着日本想用日元贬值来刺激经济？如果真要实行此政策，必然会进一步造成外汇市场的动荡。

2002年12月，美国总统布什更换了其政府的经济班子，这样的变动对2003年美国经济金融政策变化究竟有多大影响还需进一步观察；2003年欧元是否真正走强，仍要接受市场的考验；日元是否长期疲软，经济能否走向复苏，也需进一步跟踪分析研究。至于非欧元区货币，拉美、亚洲、非洲、大洋洲等国家的货币汇率走势主要与其国内经济状况有关，同时受美元、欧元、日元三大货币走势以及国际资金流向的影响。

针对全球经济金融的变化特点，提出几点应对性对策思考。

一、继续实行“双松”的宏观经济政策

鉴于全球经济处于疲软时期，我们应继续不动摇地执行积极的财政政策和稳健的货币政策。通过调整经济结构、扩大内需、增加就业，保持人民币币值的稳定，加快经济增长的步伐。

淡出积极的财政政策不可取，应继续完善和加大债券发行的力度，特别是增加企业债券的发行，充分发挥和完善债券市场在国民经济中的积极作用。

继续保持低利率政策，积极推进利率市场化，加大商业银行的信贷力度。发展商业票据、银行票据贴现，发展和完善货币市场。正确估计财富效应的作用，进一步规范资本市场，遵循加入世贸组织的承诺，积极稳妥全方位地开放金融市场。注意防范金融风险，构建金融安全体系。

二、积极推动参与区域性经济合作和发展，切实制定“走出去”的战略方针

为适应经济全球化和减少经济全球化带来的负面影响，我们应努力贯

彻十六大精神，在更大范围、更广领域和更高层次上参与国际经济技术合作与竞争。特别要重视推动和参与区域性经济合作，对中国—东盟自由贸易区的建设进程要有具体的步骤和方案。也需重视与欧盟的经济交往与合作，合作的领域与范围，除了经济贸易金融还应扩大到科技、文教等领域。要重视与发展中国家的区域性集团合作，也要加强与发达国家区域性集团的合作。当然，也应加强双边的合作。

应着力落实“走出去”战略方针。截至 2002 年，我国吸收的外商直接投资已达 4 399 亿美元，而我国对外的直接投资只有几百亿美元，两者相距太大。为此，应大力培养、鼓励和支持对外直接投资，运用金融手段和措施对投资主体和集团予以重点支持，形成一批有实力的国营、民营、合营企业和著名品牌，以资本输出带动商品和劳务出口。

三、正确估价我国对外贸的依存度、深入研究外汇储备的职能和作用

当前我国外贸进出口总额占 GDP 的45%，出口额占 GDP 的24%。前者表明我国对外依存度和开放程度很大，后者表明出口占国内生产总值较大的比例。但是，我们要清醒地认识到，我国不是出口导向型国家，我国的市场主要在国内。因此，不要被上述统计数字所迷惑或产生误导，在制定对外经济发展战略时，不应过分强调外贸依存度和出口贡献率。要知道，我国的统计数据与国外相比，可能口径上有误差和不可比性。比如，我们在统计来料加工时，进出口时都重复统计；第三产业有许多项目和产值没有统计进 GDP；此外可能还有汇率的因素。西方有的机构认为，我们的外贸依存度只占 GDP 的 12% ~14%。不论它正确与否，我们都应正确估计当前我国外贸依存度和对外开放的程度，对数据要有正确分析，要做到心中有数。

2002 年 10 月底我国外汇储备高达 2 655 亿美元，因此迫切需要对外汇储备的职能和作用再做深入的研究和分析。

对我国来说究竟保持多少外汇储备为最佳水平是值得探讨的问题，外汇储备并不是愈多愈好。外汇储备主要由外贸顺差和外资净流入组成。外贸顺差形成的外汇储备是我们用商品和劳务换来的，因此如何发挥外汇储备的有效性是一个紧迫的问题。此外，对外汇储备的各种不同货币的金融资产摆布、保管存放，也即安全性、保值性、流动性都需结合国内外实际进行深入认真的探讨。

四、循序渐进地推动人民币可兑换进程，充分认识人民币可兑换与国际化的关系

随着我国对外开放和经济金融改革的深化发展，要求人民币资本项目可兑换的迫切性加大，但是一定要把握循序渐进的战略方针，努力创造资本项目可兑换的条件。比如，要有较强的国民经济实力和综合国力；要建立和健全良好的宏观经济环境和政策；要健全金融体系和金融监管体系；要有良好的国际收支状况和充裕的外汇储备；要具有自主竞争力的现代化企业体系；要有合理科学的汇率机制和汇率水平等。根据国际上开放资本项目的经验教训，结合我国经常项目下可兑换的成功经验，可采取积极稳妥、先易后难、宽入严出的方针。首先是实现资本项目下有条件的可兑换，在此基础上再实现资本项目下的完全可兑换。即使实现了完全可兑换，在必要的情况下，仍然可以实行必要的资本管制。从总体来看，应逐步放开外汇管制，加强和完善外汇监管，以监管逐步取代管制。

当前人民币汇率水平是否合理，机制是否健全和完善，如何逐步实现汇率市场化，真正实现有管理的浮动汇率等问题，都应进行深入的研究和探讨。

需要指出的是，可兑换货币与国际货币不是同一概念。一国货币可兑换，是指一个国家对居民和非居民的经常交易与资本交易的支付和转移不予限制，允许把本国货币自由兑换成国际通用的货币。而一国货币实现国际化则是指这种货币具有国际计价、结算、支付的功能，能充当国际清算手段和国际储备资产，在世界范围内自由兑换、交易、流通，为国际社会所接受。一国货币的国际化是该国经济社会生产力、综合国力、对外经济、金融国际化水平发展到一定阶段形成的。从世界经济和金融发展的历史与状况看，只有少数经济实力强大，在国际贸易、金融占有很大份额的国家的货币才能为国际社会所接受，在国际间流通，成为国际化的货币。

虽然近年来人民币钞票在周边国家或地区可自由兑换，甚至被贮藏和作为计价结算的工具，这是人民币国际地位提高的反映，但不能把这种现象误认为人民币国际化了。今后，外汇体制改革的目标仍然是逐步实现人民币的可兑换。随着我国经济实力的增强，对外开放水平的提高，人民币对国际货币体系的影响日益加大，可以把人民币国际化放在国际货币体制改革这一大环境中进行研究。

21 世纪头 10 年全球经济金融走势及对策思考*

如何正确分析预测未来十年世界经济金融发展的趋势，是一项具有重要理论和现实意义的课题。未来十年的发展趋势基本上仍在20 世纪 90 年代经济全球化、区域集团化、金融自由化发展的基础上，进一步向纵深发展，并将呈现一些新情况、新趋势和新规律。对此，本人作出了一些分析和预测，并对我国应采取的对策进行了思考。

一、当今世界经济发展的主要态势

“依存、合作、竞争、发展”这八个字仍然是支配未来十年世界经济发展的主流。所谓依存，是指经济全球化发展已进入各国经济活动越来越紧密融为一体的阶段，即任何国家要想获得经济发展或保持经济增长，都必须借助于其他国家的物质、技术、资金、人员的交流，任何国家都不可能脱离国际分工和依存关系而保持封闭式的、自给自足的经济。这种依存关系不仅表现在发展中国家对发达国家的依存或者发达国家之间、发展中国家之间的相互依存，而且表现在进出口贸易、技术输出入、资金流出入，人员交流以及国际分工、信息交流等方面的相互依存。相互依存要求各国之间进行经济技术合作，不仅发展双边合作或多边合作，而且要求发展全球性的、无歧视的、平等互利的经济合作，共同构筑经济安全网。当然，我们也要清醒地认识到，这种依存合作并不意味着没有竞争；相反，现代世界经济的一个主要特征是国与国之间在经济金融贸易技术上日趋剧烈的竞争。竞争是现代商品经济发展的基本规律，任何社会制度的国家都无法避开它。竞争虽然剧烈，从某个局部来看，甚至你死我活，但从总体上看，

---

* 本文原载2001 年3 月14 日《国际金融报》，标题为《21 世纪头 10 年全球经济怎么走》；《中国金融》2001 年第4 期，标题为《21 世纪前十年世界经济金融发展趋势展望》；《经济学动态》2002 年第6 期，标题为《未来十年全球经济金融走势及对策思考》。

它推动着世界各国社会生产力的进步和发展。发展是人类的共同愿望，是保持社会进步、经济繁荣稳定、持久和平、人类进步的根本保证。

正是由于世界经济全球化的进一步发展，各国之间形成了既相互依存合作，同时又相互激烈竞争的格局，由于世界政治经济发展的不平衡性，为了发展和解决失衡，国际经济格局将出现新变化，并进行调整和改组。为此，我国应如何透彻认识、处理协调好这八个字之间的辩证关系十分重要。即（1）对发达国家的依存开放有个适度的问题，依存是互相的。（2）如何进行合作，如何处理好合作与独立自主、自力更生的关系，如何体现公平、互利、无歧视，这都需要从斗争中实现。（3）要学会掌握运用好国际游戏规则，要健全自身的法律、法规，保持应有的独立性，增强品牌意识，树立竞争意识。（4）发展是硬道理，要充分认识到当代所有的竞争归根到底还是人才的竞争，只有加快培养、造就和留住大批优秀人才，增强我国自身的综合实力，才能立于不败之地。

二、经济全球化、区域集团化向纵深发展的主要表现

在这十年间，世界范围内各国经济的相互依存、相互交织、相互融合将进一步发展，竞争将愈演愈烈，在各国、各集团的利益斗争中，可能出现这样或那样的不同形式的公开或隐蔽的斗争，比如“9·11”事件，美国打击阿富汗塔利班等，但世界仍将逐步建立新的经济运行的全球机制。主要表现为：（1）世界贸易增长速度仍将超过世界经济增长的速度。估计世界经济年均增长为3%，贸易年均增长为5%。亚洲，特别是中国仍然是经济增长最快的地区。世界贸易总额在十年中期将超过10万亿美元。世界贸易的结构和方式将发生巨大变化，服务贸易的增长将高于货物贸易的增长，其占世界贸易的比例也将不断提高。技术、知识密集产品将占主导地位；电子商务将逐步成为国际贸易的主要方式，从而引起贸易环境、经营管理的重大变革。（2）跨国直接投资也将有突破性的发展，将从目前1万亿美元的水平在几年之内突破4万亿美元。资金流动主要仍在发达国家之间进行，美国仍是对国际投资最有吸引力的国家，其次是英国和法国。同时，流向发展中国家投资的比例将大大增加，中国是接受直接投资最多的发展中国家之一。（3）跨国公司的并购、重组会迈向一个新台阶。生产要素在全球的配置将更趋合理。每个领域、每个行业将会出现更大的跨国集团，跨行业、跨领域的跨国集团将会涌现。并购和重组主要集中在电信、传媒和高科技行业，但很快向传统行业发展。集团间的竞争也将更加剧烈。

(4) 全球经济发展的联动性加深。各国的经济金融政策和经济发展状况，除了大国外，甚至中、小国家上述方面的变化都将对世界经济的持续稳定发展产生影响。如某国的通货膨胀、通货紧缩、经济衰退、失业、金融危机等都可能引发成为全球问题。(5) 世界的共同财富和公害将更受关心和重视。如公海海洋、太空、南北极等处财富的开发和应用；酸雨，臭氧层的产生和破坏，森林植被的破坏，生态环境的污染等，将越来越成为人类重视和关心的问题。(6) 国际性经济组织的权威性和职能日益加强，规范全球经济行为的准则将在各国、各集团维护各自利益的斗争中陆续出台。如国际货币基金组织、世界银行、国际清算银行、世贸组织等，在协调各国宏观经济政策、处理推动各国经济全球化出现的问题和困难时，将面临更多的工作压力，出现更为复杂的斗争。

区域集团化是经济全球化过程中的一个阶段。估计在这十年中区域集团化将比上个十年有更大的发展，这是因为区域集团化的发展在一定程度上可以制约经济全球化发展的负面影响。(1) 区域集团化发展可增强区内经济合作，加快和增强区内经济实力；(2) 区内货币实行稳定汇率制度，如欧元区，在一定程度上可与美元抗衡；(3) 区内政治、外交用一个声音说话，能代表和维护区内集团和国家的利益。

鉴于经济全球化是一把“双刃剑”，它更多的是维护发达国家和跨国公司的利益，对我国和发展中国家来说则是机遇和挑战，唯一的办法是如何适应它，加快增强自身的综合实力，争取建立全球公平、公正、无歧视性的经济秩序，制定公开、公正、透明的游戏规则。同时更重视区域经济的合作，这是发展中国家逐步适应和迎接经济全球化的缓冲办法。例如东盟国家在克服东亚金融危机中，就采取了：(1) 加快东盟自由贸易区的进程，原定 2008 年建成提前至 2003 年。(2) 成立金融危机预警机制，相互通报信息，协调财政金融政策。(3) 建立东盟投资区。2010 年建成时，成员国享有同等国民待遇。随着我国加入世贸组织，除遵循金融对外开放的承诺外，应努力创造一个良好的宏观经济环境，加快经济金融改革的步伐，努力防范和化解金融风险，确保国家金融安全。加强国际金融合作，维护亚洲金融稳定。

三、金融自由化进一步深化对全球金融发展的主要影响

经济全球化和区域集团化的纵深发展要求各种生产要素，特别是资金能迅速无阻地在全球范围内流动，以利率自由化、金融市场自由化和金融业务自由化为核心的金融自由化将进一步深化。同时，这也意味着金融业

的竞争与风险与日俱增。

利率自由化的发展表明国际资本的价格越来越按照市场供求来决定。从全球范围来看，十年内越来越多国家的居民可以参与国际金融市场活动，也意味着国内消费者可以购买外国金融机构提供的产品和服务，本国机构也可以为外国消费者提供产品和服务，而资本将进一步流向高回报的地区和行业。利率变化的特点是：（1）美元、欧元、日元的利率变动将影响世界利率的水平。（2）区域性集团内的利率将向趋同化方向发展，如欧元区各国利率趋同将更完善，其他区域性集团随着区内各国经济差异的缩小，利率也会逐步走向趋同。（3）国际资本市场利率与各国国内市场利率相互影响加深，两者的差距也将逐步缩小。

市场自由化的发展表现为：（1）随着各国外汇管制的放宽和货币的可兑换以及金融服务的开放，将出现更多的开放型的金融市场。（2）国际与国内金融市场的关系将更为密切、更为深入。（3）货币市场与资本市场的界限和功能越来越模糊。（4）市场交易结算体系将更趋完善和快捷。将集中在几个大的结算系统和大公司进行。（5）国际证券市场在竞争中将进一步整合，全球各大金融中心的证券交易所也将进行重组。（6）有形金融市场将更趋减少，随着网上交易、电子商务的扩大，新概念的无形市场将逐步发展和完善。

可预见的银行业务自由化的发展趋势：（1）世界大商业银行将成为名副其实的金融百货公司，传统银行业务和功能将发生质的变化。混业经营已不可逆转，其经营的范围越来越广，业务品种越来越多，除了服务于企业集团外，将把无所不包的新功能，逐步渗入到居民饮食起居、生老病死、休闲娱乐、投资理财、教育文化等方面。当然，除了全球“巨无霸”的大银行外，一些十分专业的小银行凭借其优质服务仍有生存的空间。（2）金融工具创新将层出不穷，满足各个阶层、各行业对融资、投资、消费、交易、结算，以及避免利率、汇率风险等方面的需要。（3）投资业务将超过信贷业务，表外金融业务额超过表内业务额，各种基金等收费业务迅猛发展。（4）网上银行的功能和规模进一步扩大。（5）金融资产的扩张成为推动国民经济持续发展的重要一环。（6）国际资本流动的全球化促进全球金融业的竞争，其结果是，一方面推动风险报酬趋向平均水平；另一方面，通过对金融资产价格的不断调整来保持市场的均衡与稳定。（7）资本流动和银行业务自由化的发展迫使银行更好地进行内控和风险管理，扩大金融资产投资转让的范围，提供更优质、更高效的金融服务。

总之，随着金融自由化的深入发展，要求国际经济组织和各国有关当局制定和完善适应新经济发展的监管体系和宏观经济政策。对我国来说，要对金融业逐步迈向混业经营有一个总体安排，要进一步完善金融机构体系；市场体系和监管体系；对央行来讲，特别需要切实提高经济金融政策的可信度和有关政策组合协调能力；对金融业的各级管理层来说，在经营理念上要有一个根本的转变。

四、国际货币体系的格局和汇率制度将呈现出新的趋向

这十年内，有管理的浮动汇率制将会有所改进和完善。与此同时，除了欧元区以外的区域性货币集团可能还会出现，世界货币体系多元化的趋势不可逆转，美元、欧元、日元将基本形成三足鼎立之势。

浮动汇率仍将成为国际货币体系中各国主要使用的汇率。但是，许多西方经济学家认为现行汇率制度无法应付国际资本的巨额流动，浮动汇率不能解决国际资本流动带来的一系列问题，特别是对发展中国家开放本国金融市场带来不利影响。因为汇率经常波动而且幅度极大，造成本外币资金的频繁兑换和流动，这是导致发展中国家货币危机的重要根源，所以改革现行国际货币体系必须从汇率制度入手。他们呼吁：在美元、欧元、日元之间加强货币合作，建立汇率目标区，以此创建稳定的国际货币汇率机制。由于美国、欧盟、日本政治经济金融发展的不平衡以及维护各自利益的矛盾等，要实现汇率目标区有相当难度。

估计十年内，国际间货币汇率仍将波动不断，国际货币汇率体制将朝如下几个方面发展：（1）欧元区的货币成员将进一步扩大，单一货币联盟是现行货币制度下获得内部稳定的途径。（2）拉美地区美元化货币的国家可能增加，同时美国也可能与某些国家货币合作，形成松散的货币集团。（3）日元将加快国际化步伐，加强与该地区国家的货币合作。（4）俄罗斯卢布使用范围将扩大，可能与独联体某些国家结成货币联盟。（5）随着人民币资本项目可兑换进程的加快，人民币与港元、澳元以及新台币有可能加强合作，逐步实现宽松的有弹性的固定汇率体系。

在这十年间，尽管美国在国际货币中心的地位不会改变，但其作为国际储备货币、支付清算和投资货币的地位将相对下降，欧元的地位将显著上升，这是美国经济综合实力相对下降的必然结果。值得提出的是，随着俄罗斯经济实力的加强，卢布将在世界货币体系中占有一席之地的可能性不可低估。人民币是国际社会十分关注的货币，随着中国加入世贸组织，

五年后将全面开放金融贸易服务市场，中国经济将进一步融入世界经济，应逐步实行和完善由市场供求决定的有管理的浮动汇率制度，适当加大汇率弹性区间。逐步以外汇监管取代外汇管理，以全面监管转向重点监管短期资本流动，保持国际收支的动态平衡，循序渐进地推进人民币自由兑换的进程。鉴于中国经济实力的强大，人民币的实力和国际地位将大大加强，最终将逐步成为国际化的货币。

从较长时期看，国际货币体系必将向多元化方向发展，有管理的浮动汇率制将成为国际货币体系中主要的汇率体制，但是类似欧元区的情况，即对区外实行有管理的浮动汇率、区内实行固定汇率的状况可能扩大。因此，有管理的浮动汇率制与宽松的有弹性的固定汇率制并存的局面将形成。为此，我国与发展中国家将积极关注和推动区域性货币金融合作，加强自身货币汇率体制的建设，共同促进经济的发展，做好抵御金融危机冲击准备。近年来，我国积极参加和推动亚洲金融合作，确立货币互换协议，推动亚洲应急货币机制建设，加强各国中央银行的合作；加强经济金融改革信息交流与协调，加强推动本地区高新技术合作。与此同时，改革国际货币体系，对国际资本流动进行有效监管，建立国际金融新秩序仍然是国际货币基金组织等国际金融组织面对的至关重要的任务和问题。

五、经济周期与经济增长将出现某些新的规律

这十年间，传统经济周期的变化与经济增长的关系将被信息时代、知识社会的生产变化所改变。就世界而言，经济周期的起伏期将逐步拉长，虽然资本主义经济的固有矛盾——生产的社会化与生产资料私人占有的矛盾没有根本改变，但是，人类生产由于信息技术、网络的出现，生产方式发生了很大的改变。生产趋于分散化、家庭化，有的人不须去办公室、工厂车间上班，在家里即可，越来越多的个人、家庭持有证券股票。由于生产方式和生产资料占有的改变，一定程度上影响经济增长和周期的变化。但是这些变化并不说明生产关系发生了质的改变。这是因为随着生产力的发展，社会财富增加了，也就是说面包做大了，但是少数跨国集团、垄断寡头仍然占有了主要财富，分得了面包的大部分，多数老百姓只持有少数财富和分得少量的面包。垄断集团少数人的利益与广大阶层仍然存在着根本的矛盾。因此，如何研究这些新的变化，即在经济发展中，保证经济增长和稳定发展，同时处理好适应新的生产关系的发展方式，即限制垄断集团少数人的利益，维护广大生产者消费者的利益和权益，是当今西方经济

学家和政治家十分关注的问题。

近年来，西方长波经济理论者认为，从 18 世纪末以来的 200 年来，世界经济的发展经历了五个周期，也即 50 年左右形成一个起伏周期；在每个周期过程中，基础创新是决定经济增长的关键。创新不仅推动技术革新，而且影响整个社会经济的持续进步和发展。在此过程中并不排除繁荣后出现短期的衰退，有的创新还可被新的创新所取代。每经过一个长波周期，经济发展将上一个台阶。他们认为，我们目前处在第五个长波周期的高涨期。前四个周期的基础创新分别是：蒸汽机的广泛应用；钢铁的增长和铁路的修筑；电子技术和化学技术在工业领域的普遍应用；石油化工和汽车的繁荣。每一周期都对生产力产生了划时代的推动，使经济有了较快的发展，并使社会经济生活水平大为提高。目前第五个长波期的基础创新是资讯技术（IT），它不仅包括计算机信息技术的应用，也包括社会劳动组织形式和内容的变化。但是，从这十多年来看，虽然信息技术和网络化将无处不在，然而进一步创新、产生更新的市场、走向革命化的飞跃仍有较大难度。具体来说，要找到一个能持续十年影响经济增长和社会生活方式的创新是相当困难的。他们预测，在今后的 10 年至 20 年，信息技术对经济增长推动的作用将逐步淡化。人们应该超前思考，在今后即第六个长波周期时，有哪些基础创新可能出现？比如，30 年后石油等能源可能面临枯竭，因此各种形式的能源转换技术（风力、太阳能、生物能、光电效应等）的研究将受到重视；又如围绕保健技术和服务的研究，如制药、生化、医疗将出现革命性的变化，生物工程、基因工程、克隆技术等都将有突破性的发展；其他诸如环保、营养、旅游、休闲等行业也有相当的发展余地。

总之，从我国和发展中国家经济发展的历史和进程来看，在各个经济长波周期的发展都滞后于工业发达国家。如今 21 世纪已经到来，在经济全球化的浪潮下，发展中国家绝不能永远跟在别人的后面，要充分认识“科技是第一生产力”的论断，牢牢树立科教兴国的思路，同时也必须深刻认识“金融是现代经济的核心”，充分发挥金融在发展国家经济、推动经济增长的“第一推动力”的作用，不失时机地抓住机遇，审时度势，趋利避害，与时俱进，实现科技和经济的超越。

参考文献

[1] 德国柏林商业合作银行：《经济报告》，1998－1。

[2] 陈观烈：《货币、金融、世界经济》，上海，复旦大学出版社，2001。

［3］戴相龙：《贯彻全国金融工作会议的精神依法履行中央银行职责》，载《中国金融》，2002（3）。

［4］刘明康：《国际金融报告》，北京，经济科学出版社，2001，2002。

［5］吴念鲁：《当前世界经济金融发展的特点及对策思考》，载《金融时报》，1998－11－18。

第二篇

国际货币关系篇

国际货币体制的演变和发展趋势*

货币是商品经济的产物。商品是为交换而生产的劳动产品，是使用价值和价值的统一。价值是社会劳动的凝结，不能由商品自己直接表现出来，需要通过交换才能体现出来，于是在商品交换过程中，历经价值形式的演进，最后出现一般等价物，作为表现、衡量和实现商品价值的工具，这就是货币。只要有商品经济存在，就要有货币，否则商品经济无法运行。但是货币形式却是随着商品生产和交换的发展不断变化，最初充当货币材料的有牛、羊、布帛、贝壳等，其后过渡到贱金属铁、铜，进而为贵金属白银和黄金所垄断。

在封建社会，商品生产和交换主要在国内单个地区进行，受封建割据和自给自足的影响。

资本主义发展初期，商品生产的发展，国与国之间商品交换的扩大，国际贸易的进一步展开，涉及国际间货币的支付问题。为适应国际贸易与国际支付的需要，各国政府对本国货币在国际范围内发挥世界货币职能所确定的原则、采取的措施和建立的组织形式，构成了国际货币体制。

国际货币体制，一般包括四个方面的内容：

（一）各国货币汇率制度的确定

各国政府规定货币汇率确定的依据，汇率波动的界限，调整和维护汇率稳定采取的措施以及是否实行多重汇率等。

（二）各国货币的兑换性和国际结算原则

在国际支付中，一国货币能否自由兑换成任何国家的货币，在处理债权债务关系时结算的方式、计价的货币单位以及对本国货币的兑换、支付是否进行限制等。

---

* 本文是作者1986年4月在中央党校讲习班上的讲稿，载于《世界经济》1987年第1期。

(三) 国际储备资产的确定

国际储备资产的构成是国际货币体制的一项主要内容。第一次世界大战以前，主要是黄金，第二次世界大战后，黄金与外汇储备起着同等作用。当前，应加上成员国在国际货币基金组织的储备头寸和分得的特别提款权。

(四) 黄金、外汇是否自由流动与转移

各国在不同时期，有不同的限制措施和规定。

根据上述概念和内容，国际货币体制是在什么时候形成的呢？有的人认为是在第二次世界大战后才建立起来的，主要原因是，当时没有形成统一的组织和共同确定统一的世界货币。但是从历史演变来看，国际货币体制是在第一次世界大战前资本主义国家普遍建立金本位制时开始形成，并在以后不同时期有所发展，从而出现不同的特点。

下面分五个方面来阐述。

一、金本位国际货币体制的建立和瓦解

英国于 1816 年实行金本位制，德国于 1871 年，北欧的瑞典、挪威、丹麦于 1873—1976 年实行金本位制。拉丁货币同盟国家法国、比利时、意大利和瑞士等曾于 1865 年一度缔结共同实行复本位制的条约，但到 1878 年也都实行了金本位。

这种典型的金本位制（金单位或金币本位制）有三大特点：（1）金币可以自由铸造；（2）价值符号（辅币和银行券）可以自由兑换成金币；（3）黄金可以自由输出入，并在国际上起世界货币的作用，作为国际间的支付和最后清偿手段。

金本位制按其货币与黄金的联系程度，可以分为金币本位、金块本位和金汇兑本位制三种类型。

在金币本位制下，金币按限定重量和成色可以自由铸造，因此，金币的国内价值相当稳定。由于黄金可以在国际间自由流动，货币汇率决定于黄金平价（金铸币平价），汇率的变动只限于在黄金输送点界限以内（包装、运费保险费约为黄金价值的0.5% ~0.7%），因而汇率也比较稳定。

第一次世界大战后，在 1924—1928 年资本主义相对稳定时期，一些国家名义上恢复金本位制，实际上实行的是金块本位制。其特点是：（1）金币虽作为本位货币，但国内不流通金币，而只流通纸币，纸币有无限法偿

权；（2）国家储存金块，作为储备；（3）不许自由铸造金币，但仍规定纸币含金量和黄金官价；（4）纸币不能自由兑换金币，在国际支付或工业上需要时，可按规定数量（英国在 1925 年限制一次至少兑换净重 400 盎司的金块）以纸币向中央银行无限制兑换金块，实际上是有条件兑换。

第一次世界大战后，也有的国家恢复的是金汇兑本位（如德国），它的特点是：（1）国内流通纸币，以中央银行纸币为主，纸币与其规定的含金量保持等价关系，但禁止自由铸造金币；（2）纸币可兑现准备金，除一部分金块、金币外，尚有一部分是存于国外的外汇，即几个国家设立外汇基金，故称金汇兑储备制；（3）需要黄金出口，以纸币向中央银行请求兑现时，中央银行或给金块，或给金币，或给外汇，外汇买卖有限制。

总的来说，典型的金本位在英国只有 100 年左右的历史，到 1914 年就结束了。美国从 1879 年才实行金本位，但到 1933 年也崩溃了。西欧各国的金本位制，也只有几十年的历史。第一次世界大战后，各国无力恢复典型的金本位制。20 年代，英法一度实行在国内有限制兑换的金块本位制，德、意等国实行了可兑换外汇并通过特定外汇兑换黄金的金汇兑本位制。但到 1929—1933 年世界经济大危机时期，黄金在国内也不能兑现和流通了，于是在全世界范围内出现了黄金在各国都不能当做流通手段的局面，黄金不能自由铸造金币，更不能自由输出入。纸币虽规定有一定含金量，但各国国内一般不能兑现为黄金，也不能反映它所代表的真实价值。随着金本位、金块本位和金汇兑本位的先后解体，统一的国际金本位制度也就随之瓦解，资本主义国家纷纷成立货币集团，如英镑集团、美元集团、法郎集团。各个集团内部的货币比价、波动界限及兑换支付均有统一规定，对集团外的国际支付则严格管制。集团之间壁垒森严，限制重重，明争暗斗，竞争剧烈，国际货币关系陷入一片混乱状态。

二、第二次世界大战后国际金汇兑本位制的建立

（一）历史背景

第一次世界大战后的 20 多年中，各国之间政治经济斗争激烈，货币金融领域极度混乱，通货膨胀，生产萎缩，各国为争夺市场和势力范围的斗争促使多种矛盾激化，经济危机爆发，终于导致第二次世界大战。

在第二次世界大战尚未结束时，西方国家吸取两次大战期间国际货币关系混乱给各国经济造成重大损失这一沉痛教训，就着手酝酿战后的经济

合作计划，最先提出的是战后货币计划。1943 年，为稳定国际货币，英美各自提出凯恩斯的“国际清算同盟计划”和怀特的“国际稳定基金计划”。凯恩斯主张战后建立一个国际清算同盟，在自由兑换原则下，来稳定各国货币，并创立一种以黄金为基础的国际货币单位，叫“班柯”（Bancor）；怀特主张设立一种国际外汇黄金，以黄金为基础，在自由兑换原则下，来稳定货币，并创立一种与美元发生联系的货币单位，叫“尤尼塔”（Unita）。

第二次世界大战后，资本主义各国为了支付庞大的军事开支和医治战争创伤，稳定本国经济，采取了加强外贸管制和外汇管制，致使正常的国际贸易和经济发展受到很大阻碍，因此，迫切需要进行国际经济合作，重建国际货币金融体制，恢复促进世界经济贸易的发展。

第二次世界大战使帝国主义之间力量对比发生极大变化。德意日被战败，国民经济破坏殆尽，英法虽然胜利，但工农业生产遭到严重破坏。只有美国远离战场，非但没遭破坏，反而发了战争横财，经济地位进一步提高。从 1938 年到 1944 年，美国工业生产提高了 2 倍，1945 年美国工业生产总值占资本主义世界总值的 60%，出口贸易占 1/3，黄金储备占 3/4。战争使美国在政治、经济、军事等各方面都取得了压倒优势，这为美元的霸权地位创造出特殊条件。美国正是凭借这样的优越地位建立了以美元为中心的国际货币体制。

（二）布雷顿森林会议和内容

1944 年 7 月，英美等 44 个国家在美国新罕布什尔州的布雷顿森林召开第一届联合国货币金融会议，讨论大战结束后的国际货币制度问题。美国凭借其实力地位，在怀特方案的基础上，提出“国际货币基金协定”和“国际复兴开发银行协定”，从而奠定了用黄金确定各国货币之间的固定比价原则，建立了以美元为中心的世界货币体系，也称布雷顿森林体系。

根据这个协定，国际货币基金组织和世界银行于 1945 年 12 月 17 日正式成立。

布雷顿森林体系的核心为第二次世界大战后的固定汇率制度，这个固定汇率制度可以概括为“双挂钩，一固定，上下限，政府干预”四句话。

双挂钩，即规定美元和黄金挂钩，而其他国家货币与美元挂钩。根据国际货币基金组织规定，以 1934 年美国规定的 35 美元一盎司黄金为官价，即 1 美元等于 0.888671 克黄金，得到世界公认。不经美国政府同意，不能随意变动。美国则承担各国中央银行可按官价兑换黄金的义务。其他国家货币规定含金量与美元含金量之比作为与美元和其他国际货币决定汇率的依据。

一固定，即不经国际货币基金组织同意，各国货币不得轻易改变含金量。含金量的变动超过 10% 需经许可。各国货币与美元之间的固定汇率也不得随意变动。

上下限，即规定即期外汇交易或黄金买卖只能在法定平价上下范围内波动，汇率和金价的变动不得超过固定汇率或黄金官价的上下各 1%。

政府干预，即如果汇率波动超过 1%，各国政府有义务进行干预。

上述规定表明，各国货币是不能兑换黄金的，但能通过兑换美元间接地与黄金挂钩。美元在国际货币制度中处于中心地位，起着世界货币的职能，而其他国家货币则都依附于美元，使美元等同黄金，成为资本主义世界最主要的清算货币和储备货币。各国中央银行均持有美元储备，彼此以美元划账结算，从而使美元成为名副其实的国际中心货币，形成以美元为中心的国际货币体制。

（三）对布雷顿森林体系的评价

布雷顿森林体系是以美元为中心的国际货币体制，它确立了美元在西方资本主义世界的金融霸主地位，这显然有助于美国扩大商品、资本输出，有利于美国对外经济扩张。但客观上，由于实行了汇率波动较少和相对稳定的固定汇率制，对战后资本主义经济的发展，国际经济联系的扩大，起着一定的积极作用。

1. 促进国际贸易和世界经济的发展。固定汇率制使战后资本主义国际货币体制相对稳定了 20 多年，这对国际贸易的核算创造了有利条件。国际贸易量和国际贸易的增长速度大大超过了战前，1913—1938 年世界出口贸易额年平均增长为 0.7%，而 1948—1960 年为 6.8%，1960—1965 年为 7.9%，1965—1970 年为 11%，大大高于工业生产 50 年代年平均增长率 4% ~5%，60 年代 6% ~7%、70 年代 3% ~4% 的水平。

2. 协助解决国际支付的困难。战后以来，国际货币基金组织和世界银行为解决成员国国际收支逆差而提供信贷资金，为促进国际贸易和成员国国内经济建设而提供援助和贷款，这有助于国际收支的平衡和对外贸易以及世界经济的发展。

3. 克服战后初期西方各国货币混乱。战后初期由于经济发展不平衡，国际支付的困难，许多货币纷纷贬值，黄金外汇储备缺乏。国际货币基金组织的成立，逐步克服了货币混乱的状况，创造了国际间资金转移的良好环境。

三、以美元为中心的国际货币体制的瓦解

（一）美元危机的爆发

在布雷顿森林协定确定的以美元为中心的国际货币体制，使美国取得了资本主义世界金融霸主的地位。1949 年底，美国黄金储备达 245 亿美元，占西方世界官方储备的 70%。但从 1954 年起，美国国际收支开始恶化，由顺差转为逆差，与此同时，西欧、日本经济有所恢复。1958 年底西欧货币实行自由兑换促使美国国内资金大量外流，各国持有美元大量增加，“美元荒”的局面已经过去，美元地位开始下落，美国国际收支逆差更趋严重。1960 年 10 月，在美国经济危机的袭击下，爆发了第一次美元危机。所谓美元危机，就是西方世界大量抛售美元，抢购黄金，金价上涨，美元汇价下跌。金价最高涨至 41.5 美元 1 盎司，美国黄金储备减少到 184 亿美元，不足以偿付当时 194 亿美元的对外短期负债，美元信誉急剧下降。60 年代初，美国又发动侵越战争，国际收支状况进一步恶化。1963 年 3 月爆发了又一次美元危机，金价上涨到 70 美元 1 盎司。半个月黄金储备流失 14 亿美元，迫使伦敦黄金市场停止按官价供应黄金。从 1960 年 10 月到 1973 年 3 月，美元先后共爆发了 10 次危机。

由于美元是资本主义世界国际货币制度的支柱，美元危机必然影响整个西方货币市场，造成动荡和混乱。因此，美元危机是国际货币体制危机的集中表现。

（二）美元危机的原因

1. 美国国际收支不断逆差，黄金储备大量流失。由于美国战后长期推行战争和对外扩张的政策，海外军费开支浩大，资本输出不断增加。到 1971 年，黄金储备降到 101 亿美元，不足以维持以美元为中心的固定汇率。

2. 长期执行通货膨胀政策，物价上涨，出口竞争力减弱，美元购买力下降。60 年代以前，美国主要靠贸易顺差弥补国际收支其他项目的逆差，以后外贸顺差逐步减少，1971 年起贸易转为逆差，使国际收支进一步恶化。

3. 发展中国家联合反对美国霸权的斗争在加强。

4. 美国经济实力的相对下降，西欧、日本经济实力的相对增强，这是

政治经济发展不平衡的必然结果。

5. 国际金融领域内，汇率制度成为矛盾焦点。

要避免危机，首先，美元汇率要稳定，国际收支要改善。其次，黄金价格要稳定，要能保证兑换。针对以上两点，美国采取了以下措施：（1）稳定美元汇率，如1961年签订了巴塞尔协定和十国集团借贷总安排；（2）通过国际间协作，稳定金价，如设立黄金总库、黄金双价制；（3）促成国际货币基金组织在1969年创立特别提款权以补偿国际清偿手段的不足；（4）调整国内经济政策，实行新经济政策。

1971年8月15日尼克松宣布实行新经济政策，对外暂停美元兑换黄金，改变维持美元平价，汇率听其浮动，征收进口10%附加税，借以避免美元贬值，改善国际收支。这一措施遭到西方和发展中国家的强烈反对和抵制。大多数国家宣布它们的货币实行浮动汇率，这就动摇了战后以固定汇率为基础的国际货币体制，它不仅没有改善美元关键货币的地位，相反引起西方金融外汇市场一片混乱。1971年12月，美、英、西德等“十国集团”财长在华盛顿达成协议，即史密森协定，该协定包括以下内容：（1）宣布美元贬值7.8%，每盎司黄金官价上升到38美元，美元仍然停止兑换黄金；（2）仍然维持固定汇率，重新调整十国汇率；（3）扩大汇率波动幅度；（4）取消10%进口附加税。由于1971年8月美元停止兑换黄金，信誉一落千丈，“史密森协定”宣布美元贬值，仍不能改善其摇摇欲坠的局面。1973年初，又爆发抛售美元抢购黄金和联邦德国马克、日元的危机，迫使美国政府不得不宣布美元第二次贬值，其幅度为10%，金价由一盎司38美元再次提高到42.22美元。同时，西欧各国都取消了本国货币与美元的固定比价，实行浮动汇率制。美元两次贬值，标志着美元已丧失其在资本主义世界金融中的霸主地位，美元停止兑换黄金，各国货币与美元脱钩，标志战后布雷顿森林协定所确定的以美元为中心的国际货币制度的彻底瓦解。

四、当前国际货币体制的格局

在1973年以美元为中心的固定汇率彻底瓦解后，各国货币纷纷实行浮动汇率制，也就是说一国货币与外国货币的汇率不予固定，也不规定上下波动限度，中央银行也不承担维持汇率平稳的义务。一般来说，有自由浮动和管理浮动，自由浮动完全按外汇市场供求来决定汇率的价格，而管理浮动则是中央银行为了避免汇率的大上大下，影响外贸、投资以及资本的正常流动，通过公开或隐蔽的办法干预外汇市场。从浮动类型看，可分为单独浮动和联合浮动。单独浮动是指一国货币对外国货币的汇率波动是根据市场供求变化单独决定，不规定上下浮动界限。联合浮动则是几个西方国家共同商定他们货币间的法定平价即中心汇率，并规定上下浮动界限，超过规定界限，即由各国政府进行干预，但对外则实行联合浮动。例如欧共体国家规定货币中心汇率和各为2.25%的上下限（称为蛇形浮动），并于1979年3月建立欧洲货币体系，参加国有联邦德国、荷兰、比利时、卢森堡、丹麦、法国、意大利和爱尔兰。该体系创立了欧洲货币单位，扩大了联合浮动体制，并力图减少成员国之间的汇率波动。

因此，从汇率制度看，人们认为当前国际货币制度正从固定汇率制转向有管理的浮动汇率制。因为除了客观存在的情况外，国际货币基金组织临时委员会在1976年1月召开的牙买加会议上，已正式肯定浮动汇率的合法化，即成员国可自由选择决定汇率制度，并不得以黄金为定值标准。其次还正式切断黄金与货币的法定联系：（1）黄金不再作为定值标准，取消特别提款权黄金定值；（2）废除黄金官价，各成员国可按市场价格买卖黄金；（3）原有用黄金清偿债权债务的规定一律取消；（4）基金组织持有的黄金逐步处理。根据以上规定，有人认为目前国际货币制度是浮动汇率制度。但是究竟哪个货币执行世界货币的职能呢？对此，有人认为仍然是以美元为基础的浮动汇率制，因为目前钉住美元的货币仍有许多个，而且美元仍是主要的支付和储备手段。也有人认为，按目前储备货币和货币地位来看，则可称做美元、西欧货币（联邦德国马克为首的）和日元三足鼎立的国际货币体制。还有的人认为，目前已说不上什么国际货币体制，实际上进入了“无体制”状态，主要是国际货币基金组织在起主导作用，正协同各国加强国际货币协作，不断提出和完善国际货币体制的改革方案，为重新建立国际货币体制而努力。因此，现在正处于重建国际货币体制的过程中。我个人认为，从1821年英国实行金本位制，从而建立松散的国际货币体制到以美元为中心的金汇兑本位制瓦解，黄金就已经与货币切断了联系。目前实行的是一种与黄金脱钩的信用本位体制。但从国际货币体制上来看，我倾向于多极化的货币信用本位制这种提法。

五、国际货币体制改革的几个核心问题和发展趋势

自从60年代以来，随着美元危机的爆发，国际货币体制改革的问题已经开始展开。国际货币体制改革主要集中在三个方面，即汇率制度、国际储备体系和协助调节国际收支与改善国际收支不平衡的机制。但是在解决

上述问题以前，首先遇到的问题是，如何选择国际基础货币或本位货币的问题，主要有以下几种主张：

第一，恢复国际金本位、金汇兑本位制。法国一直强调黄金在国际货币体制中的作用，美国国会也有恢复黄金本位的主张。尤其是当1981年金价涨至每盎司850美元时，有人主张如果金价涨至1 500美元，就有条件、有可能恢复金本位或金汇兑本位。国际收支差额可用黄金清算，持有美元可恢复兑换黄金，这样可以防止通货膨胀，使西方世界经济再稳定发展20年。

第二，以美元为基础的国际货币制度。美国在摆脱美元兑换黄金的负担后，美元汇率很稳定，特别是1979年到1985年，美元汇价一直坚挺，美国采取了加强美元地位、扩展纽约国际金融市场的措施，如1981年允许境内设立“国际银行借贷业务”（International Banking Facilities，IBFs），在美国境内可以经营欧洲美元，1984年纽约和其他几个金融市场上的欧洲美元经营额从零上升到占整个世界经营总额的13%。因此重建以美元为基础的本位制的呼声渐高，但它仍将遇到下列问题：当美国国际收支顺差时，国际流通中会出现美元短缺；反之，出现美元过剩，进而必将引起世界性通货膨胀。这就是所谓的“特里芬难题”（Triffen Paradox）。同时，对美国完全控制国际货币事务，世界各国难以接受。此外，就美国经济实力来说，也有一定困难。

第三，以特别提款权为基础的国际货币制度。由于特别提款权代表的价值量是相对稳定的，因此从长期发展来看有一定可能性，但是它目前仅仅是记账单位，还不是支付手段，要成为基础货币，必须有政治经济实力，要有后盾，如何发行、如何分配，前提是国际货币基金组织是否能成为世界性的中央银行。

第四，以多种货币为基础，实际上是美元、日元、西欧货币（马克、法郎）三极或多极为基础。实际上目前就是这个状况。但是任何一极的政治经济形势变化，都会影响国际货币关系的稳定。

（一）关于汇率制度问题

实质上是恢复固定汇率还是完善目前浮动汇率的问题。诚然，固定汇率对贸易、投资、经济发展有它有利的一面，但是在当今国际经济关系日益密切、资本国际化程度加深、跨国公司活动不断扩张的情况下，国际资本流动对国际收支和汇率的影响远远超过正常国际贸易所产生的影响，国际资本的投机则是不可避免的。为此，有人认为，当1974年石油危机冲击时，如果当时没有实行浮动汇率制的话，整个西方世界的金融体制将彻底崩溃。因此，把汇率波动限制在较小的幅度内，试图通过干预来维持是不可能、也是不现实的。但是，如果汇率波动太大，对于国际贸易、投资和借贷也是不利的，因此，采取有管理的浮动汇率制已被各国所接受，浮动汇率制将长期存在下去。虽然国际货币基金组织希望成员国根据经济条件逐步恢复固定汇率制，但从实际情况看可能性是很小的。

（二）国际储备体系

主要是黄金在货币中的作用以及特别提款权或其他货币能否成为主要储备资产的问题。

关于黄金问题。1978年4月1日正式通过的牙买加协定里已作了规定，废除黄金官价，使特别提款权逐步代替黄金作为主要储备资产。这就是金融界所说的“黄金非货币化”。从商品货币的发展历史来看，黄金作为货币形式是经历了一个漫长的过程，但是货币不可能也决不会永远固定在一种形式上，这在各国货币演变的历史中已得到证明。如果处于等价物一端的特殊商品数量有限，即使把它的价值符号和加快流通速度等因素考虑在内，这种等价物所能提供的价值量也很难满足处于相对价值形态另一端的商品总价值量。就这个意义来说，黄金并不是天生的货币。黄金登上货币宝座，必须有两个必备的条件，第一能满足流通中所需的最低数量，第二能较均衡地分配在各国（不是自然分布）。在金本位下，黄金勉强具备这个条件。即使在那时，也由于金币材料不足，金币也不得不与可兑换的银行券同时流通。事实上，从金币本位到金块本位和金汇兑本位及过渡到不兑换的货币信用制度，黄金已逐步丧失其货币职能，黄金也基本上不再是货币商品，黄金从充当一般等价物的特殊商品变为普通商品，是客观经济发展的要求，也是商品经济进程中的一个必然历史过程。

由于黄金作为货币是有其历史延续性，加之具有货币和商品的双重特性，其本身是稳定的价值实体，很容易与货币转换，黄金等于货币这一观念不容易在人们头脑中消失。目前各国储备中还保持大量黄金，因此更容易引起黄金仍然具有或部分具有货币职能的误解。

关于特别提款权。1970年国际货币基金组织分配特别提款权后，特别提款权在国际储备资产总额中所占比例为3.3%，到1974年为3.7%，1979年上升到4.5%。它要作为主要储备资产，首先要增加它的比重，但是在增加发行问题上矛盾很大：（1）如何分配；（2）如何与发展援助互相联系；（3）“替换账户”的进展缓慢；（4）美元、马克、英镑、法郎、日元所占的比重是否合适。以上这些问题都没有妥善解决。

另外，关于美元问题。自美元切断与黄金的联系后，如何解决泛滥在美国境外的美元，这是普遍关心的问题。国际货币基金组织提出用替换账户来解决，目的是把多余美元吸收到替换账户，为过渡到特别提款权本位制打一个基础。但这有两个问题：怎样吸收美元？汇率波动风险由谁承担？当美元相对稳定时，发展中国家把美元存入替换账户后，会担心影响特别提款权的分配和减少获得援助资金的机会。目前美元仍然是国际支付中的主要支付手段和储备货币，至今还没有一种货币能替代它。

国际储备多元化势在必行，这是国际经济关系力量对比在国际货币金融领域的必然反映。国际储备多元化的状况将持续较长的一个时期。储备多元化推动了国际货币区的形成。欧洲货币体系就是一个例证。这些货币区或区域性的金融合作发展，对世界经济发展有抑制的一面，但也有稳定世界经济结构的一面，有利于地区性经济的发展。各货币区可以互为钳制、互为依赖、互为妥协。

（三）协调国际收支平衡机制

这主要涉及加强国际货币基金组织和世界银行的作用问题。为了稳定国际金融资本顺利的移动，解决流动手段、储备资产、汇率以及债权债务的关系，有人认为，有必要把国际货币基金组织建成世界中央银行，各会员国政府把其持有储备的20%存入基金，基金付给利息，并办理各成员国之间债权债务的清算。

但是目前情况来看，首先是国际货币基金组织金额有限，份额的分配和表决权也很不合理。世界银行增资的问题至今仍未解决，主要是各国政府和金融垄断资本的利益不一致，目标也不一致，尤其是各国政府及其所代表的垄断资本的利益也不一致，因此要成为世界中央银行可能性是极小的，但是今后国际货币基金组织和世界银行在国际经济金融领域中的地位和作用将会进一步增强，特别是在协调金融货币政策和疏通世界资金的流动上将发挥较大的作用。

国际货币体制改革述评*

随着我国经济改革的深化，人民币自由兑换问题已提到了议事日程，当然这还需要一个过程。然而人民币汇率的改革离不开国际经济的大环境，它与国际货币制度的改革有着越来越密切的关系，因此，我们有必要对国际货币制度的改革动向及其发展给予足够的重视。

1973 年以美元为中心的布雷顿森林体系崩溃以后，国际货币制度进入了相当动荡的时期。国际社会一直在为建立一个更加公正合理的国际货币制度而努力，虽取得了一定成效，但到目前为止远没有达到目标，将来还有许多艰难的任务有待完成。

本文主要对近十几年来学术界关于国际货币制度改革的理论主张及政策建议作一介绍，并结合实际情况（尤其是欧洲货币一体化的实践）加以评价，同时针对国际货币制度的发展前景这个问题，谈一下我们的看法。

一、改革现行国际货币体制的各种主张

（一）恢复金本位制

1981 年，美国哥伦比亚大学蒙代尔教授，在 80 年代初国际黄金市场价格猛涨后，提出要在美国恢复金本位制。这期间，美国国会也收到了几份类似的提案。1981 年 7 月，里根总统下令组成黄金委员会，专门研究美国恢复金本位制的可行性。

主张恢复金本位制的人认为，要根本克服通货膨胀和经济的不稳定，唯一的办法就是恢复金本位制，只有确定纸币（美元）与黄金的兑换性，才能鼓励储备，增加投资，发展经济，增加就业，同时也能消除国际金融市场的动荡。由于当时黄金价格很高（达 800 多美元 1 盎司），如果要实行的话，一方面可刺激黄金生产，同时国际清偿手段也可相应增加。

---

* 本文原载 1993 年 12 月 24 ~ 26 日香港《文汇报》，《国际金融研究》1994 年第 2 期。

反对者则认为，要研究一个准确的黄金价格极为困难，如果定得过高，黄金持有者会大量把它卖给政府，导致货币供应量猛增，必然造成通货膨胀。反之，如定得太低，人们就会向政府大量购买黄金，造成黄金储备猛减，乃至枯竭。黄金生产状况也极不稳定，货币当局不可能把金价长期保持在一个水平上。如果随时调整，就将失去国际货币制度稳定的基础；如果生产满足不了需要，会更进一步加剧黄金的货币性供求矛盾。

美国黄金委员会经多次反复论证，终于在 1982 年 3 月否决了恢复金本位的提案。我们认为，黄金本位制在第一次世界大战以后逐渐在各国遭到了废止，原因在于它不能适应实体经济发展的根本性变化。在经济结构、经济交易的数量和方式都发生根本变化的今天，无法指望把国际支付手段、清偿手段、储备资产的确定与某一种具体物品的生产和消费联系在一起。

（二）恢复美元本位制

1973 年布雷顿森林体系崩溃以来，从客观上来看，国际间流通的主要货币仍然是美元，虽然美元地位大削弱，但在国际储备资产中所占的比重以及贸易非贸易计价结算中的比重仍在 70% 上下。为此，有人主张，为使国际汇率趋于稳定，拟恢复美元本位制。看起来，这一主张似有道理，但存在一个根本性的矛盾。如果美元恢复为唯一的储备货币，美元就必须随国际贸易的发展而增加美元的发行量。美元流通中的增量和其他国家国际储备中的增量，无非就是美国国际收支逆差，而这种逆差必然增加美国对外短期负债，从而使美元汇价下跌，进而使美元失去作为储备货币的吸引力。反之，如果美国经常处于顺差地位，美元的供应将不能适应其他国家对国际清偿能力日益增加的需要，这是美元作为单一本位制不可克服的矛盾。

（三）实行单一货币制

美国哈佛大学教授理查德·库伯于 1984 年提出，今后国际货币制度改革方向，是逐步在世界范围内建立起统一的货币体系，实行统一货币政策，并建立一个统一的货币发行银行。

从实际情况看，要立即实行上述主张有相当难度。库伯教授认为，必须分两步走：第一步，在主要工业国家实行汇率目标区；第二步，由美、日、欧三方组成单一货币制度，在此基础上实现世界各国在内的单一货币制度。经过研究和分析，他认为，不可能由任何一个国家的货币充当国际货币制度的中心货币，今后只能由特别提款权来担当。但要实现特别提款权本位制必须解决以下一些关键问题：（1）必须成立一个超国家的世界性的中央银行，统一国际货币的发行，统一管理国际储备，而且能有效地直接干预和调节国际货币金融领域中各种不协调的政策和行为。（2）要改变特别提款权不合理的分配原则，分配应与资源转移相结合，根据经济发展的需要，充分考虑如何与发展中国家的发展与援助相结合，同时必须扩大使用范围。（3）对原有储备货币进行妥善处理。70 年代，西方学术界和官方提出过用替换账户取代剩余的美元，即各国中央银行可将多余美元储备折成特别提款权存入该账户内，国际货币基金组织可将该美元投资于美国财政部发行的长期债券，所得利息以某种方式还给替换账户的存款者。然而问题是，这种账户妨碍了汇率风险的转移，也限制了利息的收益率。

(四) 设立汇率目标区

1983 年美国国际经济研究所高级研究员约翰·威廉森与伯格斯坦共同提出设立汇率目标区的主张，要求使各国实际汇率对基本均衡汇率的偏离幅度不超过 10%。为了便于操作，在确定目标区时，可以使用名义汇率。为把汇率变化维持在目标区内，各国应采取协调货币政策和对外汇市场进行干预。目标区本身可以随时根据需要进行必要的调整和变动。汇率目标区能在一定程度上促使汇率的稳定和有助于国际宏观经济政策的协调。但要确定预定的汇率目标存在许多技术性的困难，如基期的选择，如何计算均衡汇率，等等。

在欧洲货币一体化的过程中，单一货币制和设立汇率目标区的理论主张得到了具体的实验。1979 年，欧洲货币体系建立，其核心内容是建立以欧洲货币单位（ECU）为中心的汇率目标区及其相应的干预机制。ECU 由各成员货币加权构成，各成员货币确定与 ECU 的汇率，由此算出各成员货币之间的中心汇率，规定汇率波动的幅度不得超过中心汇率 +/-2.25%，否则有关中央银行有义务进行干预，使之回到汇率目标区内。欧洲货币体系建立以来，运转相当成功，它平息了欧共体货币之间的过度动荡，对各国经济的发展起到了积极作用，由此赢得了信誉，成员货币由成立初期的 6 个发展到 1990 年的 11 个（英镑加入）。在这个形势中，《马斯特里赫特条约》正式决定成立货币联盟，在本世纪末建立统一的中央银行，发行单一货币。

可是，事不凑巧，德国统一所带来的严重经济后果以及近年来欧洲遇到的经济衰退，使这一雄心勃勃的计划遭到了严重挫折。1992 年 9 月，欧洲货币体系发生了严重危机，英镑和意大利里拉离开了汇率机制，但危机并未就此平息。到 1993 年 8 月，在投机力量的巨大冲击下，欧共体委员会不得不把成员货币波动的幅度扩大到 +/-15%，这是欧洲货币一体化最严重的一次倒退。导致这场危机的根本原因是各成员国经济发展不平衡以及财政、货币政策不协调。

1993 年 8 月欧洲货币体系危机过后，国际上不少人对其前景表示悲观。但是，欧共体成员国（尤其是以德法为首的大陆国家）致力于单一货币的决心并不动摇，其货币合作的机制仍然存在。在 1993 年 10 月召开的欧共体首脑会议上，正式决定在法兰克福成立欧洲货币局（European Monetary Institute，EMI），作为欧洲中央银行的前身。

欧洲货币一体化的实现是艰辛的，它不仅需要强有力的政治意志来推动，而且需要各成员国经济政策的协调及其经济的均衡发展。尽管人们无法预料欧洲单一货币计划是否能如期实现，但是，这是一次非常有意义的尝试。国际货币基金组织总裁康德苏（Michel Camdessus）评价说："欧洲单一货币是 70 年代布雷顿森林体系崩溃以来，（世界）迈向一个有秩序的货币制度的最重要一步。《马斯特里赫特条约》有益于欧洲，同时也有益于世界。"

（五）征收外汇交易税

浮动汇率制实行以来，造成汇率剧烈波动的主要原因是短期资本的投机活动，为此，美国耶鲁大学教授托宾提出了征收外汇交易税的建议。他最早在 1978 年提出过，在 1993 年又再次提出（他于 1993 年 1 月在英国《金融时报》发表了题为"向投机者征税"的文章）。根据托宾的建议，世界各国应制定一个统一的税率，对即期外汇交易征收交易税。这样做的目的有两个：一是让市场参与者更看重长期经济因素，避免因短期因素的变动所引起的投机活动，因为征收 0.5 个百分点交易税抵得上货币之间有 4 个百分点的短期利差，这样一来为牟取短期收益的游资流动就大大减少了。二是征收外汇交易税可以给予各国货币当局以更大的政策自主权，使得各国货币的短期利率有较大差异又不致引起投机冲击。

托宾认为，征收外汇交易税是一个可行的方案，因为它操作简便，只要各国政府合作，制定出一个统一执行的税率就行。现在每天外汇交易量约有 10 000 亿美元，征收外汇交易税可以为各国政府增加一笔可观的收入，况且这种课税又没有什么多大副作用，因为税率不需定得太高，就能有效阻止短期投机资金的流动，同时又不致使正常的国际资本流动受到影响。他认为，把大量的人力物力投在“零整交易”（Zero - Sum Games，即外汇交易一方的赢利必是另一方的亏损，其总额为零）中，是一种浪费。

我们认为，征收外汇交易税的建议是以目前的自由浮动汇率制为基础的，力图保留现有的制度框架，只作一些改进。但问题是，这个建议需要各国协调一致，找到一个共同的立场。由于几个主要国家在货币领域里的矛盾，这个共同的立场是不易找到的。况且，对即期外汇交易征收利息税，难免会对国际资本流动产生不利影响。这也不易为人们所接受。例如，1993年8月欧洲货币市场危机过后，法国总理巴拉迪尔曾扬言要采取措施惩罚外汇投机者，马上引起强烈反映，不少人指责这些“措施”会阻碍资本自由流动，是倒退。巴拉迪尔的提议便不了了之。

二、国际货币体制的发展前景

1978年通过的牙买加协定基本确定了现行的国际货币制度的特点，也对制度中的一些核心问题作了原则性的规定，即浮动汇率制、黄金非货币化等。当今提出的各种国际货币制度的改革方案，有的是围绕上述协定所确认的原则作进一步的完善和补充，有的则是提出新的建议与方案。当然，国际货币制度的改革还在进行，还有漫长的道路。由于国际货币制度的改革涉及的面很广，世界各国和国家集团利益不一，很难形成统一的意见。因此，在可预见的未来，国际货币体制不会有大的改变，只会在现有框架内作些改革与调整。

（一）管理浮动汇率制将长期化

由于浮动汇率波动频繁剧烈，影响贸易和投资往来，冲击国际商品价格，加剧世界性通货膨胀，有人因此认为，浮动汇率制是世界经济不稳定的表现。但是，尽管它有不少缺点，在当今国际经济关系日益密切，生产国际化和资本国际化程度不断加深的情况下，固定汇率制仍无法适应。当70年代石油危机冲击西方金融市场时，如果当时没有实行浮动汇率制，整个世界金融体系会彻底崩溃。因此，浮动汇率制有其存在的合理性。但从另一方面讲，实行完全自由放任的浮动汇率制，汇率大起大落，又产生不少弊端，因此，政府对外汇市场作一些干预是必要的，这便是有管理的浮动汇率制。布雷顿森林体系崩溃以来，西方国家中央银行加强了对外汇市场的干预，取得了较明显的效果，但这种干预应建立在与基本经济因素发展趋势相一致的基础上，否则非但无效，反而将会火上浇油。有管理的浮动汇率制将长期化。

（二）国际储备资产多元化

以美元为中心的金汇兑本位制瓦解后，由一个国家的货币充当国际储备资产的时代过去了。现在是美元、以德国马克为首的欧洲货币及日元等多国货币共同执行世界货币的职能。国际储备资产呈多元化的格局。在这种格局下，美元仍占优势，其他货币还不能取而代之，但其相对地位已下降，德国马克和日元的相对地位正在上升。国际储备资产多元化的优点是减少了由单一中心货币对国际储备资产体系的影响，解决了国际清偿力不足的问题，其缺点是汇率波动对国际储备资产产生了不利影响，加大了对其管理的难度。

在改革国际货币体系的主张中，其中比较有影响的是建议把特别提款权发展为唯一的国际储备资产。国际货币基金组织负责特别提款权的发行、分配与管理。自 1969 年特别提款权创立以来，其作用在不断扩大，其数额经过 10 次分配也有很大的增加。但是，特别提款权作为一种货币的职能还根本谈不上，目前它仅仅起些计账单位的作用，其道理是很简单的，各国并没有把货币主权交给国际货币基金组织，国际货币基金组织没有充当世界中央银行的角色，它发行的特别提款权自然就没有法律基础。各国依然不能接受特别提款权作为支付货币、计值工具、储备货币来使用，它自然成长不起来。从欧洲货币单位的发展历史来看，特别提款权成为唯一的国际储备资产更是遥遥无期。欧洲各国经济发展程度相近，政府致力于单一货币，经过十几年的发展，它仍然处于货币的初期阶段。由此，我们认为，国际储备资产多元化的局面将持续下去。

（三）国际货币基金组织将发挥更大的作用

国际货币基金组织是联合国的一个附属机构，自建立以来，所起的作用越来越大。70 年代以前，它最基本的职能是帮助成员国解决短期国际收支不平衡问题，随后又发展为对成员国的结构调整提供贷款支持。在解决 80 年代发展中国家债务危机中，国际货币基金组织在协调、监督、提供资金支持等方面，做了大量的工作，从而使得这场危机没有酿成灾难性的后果。有人认为，如果没有国际货币基金组织的存在，债务危机带给世界金融体系的后果是不可想象的。在 1993 年国际货币基金组织与世界银行年会上，成员国又赋予国际货币基金组织新的职责，那就是对汇率的变动给予监督，对有关国家的结构失衡提出建议。

当然，国际货币基金组织现在所起的作用与世界中央银行应当发挥的作用相比，还有很大的距离，并且这个距离在可预见的将来是无法解决的。但是，一个无可争议的事实是，它现在确实在国际货币体系中发挥着重要作用，并且作用越来越大。

欧洲美元与欧洲货币市场*

国际间各种形式的经济往来，形成各参与方之间的债权债务关系。当今，这种国际间债权与债务的变化和转移，越来越多地通过欧洲货币市场用欧洲美元或其他欧洲货币来进行。为了进一步了解这方面的情况，本文试就欧洲美元和欧洲货币市场的产生、发展、活动概况以及它对西方经济金融所起的作用和带来的问题作一概要的介绍。

一、欧洲美元与欧洲货币市场的起源和发展

所谓欧洲美元是指存放在美国境外的各银行（主要是欧洲银行和美国、日本等银行在欧洲分行）的美元存款，或是从这些银行借到的美元贷款。它与美国国内流通的美元是同一货币，具有同等价值，两者的区别只在于账务上的处理不同。例如，一家公司在欧洲的一家银行存进一笔美元，实际上只是把它原来存在美国银行的一笔美元转存到这家欧洲银行在美国银行的账户上。同样，一家欧洲银行贷出一笔欧洲美元，也只是把它原来存在美国银行的一笔美元存款转给借款人。

所谓其他欧洲货币，如欧洲英镑、欧洲德国马克、欧洲瑞士法郎、欧洲法国法郎、欧洲荷兰盾等，它们与本国货币的区别，都是指在本国境外流动的该国货币资金。比如，日本银行存放在法国银行的英镑存款或德国银行对瑞士公司提供的英镑贷款，就叫欧洲英镑。同样，欧洲德国马克是指在德国境外流动的德国马克资金，比如，瑞士银行存放在英国银行的马克存款、卢森堡银行对巴西银行提供的马克贷款，如此等等。

由于欧洲美元起源于欧洲，欧洲英镑、欧洲德国马克、欧洲法国法郎以及其他同样性质的欧洲国家的货币，借贷也集中在欧洲，因此，这些国家境外的货币，一般统称为欧洲货币。欧洲货币市场就是经营欧洲美元和欧洲一些主要国家境外货币交易的国际资金借贷市场。这里所谓的“欧洲”

---

* 本文选自刘鸿儒等编《金融市场》（学苑出版社，1988）第九章。

一词，实际上是“非国内的”“境外的”“离岸的”或“化外的”意思。由于该市场经营的货币主要是欧洲美元，后来才增加了其他欧洲货币，因而它是由原来的欧洲美元市场发展而成，所以至今仍有人习惯地把欧洲货币市场称之为欧洲美元市场。

欧洲货币市场经营活动的范围，随着业务发展而不断扩大。继短期资金的借贷后，又出现了中、长期借贷和欧洲债券市场。从经营活动的地区看，这个市场也不局限于欧洲，它还在欧洲以外的许多地方，如日本、加拿大、巴林、新加坡、香港、巴拿马等离岸金融中心也经营这类业务，由此又出现了一个所谓亚洲美元市场。可以说，亚洲美元市场是欧洲货币市场在亚洲的延伸。

欧洲美元早在50年代初就出现了。当时美国在侵朝战争中冻结了中国存放在美国的资金，苏联和东欧国家为了本国资金的安全，将原存在美国的美元转存到苏联开设在巴黎的北欧商业银行和开设在伦敦的莫斯科国民银行以及设在伦敦其他欧洲国家的商业银行。美国和其他国家的一些厂商为避免其“账外资产”公开暴露而引起美国管汇和税务当局的追查，也把美元存放在伦敦银行，从而出现了欧洲美元。当时欧洲美元总额不过10多亿，而且存放的目的在于保障资金安全，未引起人们的注意。50年代后期，随着欧洲美元业务的兴起，欧洲美元借贷活动日益扩大。进入60年代，欧洲美元及其他欧洲货币存贷活动迅速发展，欧洲货币市场成为最重要的国际金融市场之一。据美国摩根银行资料统计，截至1987年6月底，欧洲货币市场资金毛值总额高达39 942亿美元，其中欧洲美元为27 530亿，占70%。剔除重复计算部分，净值总额高达21 700亿美元。

值得指出的是，不论是毛值总额或净值总额，都是存款或放款的余额数。该数据只是基本上反映了欧洲货币市场资金的总规模。然而并不是说一年中存入或借出如此巨额资金，因为上述数据中的绝大部分已在过去各年贷出。当年市场上的借贷能力有多大，能提供多少资金，主要由当年市场新流入的资金和贷款归还情况而定。

从早期的情况来看，欧洲美元和欧洲货币市场的形成和发展，主要有下列一些因素：

1. 欧洲美元产生的根源是美国国际收支的恶化。50年代以来，美国政府积极奉行对外侵略和扩张政策，海外军事开支不断增加，并对西欧各国进行投资和提供经济援助，导致国际收支长期出现逆差，美元大量流向西欧，为欧洲美元的诞生奠定了基础。

2. 欧洲美元比较大规模的正式交易是1957年在伦敦开始的。1956年英法联合入侵埃及，英国国际收支情况急剧恶化，触发了严重的英镑危机。从1957年起，英国禁止各商业银行对非英镑区国家提供英镑信贷，英国一些银行为了解决贸易商品资金需求，便开始吸收欧洲美元存款，然后贷放出去，形成欧洲美元市场。在政府的支持下，欧洲美元市场业务日益开展。

3. 战后西欧各国经济恢复较快，从1959年起，逐步放松外汇管制，实现了货币的自由兑换，它们为了加速经济发展，纷纷以较高的利率吸引外资，而美国银行由于受本国法定存款利率不得超过政府规定的最高限额的约束，持有美元的外国人以及美国人都设法将闲置的资金调往西欧，以获取较高的利息收益。

4. 进入60年代，由于美国采取了严厉的限制资金外流和对外直接投资的措施，企图改变其国际收支日益恶化的局面，致使美国企业不愿将海外获得的利润汇回国内，而是投放在欧洲美元市场。美国的商业银行也纷纷在伦敦设立分支机构，经营欧洲美元业务，欧洲美元的数量迅猛增加。

从60年代中期起，由于美元地位削弱，德国马克、瑞士法郎、荷兰盾、日元等货币，也分别在各国境外特别是在欧洲进行交易，欧洲美元市场便逐渐扩大为国际性的欧洲货币市场。

5. 由于在欧洲货币市场上，各种货币的存借贷都是在发行这些货币的国家境外进行的，这些国家对之无从加以管制，这对商业银行来讲不仅调拨方便，还可以获得比国内优惠的利息收入。另外，欧洲货币市场所在国为了吸引大量外资，又都采取免税和不征收存款准备金等一系列鼓励措施，为欧洲货币市场业务的扩展提供了有利条件。

6. 50年代后期以来，随着西方经济特别是西欧和日本经济的迅速恢复和发展，国际贸易的日益扩大，对外经济往来和对外投资不断增加以及支付往来的频繁，客观上需要有一个方便的、不受约束的市场为其服务，其结果是欧洲美元和欧洲货币市场在这样的情况下应运而生了。

二、欧洲货币市场的经营

欧洲货币市场是由一个世界性的、广泛的国际银行网所组成的。这些银行被泛称为“欧洲银行”。所谓“欧洲银行”与其说是一种机构，不如说是一种职能。也就是说，这个国际银行网由所有从事经营欧洲货币借贷活动的各个金融机构所组成。

“欧洲银行”以伦敦为中心，散布在世界各大金融中心。它们之间通过信函、电话、电报和电传相互联系。欧洲货币信贷业务最初发源于伦敦，当时主要由伦敦的英国银行和几家美国银行在伦敦的分行所组成。60年代中期以后，参加这个市场的各国金融机构迅速增多。1964年，英格兰银行核准经营非英镑存放款业务的银行有149家，到1972年增至212家。60年代末，英国银行在伦敦市场的优势地位逐渐被美国银行取代。进入70年代，日本、西德也显著地增强了它们在这个市场的地位。它们主要是通过在伦敦的分支行来扩大业务。截至1986年，在伦敦开设的外国银行分支机构从1960年的77家增至近500家，它们分属60个国家。

60年代，伦敦集中了欧洲货币市场50%～60%的业务。80年代以来，随着其他金融中心业务量的扩大，伦敦市场业务量的比重已下降至30%多，但仍然是最大的市场中心。为什么伦敦是最大的欧洲货币市场中心呢？这与英国政府和金融当局采取的政策有一定关系。早在这个市场出现当初，英国当局对这种外币借贷活动采取了放任的态度。原因之一是英格兰银行传统上对非英镑业务不加干预，特别在它涉及的借款人是非居民时，更是如此。其二是60年代英国经济停滞，国际收支恶化，英国银行的英镑头寸紧张，英国利率较高。过去在伦敦一向以承兑汇票和承兑信用证方式借款来周转资金的国际商逐渐转向纽约。英国当局为了巩固伦敦国际金融中心的地位，首先要与美国纽约金融市场在资金上相竞争。而欧洲美元这种特殊形式的交易，有助于英国银行挽回一部分生意，增加银行的收益。因此，英国政府对外币借贷业务还采取了某些免税等鼓励措施。其三是外国银行在伦敦开设的分支机构和联合银行越多，越可增加英国当局的非贸易收入以及有关的各项税款收入。其四是英国地理位置靠近欧洲大陆，与中东、非洲及亚洲联系也方便，因此伦敦的欧洲货币市场有力量承做大额的存贷业务。

值得指出的是，从1981年12月3日起，美国联邦储备银行批准纽约的美国银行和外国银行分行可经营“国际银行借贷业务”，也就是说可以经营欧洲美元业务。同其他国家和地区同类银行一样，凡被批准经营这种业务的银行都被视为境外银行，其账目和国内业务严格分开，只允许同非居民进行存放款。这一新规定，虽然保持了欧洲美元是美国境外美元这一概念，但就地理上来看，欧洲美元已能在美国境内经营，这是自欧洲货币市场出现以来的一个重大发展，为把大量欧洲货币市场业务吸引到美国创造了条件。目前纽约所经营的欧洲货币业务量已占全部业务量的14%，超过了卢森堡、法国、巴拿马和阿曼，成为仅次于伦敦的经营欧洲货币的金融市场。

欧洲货币市场的业务由两部分组成，一部分是银行同业之间的交易，另一部分是非银行之间的交易。其中银行之间的相互存放交易占欧洲货币市场业务总额的2/3左右。就资金的借贷的期限、方式和业务性质而言，可分为欧洲资金市场和欧洲资本市场。

（一）欧洲资金市场

短期资金拆放是欧洲货币市场最早的业务活动方式。这种业务迄今仍占主要地位。虽然大量交易是在银行间发生，但这些交易大多是由银行同非银行单位的资金交易所引起的。

借贷的期限大多数为1～7天或1～3个月，少数为半年或一年。这种业务主要凭信用，无须交纳担保品，一般也不签订合同，只通过电话或电传进行。成交额往往以100万美元或100万美元以上为一个单位。存放利率由双方具体商定，一般都低于各国商业银行对国内大客户的优惠放款利率，由经营欧洲货币业务的大银行于每个营业日按伦敦银行间同业拆放利率商定公布。

在伦敦或欧洲大陆的其他金融市场上，如巴黎、苏黎世等，不是所有经营欧洲货币业务的银行都能报出同业拆放利率。在伦敦市场上参与经营欧洲货币业务的银行达数百家，但能报出同业拆放利率的只限于30多家“主要银行”。所谓“主要银行”是指本身有吞吐量，既能代客吸进，又能代客贷出。在一般情况下，只要借贷金额不过大，时期不长，这些银行都能满足客户要求。从这个意义来讲，“主要银行”是欧洲货币的主要经营者。

欧洲资金市场的存款来源，主要是各国的一些官方银行和企业、国际财团、跨国公司和私人企业、石油生产国油款收入、派生存款的增长和个人在短期内的闲置资金，通过银行的中介将这些资金提供给另一些国家的企业、银行、私人及官方机构作为短期周转。

从资本需求的情况看，大致有：（1）进口商用它来支付货款，等到货物在国内销售后，即可归还。这段时间内，需借欧洲美元或其他货币。出口商为了筹资出口或出口后早日收得外汇，避免汇价风险，先借入欧洲美元或其他货币，待国外客户付款时，再予偿还。（2）纯粹为了国内资金需要，在欧洲美元利率低于国内利率时，借入欧洲美元转换成本币使用。在60年代，这种做法比较普遍。除了私人企业外，有的官方机构也这样做。比如，英国地方政府曾借入欧洲美元换成英镑，以应付当地政府开支。比利时中央银行在商业银行的帮助下，曾借入欧洲美元作为资金补充来源等等。由于上述资金流动性大，存贷期短，没有精确的统计数据。

（二）欧洲资本市场

它是欧洲银行经营的长期借贷的市场，系由银行中长期信贷和欧洲债券市场组成。

欧洲银行的中长期信贷，最短在 1 年以上。一般为 1 ~ 3 年、5 年、7 年、10 年或更长。资金的借贷者，大多数是世界各国私营或国营企业、社会团体、政府当局或国际机构组织。资金来源，少数为长期存款，多数为短期存款。

办理中长期信贷，一般都需签订合同，有的合同还需要经借款国的官方机构或政府担保。利率一般以伦敦银行间同业拆放利率为基础，根据金额大小、时间长短以及借款人的资信再加不同幅度的附加利率，一般为 0.25% ~2.5%。对于金额大、时间长的贷款，往往由几家甚至数十家不同国家的银行组成银行集团，通过一家或几家信誉卓著的大银行牵头、向借款人共同提供。这类贷款也称辛迪加贷款。

1973 年起，欧洲银行中长期信贷有了较大的发展。据美国摩根保证信托公司统计，1972 年信贷总额为 68 亿美元，1973 年猛增至 291 亿美元，1978 年达 702 亿美元，1981 年更创 1 334 亿美元的纪录。1982 年由于出现拉丁美洲一些国家到期无力偿还的国际债务危机，信贷总额降至 851 亿美元，1984 年又升至 1 260 亿美元。随着资本市场中债券方式筹资比例的加大，国际银行信贷 1985 年和 1986 年分别降至 1 167 亿美元和 912 亿美元。

发行欧洲债券是在欧洲资本市场筹资的另一种主要形式。特别是 70 年代以来，由于对长期资金的需求增加，债券形式的借贷活动发展很快，形成专门的欧洲债券市场。它的特点是债券发行人属于一个国家，债券面值使用另一个国家的货币，由一家大商业银行牵头联合十几家甚至数十家不同国家的大银行代为发行，大部分先由这些银行买进，然后转到销售证券的二级市场或本国市场卖出。由于这种债券发行方式比较自由，一般不需有关国家政府批准，不受各国金融法令的约束，利息也多不征税，加之债券可以转让，债权分散，发行银行的风险减少，所以发行总额迅速增长。近年来在欧洲资本市场借贷总额中的比例已超过中长期银行信贷。

60 年代，绝大多数欧洲债券的计值货币为美元。70 年代以来，美元在国际货币领域中地位下降，以美元为计值货币的债券所占比重逐步减少；以德国马克、日元、瑞士法郎以及欧洲货币单位为计值单位的债券比重增加。可以说欧洲债券市场是一个以“硬”币计值的市场，当然，各种货币的利率的变化对各种债券的发行状况也会产生很大影响。

欧洲债券主要分为以下三种：（1）普通固定利率债券，即在发行时，利率和到期日均有明确规定，不再改变。（2）浮动利率债券，即利率可以调整，多数为半年调整一次，以 6 个月期的伦敦银行间同业拆放利率或美国商业银行优惠放款利率为基础，再加上一定的附加利率计算。（3）可转换为股票的债券，购买者可以按照发行时规定的兑换价格，换成相应数量的股票。

近年来，由于金融证券化的发展，各种形式的证券已出现在欧洲债券市场上，如浮动利率与固定利率掉期、不同货币掉期等等，在此不一一介绍了。

欧洲债券自发行以来，增长很快。1974—1981 年，发行量由 21 亿美元逐步上升到 316 亿美元，特别是近几年增长迅猛，1984—1986 年分别为 795 亿、1 367 亿和 1 879 亿美元，占国际债券总额的比重从 30% 上升到目前的 80% 以上。1986 年欧洲债券中各种计值货币所占比重分别为：美元 63%，德国马克 9%，欧洲货币单位 3.7%，欧洲日元 10%，英镑 5.6%，其他货币 8.7%。

三、欧洲货币市场对国际经济金融的影响

从 30 多年来欧洲货币市场的发展来看，它对西方经济金融的发展和影响是不能低估的，特别是其发展如此迅速，规模如此巨大，活动方式如此多样，当然引起了全世界各方面的关注。

西方金融界对这个市场的基本看法是：这个市场是不可避免的，对国际资本的转移起了特殊作用，因而对西方经济国际贸易的发展起了促进作用，但却给西方金融领域带来了极大的不稳定因素。

（一）欧洲货币市场与国际资本的转移

欧洲货币市场所发挥的国际资本转移作用是其他国际金融市场和转移渠道无法相比、无法替代的。这种作用的规模，在资本主义的发展史上也是空前的，首屈一指的。

国际间大规模资本转移之所以能够比较顺利地实现，是由于欧洲货币市场通过各种形式的活动暂时地解决了资金来源和使用之间的这一矛盾。首先，据估计，当前欧洲货币市场的资金来源中，绝大多数是一年以下的

短期资金，比例高达90%以上，而在资金的运用上，一年以上的却达25%，这种存短放长的矛盾，由于银行的作用而暂时解决了；其次，资金来源和使用在货币构成上本来是不同的，但由于欧洲货币市场的借贷都使用国际上通用的少数几种可自由兑换的货币，而这几种货币之间又有广泛的套汇活动，所以这一矛盾也暂时得以解决；最后，资金有余的国家和资金缺少的国家无须直接接触，只需通过欧洲货币市场就能间接地实现资金的转移。

通过欧洲货币市场而实现的资本国际转移，对国际贸易起了促进作用，据国际货币基金组织统计：1962 年至 1972 年间，工业国家的国民生产总值实际年递增率为 4.6%。同期，所有成员国进口额的实际年递增率为 9%。70 年代、80 年代，无论是生产和外贸增长率都有较大幅度的波动，但总的来说，贸易增长总是大于生产增长，贸易减缩总是小于生产减缩。不少工业国家，特别是外贸占国民生产总值中比重较大的国家，外贸是刺激经济的重要途径。可以设想，如果没有欧洲货币市场，西方对外贸易近 30 年来的迅速增长是不可能的。

欧洲货币市场对满足工业国家和发展中国家经济发展的资金需求起了一定作用。当然，对每个国家的实际作用不是完全一致的。例如，日本从 60 年代前期就从该市场不断借入资金。据不完全统计：1964 年到 1969 年，日本借进的欧洲美元超过 42 亿美元。进入 70 年代后，日本开始在欧洲市场投放资金，但同时又借进大量资金，80 年代也是如此。可以说欧洲货币市场是日本 60 年代经济高速增长所需巨额资金的重要补充来源。

发展中国家对欧洲货币市场的依赖程度也较高。据美国摩根银行资料，1984—1987 年各年间仅通过银行中长期信贷方式的借款就分别高达 397 亿、321 亿和 243 亿美元，其中绝大部分是从欧洲货币市场上借进的。发展中国家运用这些资金，加速了经济发展，增加了出口，也提高了偿还债务的能力。当然，在欧洲货币市场上，某些第三世界国家遇到的困难是不易于借到足够的资金，借款条件也较苛刻，往往得不到优惠利率，进入债券市场筹资难度也相当大。苏联和东欧特别是东欧国家也参与这个市场活动，我国吸收一部分外资也来自这个渠道。

欧洲货币市场对于许多国家的国际收支上的矛盾起了缓和作用。例如，据国际货币基金组织和世界银行有关资料分析，1974—1978 年，石油输出国组织和一些顺差工业国家在国际收支经常项目的累计顺差达 2 590 亿美元，同期，逆差的工业国和发展中国家的逆差高达 4 080 亿美元，两者相差 1 490 亿美元。在此期间，国际货币基金组织贷款总额为 230 亿美元，净额为 160 亿美元，显然无法缓和上述矛盾，而这个矛盾就借助于欧洲货币市场暂时得以解决。可见，如果没有欧洲货币市场的媒介作用，无论顺差国还是逆差国，都将被迫放慢经济发展速度，这可能比 1974 年和 70 年代末先后爆发的两次严重危机，情况还要严重得多。

因此，欧洲货币市场促使银行信用关系的国际化。它不仅解决了一部分资金的需要，也为货币资本的生息开辟了途径。随着世界经济贸易的发展以及各国经济关系日益密切，国际信用关系也必然随之发展。任何一个国家，只要参与国际经济往来，就不可避免地要参与国际信用，只不过参与的程度不同罢了。而这种国际信用关系往往是以欧洲货币市场的资金活动为媒介的。

（二）欧洲货币市场与西方金融领域的不稳定性

欧洲货币市场既是一个国际性市场，它的活动量很大，又不受任何国家的法律约束，所以，它具有极大的竞争性、投机性和破坏性。因此，它的存在和发展，加剧了资本主义世界金融领域的不稳定性。

1. 经营欧洲货币业务的银行风险增大。对经营欧洲货币的银行自身来说，银行经营放款，到期不能收回，本来并不是罕见的事。但欧洲美元等货币的拆放，却具有以下几个特点：第一，借款人除了本国客户外，尚有外国客户，或虽系本国客户，又转手再放给外国客户，所以它具有国际间极复杂的连锁关系；第二，借款金额巨大，而又缺乏抵押保证；第三，由于借款人有时把资金转借出去，几经倒手，最后甚至连借款人是谁也不能完全掌握。银行难以与实际用户取得紧密联系，对资金的运用情况更难进行了解。银行的资金来源，多半是居民或非居民的短期美元存款或同业拆放的款项，银行对这些短期资金随时有偿付的义务。但是欧洲货币的借贷，特别是一年以下的短期借贷，主要是建立在信用基础上，银行对此缺乏控制力量。虽然一般都能得到较好的周转，但是在特殊情况下，如果信贷过度集中在一个国家或一个对象上，万一偿债困难，则很容易受到损失。80 年代初，西方世界陷入严重经济危机，美国又实行高利率的政策，使一些借户无力还债甚至无力付息，引发了一场严重的国际债务危机，一些西方商业银行特别是美国大商业银行因而陷入困难。

2. 影响各国金融政策的实施。对参与欧洲货币市场的国家来说，如果对欧洲美元等资金运用过多，依赖过深，或这种资金流出入过于频繁，数额过大，那么，在一定程度上将会影响到该国国内货币流通的状况。该国金融当局控制国内货币流通量和信贷额度更加困难，金融政策的作用越来越小。如果该国银行或大企业一旦在市场上遭受巨额倒账的话，那就可能引起连锁反应，从而引起该国货币金融的紊乱，影响对外汇率的稳定，甚至威胁中央银行的黄金外汇储备。

欧洲货币市场的利率不受任何国家的法律限制，完全是根据市场供求来决定，而各种货币的利率却是各国金融政策的主要工具。各国为了刺激本国经济，鼓励固定资本投资，利率水平往往趋低；反之，为了压抑通货膨胀，往往采取紧缩信贷提高利率的措施。但是这些措施，往往因欧洲货币市场利率的影响而受到较大的干扰，预期的目标不易实现。比如，1967年西德出现战后以来最严重的经济危机，为了尽快从危机中解脱出来，西德联邦银行采取了降低利率刺激投资的措施。但是由于西德资本家对西德经济前景缺乏信心，因此反把大量资金兑换成美元或直接投入欧洲货币市场，这大大影响西德国内的投资。为了防止资金外流，迫使西德不得不提高利率或减少降低利率幅度。又如在英国，为了吸收资金，对欧洲美元一向采取放任政策，伦敦成了欧洲货币市场的中心。但是在英镑危机时期，大批英镑兑换成美元，反而给英镑带来了极大的压力。英国首相威尔逊对此曾有所指责。

3. 加剧外汇证券市场的动荡。欧洲货币市场上的资金具有很大的流动性，每当某一国家货币汇率出现动荡而有贬值的可能时，它的流动就更一步加剧，时而抢购黄金，时而抢购“硬”货币，还通过套汇兴风作浪，进行投机，影响受冲击国家的货币稳定。同时这些资金还投向证券市场抢购股票和其他有价证券，1987 年 10 月纽约股价暴跌而引发的西方股市风暴，其中主要是欧洲货币市场的资金横冲直撞，到处兴风作浪。股市下跌后，这些资金时而冲向国库券，时而套购“硬”货币，造成西方金融市场剧烈动荡。另一方面，“硬”货币国家则由于外币涌入，造成本国货币升值的压力，不利于商品出口。

欧洲货币市场拥有数以千亿计的资金到处流动，对国际经济金融局势的稳定是一个潜在的威胁，西方国家已在探讨对它加以管制的问题，但是这种设想和提出的各种方案绝非短期所能实现。何况欧洲货币市场的巨额资金，对世界各国发展经济，扩大国际贸易，弥补国际收支逆差都是不可缺少的。

欧洲货币市场是在国际经济关系发展不平衡的矛盾中产生与发展的。随着这个市场的发展，包括交易规模的扩大、活动方式的多样化、货币种类的增加，它在国际经济生活中的作用越来越重要。一个国家只要参与国际经济往来，就不可避免地要参与国际信用，而这种国际信用关系，往往以欧洲货币市场的资金活动为媒介。所以，欧洲货币市场将会存在和发展下去，并将继续发挥其应有的作用。

欧元启动前的三大问题*

引人瞩目的世纪工程欧洲货币联盟将于1999年1月1日进入第三阶段即启动欧元，欧盟领导层认为，不管来自何方、何种因素的干扰，都阻挡不了政治家实现“欧洲统一的超前意识和决心”。按期启动欧元势在必行，没有退路。

欧元是一种新的货币，因此，有一个从不同欧洲货币表示的金融资产（货币、证券等）向欧元转换的问题。这种转换规定为三年，原则是“不强求、不禁用”，可以保留原货币不变，或部分、或全部转换成欧元，但到2002年应全部转换完毕，届时只能流通欧元的钞票和欧元表示的资产，其他欧洲货币将退出流通领域。

但在欧元启动前，经济界最关心的仍是下述三个问题：欧元的定值、参加欧元国家之间的汇率的确定以及欧元短期利率的确定。

关于第一个问题，欧盟首脑会议早就宣布过欧元与欧洲货币单位即埃居（ECU）等值。埃居是欧洲货币体系的记账和结算货币，它由欧洲12种货币以加权的方式组成，其中英镑占相当大的比重。可以肯定，英国不会成为第一批使用欧元的国家，因此，欧元的货币组成将会和埃居的货币组成有所不同，这将出现不一致的情况。由于至今尚未确定哪些欧洲国家作为首批，哪些作为第二批加入欧元，所以还未看到可以解决这种不一致问题的方案。

至于第二个问题，目前大约有以下几种方案。1997年9月14日，欧盟成员国决定，在1998年5月，一俟第一批参加国确定下来，便公布成员货币之间的兑换比率，这比欧元的正式启动提前了八个月。但这次会议仍然没有确定所采用的方法，可能的选择是：（1）以公布之日前的最新市场汇价作为货币之间的兑换比率；（2）以一个时期的市场汇价的平均水平（如三年来的市场汇价平均水平）作为货币之间的兑换比率；（3）使用欧洲货

---

* 本文原载1997年10月14日《人民日报》，《国际金融研究》1997年第10期。

币体系各成员货币之间的中心汇率作为兑换比率；（4）根据各种货币之间的购买力平价来确定兑换比率。对于上述四种方案，人们一般倾向于第三种方案。总而言之，从 1999 年 1 月 1 日欧元启动这一天，实施欧元国家的原货币与欧元的汇率定死，即在实施欧元国家之间的货币汇率也固定不变。虽然从 1999 年 1 月到 2002 年的三年过渡期中，各国货币仍可与欧元同时使用，各种金融资产仍可用原货币表示，但是与欧元不会再出现汇率的变化。也就是说，从 1999 年起，实施欧元的国家就实现了统一货币，各国之间不存在汇率风险。

第三个问题相对要复杂得多。欧元启动之日，除汇率定死外，欧洲中央银行的短期利率也将趋同，各国只有一个相同的利率水平。实现这一点难度相当大。我们知道，欧盟 15 个成员国的经济状况是不同的，各国之间资金市场和资本市场的利率有很大的差异，虽然近年来差异大大缩小，但仍然存在。比如 1997 年 9 月上旬，三个月的市场利率德国为 3. 19%，法国为 3. 15%，荷兰为3. 37%，奥地利为 3. 4%，比利时为 3. 54%，丹麦为 3. 52%，芬兰为 3. 15%，西班牙为 5. 13%，葡萄牙为 5. 42%，爱尔兰为 6. 13%，意大利则高达 6. 68%。如果把意大利排除在外，上述国家的平均利率为 3. 7%，如果算上意大利，平均短期利率则为 4. 4%。欧元启动之日，各国短期利率趋同是板上钉钉的事。因此，很可能利率低的国家把利率上调，利率高的国家予以下调。这意味着，以后十二个月，德国的短期利率要上升 1 个多百分点，利率水平和德国接近的法国、奥地利、荷兰、比利时、丹麦、芬兰等国的利率也都将上扬。这里已不是涉及一个简单的技术问题，它将直接影响德国以及其他国家的金融、财政政策乃至整个国民经济的运行和发展。德国为摆脱经济增长缓慢、失业严重，在通货膨胀率较低的情况下，采取了较低的利率政策。如果提高利率，将会影响经济增长和就业情况以及影响到当时准备采取的税制改革。对于利率较高的国家来讲，利率能否压得下来，压下来是否会引起通货膨胀和其他经济政治的震荡，也是一个值得关注的问题。为此，有人预测，来年的西方金融市场包括资金、资本和外汇市场都会出现较大的动荡。比如，有的投资者将大幅度增加购买某些利率较高国家的长短期证券，这将迫使这些国家的货币升值，引起外汇市场的动荡，如果市场对此估计不足，甚至可能危及汇率相对稳定的趋同原则。有人认为，无论利率上升或利率下降都应尽早实现，否则剧烈动荡难以避免。欧元启动后，欧洲中央银行只有维护趋同的短期利率，才能确保统一货币、财政政策的执行和贯彻，才能建立一个统一、有效、成熟、流动性好的金融市场。至于每个国家的长期国债利率、各个银行的存贷款利率，仍会有所差异，但总的来说幅度不会太大。但是，凡是在欧元启动前发行的不同货币的债券，在欧元启动后如尚未到期，其利率仍保持不变。

当前，欧洲各国中央银行和各大金融、保险以及有关清算机构都针对上述问题，投入了大量的人力、物力，对欧元启动前后可能引起的有关金融资产转换的风险和清算安排，制定了战略和战术对策，以避免欧元启动前期的不测和确保过渡期的平稳发展，直至2002年欧元的全面运行。

评欧元的历史举措*

1997 年 5 月 2 日布鲁塞尔欧盟特别首脑会议，正式确定 11 个成员国于 1999 年 1 月 1 日启动欧元。这是世界经济政治生活中具有重大历史意义的事件，就国际货币领域来说，它将是继本世纪 70 年代布雷顿森林货币体制瓦解以来影响最深远的历史举措，它是欧洲走向统一的奠基石，对未来特别是下世纪世界经济政治格局将产生巨大影响。

1991 年 12 月 11 日，欧盟首脑在荷兰小城马斯特里赫特签署了举世瞩目的欧盟条约（简称“马约”），确定了建立欧洲经济与货币联盟的阶段计划和实施标准，其中建立欧洲统一货币、欧洲中央银行是“马约”的核心所在。

“马约”之所以缔结，欧元、欧洲中央银行之所以产生，究其根源：共同发展经济是基础，最终政治统一是目标。

让我们先看其经济动因。第二次世界大战后，东西方出现两大阵营，在美苏对峙下，欧洲一改历史上 300 多年的战争，出现了 50 年来的相对和平，经济有了发展的空间。从 50 年代欧洲煤钢联营、关税同盟到 60 年代共同市场欧洲经济联盟的建立，现在的这种多边、平等、互利、互补、同舟共济的合作，从 6 个国家发展到 15 个国家，这个地区人口达 3.5 亿，国民生产总值、出口总值超过美国、前苏联和东欧，成为区域性合作成功的样板。为此，欧盟成员国深知，只有联合起来，才是快速、健康发展经济的必由之路。

从当今世界看，要创建和维持现代化国民经济和工业体系，没有一个 1 亿人口以上的市场是不具备启动的条件。从第二次世界大战后西德、法国等西欧国家发展看，它们都得益于大市场。但是如何使这个市场向纵深发展，除了建立实施协调共同的经济、财政、货币政策外，应在一个新高点

---

* 本文原载 1998 年 5 月 8 日《经济日报》，标题为《欧元启动的政治与经济动因》，同年 5 月 19 日《国际商报》也摘要刊登。

上彻底实现商品、劳务、资本的自由流动。这就需要有一个质的变化，那就是必须实现货币的统一，彻底打破因不同货币、汇率、利率变动对贸易、投资、生产等所带来的风险和障碍。只有货币统一，才能进一步发挥市场经济竞争机制，使欧盟各国的人力、财力、物力即资源配置趋于合理，获得根本完善，使欧共体获得整体的独立性，这将释放出经济增长和就业的潜力，共同促进整个地区的经济繁荣。

说起政治动因，不得不归功于西欧政治家统一欧洲的超前意识、决心和气魄。大家知道，欧洲地区语言、宗教关系复杂，幅员不一，社会结构、文化传统也参差不齐。货币历来是主权国的象征，在没有实现政治统一的条件下，在德国没有占领法国，法国没有占领德国的情况下，在和平条件下，大家主动一致取消自己的货币，创造一种共同的货币，它是在政治主权没有合并的情况下，在区域性经济趋同的条件下，实现了货币统一的创举，这不仅在西欧近代史上是第一次，在人类世界史上也是罕见的。这不得不佩服欧洲政治家超前的决心，坚韧不拔的勇气和胸怀。

当然，1991 年，极力推崇统一货币的前法国总统密特朗和西德总理科尔在政治上还有自己的打算。当时，法国想借此在经济上捆住西德，西德则想利用法国抬高自己的政治地位。但是当东西德统一，苏联解体，华沙条约解散，冷战由此结束，世界政治格局发生了很大的变化。这种变化对欧元的经济和政治动因产生了严重干扰。前苏联从东德和其他国家撤军非常彻底，做到一兵不剩、一（核）弹不留，但美国不愿放弃对西欧的最后控制权，这就出现了北约东扩、欧盟东进的态势。德国统一后，成为 8 000 多万人口的国家，不少在野党乃至执政党的政治家对货币统一态度暧昧，德国想把重点放在东边的潜在大市场上，这个西欧的火车头不能同时驶向东欧和大西洋。前英国首相撒切尔夫人担心法国乃至欧洲大陆被德国牵着走，对统一货币存有戒心。密特朗逝世后，法国总统希拉克的态度一度也不明朗。在此情况下，特别是 1997 年，欧盟各国在各项准备工作中，经历了崎岖坎坷，各种矛盾、争吵和斗争不时出现，比如货币名称的确定、欧洲中央银行行长及所在地之争等。

当时法国强调要把促进就业和加强未来欧元国家经济政策协调等内容加进有关货币统一的条款，德国认为“马约”经济趋同标准不能修改，这关系到未来欧元的地位和稳定。然而欧洲政治家、特别是德国和法国首脑深深懂得，未来的欧元不应降低标准，也不能推迟实现。与其推迟，不如不干。当前应更好地适应市场经济的发展，加快欧洲经济政治一体化的进程，不能丧失这样一个历史机遇，只有同舟共济，勇往直前，退路是没有的。他们正是怀着这种统一意志、相互依存、平等互利、联合奋进的精神，促进统一大市场的发展，迎接世界经济全球化的挑战，为最终实现政治联合和统一而努力。

还需指出的是，欧元的出现是对美元的抗衡。长期以来，美元一直占据国际金融领域的霸主地位，当前在国际贸易结算中占50%，国际外汇储备中占60%。德国马克、英镑也是国际贸易结算和外汇储备货币，但与美元仍无与伦比。欧洲人说得好，如果欧洲不建立共同的国际货币体系，世界货币的领导权将一直被美国和亚洲掌握，欧元的出现将打破这一格局。欧元会逐步成为仅次于美元的第二大货币，它将削弱美元的地位，在世界经济金融舞台上与美元平起平坐。

美国虽然不愿看到新兴统一的欧元出现，也不愿放弃在欧洲的经济政治利益，但是欧洲俱乐部是欧洲人的，欧盟更不会让美国插手的。但是，我们也应看到，当前美国在欧洲直接投资高达4 000亿美元，占其对外投资的一半。欧洲这个伙伴对美国来说相当重要，如果欧元、欧洲中央银行启动运行成功，对美国在欧洲的经济利益是有好处的，它符合区域性和世界经济全球化发展趋势。正如欧盟的一位官员所说，所谓区域经济一体化，意味着今后欧洲的商品将不再出现德国造、法国造，而只标出西门子、雷诺、奔驰等商标品牌。这恐怕就是经济一体化、全球化的写照吧！

可以预计，欧元在未来的进程中必然会出现这样、那样的矛盾和利害冲突，在欧盟各国还紧握印把子的情况下，实行统一的货币金融政策，对超国家的欧洲中央银行的运行会出现种种困难，同时也会对欧盟以外的其他国家和地区带来不同的影响。要实现欧洲政治统一的最终目标，还有漫长的道路。总之，道路是曲折的，前途是光明的，取消欧元，重新回到原有货币是不可能的。人们期望这一历史举措对欧洲带来繁荣昌盛，对生活水平的提高带来实惠。

浅谈加入世界贸易组织*

明年内，我国“加入世界贸易组织”已成定局。我曾多次参加过有关这个主题的研讨会。在讨论中，我不赞成单纯地议论加入世界贸易组织后对我国金融业有哪些有利或不利影响，因为有利和不利是相对的。有的“不利”，可能会转化成“有利”，有的“有利”却隐藏着“不利”。还是应该从机遇与挑战来看待“加入世界贸易组织”的问题。

有人说，“加入世界贸易组织”像是狼来到了，一个天然鹿场如果真来了几只狼，它必然促使鹿群奔跑，使鹿群长得更壮实。鹿茸会收获得更好。

有人说，“加入世界贸易组织”好似在一个水池里引来了泥鳅，其实正是由于泥鳅的窜动，使各种鱼加快游动起来，使鱼群长得更快，延长了它们的生命。

有人说，我们现在是“无照商贩”，商品中还掺杂着伪劣产品，有的市场我们进不去。“加入世界贸易组织”后，有了“正式营业执照”，可以进入世界市场，迫使我国商品质量提高。

我认为，从更高的角度看，“加入世界贸易组织”是第二次开放。它迫使我们在贸易、金融、商品、劳务、资金、技术等方面全方位地与国际接轨，让竞争机制在各个领域呈现出来，使保护主义没有容身之地，使我国真正融入到国际社会。这将加快实现和完善我国社会主义市场经济体系的建设和发展。

世贸组织有三个规定，一是成员国要相互减免关税，最后目标是降到零。这给我国进出口贸易带来了新的机遇和挑战，我国商品将面临激烈的竞争。二是成员国必须全面开放金融、保险、电讯等服务市场，这使我国金融业将面临严峻的考验。三是要严格按“游戏规则”办事，要有法制观念，要健全法规制度。同时，加入世界贸易组织对违法的成员国可进行

---

* 本文原载两份内部报刊：2000 年 3 月 10 日《中行职工报》，《华夏金融》2000 年第 6 期，标题为《加入 WTO 问题》。

惩处。

我认为，关键的问题还是人才的竞争。在当今经济、金融全球化深入发展的形势下，只有加快培养和造就大批优秀人才，增强我国的综合实力，才能使中华民族牢牢地屹立在世界民族之林。

对国际货币基金组织改革与作用的评估*

国际货币基金组织（International Monetary Fund，IMF）（以下简称基金组织）于1945年12月27日，由美国、英国、中国等29个国家的代表在美国国务院举行仪式，正式签署基金组织协定宣告成立。它是联合国的一个专门机构，总部设在美国首都华盛顿。基金组织和世界银行的成立标志着布雷顿森林体系和国际货币金融体系的建立。

一、基金组织建立的背景与宗旨

1929—1933年资本主义世界爆发了严重的经济危机，大批银行倒闭，金融市场混乱，法国、英国和美国相继放弃了金本位制，以国际金本位制为标志的国际货币体系瓦解。随后，各资本主义国家实行了纸币本位制，在货币领域里进行了激烈的斗争，相互进行外汇倾销，形成了相互对立的货币集团。这种以邻为壑的政策严重损害了国际经济，世界贸易急剧萎缩，许多国家的就业和生活水平也随之下降。长期的经济萧条和国际经济关系的紧张和秩序混乱，是导致第二次世界大战爆发的重要因素。

为了扭转国际货币体系混乱的局面，美、英等国在第二次世界大战结束前就开始筹划战后的国际经济秩序，特别是讨论建立新的国际货币体系问题。美国财政部于1941年指派当时主管货币问题的副部长H. D. 怀特草拟稳定国际货币的计划。怀特主张由各国缴纳资金来建立基金组织；各国的投票权取决于各国缴纳份额的多少；基金组织发行一种叫“尤尼塔”（Unita）的国际货币作为计价单位，一个尤尼塔相当于10个美元的含金量；各国货币与尤尼塔保持固定比价。基金组织的主要任务是稳定汇率，并对成员国提供短期信贷，以解决国际收支不平衡问题。英国财政部早在1940年安排财政部名誉顾问、经济学家J. M. 凯恩斯草拟关于国际货币问题的计

---

* 本文原载《金融评论》2007年第1辑，中国金融出版社，2007。

划。凯恩斯反对以黄金作为主要储备，而建议成立一个称为“国际清算联盟”的世界性中央银行，由国际清算联盟发行不可兑现的货币“班柯”（Bancor）作为结算单位；各国通过班柯存款账户来清算相应的官方债权债务，但成员国不需缴纳黄金或现款，而只在国际清算联盟开设往来账户。各国在需要时可以调整其货币汇率。1943 年双方公布了这两个计划，并举行一系列的会谈。英国极力维护其在战前的资本主义世界经济领导权，而美国则试图夺取领导权。经过反复较量，于 1944 年 4 月发表了《关于建立国际货币基金专家联合声明》，同年 6 月组织了一个起草小组重新研究并修改联合声明，提交 1944 年 7 月 1 日到 22 日在美国召开的布雷顿森林会议讨论。最后，美国凭借其在政治、经济、军事等方面的优势，使会议通过了一个基本上以怀特计划为基础的《国际货币基金组织协定》，决定建立国际货币基金组织，从而为战后以美元为中心的国际货币体系奠定了基础。

按照基金组织协定的划分，凡是参加 1944 年 7 月 1 日布雷顿森林会议，并于 1945 年 12 月 31 日前在协定上签字正式参加的国家为创始成员国，此后参加的则为其他成员国。两种成员在法律上享受平等的权利和义务，中国是创始成员国之一。基金组织建立初期，成员国增加较慢。20 世纪 60 年代以后，广大亚非拉地区国家纷纷独立，参加基金组织的国家越来越多。苏联曾参加了 1944 年布雷顿森林会议，但没有在协定上签字，此后也一直未加入基金组织。1991 年后，前苏联 15 个加盟共和国、部分东欧转轨国家及瑞士等国的加入，使基金组织的成员国数量再次迅速增加。东帝汶于 2002 年 6 月签署基金组织协定后，成为基金组织的第 184 名成员国。

基金组织的宗旨是：（1）通过设置一个常设机构就国际货币问题进行磋商与协作，从而促进国际货币领域的合作。（2）促进国际贸易的扩大和平衡发展，从而有助于提高和保持高水平的就业和实际收入，以及各成员国生产性资源的开发，并以此作为经济政策的首要目标。（3）促进汇兑稳定，保持成员国之间有秩序的汇兑安排，避免竞争性通货贬值。（4）协助在成员国之间建立经常性交易的多边支付体系，取消阻碍国际贸易发展的外汇管制。（5）在具有充分保障的前提下，向成员国提供暂时性普通资金，以增强其信心，使其能有机会在无须采取有损本国和国际繁荣的措施的情况下，纠正国际收支失衡。（6）根据上述宗旨，缩短成员国国际收支失衡的时间，减轻失衡的程度。

二、基金组织的基本职能

从第二次世界大战以后维护布雷顿森林体系到预防和处置当前复杂的经济和金融危机，基金组织的职能随着国际货币体系的发展而不断变化。当前，基金组织的基本职能包括对成员国和全球经济的监督及维护、加强国际金融体系、消除贫困和监督汇兑安排等。

（一）监督成员国汇率政策，促进经济金融的稳定发展

基金组织主要通过对成员国一年一度磋商和协调，对成员国经济金融特别是汇率政策安排状况进行监督评估，以维持有秩序的汇率安排和建立稳定的汇率制度，保证国际货币制度能够顺利运行，旨在促进经济金融的稳定发展，并以此构建全球经济金融的稳定。在监督评估中，基金组织提出针对性的咨询和建议。

鉴于亚洲金融危机的经验教训，1998 年，基金组织与西方七国财长提出建立危机预警系统、预防性贷款安排，以及提高透明度等措施。

为有效地防范危机，基金组织和其他国际组织及管理机构发展了一系列国际公认的标准和良好行为准则，具体包括数据公布、财政透明度、货币与金融政策透明度、银行监管、证券与保险业管理、支付系统、公司治理、破产清算、反洗钱、会计和审计等领域。

为加强对金融部门的监督，基金组织与世界银行联合制定了金融部门评估规划（FSAP），用以分析成员国的金融体系稳健性。通过分析成员国金融体系的稳定性、金融体系遵守有关标准和准则的情况以及金融部门的改革需求，金融部门评估规划小组将确定成员国金融体系的稳健程度及其所面临的风险和脆弱性，并向有关成员国当局提出政策建议。截至 2004 年 11 月，已有 115 个基金组织成员国参加或承诺参加 FSAP。同时，基金组织已完成对 72 个经济体的金融稳定评估。

在解决危机方面，基金组织曾提出了主权债务重组机制的方案（Sovereign Debts Restructuring Mechanism，SDRM）。该方案建议建立一个解决主权债务重组问题的法律机制，用于约束主权债务国家和债权人，以实现快速、透明和可预期的债务重组，最大限度地减少债务重组和经济调整的成本。但主要发达国家不认可此方案，并且受到以国际金融协会（IIF）为代表的私人债权人集团的强烈反对。相反地，主权债务重组的合同方法——集体行动条款（Collective Actions Clauses，CACs）得到私人部门的强烈倡导，许

多国家在采用 CACs 方面作出了有益的尝试。

（二）推行国际收支调节政策

基金组织在向成员国提供贷款的同时，还向借款国推行一套国际收支调节政策，以达到其调整目标；保持借款国经常项目的可维持性，使借款国恢复从国际金融市场筹集资金弥补经常项目逆差的能力。调节政策主要包括需求转向政策、需求管理政策和供给管理政策。

需求管理政策也称需求限制政策，包括：（1）限制性货币政策，使银行信贷增长率与经济增长，通货膨胀和国际收支计划指标相一致。（2）限制性财政政策，限制政府预算赤字和向银行透支的限额。（3）债务管理政策，规定外债增长限额等宏观方面的措施。

供给管理政策主要有：（1）减少大规模工期的工业工程，加强基础工业、能源、农业部门收益相对快的投资，使建设与国内外资源相一致，与出口和进口替代部门的需要相一致。（2）取消价格控制，使资源按稀缺性分配。（3）取消进口限制和外汇管理，使国内工业面临更多的竞争，以将资源集中于有比较利益的商品生产部门。（4）控制工资上涨，废除价格补贴。

需求转向政策即汇率调整政策，以调整贸易品与非贸易品的比价。

在上述政策模式的基础上，基金组织还制定了一套数量指标进行控制，并对指标定期评估，如果未能遵守指标规定，马上中止提款权。当然基金组织在与借款国政府共同磋商调整计划时也会根据实际情况，在某些方面作出一些让步，以解决主要矛盾。

（三）向成员国提供援助

基金组织设有多种贷款，根据不同的政策向成员国提供资金。当成员国的国际收支有融资需求时，可向基金组织申请贷款。基金组织向成员国发放贷款或收回贷款（减贫与增长贷款除外）是以与成员国交换货币的方式进行的。当成员国向基金组织借款时，它用本国货币向基金组织“购买”外汇或者特别提款权。反之，当成员国向基金组织还款时，它就用外汇或特别提款权向基金组织“回购”本国货币。基金组织的贷款不论使用什么货币都按特别提款权计值，不同的贷款期限使用不同的利率，利率随期限的延长而递增，利息用特别提款权交付，同时每笔贷款征收一定手续费。

基金组织贷款的特点是：（1）基金组织不是援助机构或开发银行，它向成员国贷款的目的是帮助其解决国际收支问题，并恢复可持续的经济增长。因此基金组织不为特定项目或活动提供援助。它提供的外汇（其限额由成员国在基金组织的份额决定）存放在成员国的中央银行，以补充其国际储备，从而为国际收支提供一般性的支持。（2）基金组织的贷款是有政策条件的。借款国必须采取能够纠正国际收支问题的政策。成员国和基金组织必须就需要采取的经济政策行动达成一致。基金组织还根据借款国实现其预定政策承诺的情况分期拨款。（3）基金组织的贷款是临时性的。取决于贷款形式的不同，贷款的拨付期限短至6个月，长至4年。短期贷款（在备用安排项下）的还款期限为$3\frac{1}{4}$~5年，中期贷款（在中期安排项下）的还款期限为$4\frac{1}{2}$~10年。然而，2000年11月，执行董事会同意实行提前还款预期，备用安排为$2\frac{1}{4}$~4年，中期安排为$4\frac{1}{2}$~7年。基金组织在优惠的减贫与增长贷款项下对低收入国家的贷款的还款期限为10年，本金偿还还有$5\frac{1}{2}$年的宽限期。（4）从基金组织获得普通非优惠贷款的国家（除低收入发展中国家以外的所有其他国家）支付与市场相关的利率和服务费，以及可退还的承诺费。贷款超过一定数额以后，可能收取附加费，以限制对基金组织资金的大量使用。

基金组织的信贷工具在过去的数年中又有新的变化。随着国际金融体系框架的改革和对其贷款种类的一系列审查，取消了一些过时或使用频率很低的信贷工具。目前主要有以下六种形式的信贷工具。

1. 备用安排（Stand - by Arrangement）。备用安排是基金组织贷款政策的核心。它于1952年首次使用，主要目的是解决成员国短期国际收支问题。在备用安排被批准时，它被作为预防性融资手段，只有当对外支付出现实际困难时，才会被提用。贷款资金一般是作为外部融资。一旦国际收支紧张状况得到缓解或可以重新进入国际资本市场融资，借款国将安排恢复到备用状态。备用安排项下的资金通常是在12~18个月内提取，还款期限为$3\frac{1}{4}$~5年，提前还款预期为提款后27个月至4年，按季偿还。但还款预期最长也可延至39个月至5年。

2. 中期贷款（Extended Fund Facility）。此项贷款设立于1974年9月，

基金组织通过中期贷款向成员国提供支持确保一国能够提取规定的金额，通常是在3～4年内提取，还款期限为$4\frac{1}{2}$～10年，旨在帮助其解决导致国际收支缺陷的结构性经济问题。

3. 减贫与增长贷款（Poverty Reduction and Growth Facility）是一种优惠性贷款，于1999年11月替代了“加强的结构调整贷款”（Enhanced Structural Adjustment Facility），还款期限为$5\frac{1}{2}$～10年。其用途有二：一是通过向有关成员国提供优惠性资金，支持其经济结构调整规划，以期明显持久地改善国际收支状况，促进经济持续增长，提高人民生活水平，减少贫困。二是用减贫与增长贷款参与国际社会的加强的重债穷国倡议，帮助相关成员国实现对外债务的可持续性。借款成本由基金组织过去出售其所持黄金所得以及成员国出于该目的而向基金组织提供的贷款和捐赠进行补贴。

4. 补充储备贷款（Supplemental Reserve Facility）于1997年年末设立，当时亚洲金融危机正处于高峰。设立此贷款的目的，是向那些因资本账户和外汇储备受到压力，市场信心突然下跌，短期融资需求骤升而国际收支状况极其困难的成员国提供资金帮助。补充储备贷款的利率在基金组织普通贷款利率的基础上增加了附加费，其还款期为$2\frac{1}{2}$～3年。

5. 补偿性融资贷款（Compensatory Financing Facility）于1963年设立，旨在帮助成员国应对因世界商品价格波动导致的出口收入暂时下降或谷物进口成本的提高。使用补偿性融资贷款的基本费率、还款预期和法定还款期与备用安排相同，但使用该项贷款没有附加费用。

6. 紧急援助贷款（Emergency Assistance Facility）于1962年建立，用于帮助成员国解决因突然或不可预见的自然灾害而产生的国际收支问题。1995年，这一形式的援助得到扩展，还包括成员国摆脱军事冲突（对制度和管理能力造成破坏）后的某些情况。其还款期为$3\frac{1}{4}$～5年。

（四）提供技术援助和培训咨询等服务

除上述贷款外，基金组织还对成员国提供技术援助并在华盛顿和各地区培训中心为成员国官员提供培训。基金组织积极收集和反馈世界各国的经济金融信息，并派出代表对成员国特别是低收入国家，提供有关国际收支、财政、货币、银行、外汇、外贸和统计诸方面的技术援助和咨询服务。各成员国也可选派有关部门的工作人员到基金学院接受短期专业培训。

三、基金组织面临的改革与挑战

（一）基金组织的改革

20 世纪 90 年代以来，基金组织的原有运作机制与世界经济的加速全球化相脱节，具体表现在：对巨额国际资本特别是投机性资本的流动监管不力；对新兴市场国家因汇率制度的选择所导致的金融危机缺少对策；本职目标与实际追求目标相背离，原有力量和影响已难以适应经济金融全球化的需要，履行职能时又受到多方牵制，作为国际货币体系的核心力不从心；对因债务危机引发的金融危机难以有所作为。特别是在亚洲金融危机、拉美金融风暴之后，基金组织在国际金融危机中扮演什么角色不断遭到质疑。作为国际货币体系的核心，基金组织改革已成为国际金融体系面临的重要课题和国际社会关注的焦点。

改革以增强基金组织和成员国的公开性和透明度、加强对发展中国家的监管为重点，对其职能及其运作进行了重新调整，主要包括以下几方面：

1. 增强透明度和公开性，建立国际公认的评估标准。2000 年 4 月，执行委员会同意成立独立评估办公室，评估基金组织的工作与政策。8 月，基金组织开始在其网页上发布关于新兴市场融资情况季度报告，加强对注入新兴市场国家资本的监管，并规定在其网页上定期公布基金组织对外借款的融资来源。2001 年 9 月，出台了新的《外汇储备管理指南》。2002 年 3 月，又公布了新的成员国《遵守国际统一标准和代码报告》，对涉及 11 个经济金融领域的国际标准的遵守情况进行监督。基金组织还与世界银行合作，采取通过金融行业评估项目来评估各国金融状况等一系列的改革措施。

2. 调整机构，加强监管。2001 年 3 月，基金组织决定成立国际资本市场部，加强对国际资本市场的监控及管理。为强化对金融危机的快速反应能力，还成立了资本市场咨询小组，加强与私人机构的对话与磋商。2002 年 2 月，基金组织把分散在各部门的处理金融危机的职能及权力集中起来，成立了特殊行动部。在离岸金融市场监管方面，执行董事会把监控重点放在对离岸金融市场执行有关标准的评估上，涉及银行、证券、保险三个领域。

3. 寻求债务危机解决方案。与世界银行合作，推动重债贫困国家债务减免计划的实施，减轻重债贫困国家负担。2001 年 1 月，双方共同宣布，22 个国家（包括 18 个非洲国家）有资格获得债务减免，减免数额占这些国家债务总额的 2/3。2001 年 11 月，基金组织还与世界银行、国际清算银行（BIS）及经合组织（OECD）合作，对 176 个发展中国家和转轨国家的外债动态指标进行每季度一次的统计公布。为了加强对发展中国家的外债监督和管理，把减债作为重点工作。

4. 把防范金融危机作为核心任务。2000 年 4 月，基金组织总裁明确表示，基金组织的主要任务与世界银行不同，应发挥货币机构作用，稳定国际货币，提供短期贷款。2000 年 4 月，七国首脑在华盛顿财长会议上达成改革基金组织的速效政策协议，规定其贷款原则上以短期紧急融资为主。2001 年 4 月，进一步明确把防范金融危机作为基金组织的核心任务，并致力于发展各种风险指标显示和预警系统。

5. 扩大基金份额。亚洲金融危机爆发之前，基金组织的基金份额为 1 460亿特别提款权，约合 1 990 亿美元。1999 年 2 月，基金组织成员国达成一致，新增近 900 亿美元份额，资金总量达到2 120亿特别提款权，约合 2 880亿美元。

6. 加强对借款国所借款项的监督。基金组织进一步更新其借贷政策，修改应急信贷渠道条款，新条款内容使这一机制更有利于借款国有效使用贷款处理危机及避免危机蔓延。

（二）基金组织面临的挑战

随着经济和金融全球化进程的不断加快，基金组织将面临以下几方面的挑战：

第一，金融市场规模的显著扩大使危机的破坏性和影响也在不断增加，而基金组织的资金总量却缺乏应对这一变化的增长机制。事实上，基金组织从成立以来，资金规模虽经几次扩充，但其占全球产出的比例已明显减少（现在大约为其成立之初时比例的 1/3），占全球金融市场规模的比例缩减得更为显著。因此，基金组织是否有足够的资金满足缓解国际金融市场动荡产生的需求，是国际社会无法回避的问题。

第二，自布雷顿森林体系崩溃以来，基金组织在维护国际货币与金融体系稳定方面面临新的问题。基金组织协定规定“以促进汇兑稳定”为宗旨，但实际状况是，基本上维护不了汇率稳定的目标，这也是国际货币体制改革面临的根本问题之一。基金组织正在认真深入研究，以确定哪种体制对世界经济的稳定发展更有利。

第三，在国际储备问题上，一方面，基金组织认为较高的储备有利于提高经济体抵御外部冲击的能力；另一方面，基金组织又认为经济体维持较高的储备会存在汇率、利率风险。事实上，近年来，发展中国家外汇储备的增长是美国经常项目逆差所致，发展中国家持有大量的美元，购买了美国的国库券。当前，各国如何寻求最佳储备水平、如何确定储备的总量和结构，基金组织应针对这些问题做更深入的研究，并提出改革的方向和措施。

第四，基金组织拥有对成员国经济政策监督的权力，但缺乏对实际部门（特别是对私人部门）进行有效监督的手段。如何解决这种对市场监督的不平衡问题，从根本上促进金融市场的稳定与发展，也是基金组织面临的一个新问题。

第五，近年来，关于发展中国家的代表性问题的讨论，是基金自身治理问题的一个重要反映。由于基本投票权绝对数一直没有调整，发展中国家的投票权比例不但得不到提高，反而有下降的趋势。这种状况，不利于它作为国际机构较好地反映各成员国的意见，也会损害合作的有效性。

四、对基金组织作用的评估

基金组织作为一个国际金融领域的永久性合作机构，在促进世界经济的发展，特别是促进国际贸易的增长，缓和暂时的国际收支危机，维持国际货币体系的运转，防范金融危机等方面起到一定的积极作用。随着经济金融全球化的进一步发展，其地位和作用会进一步加强，但也有一定的局限性。

1. 在汇率安排方面，20 世纪 70 年代以前，基金组织有效地维持了布雷顿森林体系的稳定，促进西欧、日本等有条件的国家放松外汇管制，实行货币自由兑换等。这些活动虽然有利于美国在战后凭借高估的美元掠夺廉价资源，扩大资本输出，实现其军事和经济霸权政策，但汇率的稳定有助于国际贸易的发展，促进战后经济的恢复和国家间资本流动的扩大。20 世纪 70 年代以后实行的浮动汇率制是世界经济发展不平衡的必然产物。基金组织虽然要求成员国放松外汇管制，实现经常项目和资本项目的开放和货币的完全自由兑换，但仍然通过制定政府干预等措施旨在对成员国的汇率政策实行严格的监督，在一定程度上防止出现 20 世纪 30 年代汇率战、利率战的混乱局面，但是对汇率运动的方向和波幅的影响程度减弱。至今尚未找到一个有效维护国际货币体系稳定的改革措施和方案。

2. 在国际收支调节方面，为满足发展中国家的资金需要，基金组织延长了普通贷款的期限（原来仅为一年以内贷款），增设了比成员国所交份额多几倍的各种贷款，并在帮助发展中国家制订国际收支调节计划过程中提供有关银行、外汇、外贸制度以及统计等方面的各种技术援助。特别是在20世纪80年代的拉美债务危机中，基金组织作为多边债务重新安排的牵头人，不遗余力，日夜奔走于债务国和债权国之间，为缓和矛盾，防止国际货币体系的崩溃起了积极的作用，也在一定程度上对发展中国家国际收支的调节起了“催化剂”的作用，使发展中国家有个喘息的机会，并为商业银行的资金重新流入发展中国家创造了一定的条件。基金组织对1994年墨西哥金融危机作出迅速和大规模反应，提供了高达121亿特别提款权贷款援助，使危机得以缓和。在1997年亚洲金融危机中，基金组织对防止危机的扩大和蔓延，发挥了积极作用。

但基金组织国际收支调节作用也有一定局限性，例如：（1）发展中国家国际收支严重不均衡的原因是多种多样的。对大多数发展中国家来说，贸易条件的恶化，工业国转嫁危机是主要影响因素。但基金组织一般都要求每一个借款国都实行它那一套紧缩国内需求的政策模式，而不能利用其国际金融机构的地位，致力于改善南北关系，建立国际经济新秩序，消除各国经济政策无能为力的外部因素，从根本上解决发展中国家的国际收支不均衡问题。（2）基金组织极力推行的国际收支调节政策模式，往往给借款国带来一些副作用。如需求限制政策往往使借款国不得不付出降低经济增长率的巨大代价；需求转向政策也往往因借款国的商品进出口的需求和供给价格弹性小而达不到预期效果，反而引起严重的通货膨胀，使发展中国家的国际收支调节计划失败。（3）基金组织的国际收支调节政策对发达国家的作用也有限。对顺差国来说，它没有调整的压力；对逆差国来说，尤其是美国，2004年其经常项目赤字高达6 600亿美元，是造成全球经济失衡的主要原因，基金组织对美国的政策建议毫无效果。（4）尽管1960年以来增加了一些贷款种类和贷款额度，但对大多数发展中国家来说，仍有杯水车薪之感，远不敷需求。

3. 在国际储备资产方面，基金组织创设和分配特别提款权，一方面缓和了国际清偿力不足的矛盾，有利于国际贸易的扩大和国际支付的顺利进行。另一方面，由于特别提款权分配受成员国份额的制约，结果造成越富的国家分到的特别提款权越多，越穷的国家分到的越少，加大了发达国家与发展中国家的贫富悬殊，远远不能满足发展中国家对国际清偿手段的需要。

五、中国与基金组织

(一) 恢复中国的合法席位

1945 年基金组织成立时，中国是创始会员国之一。新中国成立后，早在 1950 年中国政府就致电基金组织，要求恢复中国的合法席位。由于西方国家的阻挠，中国在基金组织的合法席位长期被台湾当局窃据。1971 年第 26 届联大恢复中国在联合国的合法席位以后，联合国大部分专门机构均纷纷恢复我国合法席位，只有基金组织和世界银行集团未采取行动。对此，中国政府在 1973 年和 1976 年又先后致电该机构，并声明对中国在该机构的财产和权益保留权利。随着中国对外经济金融关系的发展和对外开放政策的实行，恢复中国在国际金融机构的合法席位已是大势所趋。在许多友好国家支持下，1979 年 10 月，中国与基金组织恢复了直接接触。经过多轮谈判后，1980 年 4 月 4 日，中国与基金组织签订了将中国在基金组织的代表权移交中华人民共和国的协定书。4 月 17 日，中国正式恢复了在基金组织的合法席位。

合法席位恢复后，中国即向基金组织委派了理事、副理事和正副执董。中国在基金组织的现任理事是中国人民银行行长、副理事是中国人民银行副行长。中国在基金组织建立时所交的份额为 5.5 亿特别提款权；恢复席位后 1980 年 9 月基金组织为中国进行了特别增资，将中国的份额提高为 12 亿特别提款权，并在同年 11 月进行的份额总检查中将中国的份额进一步提高到 18 亿特别提款权。虽然中国在基金组织中的份额总数随着历次份额检查和普遍增资而有所增加，但排名却逐步降至第十一位，这与中国改革开放后经济实力飞速上升的现实严重背离。1997 年 9 月，借香港回归的契机，中国正式向基金组织提出特别增资的要求。2001 年 2 月 5 日，基金组织理事会通过了中国特别增资方案，即将中国的份额从当时的 46.872 亿特别提款权增至 63.692 亿特别提款权，占总份额的 2.98%，与加拿大并列第八位。经过增资后，中国在基金组织的投票权占总投票权的比重从 2.19% 提高到 2.95%。①

---

① 截至 2009 年 4 月伦敦二十国高峰会议，我国份额为 3.719%，投票数为 3.66%。会议决定对 IMF 增资 5 000 亿美元。

(二) 中国与基金组织建立了良好的合作关系

自恢复在基金组织的合法席位以来，中国与基金组织建立了良好的合作关系。在业务往来和国际金融活动的参与上，中国与基金组织的合作是多方面的，主要表现在：

1. 改善国际收支状况。改革开放初期，中国宏观经济失衡的问题严重，通货膨胀上升，国际收支逆差增大。为此，中国先后于 1981 年和 1986 年从基金组织借入 7. 59 亿特别提款权和 5. 98 亿特别提款权的贷款，用于弥补国际收支逆差，支持经济结构调整和经济体制改革。到 20 世纪 90 年代初，中国已全部偿还了基金组织的贷款。随着中国经济实力的增强和宏观经济管理水平的提高，中国不仅未再向基金组织提出新的提款要求，而且长期以来一直是基金组织的债权国，为基金组织各项贷款安排提供资金。

2. 接受技术援助。从 1980 年以来，基金组织向中国提供几十次技术援助，其范围包括：银行管理与货币政策；国际金融统计数据收集方法；国际收支统计方法；金融立法；财政预算编制方法；中国通货膨胀问题研究；中央银行的业务稽查方法；税制改革、税收政策与税收征管制度；物价指数和贸易指数的编制方法；等等。上述方法和有关建议对中国经济金融改革的深化以及规章制度的建设有积极作用。基金组织为中国政府机构的有关人员提供了大量的培训。每年在中国举办的培训班涉及货币政策、财税政策、银行监管、外汇市场管理、国际收支管理和宏观经济统计等多个领域，参加培训的学员累计已达数千人。

此外，中国每年还向基金组织在华盛顿、维也纳和新加坡的学院派出数十名人员，在宏观经济和金融的各个领域进行研讨和进修。基金组织还通过 1996 年和 1997 年分别由日本政府和澳大利亚政府资助创立的日本奖学金和澳大利亚奖学金项目，为包括中国在内的亚洲各国年轻的政府官员提供为期一年至一年半的在当地大学的学习机会，并可获得经济学硕士学位。

3. 中国在基金组织中发挥积极作用。作为一个发展中的大国，中国有责任和义务积极支持和参与基金组织为促进和完善国际货币体系改革而作出的努力，为发展中国家经济调整而作出的努力。中国在基金组织的资金使用上主张优先考虑低收入的发展中国家，虽然中国有资格使用基金组织的优惠贷款，但常常主动放弃这种权利，以支持贫困的发展中国家享有更多的优惠资金。在 1997 年 7 月由泰铢引发的亚洲金融危机后，中国政府于 8 月 13 日参加基金组织一揽子援泰融资方案，并向泰国提供 10 亿美元的贷款。此外，中国还于1999年将中国在基金组织二号特别应急账户的余额共计1 313万特别提款权全部无偿捐赠给基金组织的重债穷国减债计划，以推动该计划的顺利实施。2001年6月，中国又承诺向基金组织减贫与增长贷款提供1亿特别提款权的贷款本金，为国际社会的减贫努力作出了实质性的贡献。基金组织也是中国阐述对国际经济和国际金融主张的重要讲坛。

中国通过各种形式的活动，阐述中国对世界经济形势和基金组织政策的看法，积极参与对国际货币体系事务的研究与决策。亚洲金融危机爆发以后，中国积极地参加有关国际货币体制改革的讨论。在基金组织的年会和其他重要会议上，中国理事和中国政府的其他高级官员系统地阐述了中国对国际金融体系改革的看法。中国既肯定基金组织在危机救援活动中所起的核心作用，也对基金组织有时忽视危机国家的具体情况提出批评，并呼吁增加发展中国家在基金组织中的代表性和发言权，反对由少数发达国家垄断国际金融事务的做法。中国呼吁基金组织继续扩大特别提款权的发行，呼吁发达国家要协调各自的宏观经济政策，共同注意维护国际金融市场的稳定。中国主张发达国家不但要推动对自己有利的商品和要素的自由流动，而且要支持对发展中国家有利的商品和要素的自由流动；强调发达国家对于自身的金融稳定承担更大的责任，加强对高杠杆投资基金和离岸金融中心的监管，同时也应加强发展中国家在金融监管方面的责任。在汇率制度的选择问题上，一些国家主张一国只能在固定汇率和完全自由浮动汇率两者之间择一而行，中国则认为没有一种汇率制度是万能的，各国应根据自己的实际情况选择合适的汇率制度。针对一些发达国家在危机后大力推动增加透明度的做法，中国强调缺乏透明度不是导致危机的主要原因，推动增加透明度要尊重发展中国家的意愿和实际承受能力，要遵循自愿和渐进的原则。中国的上述主张和立场得到了很多基金组织成员国和国外一些著名经济学家的响应，对基金组织的一系列政策和决议产生了影响。

4. 磋商与交流。根据基金组织协定规定，成员国每年与基金组织举行年度磋商，这是基金组织对成员国的外汇和贸易制度进行监督的一种形式。成员国有义务向基金组织提供本国国民经济统计数据，政府有关部门有义务就各自主管业务作政策说明。中国政府把这种磋商看做是向基金组织和国际社会介绍中国经济情况和政策意向的途径，以便让世界更多地了解中国。中国还利用这一机会，认真听取基金组织专家们对中国经济政策的评价和建议。

此外，基金组织曾多次与中国联合举办大型学术讨论会，就国际货币体系中的基金组织，宏观经济管理、经济增长与基金组织的作用，有关中国银行业等问题进行深入研讨。这对加强中国与基金组织的联系与作用，提高中国宏观经济管理水平，起到积极促进作用。

参考文献

[1] 国际货币基金组织年度报告（1990—2004）。

[2]《国际货币基金组织协定》。

[3] 吴念鲁、周祥生：《国际金融学概论》，成都，西南财经大学出版社，1992。

[4] 裴平等：《国际金融学》，南京，南京大学出版社，1998。

[5] 刘舒年：《国际金融》，北京，对外经济贸易大学出版社，2003。

[6]《世界经济百科全书》，北京，中国大百科全书出版社，1987。

[7] 中国银行国际金融研究所：《国际金融手册》，北京，人民出版社，1990。

[8] http：//www. imf. org. cn.

[9] http：//www. worldbank. org. cn.

[10] http：//www. ifc. org. cn.

[11] http：//www. ida. org. cn.

[12] http：//www. xinhuanet. com. cn.

[13] http：//www. people. com. cn.

第三篇

人民币汇率改革篇

论人民币汇率的确定*

在进行国际支付中，货币汇价的高低是至关重要的。对银行和外贸企业来说，这一问题显得就更重要。因此，人民币汇率的确定一定要从实际出发，有利于我国的对外经济开放，有利于外汇收支平衡，有利于鼓励出口。为此，有必要对以下几个问题给予充分地认识。

一、人民币汇率的价值基础

各国经济生活的实践证明，汇率作为一种特殊的价格，它受到价值规律的制约，对社会经济、对外贸易产生着很大的影响。违背这一规律将会使国民经济遭受损失。

根据价值规律的客观要求，一国货币与另一国货币的交换，应该是在以各自的代表的价值为基础。也就是说，在整个交换过程中，某个国家的货币应该与若干量的另一国货币所包含或所代表的价值相等。以人民币为例，在全国解放后，人民政府为了稳定物价和人民币币值，采取了折实制度，以粮、布、油、煤、盐五种商品的综合物价指数作为“折实单位”，并以之作为发行公债、吸收储蓄存款和发付工资的计值标准。随着国民经济的恢复、稳定和发展，1955 年取消“折实单位”，发行新币换收旧币，至此人民币走上了比较稳定的道路。

但是对人民币的价值基础究竟以什么来确定，至今理论界各方有论，但归结起来主要有两种，即“黄金派”和“非黄金派”。

黄金派认为，人民币虽然没有规定含金量，但实际上它的价值基础仍然是黄金，它代表金的符号。马克思所说的“金银天然不是货币，但货币天然是金银”，这说明只要流通中还需要货币，它就是天然金银，任何人为的东西都不能取而代之。换言之，货币的实体即特殊商品的黄金，一切货币形式的运动本质上都是离不开这一基础的。纸币只有代表黄金才能行使

---

* 本文原载《国际金融研究》1989 年第 6 期，标题为《试论人民币汇率的确定》。

其货币职能。因此，黄金永远不会退出历史舞台。黄金派把黄金与货币的关系永远联系在一起。

非黄金派认为，自人民币诞生的那一天起就从未与黄金发生直接的联系。这是客观事实。人民币的价值基础不是黄金。至于人民币的价值基础代表什么，有各种不同的看法，归纳起来主要有：（1）人民币代表“百物”，称为“百物本位”；（2）人民币直接代表社会必要劳动时间和价值；（3）人民币代表一定数量的使用价值；（4）人民币是信用货币；（5）人民币基本上是信用货币，但带有纸币的性质；（6）有人还认为，人民币不是货币，而是“劳动券”，等等。我认为，人民币是一种纸币，它以“元”为价值尺度，充当着一般等价物，它直接代表商品价值。

黄金之所以能代表货币，除了自身所具有的特性之外，还由于历史的原因。

从世界货币历史的发展来看，金本位制度从1816年英国通过金本位法案以来，一直持续到本世纪30年代。在此期间，这种货币制度与其相关联的固定汇率制度的确为促进资本主义的经济发展，推动各国贸易，稳定资本主义的金融与货币秩序起到了作用。但随着资本主义世界爆发经济危机以及世界大战的重创，一些国家的黄金储备不够充足，货币汇率的经常波动大幅度背离金价，国际收支每况愈下，黄金已不能满足流通中所需的货币量的需求，各国纷纷将自己的货币比价与黄金脱钩。1976年1月，国际货币基金组织临时委员会通过的牙买加协定决定，废除黄金官价，取消各会员国的货币含金量，废除黄金条款。这个决议已于1978年4月正式通过。从此，货币与黄金的法定联系已完全丧失，不再受黄金的约束。黄金已从货币商品变成一般商品，丧失了一般等价物的职能。由此可以看出，从金币本位制到金块本位制和金汇兑本位制以及过渡到目前的不可兑换的货币信用本位，黄金是在不断地丧失其货币职能。货币决不会永远固定在一种形式上。如果处于一般等价物一端的特殊商品数量有限，即使把它的价值符号和加快流通等因素考虑在内，这种等价物所能提供的价值量也很难满足处于相对价值形态一端的商品总价值量。因此，黄金并不可能永远行使货币的职能。在黄金丧失货币职能的过程中，纸币符号脱离黄金而直接代表价值的社会条件日益成熟，这也是货币历史发展的必然趋势。

纸币以它能够直接代表商品价值的特性，把一切商品所含人类劳动化为无差异的质和不同的量，从而起到价值尺度的作用。同时纸币单位所代表的价值在流通中形成，由政府担保，为人们所接受，作为交换的媒介而起流通手段的作用。还需指出的是：纸币仅靠政府强行流通和法令规定是不足以保证其稳定地充当一般等价物的，关键还在于要有丰富的商品物质为担保，要有经济实力为基础。一般来说，纸币的价值决定它所能支配的商品价值，决定社会上等价交换的商品总值与货币数量之间的对比关系。

二、新中国成立前后到国民经济恢复时期人民币对资本主义汇率的确定（1948—1952 年）

1948 年华北解放后，为了支援全国解放战争和恢复国民经济，人民政府立即着手继续开展对资本主义国家的进出口贸易和国际汇兑业务。天津是第一个解放的大口岸，1949 年 1 月 18 日，首先在天津公布人民币对资本主义国家的汇率，以后随着其他各大城市的解放和对资本主义国家贸易的开展，一些大城市也陆续公布人民币汇率。

由于人民币没有规定含金量，因此对资本主义国家的汇率不是按两国货币的黄金平价来确定，而是以“物价对比法”作为基础来计算的，即人民币汇率制度的依据是物价。

解放初期，我国外汇牌价是依据人民币对内对外购买力的变化情况，参照进出口商品理论比价和国内外的生活物价指数（国内曾一度按折实物价指数），并依据“奖励出口，兼顾侨汇”的汇价方针。所谓奖励出口，即汇价要照顾资本主义出口商经营 75% ~80% 的出口商品获得 5% ~15% 的利润，并保证华侨汇款折取的人民币实际购买力。当时汇价的具体计算根据是：津、鲁、沪、穗四大口岸定期计算进出口商品理论比价及闽、粤计算华侨购买力比价，这些材料均为决定汇价的重要参考依据。

（一）出口理论比价

出口理论比价是选择我国大宗出口货物（金额总和约占全部出口值的 70% 以上），每种商品对外成交的离岸价格与国内总成本逐项相除，并以前一时期各该项物资的出口金额为权重，求出人民币对外币的理论价值。计算公式为：

$$\frac{\dfrac{\text{每项出口商品国内总成本}}{\text{每项商品离岸价}}\times\text{商品的权重}}{\text{一定时期出口金额比重}}$$

（二）进口理论比价

计算方法与出口理论比价大致相同。计算公式为：

$$\frac{\dfrac{\text{每项进口国内总成本}-\text{每项进口国内各项费用}}{\text{每项商品}}\times\text{商品的权重}}{\text{一定时期进口金额比重}}$$

以上两个公式计算出来的结果都是以外币一个单位折合人民币的数字（即直接标价法），而且两个比价数字一定是不同的，究竟以哪一个数字作为主要参数，视不同时期的汇价政策而定。

（三）侨汇购买比价

以华侨眷属五口之家，中等生活水平计算。首先计算出这样一个家庭每月所必需的生活日用品项目和数量，然后再以这些项目的计算期价格与基期价格进行比较。计算公式为：

$$\frac{\text{生活品计算期价格}\times\text{消费量}}{\text{生活品基期价格}\times\text{消费量}}$$

侨眷生活物价指数按香港和广州两地零售物价分别编制。由于这两种指数内所采用的生活日用品项目规格大致相同，消费量基本上一样。我们还就指数内的物价进行两地物价对比以观察货币购买力。

$$\text{侨汇购买力比价}=\text{外汇牌价}\times\frac{\text{国内侨眷生活费指数}}{\text{国外侨眷生活费指数}}$$

计算后所得比价，如低于牌价，则有利于侨汇，反之则不利于侨汇。

通过出口物资理论比价、进口物资理论比价及侨汇购买力比价这三方面的比价，再按综合加权平均计算出人民币的汇率，它能比较真实地反映人民币对外的价值，因为人民币的对外购买力的测定是在贸易和非贸易的国内外商品和劳务价格对比的基础上确定的。

三、第一个五年计划开始到资本主义货币实行浮动汇率时期人民币汇率的确定（1953—1972 年）

自 1953 年开始，从国内条件看，我国进入有计划的社会主义建设时期，国民经济逐步走上全部的计划化，国内物价保持基本稳定。从国际条件看，这一时期以美元为中心的国际货币体系基本上能发挥作用，维持着纸币流通下的固定汇率制度。就我国的对外贸易来说，进出口由外贸部所属的外贸专业公司根据国家计划统一经营、统负盈亏、不再需要用汇率来调节。在这种情况下，人民币汇率采取稳定的方针，人民币汇率同资本主义国家政府公布的法定汇率相适应，主要同英镑联系，相对固定。只是在某种货币公开贬值或升值时，按其变动幅度做相应的调整。从 1953 年至 1972 年 6

月英镑汇率浮动，人民币汇率只在 1968 年 11 月英镑贬值 14.3% 时调整一次，由 100 英镑合 689.3 元人民币相应地调至 590.8 元人民币。

四、人民币对外计价结算以后人民币汇率的确定

1968 年，我国在国际结算中试行人民币计价结算，人民币汇率的高低直接影响对外商品的价格、外汇的收付和外商的盈亏，因此要求人民币汇率在国际汇率变化中保持相对合理的水平，做到既不使我方吃亏，又能使外商接受。1971 年 8 月，美国停止各国中央银行用美元向美国兑换黄金，以美元为中心的固定汇率体系开始瓦解。1973 年 3 月，西方货币纷纷实行浮动汇率，汇率波动频繁。人民币汇率要保持相对合理就必须根据国际市场汇率的波动，相应地上调或下调。当时人民币汇率调整的原则是：（1）坚持人民币汇价水平稳定的方针，既不随上升的货币上浮，也不随下跌的货币下浮。（2）贯彻执行对外经济往来中平等互利的政策，使人民币汇价有利于我国和外国双方贸易和经济往来的发展，既不偏高多收汇，也不偏低少收汇。（3）参照国际货币市场的行市及时调整人民币汇价。在不同时期，选择具有一定代表性的、而在国际市场上行市又比较坚稳的几种外币，算出它们在市场上上升或下降的平均幅度作为我们调整汇价的参考。人民币汇价在固定汇率时期已确定的汇价水平的基础上按“一篮子货币”计算方法，作经常性的调整，即选择我国在对外经济贸易往来中经常使用的若干种货币，按其重要程度和政策上的需要确定权重，根据这些货币在国际市场上的升降幅度，加权计算出人民币汇价。从 1973 年到 1984 年，选用的货币曾进行过几次调整。通过这样的计算和调整，把人民币汇价稳定在各国之间汇率的中间偏上的水平上。由于我国对外推行人民币计价结算的目的是为了保值，所以在制定人民币汇价的指导思想上要求把人民币定得高一些。

从多年来的实践看，我们采用与国际货币市场汇率相适应的原则和计算方法，是符合外汇汇率一般理论和客观经济规律的，而且也基本上适合我国的实际情况，兼顾了各方面的因素。

1973 年资本主义国家实行浮动汇率以来，人民币汇价是参照国际市场上若干种货币平均汇价的变动情况来计算和调整的。同西方主要货币比较，1979 年比 1970 年，美元对瑞士法郎下跌 63.52%，对西德马克下跌 52.84%，对奥地利先令下跌 52.31%，对荷兰盾下跌 47.49%，对比利时法郎下跌 43.96%，对人民币下跌 39.22%。从升值幅度讲，人民币已是属于第六位。同苏联卢布比较，卢布对美元的汇价由 1 美元合 0.90 卢布调至

0.644 卢布，美元对卢布下跌 28.44%，人民币比卢布上调幅度高。再同美国的消费物价相比，1979 年比 1970 年美国消费物价上涨 82%，而同时期人民币对美元汇价上调 64.54%。由此看来，在这段时间内，人民币汇价同资本主义货币的升值或贬值情况以及同美国消费物价的变动情况基本上是相适应的。

五、贸易内部结算制到单一汇率制

为了鼓励出口，限制进口，加强外贸的经济核算和适应我国对外贸易体制的改革，从 1981 年起我国实行贸易内部结算价，即该汇价适用于贸易外汇收支的内部结算价。贸易外汇内部结算价定为 1 美元合 2.8 元人民币，这一比价一直到 1984 年底才停止使用。同时，对外公开的牌价主要适用于非贸易的外汇收支结算。

1985 年 1 月至 1986 年 7 月，人民币汇率又恢复了单一官方牌价，但作了较大幅度的下调，即从 100 美元合 279.57 元人民币调低至 370 元人民币，其主要依据是全国出口平均换汇成本的变化。近年来，人民币对美元汇率又作了几次调整。

应该看到，作为国民经济的一个重要经济因素来说，汇率的高低的确影响到一国的对外收支和对外贸易，但仅仅调整这一个因素是不够的，必须配以物价、税收、信贷、利率等各方面的因素全面综合地考核，确定一个比较适合我国国情，同时有利于对外开放，有利于出口，适当限制进口，甩掉贴补，有利于企业进行经济核算，有利于利用外资的较为合理的汇率。只有这样才能更好地发挥汇率在国民经济中的杠杆作用。

六、外汇调剂价的放开——重新形成双重汇率

我国自 1980 年恢复国际货币基金组织合法地位后，按有关规定，我国属于第十四条款成员国，根据基金组织规定，第十四条款成员国可实行多种汇率，但尽量缩短时间向单一汇率过渡。

1981 年开展了外汇调剂业务，当时规定外汇调剂价在官方牌价上再加 10%。此后由于求大于供，这一业务曾一度中断。这几年，随着留成外汇的增加，外汇管理的改革，外汇调剂市场的重新形成，调剂价格逐渐放开，业务量日益扩大。目前，全国已有 39 个外汇调剂中心，仅 1988 年一年的外汇调剂业务量就达 63 亿美元。外汇调剂的价格基本上是由于供求关系所决定的。

因此，宏观上应该承认，目前人民币汇率仍属于双重汇率的性质。一个是官方牌价，一个是调剂市场汇价，而调剂价是得到官方批准和承认的。

改革人民币汇率应注意的几个问题*

一、如何评估人民币汇率的水平

1985 年以前，我国经济理论界在讨论人民币汇率水平时，大部分人的意见是，人民币汇率高估了，它不利于出口创汇，不利于利用外资，因此人民币应大幅度贬值。持这种意见的同志主要论据是我国出口商品平均换汇成本高，国内外币黑市价格高，加上这几年国内物价上涨，削弱了人民币的购买力。

但是持人民币汇率低估意见的同志并没有完全放弃他们的观点。他们认为这几年国内物价虽然上涨较快，但我国每月人均消耗 60 元人民币是足够维持生活的；而在美国，人月平均收入在 210 美元（约合 672 元人民币）者仍属于贫困线下。因此，每单位人民币的价值要比每单位美元值钱得多。国家外汇管理局前几年调查了世界上几个大城市和北京的上百种商品和劳务的价格，按加权平均方法进行对比计算，结果是 0.8 元人民币合 1 美元。即使这几年人民币购买力有所下降，也不至于降到 3.20 元人民币合 1 美元的水平。

我们知道，汇率反映货币的对外价值，实际上是反映国内外物价水平的对比，它的基础是物价。我国是有计划的商品经济的社会主义国家，我国的物价与国际市场不挂钩，采用不同的价格体系。认为人民币低估的同志没有看到，在国内许多费用是国家贴补的，例如房租和一些生活必需品等等。因此，每个单位人民币都含有国家贴补的成分。同时，我国是低工资、低消费，不同于一些高工资、高消费的西方国家。因此，如果把人民币汇率定得很高，将不利于出口和吸引外资。这一点已被越来越多的同志所认识。

---

* 本文选自《人民币汇率研究（修订本）》（中国金融出版社，2002）第五章第一节。

认为人民币高估的同志，如果仅仅是着眼于鼓励出口而主张人民币大幅度贬值，也是片面的。因为我国物价水平不仅反映在出口商品上，还体现在非贸易和其他劳务方面。当然由于我国劳动生产率低、技术管理水平比较落后，从这一点来看，人民币汇率定得低一些比较好。但是也要掌握适度，要科学地、合理地、比较真实地反映出人民币的价值水平。贬值过了头，将会引起物价上涨，通货膨胀，不利于经济建设。

由于我国的物价体系与国外不同，在一定程度上增加了我国在国际贸易上的障碍。要清除这些障碍，或则改革物价体系，与国际市场价格靠拢，实行货币自由兑换；或则用汇率和财政补贴的办法予以解决。重点应放在汇率改革和财政措施上，只有与财政、信贷、税收等手段相结合，才能发挥汇率在对外经济中的杠杆作用。

二、国内外物价差距在国际贸易中的具体表现

从宏观经济角度来看，我国物价与国际物价相背离的情况，大体反映在进出口商品的换汇比价上，也就是出口商品平均换汇成本与进口商品平均换汇比价（成本）之间的差距。比如，出口商品平均换汇成本为 3 元人民币换 1 美元，而用每 1 美元进口的商品，在国内出售平均只能获得 2.5 元人民币，两者相抵要差 0.5 元人民币。有了这个差距数，我们就可得出我国在国际贸易中的总亏损数。如果进出口各为 200 亿美元，那么总亏损数为 0.5 元 ×200 亿 =100 亿元人民币。也就是说，出口要获得 200 亿美元外汇，就需要 3 元 ×200 亿 =600 亿元人民币的出口商品，而进口 200 亿美元的商品，在国内只能卖得 2.5 元 ×200 亿 =500 亿元人民币，两者相差 100 亿元人民币，这个数字即我国的财政补贴数。因此，只要这个差距存在，贴补是不可避免的。当然，上述数字存在许多不可比的因素，比如，每年进出口商品构成不同，数量也不等。但是，它还是有一定参考价值的。如果我们要进行国际贸易，必须填补这个差距，以求得进出口商品在本币和外币资金上的平衡。而反映在资金上的亏损，只能采取财政补贴的办法。

三、人民币汇率与财政外贸补贴的关系

对于实行计划经济的国家来说，在进出口贸易平衡的条件下，汇率的高低，不影响进出口商品的总贴补额，仅仅影响出口或进口盈亏的转移。

假设进出口均为 200 亿美元，出口平均换汇成本为 3 元人民币合 1 美元，进口换汇比价为 2.5 元人民币合 1 美元。

（1）当汇率为3.2元人民币＝1美元时，出口盈利为（3.2元－3元）×200亿＝40亿元人民币，进口亏损为（3.2元－2.5元）×200亿＝140亿元人民币，亏盈相抵，总贴补额为100亿元（140亿元－40亿元）人民币。

（2）当汇率为2元人民币＝1美元时，出口亏损为（3元－2元）×200亿＝200亿元，进口盈利为（2.5元－2元）×200亿＝100亿元。亏盈相抵，总贴补仍为100亿元（200亿元－100亿元）人民币。

以上两个例子表明，在贸易平衡的情况下，汇率的变化不影响贴补总额的变化。但在不平衡时，则有影响。当出口大于进口时，汇率如果接近或超过出口平均换汇成本，那么贴补额将小于平衡时的贴补额。当进口大于出口时，如汇率接近或超过进口平均换汇比价时，那么总贴补额将小于平衡时的贴补额。

四、如何缩小国内外价格的差距

与国外不同的价格体系和我国劳动生产率低、技术管理水平落后，是造成国内外价格差距的基本原因，我们应该努力缩小这个差距。目前我们的进出口商品平均换汇成本并没有真实反映我国进出口商品的物价水平，这里涉及经营管理、税制、价格以及商品结构、经济体制等问题。因此，我们要努力降低出口换汇成本，同时，积极改善进口换汇比价。

影响出口换汇成本的经济因素：一是收购、储运及保管环节的内部因素，二是外销环节上的外部因素。要努力改善经营管理，加强经济核算，降低国内成本，及时掌握国际市场行情和信息，避免汇率风险，做到卖好价和及时收妥外汇，降低出口换汇成本。当然，换汇成本还涉及出口企业、出口基地、税收、信贷、价格及工贸、技贸、财贸、银贸相互之间的矛盾等问题，这需要在经济体制改革，特别是外贸体制改革中加以解决。

如何改善进口换汇成本呢？如用1美元能进口更多更好的商品，用同样的外汇购买价廉物美的东西，就是改善了，即提高了进口换汇比价。过去由于进口计划工作上的某些缺陷，为了完成计划，不看时机，不选择货币，不考虑支付方式，结果受骗上当。加上不少进口商品的国内价格，三十多年一贯制，造成进口亏损，财政贴补越来越大。因此，在价格上要作适当调整。但是，这种价格调整一定要慎重，因为对进口原材料和生产资料的价格一旦放开，财政不予贴补，将会引起各种商品价格上的连锁反应，影响整个国内物价水平。

五、人民币汇率政策的制定

人民币汇率制度改革，主要解决两个核心问题：一是研究确定汇率水平；二是确定经常性调整方式。

在确定汇率水平时，应从我国劳动生产率不高，科学技术和管理水平较低，需要尽可能多地利用一些国外资源（人力、财力、物力）这个前提出发，要有利于出口、非贸易收入和利用外资，兼顾进口。那么汇率水平确定的原则是什么？究竟应该确定在什么水平上？从理论上说，人民币与外币的汇率应该是国际价值量之比，即它们的商品和劳务在国际市场所反映的社会必要劳动量之比。这就必须真实地反映国内外市场价格的变化和各国物价水平，即购买力的水平，这个物价水平应包括贸易、非贸易以及劳务等。因此，有关部门应把各类外汇收支及其有关的商品和劳务的国内外比价，以不同的加权数进行测算，尽可能求出一个比较符合实际的综合比价和比较合适的人民币汇率水平。这是确定汇率水平的基本依据。

人民币经常性的调整方式与汇率水平的调整是不同的，如果试图通过经常性汇率调整的方式来实现人民币汇率水平的调整，就容易被钻空子，造成某些单位提前买汇、推迟结汇事件的发生，甚至得出人民币汇率水平的调整只会下调、不可能上调的错误结论。同时，我们不能把人民币依附在某个国家的货币上。在确定一篮子加权比重时，要努力使与我国贸易关系密切的国家的货币加权比重大些，而且各种货币的权重也不应长期固定不变，应根据双方贸易发展情况，各国货币在国际金融市场的状况，以及我国对外政治、经济政策的要求加以调整。我认为，总的调整原则可以这样设计：在汇率水平确定后（汇率水平的调整要慎重，要建立在科学的、合理的基础上，不论是上调或下调，间隔时间不能过短，最好是一次性的调整），人民币汇率对西方主要货币的变动，应该相对保持在中间偏上的水平。这有利于人民币在国际货币中的稳定和威信；有利于减少国际上突发事件引起汇率大跌的风险；有利于进出口商品的计价核算。

人民币汇价改革和政策的制定*

一、如何评估人民币汇价的水平

近两年来，我国经济理论界在讨论人民币汇价水平时，大部分人的意见是，人民币汇价高估了，它不利于出口创汇，不利于利用外资，因此人民币应大幅度贬值。持这种意见的同志的主要论据是我国出口商品平均换汇成本高；国内外币黑市价格高；这几年国内物价上涨，削弱了人民币的购买力。

但是持人民币汇价低估意见的同志并没有完全放弃他们的观点。他们认为这几年国内物价虽然上涨较快，但我国每月人均消耗 60 元人民币是足够维持生活的。而在美国，人月平均收入在 210 美元（约合 672 元人民币）者仍属于贫困线下，因此，每单位人民币的价值要比每单位美元值钱得多。中国银行和国家外汇管理局前几年调查了世界上几个大城市和北京的上百种商品和劳务的价格，按加权平均方法进行对比计算，结果是 0. 8 元人民币合 1 美元。即使这几年人民币购买力有所下降，也不至于降到 3. 20 元人民币合 1 美元的水平。

我们知道，汇价反映货币的对外价值，实际上是反映国内外物价水平的对比，它的基础是物质。我国是有计划的商品经济的社会主义国家，我国的物价与国际市场不挂钩，采用不同的价格体系。认为人民币低估的同志没有看到，在国内许多费用是国家贴补的，例如房租和一些生活必需品，等等。因此，每个单位人民币都含有国家贴补的成分。同时，我国是低工资、低消费，不同于一些高工资、高消费的西方国家。因此，如果把人民币汇价定得很高，将不利于出口和吸引外资。这一点已被越来越多的同志所认识。

认为人民币高估的同志，如果仅仅是着眼于鼓励出口而主张人民币大

---

* 本文原载《中国金融》1986 年第 5 期，后转载于 1986 年 6 月 20 日香港《文汇报》。

幅度贬值，也是片面的。因为我国物价水平不仅反映在出口商品上，还体现在非贸易和其他劳务方面。当然由于我国劳动生产率低、技术管理水平比较落后，从这一点来看，人民币汇率定得低一些较好。但是也要掌握适度，要科学地、合理地、比较真实地反映出人民币的价值水平。

由于我国的物价体系与国外不同，在一定程度上增加了我国在国际贸易上的障碍。要消除这些障碍，或则改革物价体系，与国际市场价格靠拢，实行货币自由兑换；或则用汇价和财政补贴的办法予以解决。我认为，重点应放在汇价和财政措施上，只有与财政、信贷、税收等手段相结合，才能发挥汇率在对外经济中的杠杆作用。

二、国内外物价差距的具体表现

从宏观经济角度来看，我国物价与国际物价相背离的情况，大体反映在进出口商品的换汇比价上，也就是出口商品平均换汇成本与进口商品平均换汇比价（成本）之间的差距。比如，出口商品平均换汇成本为 3 元人民币换 1 美元，而用每 1 美元进口的商品，在国内出售平均只能获得 2. 5 元人民币，两者相抵要差 0. 5 元人民币。有了这个差距数，我们就可得出我国在国际贸易中的总亏损数。如果进出口各为 200 亿美元，那么总亏损数为 0. 5 元 ×200 亿 =100 亿元人民币。也就是说，出口要获得 200 亿美元外汇，就需要 3 元 ×200 亿 =600 亿元人民币的出口商品，而进口 200 亿美元的商品，在国内只能卖得 2. 5 元 ×200 亿 =500 亿元人民币，两者相差 100 亿元人民币。这个数字即我国的财政补贴数。因此，只要这个差距存在，贴补是不可避免的。当然，上述数字存在许多不可比的因素，比如，每年进出口商品构成不同，数量也不等。但是，它还是有一定参考价值的。如果我们要进行国际贸易，必须填补这个差距，以求得进出口商品在本币和外币资金上的平衡，而反映在资金上的亏损，只能采取财政补贴的办法。

三、人民币汇价与外贸财政补贴的关系

对于实行计划经济的国家来说，在进出口贸易平衡的条件下，汇价的高低，不影响进出口商品的总贴补额，仅仅影响出口或进口盈亏的转移。

假设进出口均为 200 亿美元，出口平均换汇成本为 3 元人民币合 1 美元，进口换汇比价为 2. 5 元人民币合 1 美元。

（1）当汇率为 3. 2 元人民币 =1 美元时，出口盈利为（3. 2 元 -3 元）×200 亿 =40 亿元人民币，进口亏损为（3. 2 元 -2. 5 元）×200 亿 =140 亿

元人民币，亏盈相抵，总贴补额仍为 100 亿元（140 亿元 - 40 亿元）人民币。

（2）当汇率为 2 元人民币 = 1 美元时，出口亏损为（3 元 - 2 元）×200 亿 = 200 亿元，进口盈利为（2.5 元 - 2 元）×200 亿 = 100 亿元。亏盈相抵，总贴补仍为 100 亿元（200 亿元 - 100 亿元）人民币。

以上两个例子表明，在贸易平衡的情况下，汇价的变化不影响贴补额的变化。但在不平衡时，则有影响。当出口大于进口时，汇价如果接近或超过出口平均换汇成本，那么贴补额将小于平衡时的贴补额。当进口大于出口时，如汇价接近或超过进口平均换汇比价时，那么总贴补额将小于平衡时的贴补额。

四、如何缩小国内外价格的差距

与国外不同的价格体系及我国劳动生产率低、技术管理水平落后，是造成国内外价格差距的基本原因，我们应该努力缩小这个差距。目前我们的进出口商品平均换汇成本并没有真实反映我国进出口商品的物价水平，这里涉及经营管理、税制、价格以及商品结构、经济体制等问题。因此，我们要努力降低出口换汇成本，同时，积极改善进口换汇比价。

影响出口换汇成本的经济因素，一是收购、储运及保管环节的内部因素；二是外销环节上的外部因素。要努力改善经营管理，加强经济核算，降低国内成本，及时掌握国际市场行情和信息，避免汇价风险，做到卖好价和及时收妥外汇，降低出口换汇成本。当然，换汇成本还涉及出口企业、出口基地、税收、信贷、价格及工贸、技贸、财贸、银贸相互之间的矛盾等问题，这需要在经济体制改革，特别是外贸体制改革中加以解决。

如何改善进口换汇成本呢？如用 1 美元能进口更多更好的商品，用同样的外汇购买价廉物美的东西，就是改善了，即提高了进口换汇比价。过去由于进口计划工作上的某些缺陷，为了完成计划，不看时机，不选择货币，不考虑支付方式，结果受骗上当。加上不少进口商品的国内价格，30 多年一贯制，造成进口亏损，财政贴补越来越大。因此，在价格上要做适当调整。但是，这种价格的调整一定要慎重，因为，对进口原材料和生产资料的价格一旦放开，财政不予贴补，将会引起各种商品价格上的连锁反应，影响整个国内物价水平。

五、人民币汇价政策的制定

当前，人民币汇率制度改革，主要应解决两个核心问题：一是研究确定汇率水平；二是确定经常性调整方式。

在确定汇率水平时，应从我国劳动生产率不高，科学技术和管理水平较低，需要尽可能多地利用一些国外资源（人力、财力、物力）这个前提出发，要有利于出口、非贸易收入和利用外资，兼顾进口。那么汇率水平确定的原则是什么？究竟应该确定在什么水平上？从理论上说，人民币与外币的汇率应该是国际价值量之比，即它们的商品劳务在国际市场所反映的社会必要劳动量之比。这就必须真实地反映国内外市场价格的变化和各国物价水平，即购买力的水平。我认为，这个物价水平应包括贸易、非贸易以及劳务等。因此，有关部门应把目前各类外汇收支及其有关的商品和劳务的国内外比价，以不同的加权数进行测算，尽可能求出一个比较符合实际的综合比价。在制定了测算模式后，选择几个国内外大城市如北京、上海、天津、广州、西安、武汉及纽约、东京、伦敦、香港、巴黎等，定期把各种物价变动的数据输入计算机内，求得两条曲线。一条是国内人民币购买力的曲线，如果国内物价上涨，那就表明人民币价值下跌；另一条是国外货币购买力的综合曲线，如果国外物价上涨，即表示外币价值跌落。然后，定期比较这两条曲线的变化，求出比较合适的人民币汇率水平。这是确定汇率水平的基本依据。

人民币经常性的调整方式与汇率水平的调整是不同的。如果试图通过经常性汇率调整的方式来实现人民币汇率水平的调整，就容易被钻空子，造成某些单位提前买汇、推迟结汇事件的发生；甚至得出人民币汇率水平的调整只会下调、不可能上调的错误结论。同时，我们不能把人民币依附在某个国家的货币上。在确定一揽子加权比重时，努力使与我国贸易关系密切的国家的货币加权比重大些，而且各种货币的权重也不应长期固定不变，应根据双方贸易发展情况，各国货币在国际金融市场的状况，以及我国对外政治经济政策的要求加以调整。我认为，总的调整原则可以这样设计：在汇率水平确定后（汇率水平的调整要慎重，要建立在科学的、合理的基础上，不论是上调或下调，间隔时间不能过短，最好是一次性的调整），人民币汇率对西方主要货币的变动，应该相对保持在中间偏上的水平。这有利于人民币在国际货币中的稳定和威信；有利于减少国际上突发事件引起汇率的大跌、大降的风险；有利于进出口商品的计价核算。

再论人民币汇率改革的方向*

1990年11月17日，人民币对外币贬值，对美元汇价从1美元兑4.72元贬至5.22元，下调幅度为9.57%。虽然这次调整是继1989年12月份的再次贬值，但这次贬值的背景条件与前几次有本质的差别。这次贬值是为了配合1991年外贸体制改革的进一步深化而采取的重要行动。

从1991年1月1日起，外贸体制结束了三年承包，在调整后的人民币汇率基础上着手实行外贸企业的自负盈亏经营，使外贸逐步走上统一政策、自负盈亏、平等竞争、自主经营、工贸结合、推行代理制的发展轨道。可以这样认为，从此人民币汇率的调整将开始真正发挥汇率在国民经济中的调节作用，而这次贬值将成为一个转折点。以下就历次人民币汇率的改革和今后汇率改革的方向及应采取的改革措施提出一些看法和建议。

一

为了比较深入地探讨这个问题，让我们先概要总结一下有关人民币汇率政策的制定以及制约汇率调整的若干因素和问题。

在实行对外开放、对内搞活的方针下，着手汇率调整是比较早的，从1979年就探讨实行贸易内部结算价，1980年1月1日起实行。1985年又回到单一汇率，以后人民币又连续贬值了几次。上述的几次调整基本上遵循的方针是："配合经济体制改革，鼓励出口，适当兼顾进口，逐步扩大汇率的经济杠杆作用。"

从总体上看，这个方针是正确的，但在具体执行时，由于旧经济体制所引起的许多复杂问题和难以克服的制约因素，一直困扰和限制了汇率作用的发挥。

我们知道，汇率反映货币对外价值，实际上是反映国内外物价水平的

---

* 本文原载《国际金融研究》1991年第6期。

对比，它的基础是物价。从理论上说，人民币与外币的汇率应该是国际价值量之比，即它们商品和劳务在国际市场上所反映的社会必要劳动量之比。这就必须真实地反映国内外市场价格的变化和各国物价水平，即购买力水平。这个物价水平应包括贸易、非贸易以及劳务等。1985 年，中央关于“七五”计划建议中也提出：“要根据国内市场和国际市场价格的变化情况合理地调整汇率。”

然而怎样才算合理，对我们来说是相当困难的。我国长期实行产品经济。改革开放以来，虽然经济体制逐步转变为有计划商品经济，开始建立起计划经济与市场调节相结合的经济运行机制，而且已着手进行物价改革。但是，我国的商品价格与国际市场价格多数是背离的，在国内物价没有基本理顺前，商品的价格不能真实反映它的价值，因此人民币对外汇率水平的合理性很难确定。还需要提出的是，不少商品和劳务中还包含了不同程度的财政补贴，为此在价格体系没有理顺和补贴制度存在的情况下，汇率就不可能合理，也不能真正发挥其调节经济的杠杆作用。

让我们先从价格的制约因素来看，正由于我国国内与国际市场价格相背离，才产生国内的种种价格扭曲，这必然失去国内外商品和劳务价格的比较基础。在研究历次汇率调整时，我国的专家学者从不同角度出发，曾提出不同的甚至相反的意见。

一种意见认为，近几年来，我国出口换汇成本不断上涨，国内消费物价涨幅也相当大，加之劳动生产率低，技术管理水平也落后，为了刺激出口，增强出口竞争能力，人民币对外汇率应相对疲软一些。

另一种意见认为，我国劳务和一般消费品价格与国外相比，显然我国的物价水平要低得多，而且许多费用是国家补贴的，例如住房和一些必要的生活食品。因此每个单位的人民币都含有补贴成分，与一些西方主要国家每个单位货币的国内购买力相比，我们所公布的人民币对外币的官方牌价不是高了，而是低了，如果把人民币汇率定得太低，贬得过头，将不利于非贸易往来，也不利于进口。在调整汇率时，人民币对外汇率可略为偏高。

诚然，上述两种意见都有一定道理，这是价格没有理顺情况下的反映。在这种情况下，汇率的杠杆作用是有限的，只有与财政、信贷、税收等手段相结合，才能在一定范围和程度内发挥作用。

再次，让我们就外贸贴补对汇率调整所形成的制约方向考察。在外贸改革未实行自负盈亏的体制下，如果在进出口贸易平衡的条件下，汇率的高低，不影响进出口商品的贴补总额，仅仅影响出口或进口盈亏的转移。也就是说，在出现不平衡时才发生影响。当出口大于进口时，汇率如果接近或超过出口平均换汇成本，那么总贴补额将小于平衡时的总贴补额；当进口大于出口时，如汇率接近或超过进口平均换汇比价时，那么总贴补额将小于平衡时总贴补额。

基于上面原因，有的同志认为，在旧体制下，也就是外贸贴补存在的情况下，人民币汇率调整意义不大，作用有限。

二

汇率是一个双刃工具，其变动带来的影响往往是双面的，对一方有利时，往往对另一方不利。因此，在研究如何具体执行人民币汇率改革的措施时，必须明确汇率政策的着重点。

汇率水平既要合理，又要按国内、国际市场价格及其变化为基础来调整汇价，既要考虑出口，又要考虑进口。但是根据我国改革开放的实际，具体政策目标应放在鼓励出口上，只有出口增加，才能增强进口能力和创造我国利用外资的条件。因此，为达到促进出口的目的，汇率应略高于出口平均换汇成本，逐步做到70%～80%的出口商品不再需要补贴，而且能有盈利，从而真正起到鼓励出口的作用。从进口看，汇率应做到兼顾进口商品和国内同类商品的价格间的比例关系，使进口商品价格略高于国内同类商品的价格，如果过高将诱使国内同类价格的上涨，偏低则刺激进口。随着进口价格的放开，国家对进口的贴补也逐渐取消。

从近几年几次调低人民币汇率来看，侧重点都是放在推动出口上。从1981年实行的内部结算价来看，对出口是有一定促进作用的。外贸出现顺差，国际收支经常项目是顺差，贴补相对减少。截至1984年9月，国家外汇库存比1980年底增加102亿美元，达124亿美元，创历史最高纪录。1985年起，取消内部结算价，而汇率对出口的促进作用经过四年从强到弱已得到充分体现，这时汇率相对来说对进口有利，此时正值国内信贷失控、投资过热，由于进口激增，理应增加进口财政补贴，但是由于进口了大量耐用消费品和电子、机械及零部件，其在国内能获得较大盈利，降低了整个进口平均换汇成本，一定程度地刺激了国内生产速度和抬高了国内物价水平。这期间的1985年10月30日，人民币汇率下调至1美元兑3.20元人民币，1986年7月5日进一步下调至1美元兑3.70元人民币。这两次的下调，目的仍是刺激出口，适当限制进口。但是两次下调相隔时间比较短，对进出口调节的作用，由于有一定的时滞，效果不够明显。

从理论上说，人民币汇率下调，我方出口公司在国际市场上出售所得的外币就能换得更多的本国货币，借此就能推动我出口的积极性。需要指出的是，只有当国内物价上涨落后于贬值产生的好处时，出口才有利可图，才能刺激出口的增长。另一方面，出口商品还受国际市场供求状况的制约。因此，贬值仅是一种经济期望，能否产生实际效果还取决于一系列的传递机制作用。这里面，出口商品的价格需求弹性就具有重要意义。由于我国出口商品结构、质量、品种等不合理，以及不能完全达到出口要求的水平等因素，出口商品供应弹性和需求弹性很小。由于近年来，国内物价的逐步放开和各口岸、各出口公司的竞争，出口换汇成本节节上升。这样，出口收入的增长，往往受到产品供应增长的限度和国际市场销售等因素的制约。

每当汇率下调时，原来估计70%的出口商品能够平衡，部分商品能有盈余，但是当汇率发生作用时，已有部分商品被物价上涨所抵消。当然，出口企业在考虑盈亏时，还把出口贴补的因素计算在内，因此新的汇率要想做到70%~80%能平衡、出现盈余，并逐步取消贴补是困难的。

针对上述情况，在探讨1989年人民币汇率是否再作调整时，我曾提出鉴于国内物价大幅度上升，人民币国内购买力下降，人民币汇率理应贬值，但是不从我国实际情况出发，看不到人民币汇率的特殊性，将不利于政策效果的实现。这种特殊性在于：（1）人民币不是自由兑换的货币，因而官方汇率的升降不完全受外汇供求的影响；（2）在我国现行经济体制下，外汇作为一种稀缺商品，单靠价格（汇价）机制调节很可能造成外汇价格和国内物价的轮番上涨；（3）如果脱离了我国现行经济体制和外贸仍吃财政大锅饭（贴补）的管理体系，因而汇率的经济杠杆作用具有局限性这一实际，而照搬和超前应用市场经济运行法则，将带来不利影响和负作用。

在这样的背景下，我提出人民币汇率政策目标和遵循的方针应作适当修改。汇率政策目标应该是“有利于改革开放、有利于出口、适当限制进口、最终彻底甩掉财政贴补、充分发挥汇率的经济杠杆调节作用”。要实现这一目标，需具备一定条件，即进一步理顺物价和国民经济各部门之间的关系，企业要有自主权，以及市场机制的基本建立。当时建议，为达到上述目标和准备一定的条件，人民币官方牌价在三年内最好不作太大调整，可在3.72~4.22元之间波动。如果要贬值，在三四年后待条件基本成熟，可作一步到位的大幅度贬值，可一次贬到 6~8 元人民币兑 1 美元。

但是，1989 年 12 月人民币进行了较大幅度的贬值，对美元从 1 美元兑 3.72 元人民币，下调为 4.72 元人民币，贬幅 21.2%。现在看来，这次贬值的时机和效果是好的：（1）适应了人民币购买力下降的水平。1988 年和 1989 年国内消费物价增长率分别为 18.8% 和 17.5%，而同期两方主要国家通货膨胀率要低得多，因此调整是必要的。（2）适应了出口换汇成本的需要。从 1986 年 7 月，人民币贬值以来已三年多，全国出口平均换汇成本节节上升。（3）外汇调剂市场反映平静。贬值之时，正值国家实行信贷紧缩，人民币资金吃紧，没有多余资金购买额度和现汇。与此同时，由于加强了进口商品的限制，部分外贸公司（纺织、服装、轻工）实行自负盈亏试点（外汇留成采取二八分成，即 80% 自留，为了补亏可通过调剂市场出售），调剂市场出现供大于求，价格反呈下跌趋势。（4）促进外贸公司出口。1989 年是外贸实行三年承包的第一个年头。在承包基础，以及贴补额不变的情况下，贬值对出口有促进作用。

从实际效果来看，1990 年和 1991 年 1~2 月份外汇连续出现顺差，国家外汇库存 1990 年底高达 111.0 亿美元，达到了促进出口，限制进口的目的。然而，汇率作用因价格差异和贴补因素的制约，仍影响其杠杆作用的发挥。

需要指出的是，上述两项制约因素经过 10 年来经济体制的改革，截至 1990 年底以前，已经发生了许多变化。就国内物价改革而言，许多商品的价格业已放开，并将继续放开理顺，“纺织、服装、轻工”三家外贸公司自负盈亏的试点也取得一些成效。至此，在 1990 年 11 月人民币汇率再次贬值的基础上，使外贸企业迈向全面取消贴补实行自主经营、自负盈亏的轨道。由于进口大宗商品的安排多在中央，在价格没有完全理顺前，进口贴补暂时保留，将在推行代理后最终完全取消贴补。因此，在评述历次人民币贬值时，必须看到这个重要的变化。

三

对下一步汇率改革思路的探讨：

（一）汇率改革走什么道路

90 年代我国经济体制改革的目标是：初步建立起以公有制为基础的社

会主义有计划商品经济的新体制和计划经济与市场调节相结合的经济运行机制。为此，将重点推进五个方面的改革，其中第五方面是综合运用经济、行政法律手段，特别是运用价格、税收、利率、汇率等经济手段调整经济运行，建立中央和地方经济调控体系。

根据上述情况和要求，要做到把汇率作为经济调节的重要杠杆和手段之一。为此，要进一步明确90年代汇率应起的作用。

“八五”期间，我国对外经济往来将进一步发展，对外贸易在体制改革深化的同时，有一个较大幅度的发展。我国对外经贸发展的战略将向进口替代与出口导向相结合的方向发展，把对外贸易，利用外资，引进技术和智力提高到一个新的水平。基于这样的考虑，人民币汇率改革的政策目标应该是“有利于经济体制改革，有利于对外开放，鼓励出口，适当兼顾进口，充分发挥汇率的经济杠杆作用。”

为了促进出口，吸引国外投资，“八五”期间汇率可略为偏低一些，然而利用外资的形式主要还是商品进口和技术引进，同时为了更好发挥进口替代的作用，还得适当兼顾进口，因此汇率还不能定得过低。而且所谓高或低，其衡量标准是什么，怎样测定都有待研究讨论，而且高和低也是指在某个时间相对总体水平而言。因此，汇率应主要根据市场供求来确定。然而，我国现行的进口制度，绝大多数商品还是按计划执行，进口买汇，出口卖汇，基本是实行外汇额度制度，尽管40%的额度留成和现汇留成的多余部分可通过外汇调剂市场出售给需要进口的单位。因此当前只有外汇调剂市场的价格基本由供求关系所决定。

（二）调剂价在一定程度上反映了汇价的合理水平

近年来，外汇调剂市场得到进一步发展，从1988年到1990年全年外汇调剂额分别为64亿、85.5亿和131.6亿美元。1990年比1989年增长54%。外汇调剂极大地促进了外贸经营承包制的顺利进行，一定程度上弥补了企业出口亏损。1990年贸易留成外汇卖出111.32亿美元，其中外贸三个试点行业卖出24.78亿美元，当年成交额中进口先进技术设备用汇9.49亿美元，占成交额的7.2%；进口原材料、辅助材料用汇74.66亿美元，占成交总额56.72%，用于偿还境内外外汇贷款本息及租赁费为9.54亿美元，占总成交额的7.25%。以上数字说明，外汇调剂市场的外汇资金在出口收汇和进口付汇中已占有相当比例。值得指出的是，外汇调剂价格已越来越多地受供求所决定，深圳等地建立了公开市场，原有的上海外汇调剂公开市场改单一定价成交为复数定价成交方式，进一步体现了公平合理的原则。从几年外汇调剂价的变化情况看，虽不能完全反映人民币汇率的总体水平，但具有一定程度的代表性。1988 年和 1989 年，由于我国消费物价大幅度上涨，当年调剂价与官方牌价的差距扩大，最多时达 2 元，这一差价实际上即外汇额度的价格，当 1989 年 12 月人民币大幅度下调后，差价缩小到 0. 5 ~ 0. 8 元，1990 年 11 月人民币再度下调后，差价缩小到 0. 5 元上下。这表明了官方牌价已与调剂市场价格相接近。

从近几年调剂市场变化的情况分析，调剂市场价格基本上是与外汇供求的状况相一致的。

抑制价格上升的因素是：（1）为弥补出口亏损，留成单位大量出售额度和现汇；（2）由于进口的限制等原因，进口单位所需购买的外汇减少；（3）由于信贷紧缩等因素，人民币资金吃紧，出售单位需要人民币资金，而用汇单位缺少人民币而不能购买外汇；（4）市场出现供大于求。

推动价格上升的因素则与抑制因素相反，市场呈现求大于供的情况。

因此，如何完善全国 90 多个调剂中心，健全报价和交易体系十分重要。为了更好地引导市场向公开健康合理的方向发展，国家外汇管理局应考虑设立外汇平准基金，必要时用来干预市场。

我个人认为，当外汇调剂市场的价格与官价相差 0. 5 元上下是合理的。这个差价，恰好给予出口创汇单位以补贴，因此差价存在是必然的。而且，在我国目前的经济体制和外贸、外汇体制下，人民币官方牌价不可能与调剂市场价相一致，或完全靠拢。有鉴于此，目前的官方牌价基本到位，我前面曾主张，当价格理顺、贴补取消之后汇率一步到位，人民币应贬值到 1 美元兑 6 ~ 8 元人民币。那么今后人民币汇率怎样加以调整呢?

（三）在外贸体制改革和价格改革下，人民币应向弹性汇率制过渡

1. 从 1991 年起，外贸企业实行自负盈亏，取消了出口补贴，加强经营核算。虽然进口贴补还留了点尾巴，但也将通过推行代理制，逐步取消。由于摆脱了财政性的制约，讲究经济效益，就为自由贸易的发展，积极主动参与国际贸易事务（如参加关税贸易总协定组织）有更多的主动权。今后我国物价改革还将积极稳妥地进行。目前工业指令性价格产品不过 60 种，产值占全部工业中不到 10% 。在国家统配物资中，钢材、煤炭、水泥、木材的比例也大大减少。农产品除少许关系到国计民生大宗产品外，基本上都已放开，出口产品大多数属于市场调节范围。正由于以上出现的两个以

及今后还会出现的变化，制约汇率的因素愈来愈小，因此汇率在今后经济调节中的杠杆作用将会越来越大。这就有条件为实行汇率的弹性制度过渡。也就是说，今后汇率要真正做到“有利于经济体制改革，有利于对外开放，有利于鼓励出口，适应兼顾进口，充分发挥汇率经济杠杆作用。”汇率必须在合理水平下，根据市场供求等诸因素变化而变化，真正做到有管理的浮动。

2. 尽快确定理论比价模型。汇率要做到真实地反映国内外市场价格变化和各国物价水平，即购买力水平。我再次强调，这个物价水平应包括贸易、非贸易以及劳务等。因此，有关部门应把目前各类外汇收支及其有关商品劳务的国内外比价，以不同的加权数进行测算，尽可能求出一个较符合实际的综合比价。在制定了测算模式后，选择国内外几个大城市如北京、上海、天津、广州、西安、武汉以及纽约、东京、伦敦、巴黎、香港等，定期把各种物价变动的数据输入计算机内，求得两条曲线。一条是国内人民币购买力的曲线，如果国内物价上涨，那就表明人民币价值下跌；另一条是国外购买力综合曲线，如果国外物价上涨，即表示外币价值跌落。然后，定期比较这两条曲线的变化，求出比较合适的人民币汇率水平。这是确定汇率水平的基本根据。有了理论比价后，一是可以与市场上的名义汇率相比较，了解外汇供求的盈缺；二是可以了解与市场汇率的偏离程度，把握汇率调整或国家干预的方向和幅度；三是由于理论比价大体反映国内外货币的购买力状况，因此只有在特定阶段有意识引导市场汇率的上升或下降，而且调整要慎重、间隔时间不能过短，最好是一次性调整，而不是逐步调整。该比价应严格保密，不予公开。

3. 制定有效汇率指数。一国货币对外汇率的升贬应全面而论，比如美元在同一天对日元下跌，对马克上升，对英镑不升不降。因此，如何全面计算美元究竟是升还是降是一个比较重要的问题。国际上解决此问题的办法是建立有效汇率指数，即按一定的权数计算本国货币对世界主要货币的升降。综合指数，即反映该国货币的总体水平。为此，在人民币汇率向弹性汇率过渡时，应立即建立这套指数，使决策部门及时全面了解汇价的水平，而且还可为干预行动在一定时期内的效果提供指示器。

4. 采取有管理的浮动办法对人民币汇率进行经常性的调整。由于西方主要国家货币实行的是浮动汇率制，每日每时都处在变动之中，人民币并不能、也不应只盯住某一种货币而随之上浮或下浮，而应盯住一篮子货币，使人民币保持一定的稳定性，这就产生了一篮子货币的确定和人民币汇率经常调整问题。在确定一篮子货币的加权比重时，应该使与我国贸易关系密切的国家权重大一些，而且各种货币的权重也不要长期固定不变，应根据双方贸易发展的情况，该货币在国际金融市场的状况，以及我国对外政治、经济、政策的要求加以调整。在有管理浮动的调整方式下，汇率不能对某种货币长期不变，但调整也不宜过于频繁。在经常调整时，要不断注意汇率总体水平的变化，如果偏差太大或是改变货币篮子的比重，或采取其他办法，予以适当纠正。

5. 完善外汇调剂市场，建立外汇储备基金。今后外汇调剂市场的动向将直接影响人民币对外货币的官方牌价，所谓完善应逐步做到，改额度留成为现汇留成，或采取双轨制办法，改变以美元为唯一的留成计值货币，使调剂市场的币种多元化；同时扩大进入调剂市场交易的范围。除国营企业和集体企业外，也应允许外商投资企业及居民个人参加市场交易，但个人原则上不允许买入外汇；全国市场统一开放，汇价水平应根据供求决定。因而，外汇调剂市场的价格对人民币官方牌价的调整也有直接的影响。为了保证人民币官方牌价进行有管理浮动下的经常性调整，国家外汇管理局有必要对调剂市场价格进行干预。必要时加以大量买进，或有意抛出，以此适当引导价格的方向。为此，必须建立外汇储备基金。我认为，我国的外汇储备基金可包括以下几方面的内容：（1）中央银行拥有的黄金外汇；（2）国际货币基金组织的借款；（3）中央银行办理外汇抵押人民币贷款所集中的外汇基金；（4）开征外汇存款准备金。该基金应由人民银行负责建立和管理。该基金外汇可用于：①急需的、必要的应急支付，而这种支付是国家外汇储备不应或无力承付的，如进口急需物资、偿付外债等；②作为干预我国外汇市场汇价的资金，它将为逐步完善外汇市场，配合外贸体制改革，使人民币向弹性汇率制过渡做必要的物质准备；③可用于与国际金融机构的联系和合作。总之，基金的作用不仅用于干预汇价，还可应用在其他方面。

在上述条件逐步完善的过程中，今后人民币汇率的管理将会变得更灵活、更适应供求等因素的变化。比如用汇付汇的多少，我国国际收支状况的变化，包括贸易进出口、非贸易收支、单方转移、资本流动、外汇储备、国内物价等变化都应直接或间接反映到汇价上。在当前我国经济体制，特别是外贸体制、物价体制的改革进一步深化过程中，逐步实行人民币弹性汇率制，对汇率调整采取有管理的浮动，是完全可行的，也是必要的。

关于人民币汇率改革的反思*

1981 年以来，为了适应我国经济体制改革和对内搞活、对外开放的需要，人民币汇率实行了一系列的改革：1981 年初至 1981 年底的双重汇率制，1985 年以来的单一汇率制及其两次汇率下调。改革的效果怎样？影响如何？有必要进行一下反思，以作出进一步的决策。

一、对人民币汇率改革诸措施的评述

(一) 内部结算价的实行（1981 年 1 月 1 日至 1984 年 12 月 31 日）

1979 年以来，我国实行了外贸体制的改革，将国家垄断经营外贸改为多家分散经营，扩大了地方出口的权限。为了调动地方出口的积极性，加强外贸企业的经济核算，弥补企业出口亏损，同时限制进口，稳定国内物价，确定了以出口换汇成本为基础，加上一定合理利润的贸易内部结算价，为 1 美元合 2. 80 元人民币，1981 年 1 月 1 日开始试行；对非贸易则实行中国银行对外公布牌价，当时为 1 美元合 1. 53 元人民币左右，从而产生了双重汇率制。

由于内部结算价实际上是从 1 美元合 1. 53 元人民币大幅度贬值为 2. 80 元人民币，加之这一阶段国内物价水平比较稳定，美元汇率处于升势，世界经济从危机走向复苏，以及外汇管理上的一些行政手段比较严格等原因，从国际收支总额来看，双重汇率制还是起到了一定的奖出限入作用的。其表现为外汇储备的迅速积累，从 1981 年 7 月底的 41. 23 亿美元增至 1984 年 9 月底的 166. 74 亿美元，1984 年底略降为 144. 20 亿美元，其中国家外汇库存 1984 年 9 月底为 121. 84 亿美元，1984 年底为 82. 20 亿美元。

---

* 本文原载 1987 年 6 月 1 日《世界经济导报》，标题为《人民币汇率改革：效果、影响及对策》，转载于 1987 年 6 月 6 ~7 日香港《文汇报》，后编入《人民币汇率研究（修订本）》（中国金融出版社，2002）第五章第三节。张颖参与了本文的撰写。

但是从国际收支结构来看，双重汇率制的实行也产生了一些弊病：（1）在出口方面，由于出口商品价格的多样性和汇率补贴的单一性，使内部结算价对换汇成本低的商品是利上加利，对换汇成本高的商品则起不了多大的减亏作用，实际上鼓励了换汇成本低的初级产品扩大出口，限制了换汇成本高的工业品出口。（2）在进口方面，由于进口商品成本与国内调拨价格背离，经贸部由过去的进口盈利变为进口亏损，一些原材料和设备及其他必须进口的产品因进口成本提高而增大了财政补贴，但对于化纤商品、家用电器产品等则因国内外差价大，进口有利可图而难以限制住。（3）在非贸易方面，由于公布的牌价和贸易内部结算价相差甚大，使侨眷和港澳同胞感到吃亏而以物代汇、以钞代汇，影响了侨汇收入。

此外，有时难以严格划分两种汇率的界限，还造成了外汇管理上的混乱，银行结算范围界限不清，非贸易外汇、外商投资的外汇争相用内部结算价结算。同时，双重比率，国际上认为是我国对外汇做补贴，使我国在对外金融关系上处于被动的地位。

我们认为，双重汇率制的实行，是有其一定的历史条件的，在我国开始实行对外开放之际，双重汇率制作为奖出限入的一种手段和汇率改革的一种过渡方式，是有其一定的历史作用的。

（二）单一汇率制的实行（1985 年 1 月 1 日以来）

随着时间的推移，双重汇率制的实行逐渐变得弊多利少，加之美元汇率不断上浮，人民币公布的牌价逐渐调低，与内部结算价接近。1985 年 1 月 1 日，取消了贸易内部结算价，重新实行单一汇率制，汇率统一为 1 美元合 2. 80 元人民币。单一汇率制与双重汇率制相比，具有下列优点：（1）简单、易于管理，消除了结算界限混乱不清的弊病；（2）符合国际货币基金组织对成员国的要求；（3）有利于维护人民币汇率的信誉和人民币汇率的稳定。因此，就双重汇率制改为单一汇率制而言，这项改革是必要的。

实行单一汇率制后两年中，人民币汇率又经历了两次下调：第一次是 1985 年 1 月 1 日，1985 年 10 月 30 日逐步下调至 1 美元合 3. 20 元人民币；第二次是 1986 年 7 月 5 日一次性下调至 1 美元兑 3. 70 元人民币。

两次汇率下调的原因大致相同，主要是：（1）由于国内物价调整和口岸竞争等原因，出口换汇成本节节上升。（2）1984 年第四季度开始国内宏观信贷失控，虽经 1985 年的信贷紧缩，但是投资需求和消费需求急剧膨胀仍未完全缓和，国内物价水平上涨，人民币汇率显得高估严重。（3）1984

年9月外汇储备增至166亿美元，占压了大量人民币资金一度鼓励用汇，致使进口猛增。(4) 国内物价结构仍未理顺，特别是家用电器等高档耐用消费品的国内外差价很大。因此造成了进口需求猛增，出口收入停滞，外汇储备急剧下降，从1984年底的144.20亿美元下降至1985年10月底的122.27亿美元，1986年6月底又降至104.73亿美元。其中国家外汇库存从1984年底的82.20亿美元下降至1985年10月底的30.45亿美元，1986年6月底又进一步下降至22.24亿美元。

人民币汇率两次下调的目的也大致相同，主要是为了减轻汇率高估的影响，使汇率尽可能地发挥杠杆作用，达到奖出限入的目的。

但汇率两次下调的方式有所不同。第一次下调在外汇管理局公布的牌价上明显地反映出来，从1985年1月1日到9月30日，人民币对美元汇率一直呈逐步的缓慢的下跌趋势。第二次则不然，从1985年10月30日到1986年7月4日，人民币汇率一直稳定在1美元兑3.18~3.22元人民币的范围内，7月5日突然下调至3.70元的水平。

汇率两次下调的背景条件也有所不同，第一次汇率下调的背景条件是：(1) 1985年美元走势虽然先升后跌，从1985年初的1美元合251.4410日元及3.1680联邦德国马克，反复趋升至2月23日的263.1212日元及3.3925联邦德国马克，3月份之后反复趋跌，1985年10月30日跌至1美元兑212.2563日元及2.6187联邦德国马克，但总的水平仍然是偏高的。(2) 从1981年1月1日实行内部结算价开始，1美元合2.80元人民币汇率的实行实际上已有4年零10个月的历史，汇率对进出口贸易的调节作用从强到弱已得到较充分地体现。第二次人民币汇率下调的背景条件则是：(1) 美元走势反复下跌，1986年7月4日跌至1美元兑160.9669日元及2.1728联邦德国马克；(2) 从1985年10月底到1986年7月初，人民币汇率下调仅经历了8个月的时间，相隔的时间比较短。

我们认为：(1) 汇率下调后即使能对进出口贸易起调节作用，也是有一定时滞的。尤其是在我国这样一个以计划经济为主的国家，信息反馈机制不够灵敏，汇率的调节作用有限（这个问题下面还要进一步论述），如果单纯依靠汇率连续下调来奖出限入，只能是事倍功半，甚至产生负效应。(2) 人民币汇率连续下调，更容易造成企业提前付汇，推后结汇，从而影响我国的外汇管理。(3) 我国的出口贸易报价成交基本上是用美元，在美元对其他西方货币大幅度贬值之际，人民币兑美元也一再大幅度贬值，使一些外贸公司不积极争取更好的成交价格，只要完成任务，就可得到人民币贬值的好处，从而影响我国的出口收入。（4）我国生活资料的价格已基本放开，但生产资料的价格改革还未出台，人民币汇率的连续下调和超前行动不仅达不到预期的目的，而由其引起的负作用，如财政补贴过重、赤字增加、通货膨胀等还会贻误价格改革的时机。因此，我们认为从2.80元下调至3.20元有其合理的成分，但是从3.20元又再一次下调至3.70元未免有些操之过急，走得太快了。

二、人民币汇率下调作用的局限性

（一）我国的出口商品结构限制了汇率下调对出口的刺激作用

从理论上说，一国货币贬值可使该国出口商品的价格更便宜，提高该国产品的国际竞争力，从而扩大出口。但是出口量的增加率必须大于出口价格的下跌率，才能使该国的出口总额有所增加。而一国汇率贬值后，其出口额能否增加，则取决于国内对该国商品需求的价格弹性。一般说来，初级产品的价格弹性较小，即出口价格降低的幅度往往大于需求量增加的幅度；轻工业品、纺织品价格降低的幅度与需求量增加的幅度大致相等；奢侈品、高精尖产品的价格弹性较大。而我国的出口商品则是以初级产品出口为主（见表5－1），这样的出口结构限制了汇率下调对出口的刺激作用。从近几年出口收入看，根据经贸部的统计，1985年和1986年出口总额年平均增长13亿美元，低于1979—1984年平均增长24.5亿美元的速度。同时由于汇率的连续下调加剧了换汇成本较低的初级产品出口之间的竞争，反而使出口商品结构恶化，工业制成品出口的比重降低（见表1）。

表1　　　　我国出口商品分类构成　　　　单位：%

项目＼年份	1982	1983	1984	1985
初级产品	45.00	43.30	45.60	50.50
工业制成品	55.00	56.70	54.50	49.50
轻工纺织	35.80	36.80	37.00	29.30
化工机械	11.10	11.10	10.90	7.80
其他	8.10	8.80	6.20	12.40

资料来源：《中国统计年鉴》，1984；《中国经济年鉴》，1986。

（二）我国的外贸、外汇管理体制限制了汇率下调对出口的刺激作用

当时，我国的外贸出口管理体制是以指令性计划为主、指导性计划为

辅的格局，为数达70%的指令性计划内出口商品，不论其换汇成本如何必须出口。由汇率下调对出口商品补贴的单一性和我国可出口商品的有限性所决定，对千差万别的商品核定不同的换汇成本，实行不同的财政补贴成为不可避免。因此，当时我国指令性计划内出口的格局，便成为由计委和经贸部定盘子，财政部核定总平均换汇成本，经贸部再把换汇成本分大类或按具体商品核定给各分公司、处，各分公司、处在核定的换汇成本内收购和销售。如果强调控制换汇成本，则出口计划难以完成；如果强调完成出口计划，则必将不惜血本，一再调整换汇成本核定数。因此，外贸公司关心的不是汇率的高低，而是换汇成本核定数的高低。如果换汇成本核定数比汇率高得多，则财政补贴多；高得少，则财政补贴少。如果核定的换汇成本低于汇率，其盈利部分主要是为了补足其他外贸公司的亏损部分，并不能对换汇成本低的公司或行业本身带来任何好处，因此，汇率的高低对指令性计划内出口的调节作用不大。

汇率的高低只是调节了指令性计划以外的商品出口，促使一些自负盈亏的企业、代理出口的外贸公司，竞相出口换汇成本低于汇率的商品。外汇调剂价格比汇率高出1元，无形中成为这些企业的换汇成本指标，外汇留成的地区部门差别及外汇黑市的盛行更起了推波助澜的作用，加剧了不平等的竞争。在不平等竞争形势面前，计划内出口的外贸公司为了完成计划，不得不参与竞争，使换汇成本越来越高，如1986年某省的出口换汇成本已达4.80元。这种抬价抢购和压价竞销还加剧了国内商品供应的紧张和匮乏，引起结构性通货膨胀。

（三）汇率下调并不能限制我国进口商品的数量

从商品进口的结构看，我国进口商品需求的价格弹性较小。也就是说，在以外币表示的进口商品价格不变的条件下，人民币汇率下调，意味着以人民币表示的进口商品价格提高，但是进口商品的数量并不会因此而相应地减少。按照1985年的统计数字，我国工业制成品进口占总进口额的87.6%，其中化工、机械等产品的进口又占总进口额的50%，这些产品大都属于国内难以制造，而又为经济建设所急需的，人民币汇率连续下调，对我国进口的限制作用不大。据经贸部统计，1985年进口总额为343.31亿美元，1986年为330.83亿美元，均大大高于1984年的253.56亿美元，到1986年底国家外汇库存已下降至20.72亿美元。

（四）汇率下调并不减少财政补贴的负担

财政补贴负担过重表现为两方面：一是汇率下调后，出口高亏产品仍需财政补贴，而换汇成本较低的初级产品出口竞争加剧，出口换汇成本抬高，为完成出口计划也需要增加财政补贴。二是在我国计委定盘子、财政部补亏损、外贸公司和企业搞进口的管理体制下，自 1981 年实行内部结算价起，进口就由盈利变为亏损。在进口额和国内销售价格不变的条件下，汇率下调幅度越大，财政补贴越多。而我国进口额是逐年增加的，如果国内销售价格不变，则财政补贴进一步增大，如果国内销售价格提高，又会引起输入型通货膨胀。

（五）人民币汇率连续下调还会影响非贸易外汇收入

以旅游业为例，人民币汇率贬值，旅游者从国外携入的外汇可以兑换成较多的人民币，如果物价水平不变，旅游者在国内的开销按外币折算的实际费用下降，致使旅游人数增加，但旅游业外汇收入不一定有明显增加。对侨汇收入来说，人民币汇率下调后，由于以较少的侨汇收入就可以兑换成同量的人民币，如果人民币的支出不变，则侨汇收入下降。1981 年以来我国的侨汇收入是呈下降趋势的，当然其中也有外汇管理方面的原因。

综上所述，仅靠人民币汇率连续下调来刺激国际收支的改善，其作用是有限的。汇率的下调必须同外贸、外汇管理体制的改革配套进行才有真正的用武之地。

三、值得进一步探讨的问题

（一）人民币汇率水平的确定原则

从这几次的人民币汇率下调来看，都是以我国出口换汇成本作为确定汇率水平和调整汇率的基础，1981 年的内部结算价是在换汇成本的基础上加上一定的经营利润确定的，1985 年和 1986 年的调整则是汇率追随换汇成本而下调。

我们认为，按照出口换汇成本确定和调整人民币汇率在理论上具有片面性，因为它仅仅考虑到出口这一单一因素，而未考虑到进口、非贸易收支、国内外物价体制、物价结构等众多因素的交互作用。按照出口换汇成本确定和调整人民币汇率在实践中具有虚伪性，因为它不完全是国内物价水平加流通费用的真实反映，而是在很大程度上掺杂着外贸出口中盲目竞争的因素，也是一种不正常供求关系造成的扭曲了的价格。按照这种价格来调整汇率，只能造成国内抬价抢购→国外压价竞销→换汇成本抬高→汇率下调→抢购竞销的恶性循环，不仅于国际收支无补，反而造成国内财政、物价等其他经济领域的极大混乱。

那么人民币汇率水平的确定原则是什么呢？从理论上说，人民币与外币的汇率应该是国际价值量之比，即它们的商品和劳务在国际市场所反映的社会必要劳动量之比。据此，把各类外汇收支及其有关的商品和劳务的国内外比价，以不同的加权数进行测算，尽可能求出一个比较符合实际的综合比价和比较合适的人民币汇率水平。这是确定汇率水平的基本依据。

（二）人民币汇率的调整问题

人民币汇率的调整包含两层含义：一是人民币汇率水平的调整，即以国内外货币购买力的变动为依据进行调整。汇率水平的调整应慎重，不论上调或下调，间隔时间不能过短，最好是一次性调整，而不是逐步调整。二是人民币汇率的经常性调整。由于西方主要国家货币实行的是浮动汇率制，每日每时都处于变动之中，人民币并不能盯住某一种货币而随之上浮或下浮，而应盯住一篮子货币，使人民币保持一定的稳定性，这就产生了一篮子货币的确定和人民币汇率的经常性调整问题。在确定一篮子货币的加权比重时，应该使与我国贸易关系密切的国家权重大一些，而且各种货币的权重也不要长期固定不变，应该根据双方贸易发展的情况，该货币在国际金融市场的状况，以及我国对外政治、经济政策的要求加以调整。人民币汇率的经常性调整也不宜过于频繁。在进行经常性调整的时候，要不断注意汇率水平的变化，注意防止偏差太大，如果偏差过大，或是改变一篮子货币的权重，或采取其他措施，予以适当纠正。

（三）人民币汇率水平应该略有高估

由人民币的不可自由兑换性决定，我国只能采取固定汇率，而不能采用完全由外汇市场供求自由决定的浮动汇率，因此，人民币汇率保持在合理水平是相对的、暂时的，而人民币汇率的高估或低估则是绝对的、经常性的。即使是采用浮动汇率制的国家，其货币汇率也要受到该国中央银行的干预，也不是绝对地保持在合理水平上。

尽管人民币汇率从1981年以来经历过三次下调，但从经济界的普遍感觉来看，汇率仍然是高估的。那么汇率继续下调是否是唯一的出路呢？从前面的分析来看，汇率下调的作用有其局限性；根据边际效用递减规律，汇率继续下调的负作用恐怕将超过正作用；根据国外一些经济理论界的评论，人民币汇率贬值的作用业已达到了极限。因此，连续不断地下调人民币汇率，使之消极、被动地反映换汇成本的不断高涨固然失策；随着生产资料价格改革的出台，适当下调汇率也并非唯一选择；在现行的经济体制下，保持人民币汇率的适度高估，同时通过下列几方面的努力，使汇率的高估不致日趋严重更是明智之举。

1. 进一步深入外贸体制的改革，加强出口的横向联合，消除口岸之间盲目竞争，加强外贸经营管理和经济核算，以降低出口商品的换汇成本。同时要加强和掌握国际市场的行情和信息，避免货币汇率风险，尽量做到卖好价和及时收妥外汇。

2. 加快技术改造的步伐，以促进劳动生产率的提高和出口产品的升级换代，提高出口商品的质量和包装，并通过出口退税、优惠信贷等其他经济杠杆，促进出口商品结构的改善，实现从初级产品出口向制成品出口，从粗加工品出口向精加工品出口，从低档商品出口向高档商品出口的转化。

人民币汇率机制改革面临的思考*

一、现状与存在的问题

1994 年人民币汇率并轨，1996 年 12 月 1 日人民币实现了经常项目下可兑换，从此人民币汇率机制的运行建立在人民币经常项目下可兑换的基础上，但汇率形成机制主要受两个因素的影响：一是强制结售汇制度，即除了少数外商投资企业外汇收入和少数经批准可保留的外汇收入外，其他多数中资企业仍需无条件地把外汇收入全部卖给外汇指定银行。二是中央银行对各外汇指定银行的结汇周转头寸实行限额管理，也就是说，外汇指定银行在办理结售汇过程中，对于超过其规定的结售汇周转头寸时，必须在银行间外汇市场抛出；反之，对于不足其规定的结售汇周转头寸时，该外汇指定银行必须在银行间外汇市场补足。这样频繁进行的“抛”或“补”，便形成了外汇市场的供求关系，并以此为基础形成次日交易货币（美元、日元、港元）对人民币交易的基准汇率。

上述汇率机制的形成，虽然由市场供求来决定，但是从严格意义来说，它并未形成全面的外汇供求关系。这是因为：

1. 虽然目前我国对经常项目的外汇支出基本上没有限制，但是对资本项目仍实行较为严格的管理，这种外汇体制下的外汇市场上形成的外汇交易关系受到体制约束，不能充分、完全地反映市场真实的外汇供求。即强制性的结售汇制度，不能真正反映市场的供求关系。加之，在近几年的实际运作过程中，由于出口贸易增长快，外贸出现大额的顺差，同时外资大量流入，特别是在 1996—1999 年间，人民币的利率水平高于美元的利率水平，造成结汇额大于售汇额，在银行间外汇市场上表现为外汇持续供大于求，而同期外汇需求则相对不足。在银行外汇市场主体缺乏，市场内在机

---

* 本文选自《人民币汇率研究（修订本）》（中国金融出版社，2002）第三章第三节，鄂志寰撰写了本文的第三部分。

制尚未健全的情况下，市场机制调节外汇供求的功能得不到充分发挥。虽然中央银行几次调整了外汇指定银行的结售汇周转外汇头寸，也不能从根本上改变外汇供求关系，于是只能是中央银行被动入市进行干预，充当外汇交易最后差额的承担者，失去了外汇调控的主动权。

2. 汇率变化缺乏弹性。1994 年以来，除 1997 年外，我国国际收支经常项目和资本项目都出现双顺差的局面。外汇市场上人民币长期处于供大于求的状况，中央银行对外汇市场的干预不可避免，为此，人民币汇率水平不是纯粹由市场供求决定，在很大程度上，受国家宏观经济政策的制约。从 1995 年到 2001 年，人民币对美元升值 5%，近两年人民币对美元的汇率，只是在 1 美元兑 8. 27 ~ 8. 30 元人民币之间波动，波动幅度和弹性区间极小，汇率基本上是盯住美元。因此，如何真正回归到按多种货币不同加权所组合形成的一篮子货币的汇率变动而变动，以及主要根据市场供求来确定汇率，还需作进一步改进和完善。

3. 金融市场的不完善，利率尚未实现市场化，资金不能自由流动以及金融工具的匮乏，都造成我国外汇市场仍是一个不成熟、不完善的市场。因此，中央银行的干预和国家宏观经济政策的取向对外汇的供求起到很大的调节作用。

二、改革面临的思考

1. 如何形成真正的市场供求体系，如何正确认识和把握中央银行和国家宏观经济政策对市场的调控。要形成真正由市场外汇供求确定的汇率运行机制，最终必须实现人民币资本项目下的可兑换，使外汇资金供求完全放开，这才能实现真正的供求关系。但需要注意的是，即使在实现资本项目下可兑换的状况下，也不能忽视国家宏观经济政策的取向和中央银行的干预调控作用。

2. 如何保持和实现汇率的稳定和均衡。如何确定一国货币的汇率水平，保持一种“最佳”或“适当”的汇率水平，这涉及所谓均衡汇率问题，也就是说，使汇率的变动，与一个经济内部和外部关系获得一种协调、合理的关系，能促进和达到内外平衡和总供给与总需求的平衡，充分发挥人民币汇率作为调节整个国民经济的杠杆作用。为此，应进一步鼓励和推动人民币汇率的基础理论研究和实证分析研究。比如，国际价值论、购买力平价论，出口换汇成本、均衡汇率模型、汇率预警模型以及其他有关模型都值得研究和探讨。

3. 如何在我国加入世界贸易组织后，金融市场全方位开放的框架下，构建和完善市场机制——特别是人民币汇率机制。世界贸易组织所倡导的基本原则是自由竞争原则、自由贸易原则、非歧视原则和透明度原则。在这种原则下，我国经济要全方位与国际接轨，适应和迎接经济金融全球化的挑战。为了实现经济金融与国际接轨，就必须撤除资本国内外自由流动的障碍，这就要求做到国内外资金价格市场化，首先是利率的市场化，进而是汇率的市场化。也就是说，在逐步实现资本项目开放的条件下，实现人民币的自由兑换，这是人民币与外币的价值比较和自由兑换所形成的市场均衡汇率的基础。只有这样，才能把国内外市场价格信号更直接、更迅速、更准确地反映出来，才能使中国经济与实行自由竞争和自由贸易原则的国际经济融合，才能使国内价格体系逐步与国际市场价格体系真正接轨，才能使竞争机制在各个层面上反映出来。

4. 应该对新中国成立以来各个时期、各个阶段人民币汇率制度的形成、特点、问题，结合当时的经济政治背景以及对外经济贸易等方面的交往情况，进行认真总结和反思，要总结成功的经验，更要总结失败的教训。总的来说，有关各个时期人民币汇率的研究，在中央国务院领导的重视下，各有关部门以及科研机构和高等院校的实务工作者、科研工作者与教学工作者的共同努力下，是有相当成绩的。他们的研究成果对各个阶段的人民币汇率改革以及政策制定起到积极的参考作用。1994 年人民币汇率并轨，1996 年 12 月我国实现了人民币经常项目下可兑换，2001 年 11 月我国成功地加入世界贸易组织，在新形势下，人民币汇率制度应更好地为社会主义市场经济的建立和完善服务，更好地迎接经济金融全球化的挑战，确保我国国民经济持续、健康、稳定地发展。

三、对国际货币基金组织改革建议的评述

国际货币基金组织在成员国第四条款年度（2000—2001 年）评估报告中，对于世界经济增长显著放缓背景下中国经济的良好表现给予肯定，并高度评价了我国的宏观经济政策。国际货币基金组织还提出了人民币汇率制度改革的建议。主要内容包括：（1）逐渐增加汇率弹性，以有助于中国加快融入世界经济以及推进结构性改革；（2）欢迎最近更多地使用汇率波动区间，鼓励将来更大范围地使用有关区间，并逐渐放宽波动空间；（3）在放宽汇率浮动区间的基础上，改为盯住一篮子货币。

总体而言，国际货币基金组织基本赞同我国在金融市场改革方面采取

的渐进做法，但是，仍然指出，当中国更多地融入全球经济，金融部门和资本市场将更加复杂并难于管理，中国经济将从顺序恰当的资本账户开放中获取益处。具体分析国际货币基金组织的有关建议，应注意以下几个方面的问题。

（一）关于人民币汇率制度改革的环境与时机选择

亚洲金融危机以来，国内对于人民币汇率问题的讨论，往往囿于汇率升值或贬值的争论，沦为简单的政策解释和说明。在我国已加入世界贸易组织、更深地融入世界经济体系的情况下，汇率的影响将突破传统的涉外经济范围，在更大的范围内发挥更强的影响力。因此，人民币汇率改革必须从制度安排的根本问题入手，建立一个适应新的开放经济格局的，不仅服务于对外贸易需要，还能够对大规模、多种类资本跨境流动有足够调节力的新型汇率制度。

尽管人民币在我国周边地区的影响力有所上升，但是，相对于美元、日元、欧元等国际货币，人民币仍然属于“边缘”货币，汇率水平的确定及盯住目标的调整受到国际经济环境变化的深刻影响。因此，在改革时机的选择方面，我们既要根据国内的需要，又要考虑国际环境的变化。最近以来，世界经济险象环生，国际金融市场风云变幻，主要货币之间“价值错位”愈演愈烈，大幅度的调整不可避免。动荡不定的国际金融市场环境为人民币汇率制度的调整及新的均衡水平的确定增加了很大的难度。因此，人民币汇率制度的改革必须充分考虑国际环境的影响，尤其是三种主要货币汇率波动的趋势，在特定的全球金融市场条件下进行。

（二）人民币汇率制度调整必须在实现国内目标与区域性目标之间有所权衡

事实上，亚洲金融危机期间人民币不贬值的坚定政策立场已经奠定了人民币作为亚洲区域主导货币之一的地位。国际货币基金组织也注意到了这一点，在评估报告中指出，近年来中国的汇率政策在为中国及地区服务方面有很好的表现。因此，未来人民币汇率制度的调整可以以国内政策目标为主，要兼顾人民币国际化的未来前景，适当考虑人民币作为区域主导货币所需要承担的责任与义务。

（三）人民币汇率制度的选择及汇率水平的调整要充分考虑国际资本流动的影响

长期以来，我国汇率政策的制定和调整始终无法完全摆脱基于贸易平衡的传统思路，贸易差额在人民币汇率决定因素中居主导地位，汇率与外贸换汇成本的偏离程度一度成为衡量汇率水平是否合理的重要标志。

随着我国外资流入的不断增加，资本流动规模和结构对人民币汇率的影响日渐显著。

预计在加入世界贸易组织后，我国资本流动的规模和结构将出现一定调整。首先，加入世界贸易组织为我国利用外资提供了新的增长动力，可能导致我国资本流入规模出现新的突破。在全球跨国投资总额中，服务业中的投资超过一半。加入世界贸易组织后，我国将开放部分服务领域，尤其是对于金融、保险、证券、商业、中介服务等领域的开放，等于增加了一倍的潜在投资者。其次，加入世界贸易组织并实行更加开放的政策后，我国利用外资的方式将更为丰富，在外商直接投资和对外借款等形式以外，将更多地采用发行境外债券和股票等筹资形式。估计外商直接投资的相对比重将有所下降，其他投资相对比重上升，尤其是证券投资资金量将会增加。再次，加入世界贸易组织后，我国外商直接投资的具体方式及结构可能出现调整，导致整体流动性的提高。2001 年以来，我国外资流入数额出现大幅度的上升，表明市场对于我国加入世界贸易组织的乐观预期开始发挥作用。此外，我国对外投资也将进入快速增长时期。

新的资本双向跨境流动的形势，要求我们在人民币汇率制度改革中，适当增加国际资本流动的影响权重，汇率政策目标由贸易平衡扩大到国际收支总量及结构的平衡。

（四）人民币汇率调整要考虑开放经济的总体要求

在人民币汇率制度改革中，要充分考虑我国经济进一步融入世界经济体系后可能出现的变化，根据开放经济的总体特征及我国经济的自身特色，把人民币汇率制度的调整及汇率水平的确定与经济结构的变动联系起来，增大人民币汇率政策的影响范围和作用力度。

（五）弃管理浮动，取自由浮动可能成为人民币汇率制度调整的主导趋势

在1994年进行的外汇管理体制改革中，人民币汇率制度被重新定义为“以市场供求为基础的、有管理的浮动汇率制度”。但在过去几年的实际操作中，人民币对美元汇率的波动幅度控制在很小的区间，保持基本稳定，为此，国际货币基金组织以人民币汇率波幅较小为由将其归入传统的钉住汇率安排。1999年以来，国际货币基金组织将汇率制度细分为自由浮动（independent floating）、平行钉住（pegged exchange rates within horizontal bands）、爬行钉住（crawling pegs）、爬行区间浮动（exchange rates within crawling bands）、无区间的有管理浮动（managed floating with no pre – announced path for exchange rate）、无本国法定货币的固定汇率安排（exchange arrangements with no separate legal tender）、货币发行局制度（currency board arrangements）以及其他传统的钉住汇率安排（other conventional fixed peg arrangements）8类，其中，有管理的浮动汇率中的平行钉住、爬行钉住和爬行区间浮动通常被视为准固定汇率安排，无区间的有管理浮动视为准自由浮动。根据上述划分，截至2000年底，实行管理浮动的国家和地区为32个，实行独立浮动的国家和地区为46个，其他108个国家和地区则实行各种类型的固定或准固定汇率制度。

人民币汇率制度的最终选择，取决于决策部门对于“独立货币政策—资本自由流动—汇率稳定性”这一著名的“不可能三角”中不同解的偏好及目标权衡。笔者认为，对于日趋呈现内需导向特征的大国经济而言，独立货币政策毫无疑问是我们的首要选择，资本流动的自由程度在未来5年内将有显著上升，那么，最后的结果必然是人民币汇率波动性的上升。上述变化最终落实到汇率制度调整上——在不远的将来，我们将拥有一个具有充分弹性的浮动汇率制度。

四、关于人民币实行目标管理和汇率机制市场化的意见

本着人民币汇率既要合理，又要相对稳定，有利于稳定通货和保持中长期国际收支平衡的原则，提出人民币汇率实行目标管理和汇率机制市场化的建议。其中心论点是：要进一步完善汇率决定的市场机制，增大汇率形成的市场化和灵活性，在有管理的浮动汇率体制下，中央银行根据国民经济发展的中长期目标，根据宏观经济各项指标的综合需要，通过宏观调

控和市场干预，使汇率保持在相对合理和相对稳定的水平，从而促进经济健康、稳定地发展。

（一）对人民币汇率实行目标管理

1994 年以来我国改革外汇体制，实行以市场供求为基础的有管理的浮动汇率制，中国人民银行按上一个营业日外汇市场的加权平均价公布每日基准汇率，外汇指定银行在规定的浮动幅度内买卖外汇。为了平衡外汇供求，稳定汇率，中国人民银行作为最终的外汇买入或卖出者对市场进行干预。在这种汇率机制下，人民币汇率的合理与否取决于中国人民银行的汇率政策，需要建立一套科学的汇率管理体制，确定人民币汇率水平的合理性。

1. 确定合适的人民币汇率水平。合适的汇率水平即理论上的均衡汇率。这种汇率水平及其变动应与内部经济体系对对外经济体系中诸要素保持一种协调合理的关系，并最终保持宏观经济总体目标的实现。汇率是两国货币所具有或代表的价值量对比。货币的价值是通过商品价格的波动间接地表现出来的。我们可以进出口商品国内外价格综合水平加权计算来确定人民币汇率的价值基础，以外贸收支平衡为目标，以进出口数量价格及成本的变化为依据，计算出年度目标初始值。计算模式是：$Re=\sum^{n}XPC/\sum^{m}MP$，其中：（1）$Re$ 为人民币汇率年度目标初始值。（2）分子项共选择 n 种出口商品参加计算。X、P、C 为出口商品的数量、外币单价、出口换汇成本。$\sum^{n}XPC$ 为 n 种出口商品的年度人民币总收入。（3）分母项共选择 m 种进口商品参加计算。M、P 为进口商品的数量、外币单价。$\sum^{m}MP$ 为 m 种进口商品的外汇总支出。在汇率年度目标初始值基础上，充分考虑进出口形势、利用外资状况、外汇市场供需、外汇储备增减、国内生产总值增长率、货币供应量、通货膨胀率等因素加以调整。

2. 确定合适的汇率目标区间宽度。通过理论研究和国际经验分析，汇率目标区间宽度与国内外利率差距，国内外通货膨胀率差距，外汇市场供需差额的函数关系是 $W=f\ (Id-If、Fd-Ff、Se-De)$。其中：W 为年度汇率目标区宽度，$(Id-If)$ 为国内利率差距，$(Fd-Ff)$ 为国内外通货膨胀率差距，$(Se-De)$ 为外汇市场供需差额的预期值。一国的利率高于国际市场利率，将会发生套利活动，国际流入推动本币升值；反之，一国利率低于国际市场利率，国内资金就会外流，促使本币贬值。一国的通货膨胀高于外国，本币对内价值下降，对外将会贬值。反之，一国的通货膨胀低于外国，本币就会升值。外汇市场供需差额直接影响汇率升降。因此，确定年度汇率目标区间宽度时，需要考虑以上三种经济指标的国内外差距。差距小，目标区宽度可窄一些，差距大，则目标区宽度应适当放宽，使人民币汇率有更大的灵活性。

（二）逐步完善人民币汇率机制市场化

合理的汇率水平和汇率机制的市场化是货币可兑换的前提条件。实行人民币可兑换是我国外汇体制改革的方向，我们采取逐步推进的方式，与此相适应，人民币汇率机制市场化，也将逐步完善和改进。我国已建立了以市场供求为基础的有管理的浮动汇率制度，但汇率机制市场的程度较低。今后可在金融外汇体制改革的实际过程中，解决好以下几个与人民币汇率运行机制相关的问题。

1. 改进结售汇制度。目前我国对境内机构（含外商投资企业）的经常性外汇收入实行部分强制结汇制，即允许其保留一定比例的外汇，按规定自主使用，超过规定保留的部分必须卖给外汇指定银行。今后，在外汇市场不断完善，宏观调控能力增强的条件下，可由部分强制结汇过渡到全额意愿结汇，即允许其保留全部的经常性外汇收入，按规定自主使用或者向外汇指定银行兑换人民币。

2. 完善和规范外汇市场。与上述改进结售汇制度相适应，发挥银行间外汇市场的作用，适当增加交易主体，允许外汇指定银行自由参与外汇交易，充当外汇买卖、资金调拨和融通的媒介，进一步发挥其作为市场主体和造市者的作用。

自 1997 年 4 月起我国已试办银行对客户的远期结售汇业务，为了推动远期外汇交易的发展，在此基础上进一步开办银行间远期外汇交易。银行之间远期外汇交易应基于对客户的外汇买卖，限于真实的商业交易和金融交易，限制投机性的外汇买卖。远期汇率原则上由市场形成，中国人民银行根据汇率政策目标和本外币利率状况，加以引导。

在外汇市场供求逐步反映真实全面的外汇供求关系的情况下，充分发挥市场对汇率的调节作用：一是今后中国人民银行可根据上一个营业日外汇市场的汇率和当日外汇供求状况确定当日人民币中心汇率；二是为了增加透明度，中国人民银行可会同几家主要的外汇指定银行商定当日人民币中心汇率；三是适当扩大银行间外汇买卖的汇率浮动幅度，让外汇指定银行在规定的幅度内竞价成交，对汇率信号作出反应，以提高汇率市场化程度。

完善中国人民银行对外汇市场干预机制。今后由于投机因素和非正常行为造成市场汇率波动超过汇率目标水平和变动范围时，中国人民银行充当外汇调控者入市干预，避免短期内过大波动。但如果由于国内外宏观经济的变化而形成汇率波动，则应考虑修改人民币汇率的目标水平，使人民币汇率保持在合理的水平。

（三）建立人民币汇率的监测机制

在人民币汇率机制市场化日益提高的同时，建立人民币汇率的监测机制，目的是监测人民币汇率水平是否合乎实际，符合国家中长期政策目标，以便为国家制定和调整汇率政策提供决策依据。

人民币汇率的监测体系包括宏观监测体系和微观监测体系两个层次。宏观监测指标包括货币供应量、通货膨胀率、财政收支状况、进出口增长率、资本流动数据。通过建立宏观监测体系，了解一个时期汇率水平对宏观经济各项指标的影响，预测下一时期外汇供需情况和市场汇率的走向，用以研究调整汇率政策。微观经济指标包括出口换汇成本、进出口盈亏状况、实际税负、外商投资企业的资金到位率、对外负债和还本付息情况、盈利汇出状况。微观监测体系主要考察汇率水平对涉外企业（外贸、外资企业）经营状况的影响，借此监测汇率水平的合理性，了解企业对汇率的预期并对外汇供需的可能变化进行预测。

通过汇率监测体系取得宏观监测指标及微观监测指标后，可用于编制季度及年度的人民币的名义有效汇率指数（NEER）和实际有效汇率指数（REER）。有效汇率是指一国涉外企业在进行每一单位外币的国际交易中实际付出或收到的本币数。在名义汇率的基础上考虑关税、费用、奖励、补贴等实际成本和收益计算出名义有效汇率，再按照贸易伙伴国和双边贸易额加权编制名义有效汇率指数。然后，把本国和贸易伙伴国的相对价格参加计算，得出实际有效汇率指数。观察实际有效汇率指数的变化可以准确地了解人民币汇率对我国涉外企业的影响，反映我国贸易部门实际竞争力的变化，对我国出口产业及进口替代产业的发展，具有十分重要的意义。

论人民币汇率机制改革的方针与步骤*

当前，人民币汇率机制改革是我国深化金融体制改革的核心内容之一，这是一项复杂的系统工程。本文就此问题进行探讨，并提出改革的指导方针与有关步骤和措施。

一、现状与存在的问题

1994年人民币汇率并轨，1996年12月1日人民币实现了经常项目下可兑换，从此人民币汇率机制的运行建立在人民币经常项目下可兑换的基础上。但是，汇率形成机制主要受两个因素的影响：一是强制结售汇制度，即对企业除了规定的可保留的现汇收入外，其他外汇收入全部卖给外汇指定银行。二是中央银行对各外汇指定银行的结汇周转头寸实行限额管理，也就是说，外汇指定银行在办理结售汇过程中，对于超过其规定的结售汇周转头寸，必须在银行间外汇市场抛出；反之，在其规定的结售汇周转头寸不足时，该外汇指定银行必须在银行间外汇市场补足。这样频繁进行的“抛”或“补”，便形成了外汇市场的供求关系，并以此为基础形成次日交易货币（美元、港元、日元、欧元）对人民币交易的基础汇率。

上述汇率机制的形成虽然由市场供求来决定，但是从严格意义说，它并未形成全面的外汇供求关系。这是因为：

1. 强制结售汇制的缺陷。虽然中央银行几次调整了外汇指定银行的结售汇周转外汇头寸，但也不能从根本上改变外汇供求关系，于是只能是中央银行被动入市进行干预，充当外汇交易最后差额的承担者，失去了外汇调控的主动权。

2. 汇率变化缺乏弹性。1994年以来，除1997年外，我国国际收支经常项目和资本项目都出现双顺差的局面。外汇市场上人民币长期处于供大于

---

* 本文原载《经济学动态》2005年第4期。

求的状况，中央银行对外汇市场的干预不可避免，为此，人民币汇率水平不是纯粹由市场供求决定，在很大程度上受国家宏观经济政策的制约。从1995年到2001年，人民币对美元升值5%，近几年，人民币对美元的汇率只是在1美元兑8.27～8.30元人民币之间波动，波动幅度和弹性区间极小，汇率基本上是盯住美元。

3. 金融市场不完善。由于利率尚未实现市场化、资金不能自由流动以及金融工具、外汇交易品种和方式的匮乏，我国外汇市场仍是一个不成熟、不完善的市场。因此，中央银行的干预和国家宏观经济政策的取向对外汇的供求起到很大的调节作用。

二、改革的指导方针

1. 要处理把握好市场供求与国家宏观调控的关系。正确认识和把握中央银行与国家宏观经济政策对市场调控的重要性，这关系到我国经济的稳定、安全运行，因为汇率机制的改革首先要确保经济运行的稳定。

2. 要考虑开放经济的总体要求。在人民币汇率机制改革中，要充分考虑我国经济进一步融入世界经济体系后可能出现的变化，根据开放经济的总体特征及我国经济的自身特色，把人民币汇率机制的改革与经济结构的变动联系起来，增大人民币汇率政策的影响范围和作用力度。

3. 要充分考虑保持和实现汇率的稳定与均衡。如何确定一国货币的汇率水平，保持一种“最佳”或“适当”的汇率水平，这涉及所谓均衡汇率问题。也就是说，使汇率的变动与一个经济内部和外部保持一种协调、合理的关系，能促进并达到内外平衡和总供给与总需求的平衡，充分发挥人民币汇率作为调节整个国民经济的杠杆作用。

4. 要充分认识人民币的国际地位。近年来，我国经济地位和贸易总额有很大的提升和发展，特别是亚洲金融危机期间人民币不贬值的坚定政策立场已经奠定了人民币作为亚洲区域主导货币之一的地位，人民币在我国周边地区的影响力有所上升。但是，我们也要清醒地认识到，相对于美元、日元、欧元等国际货币，人民币仍然属于“边缘”货币，汇率水平的确定及盯住目标的调整受到国际经济环境变化的深刻影响，动荡不定的国际金融市场环境为人民币汇率机制的调整及新的均衡水平的确定增加了很大的难度。因此，人民币汇率机制的改革必须充分考虑国际环境的影响，尤其是三种主要货币汇率波动的趋势。未来人民币汇率机制的调整应以国内政策的目标为主，兼顾人民币国际化的未来前景，适当考虑人民币作为区域主导货币所需要承担的责任和义务。

5. 要充分考虑国际资本流动的影响。长期以来，我国汇率政策的制定和调整始终无法完全摆脱基于贸易平衡的传统思路，贸易差额在人民币汇率决定因素中居主导地位，汇率与外贸换汇成本的偏离程度一度成为衡量汇率水平是否合理的重要标志。

随着我国外资流入的不断增加，资本流动规模和结构对人民币汇率的影响日渐显著。从发展来看，在加入世贸组织后，我国资本流动的规模和结构已出现一定的调整。首先，加入世贸组织为我国利用外资提供了新的增长动力，导致我国资本流入规模出现新的突破。在全球跨国投资总额中，服务业中的投资超过一半。加入世贸组织后，我国开放了部分服务领域，尤其是金融、保险、证券、商业、中介服务等领域的开放等于增加了一倍的潜在投资者。其次，加入世贸组织并实行更加开放的政策后，我国利用外资的方式将更为丰富，在外商直接投资和对外借款等形式以外，将更多地采用发行境外债券和股票等筹资形式。估计外商直接投资的相对比重将有所下降，其他投资相对比重上升，尤其是证券投资资金量将会增加。最后，加入世贸组织后，我国外商直接投资的具体方式及结构可能出现调整，导致整体流动性的提高。2001 年以来，我国外资流入数额出现持续大幅度的上升，表明市场对于我国加入世贸组织的乐观预期开始发挥作用。此外，我国对外投资也将进入快速增长时期。

新的资本双向跨境流动的形势要求我们在人民币汇率机制改革中，适当增加国际资本流动的影响权重，将汇率政策目标由贸易平衡扩大到国际收支总量及结构的平衡。

6. 要适应国际化的原则。在我国加入世贸组织后，汇率机制改革将在金融市场全方位开放的框架下进行，因此要遵循世贸组织所倡导的自由竞争原则、自由贸易原则、非歧视原则和透明度原则。在这种原则下，我国经济要全方位与国际接轨，适应和迎接经济金融全球化的挑战。为了实现经济金融与国际接轨，就必须撤除资本国内外自由流动的障碍，这就要求做到国内外资金价格市场化，首先是利率的市场化，进而是汇率的市场化。也就是说，在逐步实现资本项目开放的条件下，实现人民币的自由兑换，这是人民币与外币进行价值比较和自由兑换形成市场均衡汇率的基础。只有这样，才能把国内外市场价格信号更直接、更迅速、更准确地反映出来，才能使中国经济与实行自由竞争和自由贸易原则的国际经济融合，才能使国内价格体系逐步与国际市场价格体系真正接轨，才能使竞争机制在各个层面上反映出来。

三、改革的步骤与措施

在本着人民币汇率既要均衡，又要相对稳定；要在既有利于稳定通货和保持中长期国际收支平衡，又有利于我国和世界经济发展的原则基础上，增大汇率形成的市场化和灵活性，使汇率保持在相对均衡和相对稳定的水平上，从而促进经济健康、稳定发展。

改革的核心是：（1）逐渐增加汇率弹性；（2）逐步使用汇率波动区间，放宽波动范围；（3）在放宽汇率浮动区间的基础上，改盯住美元为盯住一篮子货币。

总体而言，改革的进程应采取渐进的做法。可采取的步骤和措施是：

1. 认真总结以往汇率运行的正反经验。1994 年人民币汇率并轨，1996 年 12 月我国实现了人民币经常项目下可兑换，1998 年人民币汇率经历了金融危机的考验，2001 年 11 月我国成功地加入世贸组织。当前，在新形势下，人民币汇率机制应更好地为社会主义市场经济的建立和完善服务，更好地迎接经济金融全球化的挑战。为此，应该对新中国成立以来各个时期、各个阶段人民币汇率制度的形成、特点、问题，结合当时的经济政治背景以及对外经济贸易等方面的交往情况，进行认真总结和反思。只有在深入总结过去的基础上，才能在新形势下更好地进行人民币汇率机制的改革。

2. 积极推动基础理论和实证分析的研究。在确定人民币汇率机制改革的指导原则下，应进一步鼓励和推动人民币汇率的基础理论研究和实证分析研究。总的来说，有关各个时期人民币汇率的研究，在党中央国务院领导的重视下，在各有关部门以及科研机构和高等院校的实务工作者、科研工作者与教学工作者的共同努力下，取得了相当好的成绩，他们的研究成果对各个阶段的人民币汇率改革以及政策制定起到了积极的参考作用。现在应继续进行深入的研究探讨，比如，国际价值论、购买力平价论、出口换汇成本、理论比价模型①、均衡汇率模型、汇率预警模型以及其他有关模型和相关方案；再比如，盯住单一货币或者一篮子货币、爬行浮动、管理浮动、单独浮动、中心汇率等都值得研究和探讨。在研究探讨和实证分析的基础上，得出更适合我国人民币汇率运行机制的有关方案，供决策参考。

---

① 吴念鲁、陈全庚：《人民币汇率研究（修订本）》，194 页、218 页，北京，中国金融出版社，2002。

3. 改革的环境与时机选择。亚洲金融危机以来，国内经济学界加大了对人民币汇率问题的讨论，特别是在2003年，日本有关方面挑起人民币币值低估的观点后，引起国际社会的关注。但是这些讨论往往囿于汇率升值或贬值的争论，沦为简单的政策解释和说明。在我国已加入世贸组织。更深地融入世界经济体系的情况下，汇率的影响将突破传统的涉外经济范围，在更大的范围内发挥更强的影响力。因此，人民币汇率改革必须考虑国内外这样一个大环境，必须慎之又慎，一定要选择一个有利时机。也就是说，在改革时机的选择方面，我们既要根据国内的需要，又要考虑国际环境的变化。不能过急，也不能不变，汇率机制的改革一定要有利于我国经济和世界经济的稳定与发展。

4. 回归到真正的有管理浮动。在1994年进行的外汇管理体制改革中，人民币汇率制度被重新定义为“以市场供求为基础的、有管理的浮动汇率制度”。但在过去几年的实际操作中，人民币对美元汇率的波动幅度控制在很小的区间，保持基本不变，实际上属于盯住美元的固定汇率制。

人民币汇率制度的最终选择取决于政策部门对“独立货币政策—资本自由流动—固定汇率”这一著名的“不可能三角”中不同解的偏好及目标权衡。笔者认为，对于日趋呈现内需导向特征的大国经济而言，独立货币政策毫无疑问是我们的首要选择，资本流动的自由程度在未来5年内将有显著上升，其结果必然是人民币汇率波动性的上升。上述变化最终将落实到汇率制度调整上，但人民币汇率走向自由浮动必须谨慎行事。可选择的是一个具有充分弹性的有管理浮动汇率制度。可在当前汇率水平的基础上，波动幅度扩大到上下1%。建立内部汇率目标区，目标区上下可定为10%～15%。改盯篮子货币应相机而行，从篮子的加权成分看，由于我国与美国以及香港地区的贸易额较大，而港元又与美元挂钩，美元在篮子中仍然占主要比重，欧元与日元以及其他有关货币进入篮子后，将使人民币汇率水平更趋合理。

5. 建立人民币汇率的监测机制。在人民币汇率机制市场化日益提高的同时，与此同时，应增加外汇市场交易品种和交易方式，进一步提高外汇市场资源配置的效率，完善市场做市商制度，为人民币汇率机制的形成奠定基础。建立人民币汇率的监测机制，目的是监测人民币汇率水平是否合乎实际，符合国家中长期政策目标，以便为国家制定和调整汇率政策提供决策依据。

人民币汇率的监测体系包括宏观监测体系和微观监测体系两个层次。

宏观监测指标包括货币供应量、通货膨胀率、财政收支状况、进出口增长率、资本流动等数据。通过建立宏观监测体系，了解一个时期汇率水平对宏观经济各项指标的影响，预测下一时期外汇供需情况和市场汇率的走向，用以研究调整汇率政策。微观经济指标包括出口换汇成本、进出口盈亏状况、实际税负、外商投资企业的资金到位率、对外负债和还本付息情况、盈利汇出状况等。观察微观状况的变化，借此监测汇率水平的合理性，了解企业对汇率的预期并对外汇供需的可能变化进行预测。

通过汇率监测体系取得宏观监测指标及微观监测指标后，可用于编制季度及年度的人民币名义有效汇率指数（NEER）和实际有效汇率指数（REER）。通过观察实际有效汇率指数的变化，可以准确地了解人民币汇率对我国涉外企业的影响，反映我国贸易部门实际竞争力的变化，这对我国出口产业及进口替代产业的发展具有十分重要的意义。

6. 加强完善外汇监管体系的建设。在逐步有序放开资本项目管制的同时，特别要增强对短期流动资金的监管，必要时应采取相应的措施，防止国际流动资金对我国金融市场的冲击。放松管制，加强监管，以监管取代管制，这是今后一个时期我国外汇管理当局工作的核心。即使在实现资本项目下可兑换的状况下，也不能忽视国家宏观经济政策的取向和中央银行的干预调控作用。同时应时刻关注我国周边金融市场的动向，动态测算人民币对周边地区货币相对水平的变化，保持我国出口及利用外资的竞争力。

参考文献

［1］吴念鲁、陈全庚：《人民币汇率研究（修订本）》，北京，中国金融出版社，2002。

［2］张礼卿：《资本账户开放与金融不稳定》，北京，北京大学出版社，2004。

［3］陈全庚等：《中国外汇体制改革与建设》，南京，江苏人民出版社，2001。

［4］国际货币基金组织年报（中文版），2000—2004，北京，中国金融出版社。

论人民币汇率机制及人民币自由兑换的前景*

人民币诞生至今，已经走过了51年的历程。人民币对内、对外币值的稳定为世人所称颂。51年来，人民币对西方国家货币汇率的形成机制经历了六个不同阶段，目前人民币经常项目已实行了可兑换，随着改革开放的进一步深入，人民币资本项目可兑换也日益提上了日程。我们离人民币资本项目可兑换还有多远？实现这一目标需要哪些条件？本文特在人民币汇率机制历史沿革的基础上，进一步探讨这个问题，以供学术界和有关部门参考。

一、人民币汇率机制确定的历史沿革

1. 国民经济恢复时期，通过进口和出口理论比价以及侨汇购买力比价，综合计算出人民币的汇率。

1948年12月1日，中国人民银行成立并发行了我国统一的货币——人民币。天津是第一个解放的大口岸。1949年1月18日天津首先公布了人民币对资本主义国家的汇率，1美元折合80元旧人民币，1950年3月13日调为42 000元旧人民币。以后随着其他各大城市解放和与资本主义国家贸易的开展，一些大城市也陆续公布了人民币汇率。

1950年7月8日，随着经济的逐步恢复和全国财经统一制度的建立，人民币实行了全国统一的汇率，由中国人民银行总行公布。至1952年底逐渐调高到1美元为26 170元旧人民币。

在国民经济恢复时期，人民币汇率确定的依据是物价，其作用实际上是调节对外贸易，照顾侨汇收入。

---

* 本文原载《国家行政学院学报》2000年第1期，并参与《21世纪银行家论坛》中植金智杯征文活动，获优秀奖。该文部分内容以题为《人民币资本项目开放：路在何方?》刊登在《现代商业银行》2000年第4期。

当时汇率的具体计算根据是：天津、青岛、上海、广州四大口岸定期计算进、出口商品理论比价，福建、广东计算华侨购买力比价，根据这三个方面的比价，再按综合加权平均计算出人民币汇率。出口理论比价是选定我国大宗出口商品（金额总和约占全部出口值70%以上），将每种商品对外成交的离岸价与国内总成本逐项相除，并以前一时期各该项目的出口金额为权重，求出人民币对外币的理论价值。进口理论比价计算方式与出口理论比价大致相同。侨汇购买力比价是以华侨眷属五口之家、中等生活水平计算。首先确定一个家庭每月所必需的生活日用品的项目和数量，然后再将这些项目的计算价格以及基础价格进行比较，就能得出生活物价是上升或下降。侨眷生活物价指数按香港和广州两地零售物价分别编制。

2. “一五”时期至1972年底，由于社会主义改造完成，进入社会主义计划经济建设，汇率已失去调节进出口贸易作用，为了有利于内部核算和编制计划，人民币汇率坚持稳定的方针。

1953年后，我国对私人资本主义进出口业的社会主义改造已经完成，对外贸易由外贸部所属的外贸进出口专业公司按照国家规定的计划，统一经营，统负盈亏，外贸系统采取了进口统算，以进贴出的办法。1964年起还采取了对一部分进口商品加成的办法，即外贸为用货部门的进口商品作价，按进口成本价加价103%，以进口盈利来弥补出口亏损，不需要再用汇率来调节进出口贸易。这时期人民币汇率的作用主要是便利侨汇和非贸易的增收节支，按当时国内外物价对比，汇率已适当照顾了侨汇和非贸易外汇收入，也无调整的必要。为了维护人民币汇率的稳定，有利于内部核算和编制计划，人民币汇率坚持稳定的方针。人民币汇率同资本主义国家政府公布的法定汇率相联系，并于1952年起停挂美元牌价，只与英镑联系，保持相对稳定。只有在资本主义国家货币发生升值或贬值时，人民币汇率才作相应调整。人民币对美元从1955年至1971年12月美元贬值7.89%以前，一直保持在1美元合2.4618元人民币；对英镑只在1967年11月英镑贬值14.3%后，才从1英镑合6.893元人民币调至5.908元。在这一时期，汇率变化同物价逐渐脱节。

在这期间，国际商品价格有较大幅度的上涨，但在计划经济体制下，我国国内消费物价却长期保持稳定，这样，人民币汇率的确定出现两难选择。如果依据国际商品价格变化，人民币对美元应贬值；如果依据国内外消费物价对比，人民币应升值。这个问题在以后的人民币汇率改革中一直是理论界争论不休的问题。

3. 西方国家实行浮动汇率后，人民币汇率的确定是选择我国在对外经贸往来中经常使用的若干种货币，按其重要程度和政策上的需要等确定权重，根据这些货币在国际上的升降幅度，加权计算出人民币汇率。

1973 年 2 月，西方货币纷纷实行浮动汇率，汇率波动频繁。人民币汇率为了保持相对合理就必须根据国际市场汇率的波动而相应调整。当时人民币汇率的调整原则是：（1）坚持人民币汇率水平稳定的方针，既不随上升的货币上浮，也不随下跌的货币下浮。（2）贯彻执行对外经济往来中平等互利的政策，使人民币汇率有利于我国和外国双方贸易和经济往来的发展，既不偏高多收汇，也不能偏低少收汇。（3）参照国际货币市场的行市及时调整人民币汇率。在不同时期，选择具有一定代表性的、而在国际市场上行市又比较坚稳的几种外币，构成“货币篮子”，算出它们在市场上上升和下降的平均幅度，作为调整汇率的参考。人民币汇率在西方固定汇率时期已确定的汇率水平的基础上，按“一篮子货币”计算方法，作经常性的调整，即选择我国在对外经济贸易往来中经常使用的若干种货币，按其重要程度和政策上的需要确定权重，根据这些货币在国际市场上的升降幅度，加权计算出人民币汇率。在此后几年里，选用的货币以及权重的大小曾进行过几次调整，通过这样的计算和调整，把人民币汇率稳定在各国之间汇率的中间偏上水平。此间，我国对外推行过几年人民币计价结算，其目的是为了保值，所以在制定人民币汇率的指导思想上要求把人民币定得高些。1973 年西方货币实行浮动汇率以后，人民币汇率是参照国际市场上若干种货币平均汇率的变化情况来计算和调整的。1972 年 9 月 10 日重挂美元汇率，美元在经过 1971 年 12 月和 1973 年 2 月两次贬值后，美元在国际市场上又持续下浮，这期间，人民币对美元汇率由 1 美元合 2. 4618 元调至 1980 年 7 月的 1. 4480 元，人民币对美元升值 70%，人民币汇率显然高估。

4. 1981 年到 1984 年，实行官方汇率和贸易内部结算价的双重汇率，这虽然促进了外贸发展，但由此带来两大矛盾。

为了适应改革开放的需要和促进外贸体制改革，真正发挥汇率的经济杠杆功能，必须改变人民币汇率长期与进出口商品脱节，出口亏损而进口赚钱，既不利于实行经济核算，又不利于发展出口的局面。从国内外消费物价对比看，汇率偏低了，有利于贸易出口，但对非贸易收入却不利。这是改革开放后人民币汇率改革面临的大难题。1979 年 8 月，国务院决定对我国汇率制度进行改革。改革的政策目标是，为鼓励出口，适当限制进口，加强外贸经济核算和适应对外贸易体制的改革，又不影响我国非贸易外汇收入。从 1981 年起，我国实行两种汇率，一种是使用于非贸易外汇收支的对外公布的汇率（即官方汇率）；另一种是使用于贸易外汇收支结算的贸易内部结算价（汇率）。对于对外公布的牌价，即以前的人民币汇率，还是沿用原来的一篮子货币的加权平均计算方法。内部结算价系按 1978 年全国平均换汇成本再加上 10% 的利润计算，定为 1 美元合 2. 8 元人民币。

实行内部结算价后，一定程度上有利于外贸发展，但在实行中有两大矛盾：一是外贸、外汇管理及结算方面的混乱，两种汇率有时不易划分，造成对外经济交往中的被动；二是长期以来，一直存在的对外贸易亏损和财政补贴难以消除和减少。因此，从 1985 年起就取消了贸易内部结算价。

5. 1985 年至 1993 年底，人民币汇率进入“官方汇率”与“外汇调剂市场汇率”并存时期。

随着我国经济体制改革和对外开放的深入，开始引入市场机制，一部分资源由市场配置，从而出现了价格的双轨制。与之相适应，在外汇领域实行了外汇留成制度。有的企业没有外汇留成或留成外汇不够，需要买入，这就产生了外汇调剂需要。早在 1980 年 10 月，中国银行就开始办理外汇调剂业务，外汇调剂汇率在贸易内部结算价上下 10% 的幅度内浮动。实际上调剂外汇固定在 1 美元合 3. 08 元人民币。1985 年前外汇留成比例较小，调剂汇率偏低，调剂外汇数量有限。1985 年 11 月深圳首先建立了外汇调剂中心；1988 年 9 月上海开办了我国第一家外汇调剂公开市场；随后，一些大城市也相继开办了外汇调剂公开市场。随着对外贸易实行承包责任制，由补贴机制转为自负盈亏机制，留成外汇比例不断增大，同时也开放了外商投资企业外汇调剂，调剂外汇数量大大增加。由于留成外汇实行不同商品留成比例差异，留成比例大的收益多，比例小的收益小，因此实际上形成多种汇率制。

这期间，“官方汇率”追随全国出口平均换汇成本的变化以及外贸体制改革的深化，进行了几次较大幅度的贬值调整。从 1991 年 4 月 9 日起，考虑到一次性贬值对国民经济的冲击太大，对官方汇率采取经常性微调的方式，由 1 美元合 5. 22 元人民币，逐渐调至 1993 年底的 5. 7 元人民币。当时根据外汇调剂市场汇率来调节的外汇收支活动占到 80% 左右，国家通过计划渠道分配的外汇资金比重大大降低。当汇率波动剧烈，影响经济稳定时，中央银行也曾入市干预（如 1993 年 7 月）。此外，参加外汇调剂者必须得到外汇管理部门的批准，并严格按照国家规定的用汇指导序列予以审批。因此外汇调剂市场汇率主要按供求决定，但整个市场处于国家管理中，必要时国家可采取行政手段对市场汇率进行干预和调控。

6. 从1994年1月1日起至今，人民币实行汇率并轨，取消官方汇率，实行以市场供求为基础的单一的、有管理的浮动汇率。

1993年11月14日，中共十四届三中全会通过了《中共中央关于建设社会主义市场经济体制若干问题的决定》，要求“改革外汇体制，建立以市场供求为基础的有管理浮动汇率制度和统一规范的外汇市场，逐步使人民币成为可兑换货币”。

根据全会精神，1993年12月28日中国人民银行发布了《关于进一步改革外汇管理体制的公告》，从1994年1月1日起，两种人民币汇率实行并轨，取消官方汇率，以1993年底外汇调剂市场汇率1美元合8.72元人民币作为全国统一的人民币市场汇率，并实行以市场供求为基础的、有管理的浮动汇率制。按官方汇率计算，人民币贬值33.3%。中国人民银行按照前一营业日外汇市场形成的加权平均汇率，公布人民币对美元、港元、日元三种货币基准汇率，市场外汇买卖美元可在基准汇率上下3‰的幅度内浮动，港元、日元在基准汇率上下1%的幅度内浮动。外汇指定银行按规定自行确定挂牌汇率，对客户买卖外汇。各银行挂牌的美元买卖价不得超过基准汇率上下0.15%，港元、日元外汇买卖汇率不超过基准汇率的1%。

1994年4月1日起，国有企业退出外汇调剂中心，外汇指定银行成为外汇交易的主体，这一天银行间的外汇市场——中国外汇交易中心在上海成立。4月4日中心系统正式运营，银行间的外汇交易统一由中心进行，人民币汇率由国内外汇市场上的外汇供求决定，中国人民银行在中国外汇交易中心设立公开操作室，根据宏观经济政策目标进行市场干预，调节供求。至此，人民币汇率的确定进一步走向市场化，使十几年来的人民币汇率制度改革得到进一步深化，并取得了重大的突破。

二、人民币实现经常项目可兑换和资本项目可兑换的条件与步骤

（一）人民币实现经常项目可兑换

人民币汇率实现了由市场供求为基础的有管理的浮动汇率以来，取消外汇留成、上缴和额度管理制度，实行银行结售汇制度；建立银行之间的外汇市场，改进汇率形成机制，取消境内外币计价结算，取消外汇券，禁止外币在境内流通，取消外汇收支指令性计划，国家主要利用经济和法律手段实行对外汇和国际收支的宏观调控，这就为人民币实现经常项目可兑

换奠定了基础。1996 年 3 月 17 日通过的《国民经济和社会发展“九五”计划和 2010 年远景目标纲要》明确提出，“要完善结售汇体制，在 2000 年前有步骤地实现人民币在经常项目下可兑换”。

1996 年 7 月以前，外商投资企业的外汇买卖仍须委托外汇指定银行通过当地外汇调剂中心办理，统一按照银行间外汇市场的汇率结算。外商投资企业的外汇买卖原则上要求当地平衡，中国外汇交易中心统一调度，对各地外汇交易余缺进行适当调节。1996 年 7 月后，国家取消了外商投资企业等经常性用汇限制，外商投资企业的经常项目外汇收支纳入银行结售汇体系，允许其保留一定比例的经常性外汇收入。同时，允许在华外资银行和中外合资银行办理外商投资企业的结售汇及付汇业务。

1996 年 7 月 1 日以来，几次提高居民因私兑换外汇的标准，扩大了供应范围，如一般用汇，每人每次可兑换 2 000 美元；居民出境定居，其离退休金、退职金、抚恤金可全部兑换外汇。移居境外的原中国居民在境内的资产收益可兑换外汇汇出。居民携带外汇出境在 2 000 美元以内，人民币 6 000元以内，海关予以放行。

1996 年，我国还取消了出入境展览、招商等非贸易经常性用汇的限制，并允许驻华机构、来华人员的合法人民币收入兑换外汇汇出。

上述措施实施后，我国提前三年达到国际货币基金组织协定第八条款的要求。1996 年 12 月 1 日，我国宣布实现人民币经常项目可兑换。

（二）人民币实现资本项目①可兑换的条件

当今一个国家资本项目开放问题不仅是汇率机制确定和资金支付转移的问题，而且是一国经济如何真正走向世界经济体系之中，迎接和适应经济全球化、金融自由化不可逆转的潮流所带来的挑战和机遇的问题。可以说，货币资本项目的开放是一国改革开放不断深化的必然进程和结果，也是一个国家综合实力不断增强的体现。

严格来说，资本项目可兑换在目前国际上尚无统一定义。根据国际货币基金组织所称的资本项目可兑换是指“消除对国际收支资本和金融账户下各项交易的外汇管制，如数量限制、课税及补贴”②。20 世纪 70 年代，资

① 资本项目也即资本账户（capital account），它是国际收支平衡表中重要的组成部分。由于我国官方把它翻译为资本项目，因此长期约定俗成，严格地说应翻译为资本账户较好。

② 见 IMF Staff（1995），Capital Account Convertibility，pag 1。

本项目开放的只有少数工业国。80 年代以来，全球货币可兑换进程明显加快，到 1995 年 6 月，几乎所有的发达国家均实现了资本项目的可兑换，发展中国家也纷纷取消了部分外汇管制。在 1990 年底，国际货币基金组织的 155 个成员国中，有 72 个国家实现了经常项目可兑换；到 1999 年 185 个成员国中，有 150 个国家实现了经常项目可兑换，不少发展中国家也实现了资本项目可兑换。

20 世纪 90 年代以来，随着经济全球化的发展，以利率、市场和银行业务自由化为特征的金融自由化不断深化，国际资本流动的限制越来越少。世界金融正朝着国际化、一体化、证券化、全球化的方向发展。在此情况下，资金要求能够自由、迅速地流向全球回报率最高的地方，为此，扫清一切外汇管制，加快货币可兑换的步伐，为国际资本自由流动创造条件成为国际社会的共识。

我国人民币在 1996 年 12 月 1 日实现经常项目可兑换后，已经开始了向资本项目部分可兑换过渡的进程。当时有不少人认为，人民币在不太长的时间内，可实现资本项目的可兑换，有的把此目标定在 21 世纪初，即 2000 年前后。1997 年 7 月，由泰铢贬值引发的东南亚金融危机使亚洲乃至全球的经济金融受到严重的破坏和冲击。1998 年，东南亚国家经济普遍出现负增长，货币贬值、外汇市场动荡、股市暴跌、失业严重、资金大量外逃、外汇储备急剧流失、企业和银行纷纷破产倒闭，损失高达 5 000 亿美元。1999 年伊始欧元启动，改变了世界货币体系的格局；2 月巴西雷亚尔大幅贬值，又波及了拉美、美国和欧洲的股市；7 月份欧元对美元大幅度下跌；9 月日元对美元又大幅度上涨。进入 2000 年以来，亚洲经济金融危机已趋缓和，经济走向复苏，但是不稳定因素继续存在。从亚洲的这场危机来看，它有其自身的内因，但是与国际资本的冲击，频繁、快速的大进大出兴风作浪不无关系。因此，又有人认为，正因为人民币资本项目没有开放，才抵御了国际资本的冲击，虽然我国经济外贸受到一定程度的影响，但人民币仍然持续保持了国内外币值的稳定。经过这场危机后，不少人认为应该放慢人民币自由兑换的步伐，有的甚至认为越晚越好，再过三四十年也为时不晚。我认为，人民币经常项目可兑换实现后，已打下了向资本项目可兑换迈进的基础。但是要清醒地认识到，这是一个有序渐进的过程。就我国而言，一蹴而就，一步到位是不可取的。但是把时间拖得太长，不积极创造条件也是不明智的。一定要符合我国的具体国情，适应和符合国际经济金融发展的趋势，努力加快实现可兑换的必要条件。

1. 国内经济实力雄厚，国际贸易以及劳务等生产要素的国际交流达到相当程度

新中国成立五十年来，我国经济有长足的发展，不少产量居世界前茅，经济总量跃居世界第七位，外贸总额上升到世界第十位。但是人均产值、人均国民生产总值还远远落后于发达国家，特别是经济结构不合理，国企面临困境，生产结构与消费结构不协调，深化国企改革还有相当的路要走。当前，在以公有制为主体，各种经济成分共同发展的形势下，要建立新的社会主义市场经济新体制还有一个过程。估计到21世纪头10年，我国经济将保持年均7%的速度增长，到2010年国内生产总值比2000年翻一番，届时我国经济实力将大大增强。

在国内经济发展和对外开放深化的同时，我国外经贸也将迅速发展，外贸依存度不断提高。但是，随着国际竞争的加剧，我国产业的国际竞争力不足以继续支撑出口贸易像以往二十年那样快速增长。因此应调整出口商品结构，提高商品技术含量，支持名牌的生产与贸易，特别用金融手段和措施支持大集团、大企业进行技术改造，产品升级换代，建立自己的、综合性的跨国公司，扩大和拓展我国市场份额，使对外经济交流成为推动我国经济、金融可持续发展的重要一环。随着我国经济实力的增强和外经贸的迅速发展，增加了人民币自由兑换的迫切性。

2. 合理的汇率机制和健全的宏观经济政策

51年来，我国人民币汇率机制经历了几个不同的发展时期，到1994年人民币汇率并轨后，形成了以市场供求为基础的、单一的有管理的浮动汇率。从这几年的发展情况看，有其积极的一面，但也存在不足之处。（1）中央银行干预外汇市场的被动性。1994年起，我国实行结售汇制，绝大多数国内企业的外汇收入必须结售给外汇指定银行，同时中央银行又对外汇指定银行的结售周转外汇余额实行比例幅度管理。也就是说，当银行持有的结售周转外汇超过最高限比例时，就必须通过银行间外汇市场出售；当不够时，必须从市场购进。上述管理办法使央行干预成为必需行为。特别是近年来，国家国际收支出现大量顺差，银行结汇后，不得不在市场大量出售，如果央行不购入，必然引起美元汇率的下跌，迫使央行被动干预。（2）汇率变化缺乏弹性。1994年后，我国国际收支连年顺差，央行对外汇市场的干预不可避免。因此，人民币汇率水平不纯粹由市场供求来决定，在很大程度上受国家宏观经济政策所制约。从1995年8月到2000年7月，5年间，人民币升值5%，近两年来人民币对美元的比价只是在1美元兑

8.27～8.30元人民币之间波动，波动幅度和弹性极小，汇率基本上是盯住美元。因此，如何能真正按多种货币不同加权所形成的“一篮子货币”的汇率变动而变动，以及主要根据市场供求来确定汇率，还需作进一步的改进和完善。（3）鉴于我国宏观经济政策对调节外汇供求起相当大的作用，因此，健全宏观经济政策是保证和促进人民币币值稳定的关键。应通过立法确定中央银行独立制定和执行货币政策的权力，要与财政政策有机地协调配合，以此促进和维护宏观经济的稳定，以及经济结构的调整和经济持续、快速、健康的发展，这也是实现货币可兑换的必要条件。

3. 完善深化价格体系的改革

汇率是本国货币的对外价格，价格是否真实，取决于是否消除了价格扭曲的现象。从一般生产和消费价格形成的机制来看，应该以市场供求为基础，国内物价与国际物价应逐步接轨，物价在一定时间内保持稳定，使国内居民生活质量不断提高，对本币充满信心，没有太高的通货膨胀预期。代表资金价格的利率必须实现市场化，因为能否真正按市场供求来决定资金的价格将关系到资金快速合理的流动和资源的合理配置，以及经济结构合理调整的大问题。可采取先放开外币利率，再放开本币利率；先放开货币市场利率，再放开贷款市场利率；最后放开存款利率的次序，取消对利率的各种限制和管制，实现利率市场化。利率市场化的实现意味着资金价格的全面放开，这也是我国加入世贸组织，物价（包括商品、资本和劳务）与国际接轨的重要前提，这必然要求我国企业对国内外价格变化作出灵敏反应，根据市场供需状况进行生产和经营，谋求效益和利润的最大化，使价格信号和竞争机制充分显示出来。这也是人民币实现完全可兑换的重要条件。

4. 健全的金融体系和金融市场

发展中国家开放资本项目的经验是，国内金融体制改革必须在资本项目开放之前，至少在开放同时得以完成。资本项目开放取决于金融体系是否完善，金融市场是否发展到相当水平。（1）首先要完善中央银行的货币政策调控体系和监管体系，主要是在利率逐步实现市场化的进程中更好地运用央行现有的各种调控手段。全面执行资产负债比例管理和风险管理、贷款质量五级分类法，补充商业银行资本金、防范和化解支付风险等，使得一系列监管制度逐步完善。（2）进一步发展资本市场，培育多元化市场投资主体，提高直接融资的比例，促进国企的资产证券化；积极大力发展国债市场；进一步改革、发展和建立统一的、灵活的、高效的、大容量的货币市场，特别是加快发展银行间的拆借市场，通过商业信用票据化来发展票据贴现市场和承兑市场，提高和加快资金效益和周转率。（3）加快国有商业银行现代企业法人治理结构的转变，完善商业银行管理和内控机制，在确保效益性、安全性、流动性的原则下，开展多元化业务，进一步完善股份制商业银行和城市商业银行的发展，形成适应社会主义市场经济发展的健全的金融体系和金融市场。（4）应逐步取消外资银行经营人民币业务和进入资本市场等限制，实现国民待遇，使外资银行成为我国金融体系的一部分。

5. 健全宏观金融审慎监管能力

从近二十年来国际金融领域出现剧烈动荡的经验教训来看，都与监管的放松与不力有关。国际清算银行巴塞尔委员会就全球金融监管做了大量工作，该委员会制定的巴塞尔协议不断修订和完善，从对商业银行和非银行金融机构的监管扩大到对资本市场、资本流动以及对外债的合理监控。我们必须遵照巴塞尔协议的规定，从金融审慎监管原则出发，要求商业银行建立自身的风险防范和内控机制；促进中央银行从合理性稽核监督向防范金融风险为核心的审慎监管转变，加快我国金融监管的系统化、规范化和国际化的建设。为了防范金融风险，保证金融安全就必须进一步提高我国的监管能力，加强监管队伍的建设。宏观金融监管能力的提高和完善是人民币资本项目可兑换的必要条件。

6. 良好的国际收支和对外债务状况

良好的国际收支状况是实现货币可兑换的重要条件。工业化国家开放资本项目一般都具有针对性，比如，在国际收支中经常项目顺差时，国内有大量资本剩余，因而放松资本流出的管制，鼓励、促进资本输出。而发展中国家开放资本项目往往是因为经常项目出现逆差，国内储蓄不足，因而放松对资本流入的管制。

20 世纪 90 年代以来，在经济全球化、金融自由化发展的情况下，资本项目开放的作用已从单纯的“输出”或“输入”，转化上升到优化资本结构，促进资本双向流动的层次。资本项目的开放既要为本国资本输出创造条件，也要为吸收资本流入提供方便。

改革开放以来，我国国际收支发展状况是良好的。经常项目 1983 年为 42.2 亿美元顺差，到 1997 年和 1998 年分别上升到 297.18 亿美元和 293.2 亿美元的顺差。资本项目 1983 年为 2.26 亿美元逆差，1997 年上升为 229.78 亿美元顺差。特别是 1994 年以来，我国国际收支经常项目和资本项目（除了1998年出现0.46亿美元逆差）都呈双顺差的局面，到1999年底，我国外汇储备上升至1 547亿美元。

1992年以前，对外借款占资本流入总量的60%左右，直接投资只占30%左右。但1992年后发生了重大变化，到1999年，外商直接投资占外资流入的70.3%以上。需要指出的是，国外证券投资占流入资本比重一直较低，而发达国家和发展中国家证券投资占流入资本的比重很高，有时成为外资流入的主要形式和渠道。为此，这一部分的资金流入在我国尚有较大发展的空间，因此有必要对资本项目中的某些项目作开放的准备。但是恰恰是这一部分对一国经济、金融冲击力很大，它会带来正负两方面的影响，因此必须谨慎和稳妥。

从我国外债状况来看，各项指标也是良好的。虽然截至1998年底，我国外债余额为1 460.4亿美元，相当于1988年的3.6倍，但是外债期限和结构较为合理，中长期外债占外债总余额为88.1%，短期外债比例为11.9%。历年的偿债率（外债还本付息与当年出口收汇之比）近年来为8%～10%，都大大低于国际公认的20%的标准。债务率（外债余额与当年贸易和非贸易收汇之比）虽然1993年曾达91.8%，但到近年来已降至60%～70%，也低于100%的国际标准。负债率（外债余额与当年国民生产总值之比）近年来都稳定在15%左右，低于国际上公认的25%警戒线。从以上外债风险指标来看，我国外债状况良好。但是，外债潜在的风险仍不可低估，外债投入非生产性的比重大，商业贷款与外债余额的比例达50%，这部分利率多为浮动利率，受国际金融市场波动影响较大，特别是外商投资企业所借外债的比例较高，国家对这部分外债缺乏有效的监管。

总之，国际收支经常项目平衡有余，外债结构合理，保持充足的外汇储备是人民币实现完全可兑换的重要条件。

（三）人民币资本项目可兑换的步骤和前景

在“有序、积极、稳妥”的开放原则下，首先实现资本项目有条件的可兑换，在此基础上再实现资本项目的完全可兑换。即使是实现了完全可兑换，在必要的情况下，仍然可以实行必要的资本管制。因此，人民币可兑换的总体战略是有序、积极稳妥、循序渐进，既不应过分超前，也不能错失良机而滞后。进入21世纪，在初步建立社会主义市场经济体制的形势下，以及面临加入世贸组织的情况下，加快人民币自由兑换进程已提到议事日程。

根据国际上开放资本项目的经验教训，结合我国人民币经常项目可兑换成功的经验，具体可采取“积极稳妥，先易后难，宽入严出”的方针。

先放宽长期资本流出入的管制，再放宽短期资本流出入管制；先放宽对直接投资的管制，再放宽对间接投资的管制；先放开对证券投资的管制，再放开对银行信贷的管制；先放开对境外筹资的管制，再放开非居民境内筹资的管制；先放开对金融机构的管制，再放开非金融机构和居民个人的管制。

可采取的步骤为，容易的即不影响国际收支经常项目平衡的，可在人民币经常项目自由兑换后就放宽；影响经常项目平衡、资本频繁移动的，可先试行取得经验后再推广，有的可逐步放宽。

在促进资金流入方面，对于外商直接投资可取消外汇平衡限制，实行外国直接投资的汇兑自由；可逐步适当放宽外国投资者在我国金融市场上的投资，加大证券资本的流入；逐步放松国内企业向境内外资银行融资的限制。在对待资本流出方面，应放松境内居民机构对海外投资的限制，允许境内居民进行有限制的海外投资；适当允许境内金融机构向非居民融资；谨慎对待非居民金融机构在我国境内筹资。

从国际上货币可兑换进程来看，在经常项目实现可兑换后，逐步推进资本项目可兑换大体要 10 年的时间。1993 年 10 月，在人民币汇率并轨前，我国承诺在 2000 年以前接受国际货币基金组织协定第八条，并已在 1996 年 12 月 1 日提前实现了经常项目可兑换。鉴于人民币经常项目可兑换比预定计划提前完成，因此按此时间推算，人民币资本项目可兑换将在 2010 年左右完成。人民币实现完全可兑换、走向国际化的时间大体为 15 ~ 25 年。此时间只会提前，不会推后。届时，人民币成为国际支付结算手段，减少了对美元等国际货币的依赖，使外商更多地通过中国金融机构结算，这必然推动我国金融机构在世界上迅速发展，进一步促进我国对外直接投资，人民币的铸币税和储备货币职能的扩大将提高人民币的地位和作用，增强我国商品在国际上的竞争力，我国在国际经济金融中的地位和作用必然增强。同时，必将对国际经济金融秩序和国际货币体系的稳定做出积极的重要贡献。

参考文献

[1] 吴念鲁、陈全庚：《人民币汇率研究》，北京，中国金融出版社，1992。

[2] 吴念鲁：《国际金融纵横谈——对策研究》，北京，中国金融出版社，1998。

［3］戴相龙：《迈向新世纪的中国银行业》，载《中国金融》，1999（10）。

［4］崔巍：《资本账户开放问题研究》，中国人民大学博士论文，1999。

［5］郑薇等：《中国金融走向》，北京，中国金融出版社，1999。

［6］刘光灿等：《中国外汇体制与人民币自由兑换》，北京，中国财政经济出版社，1996。

［7］景学成、王建华：《人民币可兑换性理论与政策探讨》，北京，中国金融出版社，1997。

论人民币可兑换与国际化*

中国在应对2007年春美国次贷危机引发的全球金融危机中，显示了中国经济的实力以及宏观经济调控能力。同时，美元信用本位的国际货币体系的缺陷也暴露无遗。随着中国经济进一步融入国际社会，中国在从一个发展中的经济大国迈向经济强国的进程中，与世界各地区、各国之间的商品、技术、投资交流所形成的国际债权债务的支付清算和转移迅速扩大，中国国民生产总值和外贸总值占世界的比例也相应扩大。在这样的背景下，中国资本市场必然崛起，人民币金融资产也快速发展和流通，这都要求人民币尽快成为可兑换货币，成为可兑换的国际货币。

当前，人民币可兑换与国际化都已提到议事日程。本文就人民币可兑换与国际化实现的条件、目标、步骤、利弊进行探讨与论证。

一、实现人民币资本项目可兑换的条件①及现状

人民币可兑换是指一个国家对居民和非居民的经常交易和资本交易的支付与转移不予限制，允许把本国货币自由兑换成国际通用的货币。1996年12月，我国经常项目已全部开放。目前，按IMF分类的43项资本项目②，还有约一半未放开。要实现人民币资本项目可兑换，需要稳定的宏观经济、健全的微观机制、健康的金融体系、有效的金融市场与金融监管、良好的国际收支状况、富有弹性的汇率机制等条件。

（一）良好的宏观经济环境和稳健的宏观经济政策

宏观经济稳定是实现资本项目可兑换的重要前提。保持宏观经济稳定有利于引导资本流动，应对投机资本冲击。一国经济发展水平越高，经济

---

* 本文原载《国际金融研究》2009年第11期。杨海平、陈颖参与了本文写作。

① 参见吴念鲁、陈全庚：《人民币汇率研究（修订本）》，北京，中国金融出版社，2002。

② 资本项目也即资本账户（capital account），是国际收支平衡表中的重要组成部分。我国官方把它翻译为资本项目，严格地说应译为资本账户为好。

结构和产品结构越多样，抵御资本项目开放所带来风险的能力就越大，资本项目自由化可能造成的负面影响就越小，则越适合推动自由化。稳定的宏观经济可以使自由化过程更为平稳。国际经验也表明，在宏观经济稳定情况下进行金融自由化改革，发生金融危机与经济波动的概率较小。宏观经济的稳定主要表现为：经济平稳较快增长，财政收支和国际收支平衡，物价相对稳定，经济结构相对合理。在经济增长不能保证的情况下放开资本项目，市场微观主体难以树立信心并形成良好预期，可能会引发经济波动。在财政赤字超过警戒线的情况下放开资本项目可能产生两种不同的结果：如果是通过发行债券的方式来维持财政赤字，会引起市场实际利率上涨，并且可能远远高于国际市场的水平，就从而引起大规模的短期资本流入，进而引起实际货币升值，并最终造成出口产品国际竞争力的下降和经常账户的恶化。如果是通过向中央银行借款来维持财政赤字，必然会引起货币供应增加，造成通货膨胀和实际利率水平下降，从而引起短期资本的大规模流出，进而引起货币贬值。当市场产生强烈的贬值预期时，资本外逃将会加速，并引起货币的进一步贬值，最终导致严重的汇率危机。如果国际市场上汇率与利率变化导致外币投资更具有吸引力，货币自由兑换后就很可能出现资本逃逸和货币替代问题，将会有大量的本币存款被换成外币存款，外商投资的资本利得也将会大举流出，对国内的货币供应量与宏观经济造成冲击。这些都会加剧金融体系的脆弱性。在存在通货膨胀的情况下放开资本项目，在国内外实际利率存在差异，或由于通货膨胀未来走势的不确定性，短期内可能出现大规模的资本流入或流出，从而给汇率和宏观经济稳定造成压力。总之，稳定的宏观经济环境对于避免资本项目开放过程中发生过度的资本流动引起的危机是至关重要的。实现经济稳定的主要手段是相对适宜的宏观经济政策，这不仅要求一个完善的宏观经济政策框架，而且要求宏观经济政策制定者能够深入研究经济金融运行，对经济作出具有前瞻性的判断，适时出台符合经济运行的政策。

（二）健全的金融体系、有效的金融市场及监管

资本项目下可兑换能否顺利、持续进行，还取决于国内金融体系是否健康、金融监管与金融市场是否有效。第一，要求商业性金融机构要有足够的资本金、良好的治理结构与风险管理机制，实行完善的会计制度法规和信息披露制度，能够很好地运用金融资产应对市场的变化和资本的流动。人民币自由兑换实现的速度在很大程度上取决于我国金融体系的健康程度。

金融体系越健康，我国经济承担资产价格波动的能力会越强。金融机构健康且有效率是资本项目开放金融层面的微观基础。第二，要求金融市场有相应程度的发育，有足够的深度和广度，具有较高的金融效率。人民币自由兑换就意味着开放整个金融防线，资本项目下货币自由兑换使国内金融市场与国际金融市场连接更紧密，必然带来国际游资对国内金融市场（特别是证券市场和外汇市场）的冲击，同时国外的各种冲击可以通过金融市场很快地传导到国内。如果国内金融市场广度和深度足够，金融体系比较健全，金融机构比较成熟，对外部竞争和冲击反应灵敏，就可以较好地吸收冲击，高效地应对短期资金大量流入或者流出，将资本项目开放的不利影响减到最小。第三，资本项目开放、金融自由化使得监管的重要性更为突出。在资本项目开放后，国外金融机构的进入和本国金融机构的国外经营使国内金融机构的经营风险加大，金融体系的脆弱性更加突出，从而使监管的范围和难度增大。在银行监管方面，当资本管制解除后，随着外国资本的大规模流入，银行体系可贷资金的变化将更加难以把握，银行的竞争环境更趋复杂。如果没有有效的银行监管，将造成严重后果。因此，为了防止银行系统的风险加大，在决定开放资本项目之前，必须健全和强化对银行的各项监管措施。在证券监管方面，资本项目开放将极大地拓展资本市场疆界，使资本规模的变化与流向空前复杂。如何防止市场过度投机、保持资本市场的健康发展将成为摆在监管者面前的难题。

（三）良好的国际收支平衡状况和适度的外汇储备

良好的国际收支平衡状况和适度的外汇储备是实现资本项目下可兑换的保证，而经常项目收支的稳定是保持中长期国际收支平衡的前提。经常项目国际收支平衡的根本在于进出口商品和服务的结构与竞争力，资本项目国际收支平衡的根本在于国内金融市场的效率与本国经济所支持的资本回报率。实践证明，一国持续保持国际收支动态平衡的能力强，则受到攻击的概率就低。外汇储备体现一国经济的实力，合适的国际储备水平对于解决影响国际收支的各种干扰十分必要，可以吸收国际收支所面临的各种暂时性冲击。在遇到国内外金融动荡与突发事件时，可以应付因信心动摇而发生的资本流动和货币投机风潮。充足的外汇储备维系着一国货币汇率的稳定。各国货币当局所持有的外汇储备量是其干预外汇市场和维持汇率稳定能力的根本保证。当一国货币急剧贬值时，货币当局即可通过抛售外汇储备来收购本国货币，以实现汇率的稳定。另外，货币当局可以通过调节储备资产的构成，防范和抵制国际游资对本币的冲击。在几次金融危机中我们都可以看到，发生金融危机的国家过分依赖外资，而其外汇储备又不足以满足债务还本付息的需要，就难免陷入债务危机。

（四）相对完善的外汇市场与符合实际的汇率水平、汇率形成机制

资本项目开放对于人民币汇率形成机制是严峻考验。合理的汇率水平和灵活的汇率制度对于应对可能的冲击、协调国内经济均衡具有十分重要的作用。汇率合理浮动，使国内外利率差幅与汇率风险相互发生作用，避免国际金融动荡和资本大幅度流动，给国内货币政策以较大的独立性和灵活性，有利于消除外汇投机，改善资源配置。一个发育完善的外汇市场是良好定价功能实现的前提。随着资本项目开放日益扩大，我国外汇市场发展需要进一步丰富价格发现和风险管理功能。这就需要增加交易主体，促进公平竞争；增加外汇交易品种，开发市场避险工具；加强市场风险管理，维护外汇市场稳定运行。同时，资本项目可兑换要求推进人民币离岸市场的建立和发育。要改进管理手段，提高中央银行调控外汇市场的水平。逐步减少中央银行对外汇市场的干预，增加人民币汇率弹性，拓宽外汇市场发展空间。增加中央银行市场干预手段，除中央银行直接入市干预外，还可以尝试通过其他外汇交易商代为入市交易，实施间接干预。加强中央银行与市场主体之间的对话与沟通，引导市场预期，逐步建立市场管理者与参与者的良性互动。

（五）良好的产业基础及具有自主创新能力的现代化企业

在实行资本管制的情况下，国内金融市场和国际金融市场是隔绝的。一国的资本项目开放能够加速该国经济的国际化进程。实行资本项目可兑换，要求国内金融市场与国际金融市场接轨，通过自由竞争形成的货币价格体系来实现资源的有效配置。国内外利率的差异、汇率的升降及国际金融市场的波动将对国内企业产生巨大的冲击和风险，这就涉及国内产业与企业的承受能力问题。国内经济必须具备良好的产业基础，要有在国际市场具竞争力的支柱产业，要有良好的研发能力和升级战略。国内企业要成为独立自主、产权明晰、具有良好的公司治理结构与核心竞争力的现代企业，要能够对国内外市场变化作出灵敏的反应，并通过及时调整经营行为使风险、成本最小化。因此，在实现资本项目自由化前，应致力于提高国内企业的竞争力，并且使其具备随时对汇率和利率的变化作出反应，调整

产量、生产规模和产品结构的能力。要着力打造80～100家自主品牌、有创新能力、具有国际竞争力的跨国企业集团，并形成具有国际辐射能力的产业集群，这是人民币资本项目可兑换在经济层面的微观基础。

从现实情况看，我国已初步具备和正在形成人民币成为完全可兑换货币的一些条件，这些条件将使人民币实现可兑换的进程大大缩短。一是市场经济发育不断成熟，以市场供求为基础的价格机制初步形成。二是宏观经济的政策调控机制日益健全。三是现代企业制度初步建立，公司治理结构总体上明显改善。四是人民币市场汇率机制初步形成，处于不断完善之中。五是外汇储备增长迅速，储备总量远大于需求规模。但是，我国实行资本项目可兑换仍然存在一些制约因素，主要有：一是利率还不能反映资金的供需关系。在利率扭曲的情况下贸然实现资本项目下货币的自由兑换，非常容易诱发套利活动和外汇投机，甚至酿成金融危机。二是人民币汇率缺乏弹性。根据蒙代尔—弗莱明模型引申出来的“三元悖论”，一国货币政策的独立性、汇率稳定和资本自由流动三者不能同时实现，只能择其二作为政策目标。大部分国家在资本项目自由化时都是采用浮动或管理浮动汇率制度，即放弃汇率稳定换来资本自由流动和货币政策的独立性。2005年7月21日，中国开始实行以市场供求为基础、参考一篮子货币进行调节、有管理的浮动汇率制度，人民币汇率形成机制改革迈出了历史性步伐。人民币资本项目可兑换要求进一步完善人民币汇率的市场机制，增强人民币汇率弹性。

二、实现人民币资本项目可兑换的时间表、指导原则与步骤

（一）时间表①

实现资本项目可兑换在内的人民币完全自由兑换，是我国外汇管理体制改革的最终目标。1993年10月，在人民币汇率并轨前，我国承诺在2000年以前接受《国际货币基金组织协定》第八条，并已在1996年12月1日提前实现了经常项目可兑换，之后，资本项目可兑换就提上议事日程，并且一直在积极有序地推进，人民币资本项目可兑换的战略也逐渐清晰。2003年10月14日，中共十六届三中全会通过的《中共中央关于完善社会主义市场经济体制若干问题的决定》中，提出了要“在有效防范风险的前提下，

① 吴念鲁：《中国应对世界经济挑战的思考》，载《当代财经》，2008（10）。

有选择、分步骤放宽对跨境资本交易活动的限制，逐步实现资本项目可兑换”。2005 年 10 月 11 日，中共十六届五中全会通过的《中共中央关于制定国民经济和社会发展第十一个五年规划的建议》中进一步明确指出，“稳步推进利率市场化改革，完善有管理的浮动汇率制度，逐步实现人民币资本项目可兑换”是我国“十一五”期间加快金融体制改革的重要内容。这是我国首次将人民币资本项目可兑换问题纳入五年规划之中，同时也标志着人民币资本项目可兑换的战略基本明确，即“逐步实现可兑换”。2007 年 10 月 15 日，中共十七大报告中再次强调“逐步实现资本项目可兑换”，表明人民币资本项目可兑换战略的最终确立。从国际上货币可兑换进程来看，在经常项目实现可兑换后，逐步推进资本项目可兑换大体要 15 ~ 20 年时间，日、英、德从经常项目开放到资本项目开放的时间分别为 16 年、18 年、20 年。鉴于人民币经常项目可兑换比预订计划提前完成，按此推算，人民币资本项目可兑换将在 2015 年左右完成。总体而言，人民币实现完全可兑换、走向国际化的时间大体为15 ~ 25年，只会提前，不会推后。从最近中央支持上海“两个中心”建设的文件中明确，“到 2020 年，基本建成与我国经济实力以及人民币国际地位相适应的国际金融中心”的提法，不难看出，上述政策表述中已经暗含了人民币资本项目可兑换乃至人民币国际化的时间表。现在要做的是将时间表进一步细化，至少政策制定者要有更为详尽的时间表，并对各个时点上开放的利弊进行充分论证。

（二）指导原则

人民币资本项目开放必须遵循渐进、有序、可控的原则。首先，拉美与东南亚部分国家资本项目开放失败的教训使渐进战略模式受到国际社会的普遍重视。正如前面分析的那样，我国之所以采用资本项目可兑换的渐进模式，是因为人民币资本项目开放条件还不完全具备，采用渐进模式能够有足够的时间来完善实行资本项目可兑换的前提条件。其次，资本项目开放必须有序推进。由于资本项目包括众多的子项目，不同的子项目实现可兑换对经济金融有不同的影响，资本项目无序开放将会带来很大的金融风险，资本项目开放的顺序问题因而很重要。最后，资本项目开放必须可控。在资本项目开放过程中，国际资本流动的规模和方向复杂多变，由此造成的风险有极强的突发性。因此，在资本项目实现可兑换的过程中，要把防范风险放在突出的位置。研究建立资本项目开放的风险控制体系与成本控制体系，确保资本项目开放的风险和成本可控，确保资本项目开放的结果可预期。在资本项目开放过程中，要随时评估子项目开放的时机，并根据实际情况进行微调。人民币实现资本项目下可兑换后，按国际惯例，我国仍可以对一些资本项目，如对短期投机性资本流动给予限制，待条件完全成熟后再取消所有限制，使人民币完全自由可兑换。

（三）具体步骤

根据多数国家的经验和国内学者的论述，实现人民币资本项目可兑换排序应遵循的基本原则为：先放开资本流入后放开资本流出；先放宽对直接投资的管制，再放宽对间接投资的管制；先放开对证券投资的管制，再放开对银行信贷的管制；先长期投资后短期投资；先机构后个人；先放开对金融机构的管制，再放开对非金融机构和居民个人的管制；先债权类工具后股权类工具和金融衍生产品；先发行市场后交易市场；先放开有真实背景的交易；后放开无真实背景的交易；先交易自由化，后汇兑自由化；先放开居民国外交易，后放开非居民国内交易。人民币可兑换的改革基本上就是按照这一原则进行的。我国实施有计划、分步骤地推进资本项目开放，从吸引外商直接投资、适度对外借债、建立合格境外机构投资者制度、有序对外开放境内证券市场，到实施有条件的企业“走出去”战略、放宽境外投资汇兑限制、企业外汇强制调回要求及跨国公司资金境外运作限制、实施合格境内机构投资者制度，都很好地坚持了这一基本原则。在开放过程中的每一步，要对国内经济环境、产业基础、国际收支状况、企业承受能力、金融市场承受能力、金融监管、国际环境以及每一个措施的配套条件及后续影响进行评估，使资本项目开放措施与经济金融领域其他改革措施相衔接。合理把握资本项目开放的节奏，对于一些较为复杂的开放措施，可以采取先试点后推开的做法。

（四）放开后的正负面影响

1. 对总体放开的评述。资本项目开放的收益有：第一，在本国金融效率较高的前提下，利用外国储蓄来弥补本国的投资—储蓄缺口，促进经济的长期增长。第二，资本项目可兑换能够为企业实现海外业务的多元化提供良好的市场环境和市场条件。第三，资本项目可兑换有助于企业等市场主体到国际金融市场筹资，降低筹资成本。第四，资本项目可兑换可以加快经济体制市场化的进程。第五，资本项目开放后，来自国外同业的竞争压力将迫使国内金融业开展金融创新，降低成本，提高效率。第六，有利于人民币国际化进程。资本项目开放的风险有：第一，资本项目开放会降低国内货币政策的有效性，使货币政策的制定与执行难以掌握和控制，影响我国经济金融的稳定。第二，国际资金转移、金融波动、货币投机都会影响我国的利率、汇率和物价，对我国经济金融造成冲击。第三，资本项目开放后，在国内外资金回报率有较大差别或预期发生重大逆转的情况下，面临资本外逃的风险。第四，增大我国国际收支平衡难度。

2. 对最近放开措施的评述。按照十六届三中全会《中共中央关于完善社会主义市场经济体制若干问题的决定》的有关精神，近期主要是在完善经常项目管理、进一步满足经常项目用汇需求的基础上，放松条件已经成熟的资本项目限制。主要措施有：加快实施“走出去”战略，支持国内企业海外直接投资；有条件地批准部分外资跨国公司将暂时闲置的资金调往境外运作，支持中资跨国公司补充其海外公司资本金或营运资金；允许合法移居国外的公民和非居民个人按规定汇出其在境内合法拥有的资产；从2003 年 7 月开始，通过引进 QFII（合格境外机构投资者）方式逐步放开境外证券投资资金的流入；2006 年 4 月，商业银行开办代客境外理财业务，从而正式启动了 QDII 方式的运行；2008 年，中央银行在上海浦东试点开放小额外币兑换，个人本外币兑换特许业务试点的展开几乎等于宣布人民币正走在自由兑换的道路上；2007 年 8 月，我国放开了境内个人直接对外证券投资业务。此外，为了稳定和有利外资企业的发展及融资便利，有关部门正在研究外商投资企业在境内上市的相关政策，预计很快会进入实际操作阶段。总体而言，我国的资本项目正处于一种逐步放松管制的阶段。

3. 香港在放开过程中的作用。香港作为国际金融中心在中国资本项目开放乃至人民币国际化过程中都将发挥不可替代的作用。第一，香港在配合内地资本“走出去”过程中有得天独厚的优势。第二，对于居民在海外投资与非居民在国内投资以及其他资本项目子账户的开放，香港始终是最佳试点地区。第三，资本项目放开后人民币在海外形成存量，以非居民为交易主体的人民币离岸市场的最佳试验平台仍是香港。第四，在资本项目开放过程中，香港是连接国内外金融市场的纽带。

三、人民币资本项目可兑换与国际化

（一）同与异

资本项目开放与货币国际化是既有区别又有联系的两个概念。首先，资本项目开放不等于货币国际化。资本项目开放是指一个国家对居民和非居民的经常交易和资本交易的支付与转移不予限制，允许把本国货币自由兑换成国际通用的货币。货币国际化是指一国货币在国际经济与贸易活动中履行国际货币的职能，成为国际经贸活动中被广泛接受的一般等价物。一国货币实现了资本项目开放并不意味着该国货币一定能成为国际货币。二者的根本区别在于资本项目开放是以供给为主导的，货币国际化是以需求为主导的，即货币可兑换是货币发行国政府根据外汇供给以及其他因素进行决策，货币国际化主要是由非居民对该国货币的需求偏好所决定。其次，两者又有内在联系。可兑换是货币国际化的必要条件，但不是充要条件；货币可兑换和货币国际化两者可相互影响、相互促进，货币可兑换可推动货币国际化，货币国际化又可以促进货币可兑换进程。在当前我国经济持续发展、国际地位不断提高的情况下，积极推进人民币国际化的进程已成为必然趋势，但是在资本项目可兑换前实现的国际化，只能说具有国际化的功能（现象），称不上国际化货币。

（二）西方国家货币国际化的历史经验与教训①

在世界近现代史上，主权货币实现国际化的有英镑、美元、联邦德国马克、日元，日元国际化过程中存在失误之处，经验与教训并存。总结这些货币国际化的经验和教训，有助于我们思考推进人民币国际化的思路。

英镑和美元国际化的经验。其一，在各自货币国际化起步时，英美都已是当时世界最先进的工业大国，都具备了强势经济地位，积累了雄厚的资本，为本国货币借助国家的强势经济地位实现国际化铺平了道路。其二，在国际收支关系上，英美两国都通过出口形成贸易顺差，并借助对外投资输出本国货币。其三，通过不同的方式实现各自货币的霸权。英国以市场化和渐进的模式实现英镑的霸权；美国利用二战期间欧洲盟国最为困难也即谈判能力最弱的时候，通过租借法案和信贷迫使英国和其他盟国就范，作出战后与美国合作或接受美国领导地位的承诺。其四，与全球性国际金融中心的形成同步进行，并通过国际金融中心掌握金融产品定价权，并为规避风险、货币兑换等提供基础性服务，为货币国际化提供强有力的支持。

从联邦德国马克国际化的历程来看，除自身经济地位提升、在全球贸

① 潘英丽：《国际经验教训与人民币国际化的条件》，载《文汇报》，2009－05－20；鲁政委：《人民币国际化：历史进程与政策选择》，载《金融时报》理论版，2009－06－08。

易份额上升之外，最为重要的是战后欧洲国家之间强烈的一体化愿望和切实行动。在某种意义上说，是欧洲经济货币体系（EMS）成就了联邦德国马克的顺利国际化。当然，在当时欧洲一体化的进程中，形成了法郎与联邦德国马克的货币竞争，但因为德国中央银行更为成功地控制了通货膨胀，维持了联邦德国马克币值的稳定，从而令联邦德国马克更适合充当国际间经济往来的价值尺度，由此将其带入了快速的国际化轨道。因此，联邦德国马克的国际化的成功经验至少有以下两点值得借鉴：第一，积极面对区域经济一体化进程。第二，因地制宜选择汇率制度，保持币值稳定。

日元国际化进程经验与教训并存。日元国际化的最主要经验是：第一，货币的国际化进程有可能通过政府顺应潮流的政策选择而得以加快。第二，完善本币金融市场、提高市场流动性、便利国外居民参与本币金融市场、建立本币国际金融中心等措施，是有价值的政策努力方向。第三，鼓励贸易中的本币结算可以作为货币国际化初期的重要步骤。主要教训则是：第一，推动日元国际化没有与国内金融改革和发展协调一致，打乱了国内金融改革步骤。第二，日元国际化与日元升值相互借势，对国内经济造成较大冲击。第三，日元国际化削弱了国内宏观经济政策特别是货币政策效力，削弱了政府对宏观经济的调控能力。

四、人民币国际化现状、利弊、路径与发展战略

人民币国际化是一个漫长的过程，需要经济转型、金融市场发育和制度建设方面的支持，需要与国内利率市场化、汇率机制改革、资本项目开放、金融基础设施完善、金融安全网建设协调配套进行，需要根据我国国际贸易规模与结构的变化、大宗商品市场交易份额的变化及中国资本“走出去”的情况适时调整，还要把人民币国际化与国内经济结构调整与微观机制优化紧密结合起来。人民币国际化条件可以概括为：人民币是否在世界范围内发挥价值尺度的职能，被广泛作为国际经贸往来的计价单位；人民币在国际贸易结算中被使用的比重；人民币是否充当国际清算货币；人民币在国际投资和国际信贷活动中被使用的比重；人民币是否作为国际干预货币使用，即能否为各国货币当局所持有，并作为外汇平准基金来干预外汇市场；人民币能否发挥国际储备资产的职能，以及其在国际储备资产中所占的比重；人民币在世界上的流通数量；人民币在国际金融中心的交易比例。因此，人民币国际化必须要有恰当的路径和明确的整体发展战略。

（一）人民币区域化[①]的现状与进程

人民币区域化是国际化的初级阶段。目前，按照现行汇率核算，我国目前经济总量已超过德国，成为全球第三大经济体，而如果按照PPP计算，我国则已成为全球第二大经济体；中国贸易量在全球贸易总量中的占比已跻身前列；人民币币值总体稳定性较好；我国国内股票市场、债券市场、外汇市场、商品期货市场、黄金交易市场等从无到有，多层次金融市场发展迅速；中国巨大的市场一直是亚洲国家对外贸易的重要目标市场；中国对国外资本的吸引力逐步增强，贸易开放度、金融开放度不断上升；中国与亚洲特别是港澳台的经济合作，是人民币货币区域化形成的经济基础；中国拥有巨额的外汇储备；企业的规模和效率不断提高；受资源的约束，开始加快对外投资的步伐。在这种背景下，有意识地推动人民币区域化，将与我国贸易和投资的扩张实现良性互动。尽管经济金融的发展使人民币成为国际货币的可能性日益增加，但人民币完全国际化还存在着众多的障碍。从经济层面看，中国经济还存在比较严重的结构性矛盾。比如说消费比例过低，投资比例过高，国民经济的运行效率要较大提高等。从金融层面看，一是人民币国际流通量增长不足；二是国内金融市场深度、广度和国际标准化程度不足；三是利率市场化、人民币汇率机制完善、资本项目可兑换等都需要进一步推进，我国的金融体系仍然比较脆弱。同时，现有国际货币具有惯性，新的国际货币要想发展甚至取代旧的国际货币不可能一蹴而就。由此可见，现阶段我国资本项目没有完全放开，快速推进人民币国际化进程的基础并不稳固。因此，区域化的目标更符合实际。事实上，人民币在周边地区已经基本是硬通货、“第二美元”和储备货币，已经开始承担国际货币的功能。作为国际化的初级阶段，人民币区域化可以部分得到铸币税收益，能够降低结算成本，提升人民币资产的影响力和吸引力，能够促进区域经济一体化进程。但同时，人民币区域化也将使我国在一定程度上面临损害货币政策独立性、投机冲击与币值波动等风险。

近期，国家出台了一系列促进人民币区域化的措施，使人民币区域化步伐加快，使人民币向成为地区关键货币的目标迈进。其一，在上海市和

---

① 人民币区域化是指人民币在一个地理区域（如两岸三地、东亚、亚洲）行使价值尺度、交易媒介、储备手段等职能。在目前阶段，人民币的区域化不是人民币在亚洲区域内的货币一体化，而是在区域内金融、贸易中发挥其关键货币的职能，通过与区域内货币的长期合作和竞争成为区域内的关键货币。人民币区域化既是一个目标，也是一个过程（邱兆祥，2009）。

广东省内四城市开展跨境贸易人民币结算试点。用人民币结算意味着以美元计价的出口减少，结汇量将减少，这将大大缓解外汇资金运用压力，减少外汇储备压力和损失。还可降低外贸企业外汇风险，为企业节省汇兑成本、贸易融资的费用从而降低财务成本。减少汇兑，也就减少了结算的环节，有利于提高资金的结算效率，加快资金周转，更容易锁定利润空间。有关资料显示，对出口企业来说，用人民币结算可以节约3%～5%的成本。同时，人民币结算还将减少汇率变化带来的定价成本，外贸企业可以在贸易谈判中一次性锁定价格。其二，货币互换。近期，中国人民银行相继与韩国、马来西亚、白俄罗斯、印度尼西亚、阿根廷等国的中央银行以及香港金管局签署了总计6 500亿元人民币的六份货币互换协定，相当于我国外汇储备总额的5%。货币互换协议的签订使这6个国家和地区的人民币结算量将大增，增加人民币在整个国际贸易的结算比例，扩大人民币在国际贸易体系中的使用范围和地位。我国签署以本币为基础的互换协议，走出了人民币国际化的重要一步，降低了对美元的需求。其三，发行人民币债券。近日，国家开发银行宣布在香港发行人民币债券，而由国外商业机构发行的人民币债券也即将诞生。这就意味着同时在居民在海外以人民币筹资、非居民在国内以人民币筹资两个方面进行了尝试，是人民币资本项目开放与人民币区域化的又一重大举措，对人民币投资功能的发挥有着重要的意义。

（二）实现人民币国际化的利弊

这里所说的人民币国际化是指人民币在资本项目实现人民币可兑换后人民币成为国际货币。人民币国际化的主要收益有：一是使中国的货币政策与调控行为具有溢出效应，具有影响其他经济体的能力，可以提高人民币在国际金融市场上的作用，进而能够在一定程度上推动国际货币体系的改革，增强我国在世界经济、政治上的地位和在国际事务中的影响力与话语权。二是中国企业可以在世界范围内通过用本币发行债券、股票等开展融资活动，也可以在世界各国进行直接投资或证券投资，增强我国企业的竞争力。三是人民币国际化可以使中国获取铸币税收益。四是有利于中国打造国际金融中心，争取金融资源与大宗商品的定价权。五是有利于金融机构、企业乃至整个经济体规避汇率风险，解决债务与收益货币不匹配的问题。六是有利于减少美元汇率波动对我国和周边地区贸易的干扰。七是有利于我国适度降低外汇储备规模，减少巨额外汇储备对货币政策的制约，并降低外汇储备自身的风险。人民币国际化的负面影响有：一是陷入“特里芬两难”。货币受到世界信任，在国际计价、交易和价值储藏中广为运用，世界对该国货币的相对需求大幅增加，表现为该国货币升值，产生贸易逆差。在逆差积累到一定程度后，可能引起其他国家对该国货币的信任危机，进而削弱其作为国际货币的基础。二是人民币国际化将明显增加宏观调控难度，削弱国家调控物价和 GDP 增速等经济目标的能力。三是人民币国际化将不利于和干扰我国经济的稳定性，使金融市场和宏观经济变得容易波动甚至动荡。四是中国在本币国际化之后理应承担起平抑世界经济波动的责任，对外供应人民币的责任最终将使中国贸易收支状况趋于恶化，国际收支失衡。五是如果人民币币值不稳定，可能遭受国际化逆转风险，即人民币国际化程度出现反复甚至出现被其他国际货币替代的风险。

（三）人民币国际化路径与发展战略

综合目前关于人民币国际化路径方面的讨论，人民币渐进模式的国际化路径日渐明晰，也成为各界共识。首先，在地域扩张上采取“三步走”，即坚持人民币周边化、人民币区域化、人民币国际化的取向。先人民币周边化，推进人民币在港澳及越南、老挝、缅甸、尼泊尔、蒙古等周边国家和地区的流通；再人民币区域化，不断提升人民币在其他亚洲国家的地位，使之逐步成为区域性主导货币；最后逐步使人民币实现国际化。地域扩张上的“三步走”就是以我国为圆心，不断扩大人民币信任半径的过程。其次，在货币职能上也采取“三步走”，即坚持人民币结算货币、人民币投资货币、人民币储备货币的取向。先人民币结算货币，逐步增加人民币在全球国际贸易结算中的份额；再人民币投资货币，使人民币逐步成为主要国际金融市场上的主要投资币种；最后逐步使人民币成为储备货币。货币职能上的“三步走”就是从交易媒介到价值尺度直至贮藏手段的扩展，从得到市场微观主体的认可直至得到外国中央银行的认可的过程。上述“三步走”中的步骤是相互衔接、交叉进行的，尤其是各个阶段要与资本项目的开放相配套、相衔接、相呼应。需要指出的是，人民币国际化发展战略必须与国际货币体系改革的进程相一致。以美元为主导的国际货币体系存在的诸多制度性缺陷进一步凸显，成为当前国际货币体系的痼疾，但是，在可预见的时间范围内，由哪一种货币取代美元是不现实的，在今后最可能的国际货币格局是“一极多元”。推动人民币国际化既符合我国经济金融发展的根本需要，也符合世界整体金融和经济利益。为此，应推动储备货币结构多元化。积极扩大特别提款权的使用范围，争取人民币成为特别提款权篮子货币之一。增加中国在 IMF 等国际组织中的份额，加强国际金融衍生产品的监管，改变不合理的国际金融秩序，推动建立多元化的国际货币体系。

五、当前促进资本项目可兑换与人民币国际化的思考与基本措施

外汇管理体系要进行超前改革，不能停滞在“堵”上，要在“疏”上下工夫。从管制、审批进一步向监管、监测转化，外汇监管要逐步与国际接轨。在渐进、有序、可控的原则下，当前应该采取以下措施推动资本项目可兑换与人民币国际化，重点可放在周边和亚洲地区。

第一，从贸易与投资便利化入手，扩大贸易项下人民币跨境结算的试点，试行人民币出口退税，放开贸易融资。应该鼓励私人部门对主要采购中国境内商品、原材料，对中国进行直接投资为目的的周边国家和企业，发放人民币贷款。从方便国际贸易、跨国投资的角度进一步改革结售汇制度。

第二，近一步放宽外国直接投资的外汇管理，逐步实行国民待遇。实施“走出去”的发展战略，有选择地逐步放宽资本输出。逐步放宽境内自然人到境外以消费、旅游、教育等为目的的支付额度。让人民币在有所控制的情况下，更大规模地走出国门。

第三，应该逐步扩大双边货币互换协议的国家或地区范围。应有意识地与更多的国家或地区签订更大额度的货币互换协定。货币互换的动机应从防范国家间的支付危机，主动转向“阿根廷协议”模式，即约定人民币可直接用来进口中国商品（夏斌，2009）。不断续期互换协定，发挥作为人民币“走出去”的重要支点作用。在此基础上，进一步协商、拓宽互换协议下货币的功能。

第四，稳步推进在国际证券市场融资。在外债规模控制下，按照国家产业政策和利用外资政策，选择质量好的国内企业到国际证券市场上市，扩大在香港上市的境内企业数量。尽快推出有条件的境内外资企业在境内资本市场上市。同时抓紧研究、有控制地推行境外企业在上海金融市场发行人民币债券和股票。加快上海国际金融中心的建设步伐，为成为全球人民币交易中心做好各方面的准备。

第五，建设离岸金融中心。随着人民币资本的输出，对离岸金融业务的需求将越来越强。离岸金融中心的发展实际上是开放本币自由流通的缓

冲区，是对本币国际化的支持。将香港打造成为人民币离岸中心是现实选择。

第六，提升人民币资产的吸引力。从法律、税收、金融基础设施等方面入手，采取措施提高以人民币标价的大宗原材料、商品期货的吸引力，特别是以上海建设国际金融中心为契机，提升人民币金融资产的吸引力。

第七，严格监管、控制短期无实际交易背景的资金流出和流入。国际游资的无序流动对一国的经济和金融的危害很大，我们应该提高警惕，严加管制，即使在实现资本项目进一步开放后，仍要加强监管与监测。

第八，积极参与国际货币体系改革，增加话语权，推动和建立包容有序的、多元化的国际货币体系。

参考文献

[1] 吴念鲁、陈全庚：《人民币汇率研究（修订本）》，北京，中国金融出版社，2002。

[2] 吴念鲁：《中国应对世界经济挑战的思考》，载《当代财经》，2008（10）。

[3] 吴念鲁：《论人民币汇率机制及人民币自由兑换的前景》，载《国家行政学院学报》，2001（1）。

[4] 潘英丽：《国际经验教训与人民币国际化的条件》，载《文汇报》，2009-05-20。

[5] 胡晓炼：《人民币资本项目可兑换应有序推进》，载《中国证券报》，2008-07-31。

[6] 鲁政委：《人民币国际化：历史进程与政策选择》，载《金融时报》理论版，2009-06-08。

[7] 邱兆祥等：《人民币区域化问题研究》，北京，光明日报出版社，2009。

[8] 夏斌：《G20后的中国路线图》，载《内蒙古金融研究》，2009（5）。

[9] 王元龙：《人民币资本项目可兑换与国际化的战略及进程》，载《中国金融》，2008（5）。

[10] 舒畅：《从三大货币国际化经验看人民币国际化路径》，载《经济论坛》，2008（12）。

[11] 葛兆强：《以“三步走”战略推动人民币国际化进程》，国研网，2009-07-17。

人民币汇率形成机制改革的走向*

当前，中国已成为世界第三大经济体和第一大出口国，国际收支连年双顺差，黄金外汇储备雄踞世界第一。在这样的形势下，国外特别是美国一些政要、企业界、金融界和学者，通过媒体或其他方式施压，试图用强制办法迫使人民币升值。在不断完善人民币汇率机制的过程中，人民币汇率向何处去，如何使人民币汇率保持在合理均衡水平上的基本稳定，以及现阶段如何实施人民币汇率机制改革等是当前需要思考的问题。

一、实行怎样的汇率机制是一个国家的主权

（一）两个值得借鉴的汇率调整案例

一国货币有两个价值，一个是对内价值，一个是对外价值。对内价值主要反映在国内物价水平和利率水平上，也即货币的购买力；对外价值，主要反映在货币汇率的高低上。决定货币对外价值的基础是国内经济状况、国际收支状况以及市场供求状况，它的升降因素繁多，且相当复杂。在经济全球化、国际竞争日益加剧的环境下，汇率是影响一个国家竞争力大小的关键因素，从各国汇率制定情况来看，有成功的例子，也有失败的教训。比如，20 世纪 50 年代，法国经济停滞，政局不稳定，总理像走马灯似地不断更换，但戴高乐上台当总统后，搞了一次法国法郎大贬值（对美元贬值约 18%），此后法国经济状况迅速好转，以致在 20 世纪 60 年代带头用美元向美国兑换黄金。这是一个通过汇率调整提高了商品国际竞争力和促进了经济结构调整的典型成功案例。但是同样是在上世纪 80 年代，日本在经济快速增长，国际收支特别是外贸顺差不断扩大的情况下，屈从于美国的压力，签订了“广场协议”，促使日元大幅度升值，此后造成日本房地产和金融资产泡沫的破灭，经济停滞徘徊十多年。这是惨痛失败的案例，值得认

---

* 本文原载《中国金融》2010 年第 7 期。

真吸取教训。上述两例表明，无论是货币汇率升值或贬值必须从自身的经济基础和经济利益出发，坚持汇率调整的独立性和自主性。

（二）我国现阶段经济运行的特点

目前经济形势向好，新增企业不断，就业形势好转，但是经济回升的基础还不牢靠，存在不稳定的因素很多，国内通货膨胀压力增大，国外贸易保护主义抬头，贸易摩擦进一步加大。如果经济刺激政策“退出”，可能对经济稳定增长产生负面影响。因此，经济要保持平稳较快发展，推动经济发展方式的转变和经济结构的调整难度增大。2009 年我国外贸总额虽然下降了 16%，但是国际收支仍然保持双顺差。2009 年底，我国外汇储备高达 2.4 万亿美元，居世界第一位。这不仅反映了我国经济实力的增强，也反映了我国在国际经济中所处的重要地位。但是，外汇储备增长过快，积累太多，不仅增加国内基础货币的投放，从而导致通货膨胀的压力，又加大了外汇资产的风险。

二、要充分认清影响我国现阶段国内经济发展中的问题

要充分评估人民币的对外价值，必须研究影响其对内价值的诸多因素，尤其是不利于人民币价值稳定的国内方面因素，因为它直接或间接地影响着人民币的国内购买力。只有改善和解决了这些不利因素，才能使人民币对外价值有个稳定的基础，同样，要彻底解决中国经济对外失衡，也必须从解决国内经济失衡入手。

（一）经济发展方式制约经济可持续发展

2008 年我国经济总量占世界总量的比例为 6.4%，虽然在全球经济体中的排名上升至第三位，面临着诸多资源瓶颈的困扰。这表明我国经济增长模式从粗放型到集约型的转变远远没有完成；我国经济增长主要靠投资和出口拉动，投资占 GDP 的比例一度高达 70%，出口的比例也最高时达 30%，而消费的比例则长期低于 40%，这与美国的 GDP 增长 70% ~80% 靠消费拉动形成鲜明对比；我国经济结构仍然失调，第三产业的比例太低，而第三产业正是主要的就业渠道。

（二）人均 GDP 城乡差距很大，广大农民并不富裕

2008 年我国人均 GDP 虽然达到 3 000 美元，但是沿海城市和内陆省份、

贫困山区之间差距很大，上海、北京、广州等大城市人均 GDP 超过 1 万美元，但是广大农村还有 7 亿农民生活并不富裕，至今仍有 1 500 万人生活在贫困线上。根据联合国公布的 2007 年基尼系数，中国为 0.48，排名 90 多位，和很多不平等现象严重的非洲穷国相近。

（三）中国二元结构制约经济持续健康发展

长期以来，城乡的二元分割体制造成了我国农村经济发展落后于城镇，这是今后经济体制改革中的核心和关键所在。只有“三农”问题有了根本改善，中国经济发展才能保持持续和稳定。农村有广阔的市场和消费的潜力，但是刺激消费的关键在于提高收入，收入提高了，人们自然会去消费。如果农民收入增加的速度低于我国经济增长的速度，必然制约农民消费的意愿。成熟的市场经济国家收入分配结构呈现橄榄形，即高收入与低收入人群占比较少，而中产阶层占据大部分比例。我国目前的收入分配结构则是金字塔形，这种结构不仅不合理，而且制约经济发展和社会稳定。

（四）产能过剩，资源供给和消费力不足

为了应对国际金融危机对我国的影响，我国政府实施了积极的财政政策和适度宽松的货币政策。在国家 4 万亿元投资计划的带动下，2009 年商业银行提供的新增贷款高达 9.59 万亿元，创历史高峰。产能过剩和市场承接力有限，愈来愈成为人们担心的事情。如果没有资源的保证和国内市场的开发，必将带来一系列新的问题，失业就会重现，消费就会停滞，流动性过剩就会变为流动性不足，通货膨胀和通货紧缩又会重演，这将影响经济持续高速增长，最后由银行埋单，造成银行不良资产增加。

三、人民币汇率机制改革必须把握的原则和方向

（一）要确保经济运行的稳定

确保 2010 年经济有一个较快稳定的增长是第一要务，我们必须处理好投资、消费、出口协调拉动的关系，加快改变外需负增长的态势，争取 2010 年进出口总额恢复到 2008 年的水平，这也是落实中央经济工作会议关于推动出口稳定增长促进国际收支平衡的精神。为此，汇率调整要把握好市场供求与国家宏观调控的关系，以应对投机资金的冲击，也就说，在实现改善外需负增长的前提下，人民币汇率不宜大幅度升值。大幅度升值将

推动全球初级产品（如石油、铁矿石等）价格的飙升，从而影响中国经济的复苏，导致危机再次探底，又将出现初级产品价格泡沫的破裂，不利于全球经济的复苏与稳定。

（二）要充分地认识人民币所处的地位

虽然人民币已确定了亚洲区域主导货币之一的地位，也迈开了国际化的步伐，但是要清醒地认识到，相对于美元、欧元、日元等国际货币，人民币仍然属于“边缘”货币，我国资本项目完全放开的条件尚未成熟，人民币还不是完全自由兑换的国际货币。目前，我国的外汇市场与外汇管理体系尚不能完全适应我国经济金融对外开放发展的要求。汇率水平的确定，除自身经济基础外，必然受到其他主要货币汇率变动和国际经济环境变化以及国际资本流动的影响。因此，要正确估计和判断上述的影响和冲击及其变化的趋势，同时，应维护外汇市场稳定运行，增加交易主体，促进公平竞争，增加外汇交易品种，开发市场避险工具，加强市场风险监管，增加干预手段，引导市场预期，逐步建立市场管理者与参与者的良性互动。这就需要人民币汇率保持均衡与稳定。

（三）人民币升值解决不了全球经济与贸易的失衡

要从根本上解决全球国际收支失衡，先应从美国做起，改善美国经济结构，调整美国金融体系，尤其是从根本上改变现行的以信用美元作为主要储备货币的国际货币体系。这是造成全球流动性过剩的根源，也是这次国际金融危机爆发的制度根源。与此同时，中国应实行两手硬的方针，一是加快“走出去”的步伐，用资本输出带动商品输出，加快对外投资，实现生产、销售本土化的进程，促进国际收支平衡。另一方面，进一步扩大内需，在改变经济发展方式的基础上，加快城乡二元结构的调整。从长远看，农村是最具有潜力扩大内需的市场。人民币继续保持均衡稳定发展，有助于我国经济结构的调整和世界经济的复苏。

（四）进一步明确现阶段人民币汇率改革的走向

自 2005 年 7 月 21 日人民币汇率形成机制从盯住美元改变为以市场供求为基础、参考一篮子货币进行调节、有管理的浮动汇率制度以来，人民币汇率对美元升值已超过 20%。近年来，由于美元疲弱，欧元、日元相对坚挺，人民币对欧元、日元也出现一定程度的贬值。笔者认为，我国必须坚持货币政策的独立性，而资本项目的放开还有一个渐进的过程，在此期间，一个具有充分弹性、有管理的浮动汇率是人民币汇率机制改革的必然，今后人民币汇率调整必须在有管理浮动的框架下进行。我们对外汇市场的变化以及相关国家经济复苏状况必须进行跟踪研究，并结合我国与这些国家的经济关系进行审视，以便确定今后人民币汇率调整的方向。人民币汇率机制的改革可采取更加灵活的汇率机制，在今后一两年内，从参照一篮子货币逐步向盯住一篮子货币过渡。

这里的一个关键问题是如何确定货币篮子的加权。笔者认为，主要应以双边贸易所占的比例来制定，还要考虑各个地区和各个国家采用的各种支付结算货币的占比。如果双边贸易比例有所变化、各个地区和国家支付结算货币的比重有所变化或出现其他因素变化，即国内、国外经济政治、外交军事诸因素变化，权重都可作相应的调整。这样的改革，将进一步突出加大市场供求对汇率走势的影响，人民币汇率进一步市场化，将加快促进经济发展方式与经济结构调整的转变；将加快促进和实施国际收支综合平衡；同时，对加快人民币国际化的步伐具有积极的、重要的作用。

（五）建立健全人民币汇率的监测机制

在人民币汇率形成机制市场化日益提高的同时，建立人民币汇率的监测机制，目的是监测人民币汇率水平是否合乎实际，是否符合国家中长期政策目标，以便为国家制定和调整汇率政策提供决策依据。

人民币汇率的监测体系包括宏观监测体系和微观监测体系两个层次。宏观监测指标包括货币供应量、通货膨胀率、财政收支状况、进出口增长率、资本流动等数据。通过建立宏观监测体系，了解一个时期汇率水平对宏观经济各项指标的影响，可以预测下一时期外汇供需情况和市场汇率的走向，用以研究调整汇率政策。微观经济指标包括出口换汇成本、进出口盈亏状况、实际税负、外商投资企业的资金到位率、对外负债和还本付息情况、盈利汇出状况等。观察微观状况的变化，借此监测汇率水平的合理性，可以了解企业对汇率的预期并对外汇供需的可能变化进行预测。

通过汇率监测体系取得宏观监测指标及微观监测指标后，可用于编制季度及年度的人民币的名义有效汇率指数（NEER）和实际有效汇率指数（REER）。观察实际有效汇率指数的变化可以准确地了解人民币汇率对我国涉外企业的影响，反映我国贸易部门实际竞争力的变化，对我国出口产业及进口替代产业的发展具有十分重要的意义。

（六）加强完善外汇监管体系的建设

在自主、有序、可控的放开资本项目管制的同时，特别要增强对短期流动资金的监管，必要时应采取相应的措施，防止国际流动资金，特别是“热钱”对我国金融市场的冲击。笔者认为，外汇管理更要适应新形势的变化，不能停滞在“堵”上，要在“疏”上下工夫，从重管理、重审批进一步向监管、监测、服务、预警全功能转化。放松管制，加强监管，以监管取代管制，这是今后时期我国外汇管理当局工作的核心。

第四篇

汇率安排与风险防范篇

汇率的变化及其对经济的影响*

一

开展对外经济、技术、文化交流，一般都要进行国际间的支付结算，这首先要遇到不同国家的货币如何折算的问题。汇率，就是一个国家货币和另一个国家货币之间折算的比率，因为它也是一国货币用另一国货币表示的价格，所以也叫汇价。在折算两个国家货币时，先要确定用哪个国家的货币作标准，这就出现了两种折算法：凡是以外国货币单位为基础折合成本国货币数额的，称做直接标价法，目前大多数国家，包括我国，都采用这种方法；凡是以本国货币单位为基础折合成外国货币数额的，称做间接标价法，目前英镑和美元都采取这种方法。由于货币买卖兑换一般都通过银行进行，因此各种货币兑换时都有买入价和卖出价。例如，1985 年 5 月 10 日，我国国家外汇管理局公布的美元对人民币的汇价为 100 美元合人民币 284. 51/285. 93 元。前者为银行买入美元价，后者为银行卖出美元价。卖出价与买入价之差，是银行兑换的收益。

汇率是根据什么决定的呢？在不同的货币制度下，决定汇率的因素是不同的。

第一次世界大战前，在金本位货币制度下，流通中的法定货币是金币，各国发行金铸币或可以自由兑换成黄金的银行券。两国货币的汇率，主要决定于它们含金量的对比。那时的汇率虽然也有波动，但其波动幅度仅限于两国之间黄金的运费、保险费加利息，这个幅度叫黄金输送点。如果汇率波动超过这个范围，国际间结算就会直接输送黄金进行支付，直到汇率又恢复到正常水平为止。

金本位货币制度崩溃后，黄金退出了流通，纸币取而代之。虽然各国

---

* 本文原载《红旗》1985 年第 15 期。

纸币大都定有含金量，但往往徒有虚名，不是无条件的兑换黄金。与以前相比，汇率的波动不仅频繁，而且波动幅度也大多了。第二次世界大战后，美国凭借它在战争中积累的财富，通过国际货币基金组织，确立了以美元为中心的固定汇率制度。1944 年 7 月在美国新罕布什尔州召开的布雷顿森林会议规定：每盎司黄金官价为 35 美元，按照各成员国货币含金量与美元含金量之比，确定与美元的法定汇率；成员国货币与美元的法定汇率不经国际货币基金组织同意，不得改变；即期外汇交易汇率波动幅度上下不得超过平价的 1%。这些规定，实际上是让其他国家货币的汇率钉住美元，使美元等同黄金，成为世界货币。后来，随着资本主义国家经济的不平衡发展，美国无力维持所规定的汇率波动幅度和 35 美元兑 1 盎司的黄金官价。西方外汇市场不断掀起抛售美元抢购其他货币和黄金的风潮。1971 年 8 月，美国政府宣布停止按官价兑换黄金。同年 12 月和 1973 年 2 月，美元先后两次对黄金贬值。从此，各国货币不再与美元维持固定比价，以美元为中心的固定汇率制宣告瓦解。

1973 年以后，有管理的浮动汇率制取代了固定汇率制，影响汇率变动的因素更为复杂。尽管这样，各国货币的汇率仍是在一定的范围内、而不是漫无边际地波动，它依然受着一种内在的、基本的因素制约，这就是各国货币所代表的实际价值量。当然，在现实生活中，还有许多因素能影响汇率的变化，如同许多因素能影响商品价格围绕其价值波动一样。一般认为，影响汇率的主要因素有：国际收支状况、通货膨胀状况、利率变化和投机活动等。

国际收支是指一个国家在一定时期内对外贸易和非贸易的收入和支出的差额。当收大于支时，出现顺差，表明别国对顺差国的货币需求增多，由于求大于供，顺差国的货币汇率就会上升；反之，一国国际收支发生逆差，由于该国货币供大于求，逆差国货币汇率就要下跌。比如，1975 年到 1978 年间，美国的国际收支经常项目从顺差 181 亿美元变为逆差 154 亿美元，同期日本经常项目则从逆差 7 亿美元转为顺差 175 亿美元，联邦德国经常项目的顺差从 41 亿美元扩大到 92 亿美元。在这期间，美元对日元和马克的汇率分别下跌了 29% 和 22%。

通货膨胀是纸币流通的产物。纸币发行过多，流通中的货币超过了社会商品的需要，就会导致物价上涨。国内货币购买力的下降，必然会引起货币对外贬值，从而影响汇率。影响的大小取决于各国通货膨胀的程度的差异。

各国利率水平的高低，可以直接影响国际间短期资本的流向，对汇率有一定的调节作用。当一国提高利率，能促使外资的流入，造成对该国货币需求的增加，汇率就会上升；反之，利率调低，导致资金流出，汇率可能下跌。80 年代初期，美国推行高利率政策，各大商业银行的利率曾提高到 21.5% 的历史最高纪录，吸引大量外资流入，这是 1982—1985 年美元汇率持续坚挺的一个重要原因。所以，现在国际金融界日益重视国际资本流动对汇率的影响作用。

投机活动也是加剧汇率波动的因素。实行浮动汇率以来，投机风潮越刮越猛。每当政局发生动荡，或者外贸、货币政策出现变化，甚至一些谣言的流传，等等，都会引起投机活动，掀起外汇市场的轩然大波，造成汇率的大起大落。

密切注视影响汇率的主要因素的各种变化，及时掌握不同货币汇率波动的规律和发展趋势，对于我们做好对外经济贸易工作，具有很大意义。在进出口贸易中，从谈判成交到支付货款，总是需要一定的时间。进口时，自觉选择具有下浮趋势的货币计价和支付货款；出口时，选择具有上浮趋势的货币计价和收取货款，这样可以减少由于汇率风险所带来的损失，提高进出口贸易的经济效益。我国拥有的外汇储备都是外国货币，以存款或不同的有价证券形式存在外国银行。西方货币汇率的波动，会直接影响我国外汇储备的实际价值。因此，认真分析西方货币汇率变化的情况和趋势，随时调整外汇储备中各种货币的比例，就能够保持国家外汇储备的实际价值。

二

汇率变动对各国经济的影响程度是不一样的。这主要取决于以下一些条件：（1）国家的开放程度。凡对外开放程度较高，即进出口贸易占国民生产总值比重较大的国家，汇率状况对该国经济的影响程度就较大；反之较小。（2）一国出口商品是否多样化。汇率状况对出口商品结构单一的国家的经济影响较大，对出口商品多样化的国家的经济影响相对较小。（3）与国际金融市场的联系程度。与国际金融市场活动联系密切的国家，参加各种形式的外汇交易，而且数额大，流动性强，所以汇率对这些国家的经济影响较大；反之，影响较小。（4）货币的兑换性。这里的兑换不是指兑换黄金，而是指该国货币在贸易、非贸易以及资金移动等支付结算上，是否可以不受限制地兑换成其他货币。如果不受限制，便称为自由兑换货币。由于自由兑换货币经常与其他货币发生兑换关系，因此汇率变动对这些国家的影响较大，而对货币非自由兑换的国家影响就小。像美元、英镑、德国马克、瑞士法郎、日元等货币，它们不仅是自由兑换货币，而且是国际支付和国际储备的主要货币，因此汇率的变动对这些国家的影响尤为显著。此外，由于各国对经济的干预政策，外汇管理政策和措施的宽严程度不同，汇率对各国经济所产生的作用和影响也是不同的。

一般来说，汇率变化对经济的影响表现在以下几个方面：

（一）对进出口贸易的影响

汇率稳定有利于国际贸易的发展。汇率不稳、经常波动会增加国际贸易的风险，因为贸易商不能准确计算进出口贸易的成本和收益。在一定条件下，汇率下跌，有利于本国的出口，不利于本国的进口；反之，如果汇率上升则不利于出口，有利于进口。一般说来，采取大幅度贬值本国货币的措施来扩大出口，可以使以外币表示的本国商品价格大大降低，从而提高本国出口商品的国际竞争能力。但是，贬值后能否取得预期效果，出口能增加多少，对进口的影响如何，还要受到其他多方面因素的影响。如果贬值后，正好遇上世界经济不景气，国际市场萧条，或者是出口商品的国外需求无弹性，那么，贬值国出口商品的数量不仅不能增加，出口收益还会下降。

（二）对资本输出入的影响

汇率稳定能确保国外投资者得到预期的利润，有利于资本输出入的发展。在货币实行自由兑换的国家，当本国货币对外价值暴跌时，国内的本币持有者或国外投资者为了避免损失，就会将本国货币兑换成其他较坚挺的货币或购买其他外国有价证券，把资金投向国外。这就会导致国内资金的外流，造成国际收支逆差，从而促使汇率继续下跌。反之，本国货币对外汇率上升，就会出现相反的情况。

（三）对非贸易收支的影响

如果汇率下跌，而国内物价水平不变或上涨不多，外国货币的实际购买力将相对增强。从国外旅游者来看，他们用本国货币或其他货币可以兑换更多的该国货币。这样该国的商品和劳务的价格就变得便宜了，对旅游业的发展会有促进作用，同样也会增加侨汇等其他非贸易收入。如果汇率上升，则会出现相反的情况。

（四）对物价的影响

本国货币对外汇率下浮，则以本国货币表示的进口商品价格提高，进而会带动国内同类商品价格的上升。如果进口商品作为生产资料投入生产，引起生产成本的提高，还会促使其他商品价格的普遍上涨。本国货币对外汇率上浮，则进口商品价格下降，进而会带动国内同类商品和其他商品价格的下降。另外，在货币自由兑换的国家，当大量国外资金流入追逐汇率好处时，该国中央银行会被迫增加本国货币的投放来吸收流入的外债，这就会加剧通货膨胀，导致物价上涨。

（五）对国际经济关系的影响

由于某些发达国家的货币起国际储备和支付手段的作用，因此，这些货币汇率的变化对发展中国家的经济影响很大。例如，1971 年美元第一次贬值时，由于油价以美元计价，伊朗的石油收入损失达 2.7 亿美元。80 年代上半期，由于美元汇率大幅度上升和高利率的影响，使得发展中国家的债务负担越来越重，从而加剧了发达国家与发展中国家的矛盾。外汇市场动荡不定，还会加剧发达国家之间的矛盾。1979 年 3 月，欧洲共同体国家成立了“欧洲货币体系”，创设了“欧洲货币单位”与美元抗衡。近年来美元汇率频繁波动，对其他西方国家的经济影响很大。它们不断地对里根政府的高利率、高汇率政策进行抨击。

综上所述，可以看到，汇率是应该随着国内价格、国际收支和外币汇率等诸方面的变化而进行合理调整的，同时也应该看到它的影响是广泛而又复杂的。还应当指出的是，汇率又往往是同其他许多因素互相交融在一起，共同对经济生活发生影响，如果我们在分析问题时，把多种因素所产生的综合效应看成完全是汇率带来的结果，也会产生片面性。例如，按照我国人民币现行对外汇率，一些生产和经营出口商品的单位亏损的问题，其原因就是多方面的。实际上，任何使国内成本增大或收汇减少的因素都会使换汇成本增高，造成亏损。影响换汇成本的因素可分为两类：一是外销环节上的外部因素；二是生产、收购、储运及保管等环节上的内部因素。归根到底，它取决于生产企业和外贸单位的技术水平和经营管理水平。如果生产企业和外贸单位能不断提高技术水平和产品质量，改善经营管理，加强经济核算，降低生产和经营费用，与此同时，注重掌握国际市场的行情和信息，避免货币的汇价风险，那么，出口商品的换汇成本就会下降，亏损问题就能够减轻以至解决。当然，这里还涉及国内价格体系、税收等问题。解决亏损问题不能仅仅寄希望于调整汇率，而应该从多方面努力降低换汇成本。近几年有些发展中国家，制定了比较切实可行的发展规划，汇率保持基本稳定，对外国投资者提供了良好的环境，出口增长幅度较大，国际收支保持平衡，促进了国民经济的稳定增长和经济的良性循环。有的发展中国家，至今债务负担沉重，国际收支状况恶化，货币一再贬值，形成恶性循环。这些发展中国家正反两个方面的经验，都是值得我们借鉴的。

我国的经济是社会主义公有制基础上的有计划的商品经济，对外开放是我国的长期国策。我国的人民币不是自由兑换的货币。我国的价格体系与国际市场的价格体系是不挂钩的。目前我国的生产、技术和管理水平比较落后，劳动生产率还不高。从我们的国情出发，我国人民币的汇率政策，从总体来看，应该坚持有利出口，兼顾进口，有利利用外资，兼顾非贸易，保持相对稳定的原则；应该从促进经济发展、尽可能获得最大宏观效益的角度，来考虑汇价水平。汇率政策的确定必须建立在周密的调查研究和严格的科学论证的基础上，它的实施还必须配合以信贷、利率、财政、税收等经济手段和措施。只有这样，才能更好地拓展我国对外经济联系，加速我国社会主义现代化的建设进程。

汇率安排原则及相关问题*

一、汇率安排原则及国际货币基金组织的监督

根据国际货币基金组织协定的最初规定，各成员国要公布本国货币对美元的平价，并要求汇率波动限制在公布的平价上下1%的幅度内。这种汇率制度使各个成员国的货币之间保持固定的汇率。只有一国的国际收支出现根本性不平衡时，平价才可能变动。1971年美元与黄金脱钩，其他主要货币决定对美元浮动后，这一体制崩溃了。

国际货币基金组织协定的第二次修订案中，允许各国有权自由选择本国货币的汇率安排，从而使浮动汇率制合法化。然而，这种自由选择权并不意味着自由行动权。由于一国的汇率政策对于其他国家的经济具有重要影响，因此，国际货币基金组织对于各成员国的汇率政策仍然行使严格监督的职责。

指导成员国汇率政策的主要原则为：（1）成员国应避免为了阻碍有效的国际收支调整，或取得超越其他成员国不公平的优势，而在国际货币体系中对汇率进行操纵；（2）必要时，成员国应对外汇市场进行干预，以便抵消外汇市场的混乱情况，特别是以本国货币汇率的破坏性短期波动为特征的混乱情况；（3）成员国在其干预政策中应考虑到其他成员国的利益，其中包括各国所干预的货币所属的那些国家的利益。

关于监督程序的部分包括有：（1）成员国应通知国际货币基金组织本国的汇率安排，及以后在汇率安排方面发生的任何变化；（2）在成员国与国际货币基金组织之间根据国际货币基金组织协定第四款进行年度磋商，从而使国际货币基金组织能对成员国的汇率政策作出估价；（3）国际货币基金组织在其工作人员定期研究报告《世界经济展望》的范围内，对汇率的广泛发展情况进行审查；（4）国际货币基金组织总裁与成员国就各国汇率安排和汇兑政策保持密切联系，即在总裁认为成员国的汇兑政策与汇率

---

* 本文选自《人民币汇率研究（修订本）》（中国金融出版社，2002）第六章第三节。

原则有可能不符时，将在常规的协定第四款磋商之间安排对该国的汇率政策进行一次审查的程序。

为了便于国际货币基金组织对汇兑政策进行监督，国际货币基金组织对各国的汇率安排按照其灵活程度进行了分类。各种安排大体上分为三大类：（1）与某一种货币或一组货币（包括特别提款权）挂钩的货币，也称钉住型；（2）虽不与其他货币挂钩，但是表现出有限的灵活性的货币，也称有限灵活型；（3）汇率更为灵活的货币，也称更为灵活型。

1. 挂钩的钉住型分两类：（1）单一货币挂钩，如钉住美元、法国法郎等等。也即一国货币汇率随着美元、法国法郎等汇率的变动而上下波动。（2）组合货币挂钩，例如钉住特别提款权和以贸易为权数的一篮子货币。所有的单一货币挂钩不留有浮动的余地，即不存在汇率波动的幅度问题，但是与组合货币挂钩的汇率可以完全固定，但也允许有很小的汇率浮动幅度（如2.25%）。比较单一货币挂钩，组合货币挂钩的汇率更不易浮动。钉住其他货币组合的形式因国而异，差异较大，因为各国当局对于货币篮子的构成，对所进行干预的货币，对各种货币所给予的权数，对于篮子的计算基期，对任何合适的浮动幅度以及依据篮子的组成对汇率进行调整的频繁程度，都可以自由改变。

2. 有限灵活型。当成员国的汇率对某一种货币保持在平均每月浮动不超过0.5%时，虽然其汇率尚未正式宣布为是一种挂钩，事实上也已导致挂钩的安排；这种安排归为具有有限灵活型的一类。这一组包括那些汇率安排对某一货币，或是一组货币（例如欧洲货币体系）表现出有限灵活型的国家。

3. 更为灵活型。即汇率的波动不受幅度的限制，实行独立自主的调整原则，主要看各国当局在确定汇率过程中进行干预的程度而确定。

（1）有些国家根据它们为调整汇率所确定的某些指标（例如，本国和外国通货膨胀率之间的差别，或国际储备的水平）相当有规律和明确地调整本国的汇率。

（2）在另外一些国家，当局时刻准备按照官方确定的汇率买入或卖出外汇，这种官方汇率至少在一天之内保持固定不变（但是每月浮动越过0.5%）；由当局进行的这类干预被确定为管理浮动。在更为灵活型的一类中，有24个国家对各自的汇率实行管理浮动，这一组国家数量最多，同时有14个其他国家选择了其他的灵活安排。

（3）单独浮动的货币汇率随时间不断浮动，以反映市场的力量；当局或者是通过买入或卖出外汇来进行干预，以便影响浮动的速度，并非使汇率完全不浮动，或者根本不进行干预。在发展中国家中，只有黎巴嫩和乌拉圭目前被归入这一类。

自 1977 年初以来，国际汇率体系不断向具有更大灵活型的安排演变，这一演变的突出特点是以各种各样的管理浮动和货币组合来取代挂钩的安排，特别是单一货币挂钩。到 1984 年 9 月底，有 52 个成员国的货币与单一货币挂钩（其中 34 个钉住美元，13 个钉住法国法郎，2 个钉住南非兰特，钉住印度卢比、英镑和西班牙比塞塔的国家各为 1 个）。因此，归为挂钩货币的国家从 1977 年初占国际货币基金组织所有成员国的 73% 下降到 1984 年 9 月底的 62%（与单一货币挂钩国家的百分比从 52% 下降为 36%）。有 8% 的成员国的货币与特别提款权挂钩，19% 与其他组合货币挂钩，与此相比较 1977 年两者分别为 9% 和 13%。到 1984 年 9 月底，38% 的成员国保持着有限的或者较为灵活的安排（其中 24 个国家是管理浮动汇率，8 个国家的货币是独立浮动），这个百分比 1977 年是 26%。

自 1980 年以来，第二次石油涨价冲击之后，汇率制度的另一方面是发展中国家中多种汇率做法不断增加，但在过去的 1997 年，又略有减少。多个外汇市场做法最通常的特点是对关键的进口品保持优待汇率。这经常还与外债的还本付息支付相结合，这样做是由于社会政治原因而推延汇率贬值对国内价格结构的影响，详见表 1。

表 1　传统分类方法中各国（地区）在 1981—1998 年之间汇率制度的演变

年份	1981	1982	1983	1984	1985	1986	1987	1988	1989	1990	1991	1992	1993	1994	1995	1996	1997	1998
国家（地区）数	144	145	146	147	149	150	151	151	152	154	156	167	175	178	180	181	181	182
1 钉住类	94	93	90	93	95	89	92	94	93	85	81	84	73	70	66	66	66	64
单一钉住	58	55	51	50	51	52	57	55	51	44	42	50	43	45	44	44	46	47
合成钉住	36	38	39	43	44	37	35	39	42	41	39	34	30	25	22	22	20	17
2 有限灵活	17	17	17	15	12	13	12	12	13	13	14	13	13	14	14	16	16	17
单一货币	9	9	9	7	5	5	4	4	4	4	4	4	4	4	4	4	4	4
合成货币	8	8	8	8	7	8	8	8	9	9	10	9	9	10	10	12	12	13
3 更加灵活	33	35	38	39	42	48	46	44	46	51	61	70	89	94	100	99	99	101
按一套指标调整	4	5	6	6	5	6	5	5	5	3	5	3	4	3	2	2	—	—
管理浮动	19	22	24	19	22	22	23	22	21	23	27	23	29	33	44	45	46	56
独立浮动	10	8	8	14	15	20	18	17	20	25	29	44	56	58	54	52	53	45

资料来源：国际货币基金组织：《国际金融统计》、《汇率安排与管制》1981—1999 年各期。

1999年4月，国际货币基金组织对成员国的汇率安排分类进行了较大的调整，主要是更为强调各国事实上的汇率浮动幅度。在此次调整中，国际货币基金组织对于汇率制度的分类由过去的三大类调整为八类，即无独立法定货币的汇率安排、货币局制度、固定钉住汇率制度、窄幅钉住汇率制度、爬行钉住、爬行带内浮动、不事先公布干预方式的管理浮动、单独浮动等。其中，对于钉住汇率制度作了较大调整和细分，过去的钉住是根据所钉住对象进行分类，分为钉住单一货币和钉住一篮子货币，其浮动幅度在钉住汇率的2.25%上下限；新的钉住制度则根据汇率实际浮动幅度进行划分，包括名义钉住和实际钉住：第一类是固定钉住制度，汇率波动幅度在钉住汇率的1%上下限；第二类是窄幅钉住制度，其波动幅度可以在大于钉住汇率的上下1%的窄幅水平内波动；第三类是爬行钉住，这类国家根据所钉住对象的变化作出相应的小幅浮动。

根据新的分类，许多国家的分类则根据其实际汇率波动状况、汇率的形成机制等进行了明显的调整。例如，中国、埃及、马来西亚、萨尔瓦多等原来被划分为管理浮动的汇率安排之下，现在则根据实际汇率波动状况归类为固定钉住汇率制度；单独浮动的瑞士也因为实际汇率波动幅度小而归类为固定钉住汇率制度；欧元区国家则被列为无独立法定货币的汇率安排，详见表2。

表2　　1999年4月后国际货币基金组织对于汇率制度的新分类

汇率制度	1999年1月国家（地区）数	1999年9月国家（地区）数
无独立法定货币的汇率安排	37	37
货币局制度	8	8
固定钉住制度（包括管理浮动下的实际钉住）	39	44
窄幅钉住汇率制度	12	7
爬行钉住	6	5
爬行带内浮动	10	7
不事先公布干预方式的管理浮动	26	26
单独浮动	47	51

资料来源：国际货币基金组织：《国际金融统计》1999年4月和2000年1月。

二、指导汇率安排的考虑

一般地讲，单独浮动对于发展中国家既不可行，也不足取，因为它们有诸如有限的资本市场、对资本流动的限制和对外汇市场的限制等一些因素的局限。所有这些因素都趋于夸大投机性资本流动的影响，而同时又不能从平衡资金流动中充分获得好处，而且这些国家又有可能受到必须动用储备的真正冲击。然而，一些发展中国家又有充分理由在其汇率政策中实行有限的灵活性，而在实践中他们也是这样做的。如果一个国家的通货膨胀率高于其贸易伙伴，就需要通过定期地贬值其汇率以抵消通货膨胀差额。同样，如果该国的储备水平较低，应该加以保护或增加，这样一旦储备指标受到威胁，汇率就必须变动。

以可出口商品占总产量的比例来衡量的经济开放程度，是另一个要加以考虑的因素。经济越是开放，汇率的一定变化对于购买力的可预测性和稳定性产生的影响也就越大，而对于可比价格和资源分配的影响就越小。随着经济开放的扩大，汇率的变化也必须更大，以使贸易收支平衡产生一个理想的变化。然而，以很小外贸部门为特征的封闭式经济国家，可能会感到以国内通货膨胀或通货紧缩来调整对外支付的不平衡代价比较大，因而可能宁愿选择代价小的汇率调整。所以，对这些国家来讲，依靠灵活的汇率也是有一定积极性的。但是，从宏观经济政策角度考虑，经济的开放程度也可以产生这样一个问题，即一国的经济越是开放，特别是对于国内金融市场与外国金融市场混为一体程度越深的国家，货币政策作为一种需求管理的工具，其效果就越差。

经济开放到一定程度，该国的对外部门越是比较单一，就越有可能需要有较大的汇率变化，以便实现一定的国际收支调整。在一个经济形式单一的国家中，无论消费还是投资商品的国内代用品都不能提供，所以进口需求的价格弹性就较小。同样，单一经济国家多为初级产品出口国，出口供应的弹性也就可能很小。尽管外国对该国出口需求的价格弹性可能比较大，但是总起来说，上述因素将会削弱汇率灵活性的有效性。相反，多样化经济的国家将感到灵活性所具有的优越性，因为这类国家对于任何一类商品进出口的依赖性都是较小的。贸易方向的地理分布对于汇率制度的选择也有重要的影响。具有多样化贸易格局的国家可能更不容易受到外部冲击的影响。另一方面，当一国的贸易中完全是一个贸易伙伴国占主导地位，那该国就可能认为与这个贸易伙伴保持固定的汇率更有利。

一个国家经济的实际规模与汇率制度的选择也有关系。在较小的和单一经济的国家中，可以比较容易地密切结合本国经济的需要制定宏观经济政策。而在一个多样化的、较大的经济中，可能存在明显的地区差别，对于重要的经济政策也较难达到一致的社会意见。所以，大国可能感到浮动汇率更有利。

在一个所有主要货币都相互浮动的世界里，汇率政策的问题并非通过挂钩安排就得到解决，也并非通过灵活浮动汇率就能解决。与某种货币或某种货币篮子挂钩涉及接受对其他所有浮动货币和与不同的货币单位挂钩的其他所有非浮动货币进行浮动。问题是在这种情况下，什么才是最理想的挂钩方式？这一问题应按照汇率政策的目的来加以回答。

对汇率政策的标准指导原则已在国际货币基金组织协定中作出明确的规定，其基本概念是各国应力求维持国内平衡，并以确保在中期内能平均地使对外支付实现平衡而满足。这就是国际货币基金组织为临时性逆差提供资金援助的意义，也是只有在出现纠正根本性不平衡的需要时才可以变动汇率禁令的意义。失去国内的平衡常常有可能要付出巨大代价，然而以降低储备来弥补对外收支逆差可能只要付出微不足道的代价。与分配考虑相一致的趋势的经常项目收支平衡应该是对外收支平衡的目标，但是，对外金融资产和负债的易于调整这一事实，意味着接受为调整所付出的代价是不明智的，尽管这种调整的代价在面临诸如作物歉收或出口激增的冲击时为持续保持对外收支平衡是必要的。

汇率的变动可使贸易商品的比价发生变化，从而干扰资源的分配。为保持国内平衡，同时又使国际收支的易变性减到最小程度，必须尽可能地减少对生产和贸易的外部干扰。这意味着人们应该采用与稳定有效汇率的潜在力量挂钩的方式。

在普遍采用浮动或灵活汇率的世界上，有效汇率的概念最为重要。有效汇率是一个国家与其所有贸易伙伴双边汇率的加权平均值。有效汇率的变化应作为以贸易伙伴国货币表示本国货币价格那种概念性的，按比例均衡变化的一种衡量尺度。由于贸易伙伴国的货币价格在一段时间的实际变化，上述用贸易伙伴国表示的本国货币价格那种变化对本国贸易收支平衡会产生同样的影响。在一定意义上，它是衡量该国汇率对其他所有货币平均变化的一种指数。计算这一指数要基于某一选定的基期，根据各贸易伙伴国占本国贸易的相对比重制定出一个权数，之后，本国与各贸易伙伴国的汇率再按计算出的权数加权。对于该国与其各贸易伙伴之间的双边贸易流动来讲，这些贸易收支上的影响一般不可能均衡。为贸易收支平衡目标所指的有效汇率计算出来的权数应该是弹性权数，它产生于一个能够反映贸易多边结构、贸易的商品构成、贸易流动的价格弹性以及汇率变化对价格和成本的影响等因素的一个模式。

还有一个重要的问题：人们应该稳定名义有效汇率？还是实际有效汇率？为回答这个问题，必须将所要挂钩的货币选择与挂钩货币的价值加以区别。如果对挂钩的选择以稳定名义有效汇率为目标，那么该国与其贸易伙伴之间出现的任何通货膨胀率差额，都可以通过对挂钩的价值变化进行抵消来调节。同样，如果目的是促进收支的调整，也可以在这一价值上作适当的变动。

一个国家是否应该采用与特别提款权挂钩的方式？已有一些国家这样做了，而且也确有一些有利的地方。特别提款权是一个主要货币的篮子，其权数大体上反映了这些国家世界贸易中的重要地位。到目前为止，一些发展中国家已采用特别提款权作为挂钩的单位。一些实证性研究表明，许多与特别提款权挂钩的发展中国家，其有效汇率比与单一货币挂钩更少出现动荡。对此，也有一些明显的例外：大多数加勒比海国家与美元挂钩将更好，而大多数非洲金融共同体法郎国家与法国法郎挂钩则更好。与特别提款权挂钩的另一个有利的地方是，这样能稳定所有与特别提款权挂钩的其他货币的套汇率。这与个别国家与自己制定的篮子挂钩的情况形成对照。

从资源分配和对外收支平衡的目的方面讲，任何一篮子货币（包括特别提款权）的挂钩安排，与单一货币挂钩相比较，其有利的地方都是与其不利的地方相对的。与货币组合的挂钩也要付出代价，这是由于这样一些事实而产生的：国家对这种挂钩的方式无法进行干预；对于这种方式进出口商们可能不熟悉；在进行干预的货币价值上可能出现频繁波动，而这可能是该国所不希望出现的，也可能会引起开辟远期市场的需要。这些机构方面的代价可能会超过与组合货币挂钩在宏观经济上获得的好处，也必然是为什么仍然有许多国家保持与单一货币挂钩的主要原因。如果采用与单一货币挂钩，选择的货币必然是能将有效汇率的变动压到最低点的那种货币。

外汇及其与人民币资金的运动关系*

一、外汇的概念

在国际金融的理论研究和实际工作中，外汇是一个最普通和最常见的概念。目前，它已成为我国国民经济运行中特别是对外经济往来中不可缺少的媒介。

外汇（foreign exchange）是国外汇兑的简称，要深入理解外汇确切的含义应先从狭义的概念，从静态、动态及具体、抽象的角度进行分析，进而再作广义概念的分析。只有这样才能正确全面地理解外汇的确切概念。下面分别从狭义及广义两个不同方面来讲。

（一）狭义的外汇概念

狭义的外汇是以外币表示的用于国际结算的支付手段。

根据上述定义，对外汇的理解，可分为以下几个层次：（1）以外币表示的资产；（2）可以进行国际偿付，能兑换成其他形式的资产和支付手段。

根据我国《外汇管理暂行条例》第二条规定，外汇是指：（1）外国货币，包括钞票、铸币等；（2）外币有价证券，包括政府公债、国库券、公司债券、股票、息票等；（3）外币支付凭证，包括票据、银行存款凭证、邮政储蓄凭证等；（4）其他外汇资金。

从我国规定的外汇定义前三点看，它是属于狭义的和具体的概念，因为它突出了外币和外币资产以及它们的偿付性。如果加上第四点则包括了广义的概念，但是第四点所说的其他外汇资金的概念是不清楚的。我们暂且放下这一点，就狭义的概念作一些进一步的具体分析。

1. 外汇必须是以外币表示的资产。以一笔国际贸易为例，英国从美国

---

* 本文选自中国银行总行所编《外汇基础知识》第一章。

进口一批货物，按照双方签订的贸易协议规定，计价结算货币是美元。英国从美国进口商品，理应以美元付给美国出口商，由于英国使用了美元作为支付手段，因而确实支付了外汇。但是美国出口商所收到的美元，对美国境内的美国人来说，只是本国货币，而不是外币。如果贸易合同规定结算货币既不是美元，又不是英镑，而是第三种货币（假定是联邦德国马克），那么，由于马克对美国人、英国人来说都是外币，于是在这笔交易结算中，所使用的支付手段，无论美国出口商所收到的或是英国进口商所支付的都是外汇。同样，对法国人或瑞士人来说，法国人用法国法郎，瑞士人用瑞士法郎都不是用外汇，而是用本币，但对对方国家来说则是用外汇。基于上述原因，我们就可以理解如下的一个现象。由于美国在国际支付中主要用美元，因此在美国外汇储备中，绝大部分是黄金，以其他货币表示的外汇储备资产不多。而日本由于在国际支付中主要使用美元，因此，在它的外汇储备中，主要是美元资产。

2. 外汇必须在国外得到偿付，能自由兑换成其他形式的资产或支付手段。因此，偿付性和兑换性则是外汇的先决条件。凡是不能在国际上得到偿付或不能自由兑换的各种外汇证券、空头支票、拒付汇票均不能视为外汇。

外国钞票是不是外汇？外国钞票虽然是外币表示的支付手段，但准确的回答应该为，它不一定是外汇。其关键在于这种钞票的可兑换性。一般说，只有能自由地兑换成其他国家的货币的外钞，同时该货币要能不受限制的存入该国商业银行普通账户上，使这种钞票转化为外汇进行国际支付，才能算是外汇。

这里还有个静态外汇和动态外汇的问题。比如，中国银行在国内大力吸收各种外币存款，外国旅游者到中国后，用外国钞票从银行兑换了人民币。这时中国银行收到的港元、美元、日元等外国钞票当然是外汇，然而这仅仅是静态的外汇，这种外汇在国内并不能进行国际偿付，只有把这些钞票运送出国，把它运回发行钞票的国家，存放在中国银行与这些外国商业银行的往来账户上，才成为能进行国际性偿付的动态外汇。同样，中国银行拥有的外币表示的证券或其他支付凭证，如果在中国境内，也只是静态的外汇，也只有把它存到国外银行往来账户上，才是具有偿付能力的动态外汇。值得一提的是，银行持有的在境内的外国钞票是没有利息收益的。所以，从严格意义上说，动态外汇的实体都在国外，是具有国际偿付能力的债权。再比如，日本出口商向法国出口汽车，结算时法国进口商将一张以法国巴黎国民银行为付款人的法国法郎支票付给日本出口商。日本出口商将该款存入巴黎国民银行，也就是说，法国进口商把其在巴黎国民银行拥有的存款债权让渡给日本出口商，这样日本出口商在法国银行拥有一笔外汇债权。与此同时，另一日本进口商需由法国进口葡萄酒，需要用法郎支付。这时该进口商可通过银行或直接向日本汽车出口商洽购他所存入法国银行的法郎存款。这样即可用法郎支付葡萄酒的进口。这一过程说明，当日本汽车出口商收到日本葡萄酒进口商的日元时，将他在法国银行所拥有的相应部分的法郎债权转让给日本葡萄酒进口商，而日本进口商用此购得的法郎支付了进口葡萄酒的货款。他们之间日元与法郎的交换，就是外汇买卖，而外汇买卖实质上就是债权债务的转移。

因此，有人把一个国家的货币兑换成另一个国家的货币，借以清偿国际间债权债务关系的行为和活动，视之为动态的外汇，而这种行为和活动又具有一定的抽象性的内涵。

综上所述，狭义的外汇概念，主要指自由外汇，即不需要外汇管理当局批准，可自由兑换成其他货币资产或可以向第三者办理支付的外国货币表示的各种形式的支付手段。

（二）广义的外汇概念

下面再谈谈广义的外汇概念。国际货币基金组织对外汇曾作出如下解释："外汇是货币行政当局（中央银行、货币机构、外汇平准基金及财政部）以银行存款、财政部库券、长短期政府证券形式所持有的在国际收支逆差时可以使用的债权，其中包括由中央银行及政府间协议而发行的在市场上不流通的债券，而不问它是以债务国还是债权国货币表示。"

广义外汇与狭义外汇最大的不同点在于，广义的概念突出了以不同形式表示、能偿付的国际债权，且不限于外币，可以以本币表示。广义的概念，"外汇是用于国际收支的一种特殊债权"。

这一广义的概念是否与狭义的概念有矛盾或有冲突呢？从总体来看是不矛盾的，因为在一定条件下，它是对不同形式具有国际偿付债权的延伸，具有本币形式的国际偿付债权也具有外汇支付手段的职能。

让我们进一步分析，在什么条件下本币债权具有外汇职能呢？

1. 这种以本币表示的债权形式，必须经过中央银行、官方或具有官方职能的机构企业之间所订协议而形成；

2. 这种以本币表示的债权，必须以偿付双边国际收支逆差为前提；

3. 这种以本币表示的债权形式，在市场上是不允许流通的，一般情况下不能转换成第三国货币和具有自由兑换的性质；

4. 这种以本币表示的债权形式，主要系指协定（记账）外汇。

二、外汇的种类

（一）自由外汇

通常是以外币表示的、可以在市场上流通并能自由兑换的各种形式的有价凭证。至于以本国货币计值的信用工具和本国发行的以本国货币计值的有价证券则不能视为外汇。在这里需要强调的是，各种支付凭证只有能在国际市场上流通，代表一定的价值，能自由兑换和转让，这样才能称得上自由外汇。自由外汇是无须经国家管汇机关批准，在国际金融市场上可以自由转换为其他国家货币的货币，同时在国际交往中能作为支付手段广泛地使用和流通。如美元、英镑、瑞士法郎、联邦德国马克、日元及港元等国家及地区的货币。

（二）记账外汇（或协定外汇）

记账协定外汇，在一定条件下可以作为两国交往中使用的支付手段，是指不经货币发行国家管理当局批准不能自由兑换为其他国家货币的外汇，它只能根据有关两国的协定使用。比如甲乙两国政府签订了一个支付协定，用于双方贸易、非贸易支付结算，并规定了双方计价结算的货币，这时可以用甲国货币或乙国货币也可用第三国货币或复合货币（如特别提款权、欧洲货币单位等）。但是无论确定使用哪国货币，都必须同时确定它们之间的汇率，通过双方银行所确定的货币和汇率借记、贷记双方进出口商品的往来账，到一定时期，集中冲销彼此之间的债权和债务差额。这笔差额在一般情况下，也不能兑换成自由外汇。但是对顺差国来说，它拥有一笔国际债权，不管这笔债权是以本国货币或外国货币表示的，按性质来说仍然是外汇，它属于记账协定外汇。

比如，过去在经互会之间的结算单位是转账卢布，该卢布对苏联来说是本币，而且不是自由兑换的货币，但是当它与某个经互会成员在贸易上出现顺差时，这时它所拥有的以本币表示的债权则是外汇。当其他经互会成员国之间出现顺差或逆差时，所表示出来的则是外币形式的债权、债务，也就是以外币（转账卢布）表示的记账外汇。转账卢布也有其特点，它可以在经互会成员之间相互转账，但不能自由兑换成其他可以自由兑换的货币。

（三）外汇人民币

中国人民银行发行的货币——人民币是一种不可自由兑换货币。既如此，外汇人民币何以成为外汇的呢？1968 年我国对外贸易试行人民币计价结算。为此，许多国家的商业银行在中国银行开立了人民币账户，以此进行双边结算。中国银行与日本东京银行还订立了人民币、日元远期买卖协议。该协议规定，在双边范围内人民币账户的余额可兑换成日元或美元，在成交的贸易合同项下的人民币金额可以进行远期买卖。如果我方向日方出口，根据日方开出的以人民币计价结算信用证，我方发货后，将人民币金额借记日本有关商业银行在中国银行开立的人民币账户。但前提是，该行事先应在我行在日本银行开设的账户上存入一笔日元，并及时用日元买成人民币，这时账上的人民币当然是外汇。

还有一种情况，我们某些获准进口的部门，在用汇额度被批准后，把用作购买美元或其他外币的人民币资金存入银行，有人把用于买汇的人民币资金（也有称为配套人民币资金——此叫法不妥）称之为外汇人民币。另外，还有人把人民币兑换券称为外汇人民币。总之，所谓外汇人民币，其前提是，这种人民币在一定条件下可以兑换成其他外币，或者这种人民币是与等值的外币相联系的。

此外，值得指出的是，国际货币基金组织分配给会员国的特别提款权，也具有外汇的性质。因为当会员国发生国际收支逆差时，可以使用它换取可兑换的货币偿付给顺差国，并可直接用于偿还基金组织的贷款。但是它不能直接用于贸易或非贸易的支付。

三、外汇与人民币资金的运动关系

外汇是国际间经济交往的产物，是国际债权债务转移的行为活动和支付手段，是国际经济交往中不可缺少的媒介。如果没有外汇，就不能加速资金的周转和运用，国际经济、贸易和金融往来就要受到阻碍，难以得到发展。

外汇是一种特殊的债权，它是通过国际经济交往取得的。比如某国出口商品得到了外汇，但从国外进口了商品又支付外汇，前者是债权，后者形成债务。两者相抵，如果出口大于进口，外贸出现顺差。这时从国家来说，才获得了外汇，增加了外汇储备。而上述的外汇是靠国内商品和劳务净输出换来的。诚然，非贸易中的侨汇净收入，我们不需向国外出口商品，但也要用人民币向侨汇持有者买入从国外汇入的外汇，国内也必须供应充分的商品和物资。

至于通过各种形式利用外资取得的外汇，与贸易、非贸易顺差取得的外汇在性质上是不同的。它形成了我国对外的负债，这些外汇绝大部分要按期还本付息，要给国外投资者应得的利润。

国际间的债权与债务的运动构成了外国货币与本国货币、外国货币与外国货币之间的资金运动关系。我们暂时撇开上述两类货币之间的关系以及外国货币之间的运动关系，只是着重从以下三个方面讨论一下外汇与人民币资金之间的运动关系。

（一）人民币在进行债权债务支付行为中的运动方式

从国内经济活动中一般居民购买行为看，大多为现金支付。就部门、企业、单位等集团之间购买关系来看，多为支票、汇款、托收转账等结算关系，即通过各自银行的账户，处理双边或多边的结算关系。如果在生产、流通、消费及分配中涉及银行信用时，其资金的周转及运动方式可能要更复杂，但无论哪一种形式的债权与债务结算均必须以人民币为媒介。

在我国与国外经济实体发生了经济业务关系后，其债权、债务的结算运动方式则表现为：外汇的实体在国外，债权债务的转移运动均表现在我国银行在国外银行（包括自己海外联行）的往来账户上，即收入外汇时贷记，支付外汇时借记。

在我国外汇资金的收入、支出、流入、流出构成了外汇资金的运动，它的每一个环节都与人民币有着直接或间接的关系。就外汇运动来说，在任何一个时点上，外汇资金流量的运动结果将主要反映为两个存量的变化：一个是国家外汇储备；一个是国家对外债权净额。

外汇资金收入和支出的流量构成国家外汇储备存量的变化；外汇资金的流入和流出的流量运动则构成国家对外债权存量的变化。而上述两组外汇资金的存量，与人民币资金的关系是各不相同的。

下面来看一下国家外汇收支与人民币之间的运动关系是怎样的。

（二）国家外汇收支与人民币资金之间的运动关系

首先需明确的是我国的国家外汇储备由两个部分构成：一部分为国家

外汇储备库存（应该用结存为好）；另一部分则为中国银行外汇结存。

国家外汇结存主要为我对外贸易即商品、劳务收入和支出的差额以及非贸易的收支差额的总和，这部分资金不构成国家对外债务。国家外汇收支的运动与人民币资金运动的关系主要通过以下表现得更为明显：

1. 外贸出口。组织国内商品出口换取外汇，首先要有人民币资金，主要表现为经营出口业务的公司、企业向银行申请外贸贷款，取得人民币后，收购出口物资，或解决周转性资金以便组织货源。当出口后，取得了外汇，按国家规定把外汇按国家牌价卖给国家，即向银行进行结汇，银行付出人民币（称为人民币占款），收进外汇，成为国家外汇储备的来源，这时，公司再用人民币归还银行的人民币贷款。其运动形式为：

人民币——外汇——人民币（结汇）——人民币

当然，上述资金在各个运动阶段不是等值的，因涉及生产费用、成本、汇率、利率等，但是其运动的关系都是一样的。特别是，经结汇后归还的只是人民币外贸贷款，并未减少外汇储备中的人民币占款。值得指出的是外贸出口，由于商品销往国外，因此取得了外汇，经过结汇占用的人民币资金，在国内没有物资与之相对应，这与国内资金与物资运动相联系、相对应的状况是完全不同的。

2. 外贸进口。进口的情况与出口相反。在我国进口单位要进口商品时，首先要有购买外汇的人民币资金，这项资金来源大多为人民币贷款或部门企业单位自己拥有的人民币资金。当企业用人民币向银行购得外汇后，国家外汇储备下降，人民币占款减少。当支付外汇购入国外商品后，国内物资增加，从而完成外汇资金与进口物资相对应的运动。公司单位卖出该商品后取得人民币，再归还人民币信贷资金。其资金运动形式大致是：

人民币——外汇（买汇）——人民币（进口商品出售）——人民币

与出口一样，在进口的资金运动各个环节除了买汇那个阶段人民币与外汇按汇率折算是等值的外，其余运动阶段并不等值。

由此可以看出，从出口卖汇、进口买汇，人民币与外汇（按牌价折算）作等值的反方向运动。表现在国家外汇储备结存上，如果出口企业向银行卖汇，国家外汇库存相应增加，人民币占款相应增加。如果是进口买汇，则国家外汇储备减少，人民币占款也相应减少。

围绕出口、进口所需的人民币信贷资金的投放和回收的资金量的变化，则要根据出口、进口商品的生产、销售情况决定。因为在设备进口后，往往要增加许多国内配套设备和设施，那又会间接增加人民币信贷资金的需求量。

3. 非贸易收支。非贸易收支外汇资金与人民币之间的运动关系，与贸易收支外汇资金与人民币之间的运动关系有共同的一面，也有不同的一面。所相同的是，贸易和非贸易收入和支出都能引起国家外汇储备结存的增减、人民币外汇储备占款的增加和减少，所不同的是非贸易外汇收支大多不涉及出口商品的生产和销售，因此人民币信贷资金的投放比贸易要少得多，特别是单方面转移的收入和支出更是如此。

综上所述，凡是影响国家外汇储备收入、支出的外汇资金运动，必然相应引起国家外汇储备结存的人民币占款的增加和减少的运动。也可以说，国家外汇储备结存的变动必然经过人民币结汇（即买汇和卖汇）的行为才能全部完成。

（三）中国银行的外汇及其对外借债与人民币资金间的运动关系

1. 中国银行是国家外汇外贸专业银行，国际货币基金组织以及国外金融界把中国银行的外汇资金看成是我国外汇支付能力的一部分。在对外支付中，中国银行的外汇资金与国家外汇储备结存的资金一起使用。然而由于来源及运用方式的特殊性，中国银行的外汇结存与国家外汇结存有很大的不同，是两类不同性质的资金。

中国银行的外汇结存，是由中国银行拥有的外汇自有资金加上中国银行在国内外吸收的外币存款减去对国内外的放款和投资所构成，而国家外汇结存，大部分是通过商品劳务出口换来的。

中国银行的外汇结存，绝大部分是中国银行的对外负债，这是因为任何银行自有资金在其资金总额中所占比重都很小，其资金来源中的大部分均来自客户存款和其他借款。对银行来说具有最重要意义的始终是存款，只有在存款有稳定余额时，银行才能够做中长期放款业务，并且只有当存款大于放款时，才会形成净结存。所以，根据中行外汇结存这一特性，一般只能把它作为国际支付的周转金。

因此，中国银行的外汇资金在性质上与国家外汇结存资金截然不同。可以这样说，国家外汇结存是国家拥有的可以自行支配运用的外汇，只要国家批准，单位有用汇指标、人民币买汇资金就可以使用，无须偿还外汇。而要运用中国银行的外汇资金是要有条件的，是需要偿还的，除特殊情况外，还需要用外汇偿还。

2. 1979 年以前，中国银行吸收的外汇存款和发放的外汇贷款数量很小。

1979 年以后，我国开始有步骤地利用外资，吸收国外资金，而且随着对外开放，地方部门企业自主权的扩大，各种利用外资的形式被采用，包括向国外政府申请贷款、取得国际金融机构融资、利用出口信贷、商业贷款、金融租赁等等。从分配、偿还、运用方式来看，这类资金大体分为：国家统借统还及统借自还，地方、部门统借统还及统借自还，以及企业自借自还。因此，上述渠道的外汇资金的流入和流出构成我对外债务、债权的存量变化。从外汇资金运动看，它不直接与人民币发生关系，它能否形成良性循环，核心问题是本息回流问题。如果回流有问题，有困难，使用就不可能和无保证。然而，能否回流，主要取决于创汇和有无外汇来源。从所借外债的资金运动状况看，这部分资金，与人民币资金仍然有着间接的联系。比如，有的单位用借入的外汇转换成人民币使用，或进口了设备在国内市场获得了人民币，有的单位把盈利中的人民币通过外汇调剂市场换取外汇进行偿还，这就与人民币资金发生了联系，这对国内人民币资金的投放、回收都有较大的影响。

四、正确认识外汇的重要意义

党的十一届三中全会所确立的改革开放的政策，使我国结束了长期对外封闭型的经济模式。随着改革的不断深化，我国经济的运行将会越来越紧密地与世界经济的运行和发展融合起来。

外汇在我国国民经济中占有很重要的地位。这种重要性表现在以下几个方面：

（一）外贸占国民收入和国民生产总值的比例迅速提高

1950 年，我国对外贸易总额占国民收入的比例为 9.8%，其中出口占 4.7%；1959 年，分别上升到 12.2% 和 6.4%。但从 1960 年起开始下降，到 1970 年、1971 年，分别下降到最低点 6% 和 3%。1979 年开始迅速上升，1984 年，分别上升 20% 和 10%，1985 年上升到 30% 和 12%，1986 年为 33% 和 14%。从外贸总额占国民生产总值的比例来看，二者发展状况大致相同，1987 年，外贸总额占国民生产总值的 30%，已超出美、日、苏的比例。尽管这一数字不能说明我们的经济发展水平已能与这些国家相比，但从另一方面可以看到，近几年我国外贸上升速度很快，经济增长与国际贸易的相关程度日益提高。

（二）外汇的收与支对经济的影响

1979年以前，外汇收支对国内经济的影响很小，主要是进出口总额不高。60年代以前，我国外贸的主要对象是苏联、东欧，采取的是支付协定的方式，因此，自由兑换货币的外汇收支数额不大，外汇储备对人民币资金的占用和投放金额也不大，进出口对国内生产、消费市场的冲击亦不明显。但从这几年的发展状况看，不能低估其对国民经济和货币投放的影响。

从1984年第三季度起，信贷、外汇宏观失控，我国的外汇储备急剧下降。尽管在外汇与人民币关系上，外汇减少人民币资金占用相应有所减少，但是，由于生产过热，大量引进生产线，却增加了国内配套设施的人民币信贷资金投放。经过采取紧缩措施之后，总需求与总供给的矛盾有所缓和，但1988年这一矛盾似乎又有所加剧。因此，从经济发展的情况来看，仅仅根据生产投资、消费及其结构的变化，判断工农业生产增长速度是否得当已不能适应现状了，还要充分考虑进出口贸易对工业生产的影响及对外汇和人民币资金的影响。

比如，进口对国内经济的影响，由于进口商品的不同，影响是不同的，特别是所谓与经济波动联系密切的进口，如机械设备的进口，当国内实行紧缩时则进口突降；放松时，则上升，而且对经济的影响又有一个滞后期。再如商品能否出口，影响国内商品库存、人民币信贷资金的投放以及市场商品的供给。同时，进出口商品对国内物价造成的影响和冲击也日趋明显。

（三）加强和完善外汇宏观管理

1. 处理好外汇集中统一与分散的关系。外汇宏观控制的核心是如何解决外汇的综合平衡，因为我国实行的是有计划的商品经济，片面强调外汇集中统一不利于经济发展，然而完全放开也不利于经济正常发展。外汇资金运动有其复杂性。为此，应进一步加强和完善国际收支的计划管理工作，并将其纳入整个国民经济计划，同时还应进一步研究如何确定我国外汇储备的水平，确保国际支付的良性周转。

2. 改革外汇留成制度。原有的外汇留成制度在一定程度上调动了部门、地方、企业创汇的积极性，但存在着不少弊端。随着外贸、银行体制改革的深入，留成制度改革势在必行。但怎样确定留成比例，避免比例太大造成国家外汇储备的下降和分散；如何解决现汇留成（指有关单位通过商品和劳务出口后所获得的外汇，允许不结汇或结汇后再用人民币把留成外汇额度买出存在银行，上述外汇称为留成现汇）引起留成单位人民币资金不足等有关问题；如何制定现汇留成的利率办法；如何进一步改革开放外汇调剂市场，充分发挥外汇资金使用的效益以及如何避免外汇汇率风险等一系列问题，还需作深入的研究和讨论。

3. 充分发挥中国银行的作用，加快中国银行自身改革的步伐。中国银行是国家外汇外贸专业银行，是对外筹资的主渠道，经营着国家外汇储备，承担了我国绝大部分的国际收付结算。因此，如何充分发挥中国银行的优势，在改革开放中如何加快中国银行自身改革的步伐，完善自身的发展和建设也是一项极为重要的工作。

中国人民银行和中央有关部门应充分重视加强和完善外汇宏观经济管理的工作，充分调动实践、理论、教学工作者的积极因素，群策群力，理论联系实践，对有关外汇体制改革的课题进行深入的探讨研究。在调查研究的基础上制定出切合实际的政策措施，促进对外开放和改革的深入发展。

论人民币汇率变动与进出口贸易的关系*

一、汇率变动与出口商品交易的关系

西方货币汇价动荡不定，我国人民币汇价也经常调整。货币汇价的不断变化影响我国出口商品的报价、成交和结汇。当然，决定我出口商品价格的高低，首先应考虑国际商品市场的价格水平和我们的销售意图，但也决不能忽视汇价变化的因素，因为如果对汇率考虑不周，一进一出之间就会造成很大损失。因此，我们必须十分重视这个问题。

货币汇价的变化，是指在一个特定时间范围里的变化。离开时间的概念，汇价的变化也就无从谈起。假定在秋交会上，我们与外国商人洽谈出口业务，在从春交会到秋交会的这段时间里，汇价已经发生了变化，然而出口商品价格仍然要基本上维持春交会时的水平。在这种情况下，我们应如何采取相应措施，调整报价？

（一）人民币报价、人民币成交结汇问题

我国出口商品的价格，原则上应以国际市场价格为依据，但要有一个过程。从 1978 年春交会以来，我出口商品的底价就已逐步改用国际市场价格。目前，我外贸出口商品用人民币为底价、人民币计算比例很小。用人民币计价结算，可能会遇到下面三种情况：

1. 如外国商人愿意用人民币成交，而这些国家的货币自春交会以来对人民币汇价有所下跌，这时，我以人民币作底价报价的商品，可视国外对我国商品需求情况，适当降价，但降价的幅度应小于外币下跌的幅度或维持原底价不变。这样，如果外商以该国货币折成人民币付款时，我方则可

---

* 本文原载《国际贸易》1983 年第 1、2 期，标题分别为《汇率变化与出口商品交易的关系》、《汇率变化与进口商品交易的关系》。

比春交会多收到一些该国货币的外汇。

2. 当人民币自春交会以来对一些货币汇价下跌时，如果这些硬货币国家的商人愿用人民币计价结算时，我们以人民币作底价的商品应如何报价呢？如果我们仍按春交会的人民币价格报价，表面上看人民币虽没有变，但由于汇价的变化，事实上这些人民币却只能购买比原来数量要少的硬货币。当然，如果外币的某些软币对此种硬币在这期间下跌的幅度大于人民币对这种硬币下跌幅度时，我出口商品仍按春交会的人民币报价，所收回的硬币是少了，但折成其他软币时，仍可补回一部分。因此，一般说，在这种情况下也不一定要加价，但是在不影响成交的情况下，应争取适当加价。比如，在秋交会时，人民币对日元汇价比春交会时下跌4%，我们可以适当加价1%～2%，这对日本商人来说，他们仍可用于春交会时的日元，购得同等数量的商品，这样，对贸易成交不会有什么影响。

3. 由于上述两种汇价变化的缘故，产生了这样的问题：即对不同国家的商人，同一种商品就会出现有的加价，有的不加价，有的加得多，有的加得少，即出现一种商品有几种不同的人民币报价。如果这种报价悬殊过大，就可能造成硬货币国家的商人，从软货币国家商人那里转售给硬货币国家的商人的情况。对此，我们应把软货币国家与硬货币国家之间的运输费考虑进去，也就是说，在与软货币国家商人用人民币成交时，如果该商品比较好销，可能出现转口的情况时，可在货价上加上一笔幅度相当的运输费，以防止任意转口。

此外，我们还应考虑到由签订合同到收款结汇，一般需3个月到半年时间，因此，如果能考虑3个月到半年后人民币汇价趋势，同时考虑到远期外国货币汇价的趋势，那就更好了。如果届时人民币汇价上升，则对我收汇有利；相反，如果届时人民币汇价下跌，则对我收汇不利。在预测到人民币汇价可能趋跌，且交易合同金额较大时，则可与中国银行配合进行人民币远期买卖，以避免汇价损失的风险。

（二）人民币为底价，折成外币报价和成交结汇问题

如果我出口商品仍以人民币为底价，但折成外币报价，以外币成交结汇时，由于汇价的变动，应该采取怎样的对策呢？

我们首先应考虑的问题是，既然这类商品的外币报价是用人民币与外币折算报出来的，其中就有一个如何进行折算的问题。银行公布的人民币对外汇价分买价、卖价及中间价。正确的做法是应选用买价进行折算，因

为人民币对外币的买卖价之间相差 0.5%。如果用卖价折算，公司就必然少收 0.5% 的外汇。如果用中间价折算，也要少收 0.25% 的外汇。

例如，1982 年 11 月 13 日，人民币对 100 美元的买入价为 199.46 元，卖出价为 200.46 元，中间价为 199.96 元。假定底价为 100 元人民币的商品，折成美元的报价是：

如以买价折算，则 100 元人民币的商品报价应为：

（100 ÷ 199.46） × 100 = 50.14（美元）

如以卖价折算，则 100 元人民币的商品报价应为：

（100 ÷ 200.46） × 100 = 49.89（美元）

如以中间价折算，则 100 元人民币的商品报价应为：

（100 ÷ 199.96） × 100 = 50.01（美元）

从上面可以看出，用买价折算所得的美元最多。

下面再谈几个汇价变动时可能遇到的问题。

1. 如果用对人民币下跌的外币报价时，可先按人民币对上述外币现行汇价的买价折成外币，如果这种货币汇价趋势继续看跌，我们又同意接受这种货币成交时，可考虑加一个汇价风险的保险系数，即从成交到结汇这段时间的汇价风险。

假设某商品底价为人民币 100 元，1982 年 11 月 13 日人民币对法国法郎的买价为 100 法郎合 27.53 元人民币，估计 6 个月后收汇，可以采用下述计算方法：

把人民币对法国法郎的 6 个月远期费加在货价上，如远期费率为 3%，折成法郎报价应为：

100 ÷ 27.53 × （1 + 3%） = 374.14（法郎）

因此，人民币折成软币报价时，应随时掌握人民币对各种外币的远期费率。

2. 如果用人民币折成对人民币上涨的外币成交，在报价调整上有两种计算方法，其结果是一样的：一是仍按春交会时人民币对该种外币买价折算，我们仍能收到当时那么多的外汇；二是按秋交会时人民币对该种货币的买价折算，再加上春交会以来人民币对该种货币下跌的幅度。

需要注意的问题是，由于交易会期间，西方货币和人民币的汇价随时都在变化，这就需要及时掌握汇价变化的情况，采取相应的措施。如果成交使用的是硬币，同时有继续看涨的可能，而我们的出口商品又不是热门货，为了有利于商品出口，可按现行汇价折算。因此，加价还是不加价，加价幅度多少，需要根据各方面的情况全面考虑后再作决定。

（三）外币为底价，外币成交结汇问题

目前，我出口商品主要是以外币作底价报价。有些商品采用国际上习惯使用的货币报价，有的是用某些国家和地区习惯使用的货币报价，有的则是根据当地市场的货币来报价。

在西方货币汇价不断变化的情况下，对这些用不同的外币报价的商品可能出现和注意的问题是：

1. 凡是以外币为底价的商品，在报价时，首先要根据国际市场商品价格进行适当调整，因为在汇价变化大的情况下，往往在一定程度上也会反映到商品价格上。

2. 如果当国际市场上没有这种商品的行市，而这种商品是用美元以外的货币报价时，则一般应根据该种货币与美元汇价的变化幅度来进行调整。如果对美元下跌，那应适当加价，如果对美元上升，一般可以不加价，如果属于滞销商品，则可适当把报价调低。

3. 用某种外币为底价折成其他外币报价成交时，一般来说，对折成软货币报价的，应适当加价；对折成硬货币报价的，不用加价。在确定新的底价后，用现行汇率的买价折算。由于西方外汇市场主要西方货币之间汇价的买卖价相差幅度很小，一般只在0.1%上下，因此习惯上都采用中间价。如果被折成的硬货币还有继续上涨的可能性，为了有利于销售，还可适当降价。

值得注意的是，由于各种货币在一定时期内汇价变化不同，因此一种商品，对有的货币加价，对有的货币不加价，有的即便不加价，也可能由于两种货币汇价的变动不相同而报出不同的价格。因此，不同的商品，可以使用不同的货币，但一种商品在一个市场上最好使用一种货币，以避免一种商品因货币汇价变化的不同而出现几个报价。当然，在接受用软货币报价成交时，讲明是为了避免汇价的风险，则应该加价。

此外，要特别注意的是，各省、市、各个出口企业的同类商品出口无论用哪种货币报价，都要在统一计划、统一政策和联合对外的前提下进行，防止外商钻空子和肥水落入外人田。

这里附带谈一下关于进口商要求推迟付款，或远期合同的问题。

时间概念很重要。结汇的时间不同，必然产生汇率或利率的损益问题。

第一，对即期合同逾期付款的问题。例如，合同规定3个月交单付款，但出口商同意在单到后给进口商推迟30天或90天付款。这样就应根据不同

的货币、不同的时间，把汇价风险和利息因素加在货价上（当然以此作为推销条件不在此内）。

第二，即期报价与远期报价要有差别。这可以采取（1）报价一样，但远期付款要加上支付货币金额的远期利息；（2）把远期利息加在货价上。

（四）关于估算换汇率和出口商品盈亏问题

从 1981 年 1 月 1 日起我国实行贸易内部结算价后，有的经营进出口贸易的省、市和企业实行自负盈亏。这就要求在进行对外交易时，能够事先估算出他们所经营的商品的实际换汇率是多少，以便与全国、该地区、该企业的出口平均换汇率相比较，对盈亏情况做到心中有数，以利改善经营管理，降低成本，增加利润。

所谓实际换汇率，就是以人民币计算的商品价格与所售得的外币之间的比例，即用商品的实际人民币成本价格（国内收购价格、加上运输、保险等费用和关税）与国际市场上出售的价格相比较。如果成本价格相当于人民币 100 元的商品，国际市场售价为 50 美元，那么该商品的换汇率为 $100 \div 50 = 2$，即该商品的换汇率为 2 元人民币换 1 美元。再将实际换汇率与平均换汇率相比较，这样就可以算出是盈利，还是亏损。假设平均换汇率为 1 美元合 2.8 元人民币，那么上述商品所售的 50 美元，将合 $50 \times 2.8 = 140$元人民币，即可盈利 40 元人民币。如果出口商品成本为 100 元人民币，在国际市场的出售价为 20 美元，其换汇率则为$100 \div 20 = 5$，就是说，要用 5 元人民币才能换 1 美元的外汇，低于 2.8 元人民币换 1 美元的平均换汇率，按此计算，20 美元只合 56 元人民币（$20 \times 2.8 = 56$），即亏损 $100 - 56 = 44$ 元人民币。

当然，各种商品的国内外成本、利润、价格的标准是不一致的。有时为了扩大出口或其他一些原因，允许有些商品有政策性的亏损是可以的。但是从整体上讲，为了改善和加强企业经营管理和核算，必须切实考虑换汇成本的问题。

二、汇率变化与进口商品交易的关系

进口和出口的概念是相对的。我方进口，就对方来说，则是出口；我方出口，就对方说则是进口。因此，在讨论进口商品的货币与汇价问题时，关键是如何选择货币，怎样对不同的商品报价进行比较。在确定使用哪种货币后，还要考虑如何避免汇价变动的风险。本节分三个方面来讲：一般进口商品的报价选择；成套设备进口的报价选择；成套设备进口中的货币汇价。

（一）一般进口商品的报价选择

在国际贸易中，一般商品的报价主要以美元、英镑、联邦德国马克等自由兑换货币为计价单位。从我国进口商品的货币使用情况来看，大致也是如此。一般来说，硬货币国家都愿意用本国货币报价，以本国货币计价结算。但是，如果某种商品交货期和支付期比较短，在货币使用上他们也不一定坚持或固定在一种货币上，而是可以灵活的。

例如，我们从一些“硬币”国家如德国、日本进口商品，他们先用本币报价。如果他们接受我们提出的用“软币”计价结算的话，他们势必把汇价风险加到货价里。这时，我们就应比较一下，究竟是接受用硬货币所报的货价合算呢？还是接受用加价后的软货币所报的货价合算呢？这项工作就是一般所说的商品“比价”工作中的货币比价。

由于大多数商品的进口交货期和支付期一般不超过半年，而多数是3个月到半年之间，其货币比价的方法，大致有以下几种情况：

1. 看其加价的幅度是否超过用软货币购买远期硬货币所付的费用。假定我向瑞士某公司购买一种机器零件，瑞士公司用本币报价，每个零件为100瑞士法郎，当时瑞士法郎与美元汇价是1美元合2瑞士法郎，如果不考虑汇价风险，直接折成美元，货价应为100 ÷ 2 = 50美元。由于交货付款是在3个月后，而美元趋势看跌，在外汇市场上，1美元对瑞士法郎的3个月远期价只合1.95瑞士法郎。如果按这个汇价计算，这种瑞士的机器零件的美元报价应是100 ÷ 1.95 = 51.3美元。这是我们按照美元3个月远期汇价计算出来的美元报价，并不是瑞士某公司的实际报价。

如果瑞士出口商报出的美元价不超过51.3美元，我们是可以接受的。相反，如果超过51.3美元，那么我们仍以接受瑞士法郎报价为宜。为了避免瑞士法郎在3个月后汇价上升的风险，我们可以事先用美元买进3个月的远期瑞士法郎。这样，我们就不至于在货价上和汇价上吃亏。

2. 用人民币与所报商品的货币汇价作比较。一般来说，凡是进口国他们通常考虑的是进口商品在国内销售是否有利，总是需要用本国货币与进口商品所使用的货币相比较，以此来计算成本和利润的。因此，在货币比价时，除了与软硬货币汇价相比较外，还应以本国货币与所报的各种货币汇价相比较。这种比较一般分两种情况：

（1）按现行汇价相比较。例如，1982 年 11 月 12 日，瑞士某公司的机器零件用瑞士法郎报价为 100 瑞士法郎，用美元报价为 45 美元。而当天，人民币对瑞士法郎汇价为 1 瑞士法郎买价为 0.8915 元人民币，卖价为 0.8956 元人民币。同日，人民币对美元的汇价为：1 美元买价为 1.9946 元人民币，卖价为 2.0046 元人民币。需要指出的是，我们在用外币计算的进口商品折成人民币进行比较时，应用卖价进行折算。其原因是，企业单位用人民币向中国银行购买外汇，中国银行是按卖价出售外汇的。

因此如按卖价折算 100 瑞士法郎的机器零件合人民币为：

$$100 \times 0.8859 = 88.59 \text{ 元人民币}$$

如用 45 美元的报价，按卖价折算应合人民币为：

$$45 \times 2.0046 = 90.25 \text{ 元人民币}$$

从上述折算表明，按人民币计算，该机器以美元报价的价格要比以瑞士法郎报价的要高些。

现在，我们再把当天美国纽约市场上美元对瑞士法郎的汇价，即 1 美元合 2.2375 瑞士法郎来折算，那么 100 瑞士法郎合美元数应为 100 ÷ 2.2375 = 44.69 美元。从这个数字来看，瑞士公司所报的 45 美元的美元报价也高于美元市场价格。

（2）加上远期汇价的因素来比较。按照现行汇价的比较结果，接受美元报价所需的人民币成本要高些。但是由于货款要在 3 个月后才能支付，因此，还需要考虑人民币与美元、人民币与瑞士法郎 3 个月后的汇价变动情况。如果 3 个月后人民币对美元汇价进一步上升，那么按人民币计算的成本会有所下降。反之，届时人民币对瑞士法郎汇价下跌，那么按人民币计算的成本就有所上升。

（二）成套设备进口的报价选择

成套设备由于交货期长、金额大，有的还涉及出口信贷、延期付款等不同的支付条件，因此在货币的使用上与一般商品进口有很大的不同。在成套设备的报价上，出口商自然要考虑货币汇价的风险，除此以外，还要考虑如何避免在交货期中，因原材料和工资等上涨因素，而影响商品的成本和企业利润的问题。对此，出口商往往首先是把在交货期间商品价格可能上涨的幅度加在货价上，然后在此基础上，再考虑货币汇价的风险问题。

成套设备的报价一般分固定报价与滑动（浮动）报价。所谓固定报价就是签订合同时，货价中已考虑价格上涨的因素，以及用何种货币可能产生的汇价风险，其特点是，货价一次定死不变。

滑动报价比较复杂。国际上采用滑动价格报价的一般做法是，签订合同时，先确定一个价格（合同价），但这不是交货的价格，在交货时，要按事先估计的当时可能出现的国际市场的价格进行调整。调整的办法是按双方确定的滑动公式进行。其方式和要点大体如下：

1. 确定滑动部分占货价的比例。确定滑动部分时，首先把货价不变部分的比例扣除，一般比例是10%～20%，这部分主要是管理费用等。此外，预付定金的比例一般为货价的10%～15%，也应争取从中扣除。扣除上述比例后，滑动部分一般占货价的70%～80%。

2. 滑动价格的组成和比例构成。滑动部分由材料费和人工费两部分组成。其比例大体各占一半。确定比例时，需根据具体情况来定。有的设备制造复杂、精密度大、费工费时，那么人工费的比例就可能大些；有的设备所用金属材料多，贵金属也用得多，那么材料费的比例就大些。

3. 确定材料价格指数和工资指数的资料来源。（1）采用双方同意的统计资料；（2）确定材料商品指数的具体项目；（3）确定工资指数的具体项目。

需要注意的问题是，由于交货时往往得不到当时需要的有关指数，对此，往往规定采用交货前取得的最新指数为依据。有的则采用交货前几个月的平均指数，有的还规定指数上升到一定幅度时才予调整，也有规定一个总的上涨幅度，等等。

出口商在什么情况下报固定价格或滑动价格呢？一般情况是，当国际市场价格比较平稳、进出口双方对商品价格的前景较有把握时，出口商一般都愿意报固定价。因为固定价在支付时比较简单，没有滑动价那么复杂、繁琐的条件和计算方法。可是当国际和国内市场物价波动剧烈、趋势看涨、对前景没有把握时，出口商会坚持采用滑动报价。

对进口方来说，究竟如何选择上述两种报价呢？一般来说，用固定报价要简单些，也便于比较，但也不能绝对化，还应从实际出发。因为无论是哪种报价，出口商都把材料和工资上涨的因素加进货价中去了。例如，1974—1975年，我国第一次从某国进口化工成套设备，由于当时国际市场商品价格波动剧烈，对方坚持采用滑动价格，而我方要求用固定价格，双方相持不下。对方还举出许多理由向我方解释，为什么他们坚持报滑动价格。当时由于我方急需进口，而该设备的技术条件也较先进，因此，我方要求对方同时报两种价格，进行比较。对方报的固定价大大高出按滑动价计算的合同价，有的材料价格高出60%到一倍。后来，我方接受了滑动价，在支付过程中，按滑动公式计算后，实际支付结果只比合同价高出10%。

（三）成套设备进口中的货币汇价

从成套设备的报价来看，出口商主要关心的是商品价格。但是前提是，这种价格的确是在本国货币的基础上计算的。也就是说，他们考虑的成本、利润都是从本国货币出发。因此，他们只需把今后物价、工资上涨的因素加在货价上，就可获得盈利的保证了。当然也不存在汇价的风险。因为即使在交货期间，该国货币对外国货币升值或贬值，对他们所期望得到的利润影响不大，他照样能得到所期望数额的本国货币。

但是，对进口商来说，在支付货币上则存在着不同的汇价风险，特别是在浮动汇率的情况下，一年之内软硬币之间的汇价变动可相差20%～30%，有时一天上下波幅可达5%～7%。假设我从美国进口成套设备，以分期付款方式采用美元计价结算，交货期为两年，由于交货期间，美元对人民币汇价不断上升，结果折成人民币计算时，我将多付人民币。又如，我从德国进口成套设备，由于人民币对德国马克汇价上升，如以德国马克计价折算，再折合成人民币时，我将少付人民币。由于人民币不是自由兑换的货币，因此，人民币汇价的变化，还不完全反映我实际支付某种外汇是多付或少付。

因此，就我们来说，要避免汇价风险，最好选用西方相对来说比较软的货币。然而，这只是从软货币国家进口成套设备时，才行得通的，而从硬货币国家进口设备时，往往是一相情愿的想法。

正如上面所说的，由于成套设备金额大，交货期长，出口商都是用本币计算成本、利润，不愿承担汇价风险。而且出口商一般都争取出口信贷，资金由银行垫付，风险由官方出口信贷机构承担，出口商可及时收到货款。也就是说，用本币计价的出口商，他只要把货价定得有利，就不会因该国货币对外贬值而遭受巨大损失。如果进口商坚持要从硬货币国家进口设备而用软货币支付，那对出口商来说就出现了商品汇价风险问题了。对出口商来说有两个问题：第一，因为出口国的出口信贷机构只对本国货币的出口提供优惠利率和贴补，如果用外国货币，一般就得不到上述优惠；第二，出口商为了确保他的盈利，就必然想尽一切办法把汇价风险加在货价上，最后还是转嫁到进口商身上。如果硬货币国家的出口商极需推动出口，他即便同意用软币，也必然事先用各种方式，把在今后收到的软币尽量想法卖给该国的大商业银行，从而买回本币或其他资产（如有价证券等），以确保按本币计算的成本、利润金额不受损失。

但另一方面，就进口商来说，在某些情况下，用硬币也不一定就比用软币吃亏。特别当某种软币资金来源不享受出口信贷优惠利率，而且按照欧洲货币市场利率为基础计算时，此种软币的成本就很高，与硬币相比不一定合算。

鉴于上述情况，我们的看法是：

1. 把斗争的重点放在货价上，这就要求做到：（1）首先争取最优惠的合适价格，采用什么货币应为货价斗争服务；（2）在比较固定货价和滑动货价后，再比较即期货价和远期货价，以便确定是用卖方信贷（即延期付款）方式，还是用买方信贷，或银行买方信贷的支付方式；（3）在确定支付方式后，应考虑如何缩小支付的预付定金的比例、推迟或减少每次付款的比例，以及扩大或推迟交货期满的支付比例，要比较怎样做，可以减少利息开支；（4）应进一步设法减免其他费用开支，例如信贷保险费、管理费、承担费、手续费，等等。

2. 如果软货币国家的设备质量和交货条件不次于硬货币国家，仅仅在价格上略为高一些时，可以考虑从软货币国家进口设备，其好处是：（1）如同样享受出口信贷优惠利率，软货币的利差补贴要比硬货币大；（2）可以获得该货币贬值后带来的好处。

3. 如果我方准备要进口的设备，对方坚持一定要用硬货币，而该设备是我急需物资时，而且质量、交货条件也合适，我们可以考虑接受用硬货币。我们在接受用硬货币时，可以采取一些避免货币风险的措施：（1）与对方签订提前还款条款。这可以减少债务人的货币风险和利息负担。在资金运用过程中，我们可根据国际市场利率的变化，灵活运用和归还。如果当市场利率水平低于我方出口信贷或延期付款规定的利率时，我们可以从市场借进硬货币，提前偿还贷款，从而减少利息负担。当软货币利率趋低，我方可以从市场上借入软货币，按当时市场汇价买入所欠的硬货币，提前偿还部分贷款，把硬货币负债变成软货币负债，既避免了硬货币升值的风险，还可获得软货币贬值的好处。反之，当所借硬货币利率趋升，而我资金又比较充裕时，这时我们可以把未到期的硬货币放出去，赚取利差。（2）事先买好远期硬货币。可在付款前把软货币买成硬货币，以避免硬货币上升的风险。当然，买卖远期外汇的期限一般最长为一年，所以只能解决一段时间的外汇风险。这项工作的前提是，一定要对西方货币趋势有一个基本正确的判断。

外汇风险及其防范*

一、外汇风险的概念

外汇风险是指在国际经济、贸易、金融等活动中，以外币计价的收付款项、资产与负债业务因汇率变动而蒙受损失或获得收益的可能性。

凡从事对外经济往来的公司、企业、个人以及国家外汇储备的营运与管理，通常在国际范围内收付交易大量外币或持有外币的债权债务或以外币表示其资产负债的价值，由于各国使用的货币不同，加之各国货币汇率、利率间经常发生变化，因此在上述往来结算中就会产生风险。

需要注意的是，在我们日常实际活动中，对外汇风险的理解习惯于从风险的主体出发，也就是说从损失的可能性来进行分析和研究，而且主要着重于因汇率变动引起的风险。因此，当我们表述汇率风险的一般含义时主要指，在一定时期内，在持有或运用外汇的场合，因汇率变动而给有关主体带来损失的可能性。

二、外汇风险的类型

（一）交易风险

交易风险指以外币计价成交的交易因汇率波动而引起收益或亏损的风险。主要表现在：

1. 以信用为基础的以即期或延期付款为支付条件的商品或劳务的进出口，在货物装船或劳务提供后，出口商承受出口收入的外币汇率下降的风险，同样进口商承受进口支出的外币汇率上升的风险。

2. 以外币计价的国际投资和借贷活动，在债权、债务未清偿时所存在的风险。这里有两种状况：（1）对外投资中的汇率或利率风险。（2）在对

---

* 本文原载《新金融》2005 年第 5 期。

外筹资或对外债务中的汇率或利率风险。对外筹资的风险与对外投资的风险正好相反。

（二）经济风险

经济风险也称经营风险是指由于意料不到的汇率变动，引起企业在未来一定时间内收益发生变化的一种潜在性风险，收益成本与原来的预期目标发生较大的偏差，从而引起净收入下降的可能性。收益变化的大小，主要取决于汇率变动对该企业产品成本、价格乃至生产数量的影响程度。

潜在的经济风险直接关系到海外企业经营的效果或银行在海外的投资效益。因此，对一个企业来说，经济风险较之交易风险或会计风险引起的变化更为重要。但是，经济风险是一种概率分析，它取决于在一定时间内预测未来现金流量的能力，是企业从整体上进行预测、规划和进行经济分析的一个具体过程。分析经济风险主要取决于预测能力，预测是否准确直接影响生产、销售和融资等方面的战略决策。

（三）储备风险

每个国家或企业为平衡国际收支或国际支付都有一定数量的外汇储备。在浮动汇率制度下，外汇储备的构成尤为重要。对于由汇率变动所引起的外汇储备损失称为储备风险。在一般情况下，外汇储备中，货币品种适当分散，保持多元化，根据汇率变动和支付需要，随时调整结构，使风险减小到最低限度。

（四）会计风险

会计风险也称转换或折算风险，主要是由于汇率变化引起资产负债表中某些外汇项目金额变动的风险。特别是一些跨国公司在对经营成果进行评价时，要将各子公司的会计报表合并为一个统一的报表，当子公司经营活动所用的职能货币（记账货币）与母公司规定的统一报表所用的货币不一致时，在折算比价变化时会出现损益。该风险还受不同国家会计制度与税收制度所制约。

三、防止和转嫁风险的对策

减少外汇风险主要有两种办法：事前和事后。事前称为外汇风险的防范，主要是通过改善企业内部经营来实现。事后称为外汇风险的转嫁，主要是利用外汇市场金融资产的交易来实现。

（一）做好货币选择

这是一种根本性的防范措施。一般的基本原则是“收硬付软”。例如争取出口合同以硬货币计值，进口合同以软货币计值；向外借款选择将来还本付息时趋软的货币，向外投资时选择将来收取本息时趋硬的货币。但是货币选择不是一相情愿的事，必须结合贸易条件、商品价格、市场行情或者结合对外筹资的不同方式，借、用、还各个环节综合考虑、统筹决策。此外，货币软硬之分也只是在一定时期内相对而言。因此还涉及对汇率趋势的正确判断，同时也要考虑利率的趋势，把两者结合起来。对于固定利率与浮动利率的选择，主要也是看利率的水平与趋势。就借入方而言，在借入货币利率趋升时，以借入固定利率为宜；若借入货币利率趋降时，则以选用浮动利率为好。

（二）国际经营的多样化

这也是防范外汇风险中经济风险的一种基本策略。国际经营多样化本身就能分散风险、抵消风险，尤其在商品经营的多样化、生产的国际化条件下，就可能在各国经济发展不均衡时，及时了解情况，作出有竞争力的反应；也能及时发现各国货币购买力平价不均衡的变化，对经营的品种和地区作相应的调整，使风险总和趋向最小化。

（三）筹资分散化和多样化

任何企业不同程度上都需要一定数量的外部资金，这包括筹资、融资、借贷等。如果涉及外币，必然产生风险。可采取的办法有：

1. 借款的货币结构应与经营中预期收入的货币结构相一致，这在一定程度上可抵消交易风险与折算风险。

2. 筹资的币种和方式应分散化，这样也可减少某种货币或某种方式的融资因汇率变化造成的风险。

（四）汇率风险的转嫁

汇率风险的转嫁，实际上是一种保值的措施，一般通过市场交易进行。主要的方式有：

1. 套期保值或称套头交易。套期保值是指在已经发生的一笔即期或远期交易的基础上，为防止汇率变动所造成的损失而再做一笔方向相反的交易。如原来的一笔受损，则后做的交易就会得益，借此弥补。反之，如汇率出现相反的变化，则前者得益，后者受损，两者可以抵消。故套期保值也可称为对冲交易。根据这个原理转嫁风险的具体方式主要有：

（1）远期外汇保值。在进口或出口交易成交后，如果预期将要支付或收入的货币汇率有趋升或趋跌的可能，即可在进出口交易的基础上，做一笔买入或卖出该货币的远期交易，以转嫁风险。国际市场短期投资和借贷交易中，为避免将要支付或收入的货币汇率的风险，也可以做远期外汇买卖。需要指出和注意的是，这种方式的实际作用是在预先确定的交易成本或收益的基础上。因为实际汇率的走势完全可能向相反的方向发展，如不做远期反而有利。当然，也可能出现更大的损失。因此，在确定成本和收益后进行远期保值仍不失为转嫁风险的一个方式。

例：某日本企业出口一批货物，根据合同3个月将收到100万美元。企业担心3个月后美元贬值日元升值，故与银行做远期交易，卖出美元，买进3个月远期日元。当时价为1美元=250日元，3个月远期交易价为1美元=248日元。3个月后，该企业收到100万美元交割给银行，获得2.48亿日元。这时，美元已跌到1美元=175日元，100万美元只能兑换1.75亿日元，如果没做远期外汇买卖，该企业汇率损失为7 300万日元。

（2）外汇期权保值。所谓期权是在外汇期货买卖中，合同持有人具有执行或不执行合同的选择权利，即在一特定时间内按一定汇率买进或不买进、卖出或不卖出一定数量外汇的权利。这种方式比远期外汇的方式更具有保值作用，因为若汇率实际变动与预期相反，则可不履行期权合约。当然，所要付的费用比远期高得多。

例：1986年10月至12月，1美元=160日元至164日元徘徊。中国银行某分行代客户购买一笔美元卖出权（put option），日元买入权（call option）。协议价为1美元=170日元，费用为4.15%，期限为1个月，美元金额为100万美元。按照4.15%计算，期权买方要付4.15万美元的费用，从而买进在1个半月后，以170日元的汇价卖出美元买进日元的权利。

1987年1月30日，该笔期权到期，美元汇率已跌至152.75日元，该客户一定会要求行使期权合同。如做远期汇率为1美元=162日元，比之170日元购入美元相比，损失仍然很大。如果美元上升，则不可做，但仍要承担费用。

（3）外汇期货保值。期货交易是买卖双方交易的统一的标准化合同，即期货合约，该合同中有外汇或其他金融资产，买卖双方可以做多头或空头。如某公司有一笔日元资金，可兑换成美元后在市场拆放获利。为防止一定时间（假定6个月）内美元下跌日元上升，另在外汇期货市场以日元卖出期货美元（美元空头）。6个月后，如果美元对日元汇率果真下跌，但由于期货市场做了一笔相同期限的多头，可把原做的美元空头合同了结，与现货市场的损失相抵。需要指出的是，在实际外汇期货交易中投机的成分很大。

例：某进口商从德国进口设备，需要6个月后付200万德国马克。当时汇率为1德国马克=0.4美元，即1美元=2.5德国马克，假定进口商以美元购买德国马克付汇，支付200万德国马克÷2.5=80万美元。但是，进口商担心美元下跌，可在期货市场买进160份6个月德国马克期货合同，每份12 500德国马克（12 500×160=200万德国马克）。如果6个月后德国马克升值为1美元=2德国马克，进口商需用100万美元才能获得200万德国马克，损失20万德国马克。由于他购买160份期货合同，他可以把它卖掉。由于1德国马克=0.5美元，160份共赚20万美元，正好弥补损失。

（4）货币互换、利率互换与远期利率保值协议等保值。该方法适合于中长期借贷、融资和筹资业务。比如美国公司在日本发行5年期日元债券，但却需要把日元债务换成美元，通过银行中介进行互换，双方避免了汇率风险。利率互换的原理亦然，通过交换，双方还可能降低成本，银行也获取了收益。

2. 掉期保值。签订买进或卖出即期合同的同时，再卖出或买进远期外汇合同，称为掉期。它与套期保值的区别是前者是两笔相反方向的交易同时进行，而后者是在已有的一笔交易基础上所作的反方向交易。它常用于短期投资或短期借贷业务的外汇风险的防范。

例：某投资商在200日元=1美元时，用200亿日元购进1亿美元，存入美国银行可获利差4%。为防止1年后美元对日元汇率下跌，即在卖出日元买进即期美元的同时，做买进日元卖出美元（1亿美元）1年期的远期交易。

3. 提前或推迟外汇收付。在预知汇率发生变化，提前与推迟付款必然导致资产或负债的变化，降低汇率风险获得收益，但同时也给对方带来相反影响。当汇率变动趋势极其明显时采用此方法，对方必然会有其他一些条件和措施相制约。

4. 使用货币保值条款。在合同中规定一种（或一组）保值货币与计价支付货币之间的汇率，如支付时汇率变动超过一定幅度，则按支付当时的汇率作规定调整，以达到保值的目的。大体方式有：

（1）综合货币单位保值。常见的是一组或一篮子货币保值，即先确定一篮子货币构成，再确定各种货币的权数，事先定出支付货币与保值货币的汇率，计算出每种保值货币的金额比例，到支付时，根据当时汇率的变化折成支付货币进行支付。由于“一篮子”中的各种货币与计价结算货币汇率的变化不同，有升有降，因此，能够分散汇率风险或把风险限制在预设的幅度内。

（2）复合指数保值。常用的是把商品价格变动和支付货币时保值货币汇率变动等因素结合起来，定出复合指数。到期时，根据指数变动，调整支付金额。有的大型设备往往采用滑动价格保值，即把商品中的某些因素不固定，根据原材料、工资等变化，到支付期时加以调整。

在使用货币指数时，往往都规定一个幅度。如支付货币与保值货币汇率变动幅度超出 1% 或 1.5%，则货价不作调整；如贬值超过 1% ~1.5%，则予以调整。

滑动价格保值。首先确定滑动的比例，滑动部分一般占货价 70% ~80%。滑动部分价格由原材料价格和人工费所组成。因此，要确定原材料价格指数和工资指数的资料来源，然后再确定原材料、工资如何调整以及在多大范围内对价格进行调整等。

四、我国当前的外汇风险和防范对策

由于人民币不是自由兑换的货币，因此，我国的外汇风险较之西方国家要复杂，而且防范的难度要大得多。我国的外汇风险主要有外币与外币、外币与本币的风险。由于在 1994 年以前我国实行外汇留成制度，各单位分配持有的外汇额度价值也会因汇率的变化发生变化，因此，外汇额度也存在风险。1994 年汇率并轨后，情况有所改变。

我国的外汇风险主要表现在三个方面：

（一）对外贸易中的汇率风险

1. 我国对外贸易中出口大多收美元和港元，进口对日本支付日元，对欧洲则支付欧元。但当美元贬值，日元、欧元升值时问题就凸显了，主要表现在对日、德支付时所产生的问题。

（1）在出口贸易中，如果美元对人民币贬值，结汇时将少收人民币，升值则多收。如果美元对日元、欧元贬值，那么收到的美元兑换日元、欧元的金额将减少。

（2）在进口贸易中，如果日元、欧元对人民币、美元升值，那么支付时将多付人民币或美元。

（3）有美元现汇，进口支付其他货币。由于汇率变化，可能出现多支付或少支付美元的情况。

2. 1994 年起，由于人民币汇率并轨，外汇留成取消，外汇调剂价格消失，对外贸易支付中的汇率风险与西方国家基本一样，不再涉及外汇额度问题。

（1）出口商品在报价选择上，如果用人民币作底价，一旦人民币升值，其折合的外币价也相应提高；反之，如用外币报价，当人民币对报价外币升值时，其所折人民币相应减少。

（2）出口商品如以日元计价，3 个月后收汇。如果估计日元对美元有下跌趋势时，应事先购买 3 个月日元对美元的远期以期保值。

（3）进口商品如以欧元计价，3 个月后支付。如果估计欧元有升值趋势，应事先用美元购买 3 个月期的欧元以期保值。

（4）鉴于 1994 年以来，人民币与美元的汇率保持相对稳定，由于人民币对外币的远期买卖尚不完善，在考虑汇率风险时，可以根据美元与其他货币汇率变化的趋势采取相应的措施来防范人民币与其他货币间的汇率风险。

（二）国家外汇储备风险

1. 情况。一个国家拥有的外汇储备，主要是存放在外国银行的各种形式的外币资产（如存款、有价证券等）。由于汇率变化，储备的价值就必然受到影响。比如，外汇储备 70% 是美元，一旦美元贬值，这时用美元兑换日元以支付从日本的进口，就发生亏损。反之，如果美元升值，用美元兑换其他货币支付进口，就会出现盈余。再如，如果储备的 20% 是日元资产，当日元升值时，用日元兑换其他货币支付进口时，会出现盈余。当日元贬值，则会出现相反的情况。

2. 对策。一般来说，国家外汇储备的管理政策的原则是安全、灵活、保值。为此应：

（1）储备货币要多元化，以分散风险，不能过分集中在一种货币上。

（2）要根据支付进口所需货币确定该种货币资产在储备中的比例。例如，日元支付达30%，那么在储备资产中就不应低于30%；美元占60%，那么储备资产中美元比例最好不低于60%。

（3）在选择各种形式的储备货币资产时，要考虑是否可以随时变现，是否调拨灵活，同时要考虑利息收益的高低。

（4）做好汇率趋势预测，及时或不定期调整各种货币的比例，切忌大幅度脱离支付比例。储备管理的中心问题是保值，第一位是安全，只有在安全的前提下，保值才有基础。因为国际经济金融形势千变万化，预测分析往往与实际情况有差异。如果不根据支付需要作调整，而是押宝在某种货币的升贬上，那么一定要栽跟头。西方有的商业银行，由于搞外汇投机而倒闭破产的大有人在。

（5）不能被动、片面地理解和认识保值，应把储备作为资产进行管理和运作。在保值基础上，除获取基本的利息收益外，努力争取适当增值。

（三）对外债务风险

债务风险主要指除了储备和贸易支付以外的对外负债，由于货币汇率的变化而产生的风险。

1. 情况。比如，某信托投资公司或地方政府在日本发行了一笔5年期日元债券，构成日元负债。该公司将筹集到的日元资金马上折合成美元贷放给企业用于更新改造。5年以后企业仍以美元还款。而投资公司则需要将收到的美元再兑换成日元清偿日元债券。但这时如果日元升值，美元贬值，用企业还回来的美元就不足以抵偿日元债券了，从而使债券发行者蒙受汇率变动所造成的损失。

再如，向日本借的日元能源贷款，如果也折合成美元使用，偿还时日元升值，也会加重还本负担。

总之，由于改革开放深化，引进外资进一步扩大，对外借债的单位又较多，借债方式也不同，不论是借款、发行债券，还是“三资”企业的资金核定运用，都会遇到汇率变化（包括人民币汇率变化）引起的汇率风险问题。因此避免对外债务风险的问题必须引起重视。对外债务的情况比较复杂，外债使用的情况又不易全盘掌握，更需要各有关单位深入研究这一问题，减轻因汇率变动而造成的损失。

2. 对策。

（1）最好是借什么货币，就存什么货币；用什么货币，就还什么货币。目前国有商业银行的对外负债和国内外汇贷款基本上遵循这一原则。

（2）如果借进日元后，再转成美元使用，最好把汇率固定下来。借贷者可通过银行做一笔远期买卖，把风险转嫁出去，这样就不会影响日元的归还。

（3）要有专门的机构对对外债务进行管理、监督和运用。特别是在币种上，借、还期限上，利率费用上，要制定一套措施和条例。

（四）会计折算风险

凡是跨国公司或跨国银行在年终结算时，都会有下属分公司或子公司并表（资产、负债、利润等）的问题或业务状况统计问题。因此，一定要正确认识汇率折算产生风险的原因，并正确对待风险。

1. 凡国外分支机构、子公司防范自身经营中的汇率风险时，只能立足于经营活动中所用的职能货币（计账货币），而不能以母公司的计账货币为出发点。

2. 国外分支机构、子公司的业绩只能以计账货币所表示的金额变化来衡量，凡以美元或母国货币来表示的统计数据，只能作为参考。因为汇率的变化，对统计数据的影响极大。例如，1994 年 12 月 31 日，中国银行卢森堡分行存款为 240 亿卢郎，当天 1 美元 = 30 卢郎。那么当天该分行以美元计算的存款为 240 ÷ 30 = 8（亿美元）。但是 1997 年 12 月 31 日，1 美元 = 40 卢郎，如卢郎存款数额保持不变，当天该分行以美元计算的存款只有 240 ÷ 40 = 6（亿美元）。

3. 国外分支机构把税后利润上缴总行后，根据避免双重征税的原则，总行原则上不需要对这部分收益再纳税。具体做法是：总行在缴纳整个集团的税款时，首先按照本国税率和该银行在全球范围内的应纳税收益，计算出该行应缴纳的税收总额。然后，减去已在国外缴纳的数额，最后补上应缴纳的差额。

第五篇

利用外资与国际收支平衡篇

利用外资的途径和需要注意的问题*

一、利用外资的几种途径

利用国外资金，促进经济发展，是西方各国普遍采取的一种手段。目前，利用外资有各种不同的形式和做法。

（一）出口信贷

出口信贷指银行对出口贸易提供的信贷，特别是对金额较大、交货期较长的成套设备出口。西方各国为了促进和扩大出口，广泛采用提供出口信贷以支持出口的办法，也就是由出口国官方进出口银行或私人商业银行提供贷款，以解决买方支付中的资金需要。国际上成套设备交易，一般均利用这种形式支付。为了鼓励出口，减少信贷风险，西方国家还纷纷成立和加强信贷保险机构，对提供出口信贷的商业银行给予保险和担保。如果借款人到期不能偿还，由信贷保险机构负责赔偿。目前，这种信贷方式主要有卖方信贷与买方信贷两种。

1. 卖方信贷。出口方银行向出口商提供的信贷。资本主义国家出口商（卖方）为了多做买卖，有时出售设备不是要求现款支付，而是采取赊销办法，分期还款。贷款合同由出口商与出口方银行签订，对进口商手续比较简便。进口商在订货时仅交合同金额的15%～20%作定金，其余货款在全部交货或工厂开工投产后陆续偿还（一般每半年还一次，包括延付期间的利息）。进口商还款后，出口商再把贷款归还出口方银行。多年来，我进口重型机械、成套设备，接受延期付款就属于这种信贷方式。这种信贷，由于出口商要负担保险、管理等费用，售货报价一般比即期付款的货价要高（一般高3%～4%，个别有高8%～10%）。同时由于各种费用都混在货价

---

* 本文原载国家计委经济研究所世界经济协作组《世界经济参考资料》1979年第41期。

内，难以分辨，特别是资本主义国家对出口信贷收取的保险费一般对买方保密，不利于核算比较，争取有利成交条件。

2. 买方信贷。出口方银行直接向进口商（买方）或进口方银行（买方银行）提供的信贷。进口商或进口方银行用这种贷款支付现汇给出口商。设备全部交完后若干年内，进口商或进口方银行分期偿还（包括利息）出口方银行的贷款。如果是由进口方银行接受信贷替进口商支付了货款，那么进口方银行和进口商之间的债务，则按双方规定办法结清。目前西方国家比较流行买方信贷，这种信贷，因出口商可及时收到货款，有利于资金周转。同时，由于是即期现汇成交，买方对商品的报价、信贷保险、财务管理等费用，也一目了然，便于比较。特别是出口方和进口方银行直接打交道，可以节省费用，充分发挥银行信用的作用。

（二）银行信贷

企业为了进口大型设备可向国外银行筹措资金，该资金一般可自由运用，不受出口信贷要与一定的进口项目相联系的限制。如金额大、时间长，则由几家银行共同筹资提供。银行信贷一般需签订信贷协议，有的还要求借方的官方机构担保。利率为欧洲货币市场伦敦银行间的拆放利率加一定幅度的差价（0.5%上下）。到期还本付息，出口方银行还需收取一定的费用（承担费、管理费等，为0.1%～0.5%）。进口方国家的中小企业一般不容易直接从国外银行取得信贷，往往通过进口方银行出面代其向国外筹措资金，进口方银行和企业间的资金运用关系，仍按信贷原则解决。同时，中国银行的海外行也可吸收当地的储蓄存款，调回总行周转使用。

另一种形式是，国外银行或银团（几个银行的联合）在欧洲货币市场或外国金融市场上替进口企业或进口方银行发行中长期债券，筹措资金，每年偿付利息，到期偿还本金。

（三）租赁信贷

一般由西方大商业银行附设的租赁公司购买机器设备，出租给客户（承租人），收取租金，产权仍属租赁公司。租期完毕，承租人也可以承购这些机器设备。这可使承租人减少大量开支，避免资金积压，及时更新设备和运用新技术。

（四）补偿贸易

为了扩大进出口双方贸易，国外企业先向进口企业提供机器设备、工厂技术知识、专利、各种服务，培训人员，联合发展科研项目等，待项目竣工投产后，买方以该项目的产品或双方商定的其他办法清偿货款。由于买方企业还款付息是采取补偿的办法，故称补偿贸易。补偿的方式一般为：（1）用投产项目的部分产品或全部产品分期偿还；（2）用原料或其他产品分期偿还；（3）用收入或利润分期偿还（如用于建造旅馆，以一定比例的住房收入来偿还）。这种合作生产形式，在一定条件下，出口企业可获得产品商标注册权或专买权，但不能加入股份。

此外，国外企业提供原材料、零部件或部分生产设备（如装配线），由国内企业加工，成品归国外企业，国内企业收加工费。国外企业提供的设备费，在加工费中扣除偿还，这是补偿贸易的又一种形式，也是一种来料加工。

（五）合营企业

合营企业是外国和本国联合投资兴建企业的一种合营生产组织形式。在本国境内的合营企业，外国资本占有的股份一般不超过49%。外国投资者通过共同管理委员会参与对合营企业的管理，有权按股份分配企业利润。外国投资者主要提供成套设备、专利技术和培训人员，一般按国际市场价格计算成投资股份。本国主要提供地皮、厂房、动力、辅助设施、原材料、劳动力等，一般按协议价格算成投资股份。

上述五种利用外资的途径和形式，都涉及用什么货币，按什么利率与收费标准，以及贷款与归还条件，等等。有的还涉及法律、税收和仲裁等问题。我们应从实际出发，认真研究确定运用哪一种方式为好。

（六）政府信贷

政府信贷既不同于出口信贷，也不同于银行信贷，而属于援助范围，列入政府财政预算，由有关国议会通过。这种信贷利率低（2%～3%），期限长（可在20年以上），但金额不大。一般由政府财政部门出面安排。

（七）国际金融机构信贷

国际金融机构信贷主要是国际货币基金组织（以下简称基金组织）和

世界银行及其所属国际开发协会、国际金融公司，这些都属于联合国的专门机构。联合国会员国绝大多数都参加了这四个机构。

国际货币基金组织对成员国一般提供五年期限的贷款，供解决国际收支困难使用，利率随期限递增，从4.375%到6.375%，贷款最高额为成员国所交份额的125%。

世界银行对发展中国家提供长期贷款，期限可长达25年，利率一般比国际金融市场利率低，但贷款必须与商定的建设项目相联系，须由对方政府担保。

国际金融公司主要对成员国私人企业贷款和投资，期限7至15年，不须政府担保。利率根据贷款的具体情况决定，一般平均在9%以上。

国际开发协会提供长期贷款，贷款对象为“非常贫困”的国家（按人口平均国民生产总值不到375美元的发展中国家）。期限可长达50年，不收利息，只收0.75%的手续费。

以上四个国际金融机构的借贷，一般都要求借款国提供有关经济指标和投资项目的情况。

二、利用外资需要注意的问题

如上所述，通过银行利用外资主要有两种形式：

一是我国银行在海外吸收的存款，即中国银行在海外吸收的储蓄存款和从欧洲货币市场吸收的外国银行存款或贷款；另一种是外国银行的出口信贷。不论哪一种形式利用外资，到期都要还本付息，不是用人民币归还，而是用外汇偿付。对贷款期限，也需正确理解。比如与进口设备相连的5年期的银行买方信贷，其还款期往往是以设备交完（一般2至3年）后，5年内分10次即半年一次分期偿还（包括利息），而不是5年后一次归还。表面上是5年的信贷，实际上用款期不足5年。这是国际上通行的做法，我们需要注意。

由于中国银行筹措的外汇是周转资金，必须按期对外还本付息，否则将影响银行信用。因此，利用中国银行的外汇贷款，要遵循下列原则：

1. 必须有外汇来源。能如期归还外资，支付利息。借款单位偿还外资，目前有以下几种做法：（1）生产出口商品的单位，如国外有销路，可用增产出口商品换回外汇，保证按期归还贷款本息；（2）有其他外汇收入的单位，可用收入外汇归还贷款；（3）个别单位经国家批准才可用国家外汇偿还。不论哪种做法，偿还贷款的外汇资金必须落实，并经有关部门确认。

2. 借外汇还外汇。贷款按外币计算，开立外币账户。一般折成美元记账，借美元还美元。对金额大、期限长的贷款项目，根据实际支付的外币种类，按原币设立账户，借什么货币还什么货币，银行一般不承担货币汇率变动的风险。

3. 参照国际上通行做法，严格按借贷手续办事。(1) 使用外资必须有批准文件，定项目、定金额、定期限、定利息、定用款和还款计划，并由借款单位办理借款手续，签订借款契约（协议或合同），明确债权债务关系和所负经济责任。(2) 利率按国际市场的利率水平确定，收取一定的管理费，利率每半年调整一次，每半年计息一次。(3) 收取承担费。银行按借款单位的用款计划准备资金，对那些贷款行已筹措而用款单位没有提取的资金，借款单位要承担利息损失。(4) 收取过期放款利息。信贷过期不还，影响银行资金周转，从过期之日起，加收罚息。

4. 对外资贷款项目进行监督。银行要指定人员参加进口谈判，参与研究外资贷款项目，分析贷款项目的生产、基建、财务会计报表，督促、检查用款和还款计划的执行，深入现场，了解情况，协助解决问题，或向上级反映。

三、引进项目的计价和结算问题

如引进项目确定用银行资金，即以现汇支付方式成交，则引进项目的企业首先要研究技术的优劣和价格的高低；第二步是确定使用什么外币；第三步是确定支付方式，包括预付定金比例，每次交货后支付比例，安装完毕后支付比例和保证正常投产（或使用）期满后的支付比例，这些都是商务合同的范围。然后再由中国银行与国外银行商定资金的利率、费用，并组织资金。因此，运用银行资金的单位一定要与银行紧密配合，互相研究，尽量做到经济上对我有利。

引进项目的价格高低和虚实是一个关键问题。国际上买方定价一般采用招标办法。招标得先由买方提出设计图纸和具体规格，而我目前对世界先进技术了解不够，一时难以自办。目前，我工业部门直接同各国有关企业洽谈，对一个项目多方比较，择优签订合同，实际上也是一种不公开的招标办法。邀请一些工程咨询公司代办，也是一种国际通行的做法。找几家有丰富经验的咨询公司，向他们了解有关项目的国际行市，可能所费不多，助益不少。

进口成套设备，利用出口信贷，原则上应争取用软货币（对外价值不断跌落的货币)。这是由于战后西方国家通货膨胀，货币贬值，物价上涨，机械和成套设备的价格更是直线上升。特别是70年代以来，通货膨胀加剧，物价上涨更快，因而长期贷款债务人总是处于有利地位。但各国货币比价变动很大。近年来，瑞士法郎、联邦德国马克、日元等对美元汇率大幅上升，属硬货币（对外价值不断上升的货币），而美元、英镑、意大利里拉、法国法郎属软货币。一般情况下，要避免使用硬货币。但软硬也是相对的，应结合价格、利率等其他条件，统筹兼顾，灵活掌握。

西方货币动荡不定，汇价风险很大。进口成套设备，从签订合同到还清贷款，少则三五年，多则八年或十年，在这期间，西方货币的升贬值幅度是很大的。因此，货币选择是价格斗争的重要组成部分。特别是我国出口商品大部分用软货币，进口商品也应争取用软货币，以符合平等互利的原则。选择货币应结合货价谈判一并考虑。因为一般用硬货币报价，可能便宜一些，而用软货币报价，货价可能大幅度提高。如果软货币报价大大超过硬货币报价，其差额大于硬货币对软货币升值的幅度时，也可考虑采用硬货币。即使在采用硬货币时，也还要争取进出口都用同一种货币，尤其用补偿贸易进行偿付的商品，更应如此。此外，也可考虑软硬货币各半的方式，双方分担货币风险。

利用外资与国际收支平衡*

为了加速我国“四化”的进程，首先应从宏观上确定国民经济的增长率，使经济增长有一个明确的目标。由于我国生产力落后，在“自力更生为主、争取外援为辅”的对外开放政策指导下，利用国外资源，通过与国外经济贸易往来，促进和保证经济的发展。这不仅是必要的，而且是可行的。

一个国家利用外资，即利用国外的财力资源，究竟能利用多少，原则上只能控制在为保持国民经济增长速度所需要，但国内尚不足的那个范围内，同时必须受外资利用的经济效益和外汇偿还能力所制约。

目前，我国利用外资存在需求与供应脱节、利用不当、零打碎敲、心中无数等方面的问题，其主要原因是缺乏一个长远的、比较切实可行的规划，与此同时，没有用国际收支平衡的观点来指导外资的利用和组织。正因为我们是社会主义计划经济的国家，完全可以通过制订和执行国际收支平衡计划，对外资的利用限度和偿还起指导和制约作用。

陈云同志指出，要搞好财政、信贷、物资和外汇的综合平衡。这里所指的外汇平衡，与国际收支平衡密切有关。

所谓国际收支，是指某个国家在一定时期内（如1年）对外经济、政治和文化交往所发生的外汇收支的综合记录。众所周知，当一个国家从国外收进的款项大于付出的款项而出现盈余时，就是国际收支顺差；反之，就是国际收支逆差。

从宏观经济角度来看，国际收支无论是顺差或逆差，对国民经济的影响都是多方面的。出口就其自身来说并无意义，作为维持进口的手段才有意义。如果外贸顺差过多，就等于把国内可以利用的产品和劳务提供给国外。如果再加上非贸易收入，造成外汇储备激增，就要增加国内货币投放量，对物价产生不利影响。此外，大量外汇存放在国外银行，也将为人所

---

* 本文原载《对外经贸研究》1982年第40期。

用。反之，外贸和非贸易出现逆差，外汇储备减少，造成汇价下跌，迫使政府采取限制进口等措施，以致影响原定国民经济的发展速度。

可见，在分析国际收支顺差或逆差的原因或影响时，把各个项目孤立起来考察是不够的，必须从国际收支的全局来考虑。

一般说来，每个国家的国际收支全部状况都反映在该国的国际收支平衡表上。该表大致由经常项目、资本项目和平衡项目三个部分组成。它们是根据资金收付的不同性质而划分的。它们之间的关系，反映了一个国家与国外收支往来的全部情况，也反映了利用国外资金的情况。

经常项目，也称往来账户。它包括：（1）对外贸易进出口商品收支；（2）旅游、运输、投资收入（利润、利息）、银行、保险、邮电等非贸易收支；（3）单方面转移，如赔款、援助、侨汇、赠与等收支。经常项目是国际收支表中最基本、最主要的部分，是考察国际收支状况的基本依据。一般来说，外贸收支在经常项目中居主导地位。

资本项目，也称资本账户。它包括一切对外资产和对外负债的活动，包括股票、债券、银行存单的交易和银行存款的支付等。交易对象一般把民间和政府分开。从时期来分，可分为长期资本和短期资本。这种资金移动也反映了投资国或贷款国对商品和劳务进出口所提供的资金融通情况，即借款国所借外债的情况。例如，利用买方信贷进口商品，其金额必然反映在经常项目的外贸进口上，但当时进口国并未支付货款，而是通过资本项目的资本收入来抵补的。还款时，利息部分通过经常项目中的非贸易支出偿还，本金部分通过资本项目的支出抵付。因此，资本项目的收入，反映一国对外金融负债的增加（或对外金融债权的减少），资本项目的支出，反映对外金融债权的增加（或对外金融负债的减少），从而能较全面地反映利用外资和偿还这些资金的计划和执行情况。

平衡项目，主要反映国家黄金外汇储备的增减情况。在经常项目和资本项目的金额相抵后，如果出现顺差，那就表明外汇储备增加，如果出现逆差，那就需要动用外汇储备加以平衡。

当前，发展中国家大都面临国际收支逆差的困境。为了改善国际收支状况，减少储备流失和避免货币汇价下跌，从根本上来说，首先应大力改善外贸状况，大力增加出口或一定程度上压缩进口。此外，大力增加侨汇、旅游、运输、服务等外汇收入，也就是说，首先从改善国际收支经常项目着手。但是，商品和劳务状况的改善不是一朝一夕的事，而且有的国家为了加速本国经济的发展，大量引进国外先进技术和设备，非增加进口不可。

因此，大多数国家通过各种形式利用外资。从改善国际收支的资本项目的状况，也就是说从增加资本项目的收入，抵补经常项目的逆差来取得国际收支的暂时平衡，如接受国外直接投资，向国际金融机构、外国政府或国际金融市场借款，等等。

我国正在积极谨慎地利用外资，但是怎样考虑国际收支的平衡呢？是不考虑偿还能力大肆引进技术和设备，靠增加资本项目的收入也就是不断借债来平衡呢？还是首先考虑偿还能力，即着眼于改善经常项目的状况，在增加进口加速发展经济的同时，大力增强出口能力和非贸易等收入；在上述收入可能增加额的基础上，来掌握借外资的额度，规划还款的支出，以达到积极的平衡呢？当然，我们应当实行的是后者，而不是前者。只有这样，才可能把利用外资置于积极而稳妥的基础上，减少或避免像某些国家那样国际收支长期不平衡，陷入借新债还旧债的债务陷阱。

但是，为了加快经济增长的步伐，进口一定会增加，在一定期间内，产生贸易逆差是难免的。从长期看，由于经济的发展，技术水平的提高，将导致出口商品成本的下降，有利于今后的出口，贸易逆差会缩小或变成顺差。另外，一个国家的储备多少，不应机械地规定相当于几个月的进口额或对外负债的一定百分比。储备的变动在很大程度上受国际收支的动向、国内外经济形势的变化以及国际金融机构等借贷情况的影响。如果国际收支能达到平衡，外汇储备不一定保持太多。即使出现一些逆差，储备有所减少，但只要能确保资金周转以及对外信用就可以了。反之，单纯为增加外汇储备而借外债，从经济上来说是无益的。

我们还应看到，外资的利用和国际收支的平衡也不能只看当年，而应看三年、五年或十年。因此，我们除了应编制完整的当年国际收支平衡计划表和执行表外，也应对未来年度的国际收支进行规划。我们不仅要预测贸易和非贸易收支可能达到多大的顺差或逆差，而且要考虑对外负债到期应付的利息、外国投资的汇出利润等；要考虑资本收入的可能；还要考虑必须履行的资本支出（负债的本金偿还）。这样，把外汇收支全部纳入国际收支计划，这对促进合理利用外资、实现国民经济计划的综合平衡是很必要的。

对我国利用外资战略问题的探讨*

党的十一届三中全会以来，在对外实行开放、对内搞活经济的方针指导下，我国利用外资工作已取得初步成效。正如党的十二大报告指出的那样："实行对外开放，按照平等互利的原则扩大对外经济技术交流，是我国坚定不移的战略方针。我们要促进国内产品进入国际市场，大力扩展对外贸易。要尽可能地多利用一些可以利用的外国资金进行建设……"。这充分表明，我国对外经济关系和利用外资的战略方针是明确的。这里，从宏观经济角度出发，对我国利用外资战略的有关问题进行一些粗浅的探讨。

一、利用外资的长期性

一个国家经济发展的战略目标要放眼到10年、20年，甚至更长的时间。时间短了，缺乏长远规划，又易受世界经济周期的影响，就不能很好地做到瞻前顾后，统筹兼顾，稳步前进。为了加速我国的经济建设，利用外资必须树立长远的观点，将其纳入2000年的经济发展战略目标。

这里需要回答两个问题：一是利用外资是否需要在一定期限内全部还清；二是利用外资应当控制在什么水平上。

是否要把规定在一定期限内还清全部外债作为利用外资战略的目标呢？回答是否定的。因为这样规定，就会与尽可能多地利用一些可以利用的外资进行建设的长期政策发生矛盾。如果我们对外资管理得妥善，运用得当，我们完全可以有借有还，循环周转使用，保证我们实现战略目标长期利用外资的需要。所以，按照经济建设不同时期和阶段的需要，把利用外资长期保持在一个合理的水平上，是必要的、可行的。

那么，利用外资应当控制在什么规模上比较合适呢？主要应受以下三方面的制约：（1）原则上应控制在为保持国民经济增长速度所需要的国内资金不足部分的范围内；（2）控制在一个占国民生产总值一定的百分比上，

---

* 本文原载《国际金融研究》1985年第1期。

这个百分比的增长率不得超过国民生产总值的增长率；（3）债务的还本付息，不得超过当年出口收汇的15%～20%。如果上述三个方面掌握得好的话，必将促进国民经济的发展，形成国民经济的良性循环。

由于利用外资战略的长期性，因此在外资的具体运用上，也应从长考虑。一般来说，期限短，利率可能低一些；期限长，利率可能高一些，两者有一种交叉互换的关系。因此，绝不应仅仅从考虑如何降低利息负担，把每笔债务期限弄得过短。近年来，一些拉美国家发生债务问题，很重要的一个原因是短期债务过多。为此，要认真研究债务的期限构成是否合理，这是做好利用外资管理的一个重要前提。如果期限构成基本合理，再结合币种的风险和处理好不同期限的借贷偿还以及资金周转，不仅可以降低外债成本，也可减少其他方面债务风险。近年来，我国所借的短期商业信贷在全部债务中的比重已有所下降，而政府间、国际金融组织的长期债务比重已有所增加。从发展建设资金的长期性来看，这也是一个重点方向。

二、利用外资的重点和条件

利用外资，引进先进技术、设备以及管理经验，是我们进行社会主义现代化建设的实际需要。利用外资的形式是多样的，无论采用哪一种形式，都各有利弊，都要付出一定代价。但是，我们付出了代价，却赢得了时间，取得了先进技术和急需的设备，有助于加速改变我国目前的生产力状况，加快整个国民经济的改造和发展。

但是，利用外资进口商品的种类、数量、引进的技术，以及通过吸收直接投资（包括合营企业）方式的进口，必须符合利用外资的长期战略政策目标，要从我国的实际需要出发。当前，我们应优先进口能源、交通方面的技术和设备；优先进口能推动生产领域中全行业的技术改造和科学管理；优先进口能增加我国出口商品竞争力和开拓生产设备的出口市场。同时，我们在接受国外投资（包括合营企业）、项目贷款和合作开发时，也应从上述要求出发。凡是靠利用外资进口的商品，原则上必须是生产资料，而不是消费品。如果靠利用外资去进口消费品，即使解决了国内一时的消费需求，却很难增加国内生产能力和出口能力。最后，处理不当就会造成严重的债务问题。有些债务国就发生过这类情况。

有了上述的实际需要和进口的战略重点，还需要具备一些相应的条件。这些条件包括国内本身配套资金、自然资源、基础设施、人力资源，等等，其中，主要是消化能力和管理水平。消化能力是利用外资中最基本的制约条件。在国际市场上，有可能借到所需要的钱，也能够买到需要的商品，问题是我们能够吸收和消化多少资金和商品。同时，还要处理好引进外资和保护民族工业之间可能发生的矛盾，以及国内外销售市场的矛盾。如果消化得好，引进的技术、设备以及管理经验能够在我国经济中“开花结果”，那就能促进民族工业的发展。同时，还必须制订完备的、健全的税收、投资、外汇管理等法律和制度，既维护我国主权，又保护国外投资者的正当利益。为了鼓励外资的引进，使利用外资工作走上比较健全的轨道，要在税收上给国外投资者以优惠，外汇管理和汇率亦不宜过于繁琐和复杂，等等。当然，要具备这些条件和制定各种法规，还需要有一个过程。我们不应当等待一切条件成熟后，再吸引外资；也不应当在某些方面条件毫不具备时，而仓促盲目地吸收外资。

三、利用外资与计划的关系

我们是社会主义国家，实行的是有计划的商品经济。实现国民经济发展战略目标所需的资金，必须从国民经济的全局出发，加以有计划地安排。我们利用外资，是为了解决建设资金不足。这些外资一旦为我们所用就成为我们建设资金的一个组成部分，直接关系到国民经济发展的安排和规划。因此，必须将外资纳入国家计划，有效地发挥资金的作用，实现整个国民经济的综合平衡。

将外资纳入国家计划，最主要的是要处理好不同时期、不同阶段外资与财政的关系，特别是和基本建设投资的关系，这就要求我们深入研究外币与本币在资金运用上的关系。西方和一些发展中国家直接用外债解决财政困难，用外债解决基本建设的投资资金，或者用外债进口消费品，以解决国内供应不足和借以回笼货币等，这是一种单纯的财政观点。人民币虽然不是自由兑换的货币，但是货币相互转化运用的事例也已存在，虽然在规模和程度上远不如某些西方国家。但是，如果不将外资纳入国家计划，那么各种渠道的外资将会对市场产生冲击，对国内商品流通、货币信贷投放以及物价水平产生不利影响，以致影响和打乱整个国民经济的综合平衡。

这里，关键是如何把外资纳入计划。当然，要把全部的外资都纳入计划是困难的。但是，如果把绝大部分外资都纳入国家计划，正确安排财政、基建、信贷、外贸的比例关系，那么计划外的外资对市场的冲击就不会太大。同时，也可以避免像某些国家由于大量的外资涌入，通过不同形式和不同比价的本外币兑换，对国民经济带来的副作用。我们是社会主义计划经济的国家，完全有条件把外资纳入计划之中。这正是社会主义计划经济优越性的表现。

还需指出的是，中国银行通过信贷形式用于国内经济发展的外汇资金也必须纳入国家计划。中国银行是国家的外汇专业银行，该行的外汇资金，主要是该行国内外机构组织来的外币存款或对外借款以及同业存放款，等等。这是中国银行的负债业务。国内企业用中国银行的外汇贷款主要也是用于进口设备和实现技术改造，促进国民经济的发展。这与企业直接从国外借款没有本质的区别，在性质上也属于利用外资的一种。它也涉及人民币资金和配套资金问题，涉及国内基建投资等问题。所以，中国银行经营的外汇信贷、信托业务的外汇资金，也一定要纳入国家计划，统一安排，各方衔接，以充分发挥可以利用的外资的效益。

四、利用外资与外贸的关系

利用外资战略与对外贸易的关系非常密切。利用外资与进口的关系已如上述，这里不再重复。需要指出的是，不要怕贸易逆差，如果怕逆差，那就不必利用外资了。因此，保持一定的贸易逆差，甚至一定的经常项目逆差也是可以的。

利用外资的战略目标能否实现，中心问题是出口。如果出口能有较快的增长，则债务问题就不会发生。所以，有一个正确的出口战略，就成为利用外资的关键。

近四五年内，不可能期望世界贸易有很大的增长。这两年世界贸易增长的停滞和下降，主要受世界经济危机的影响。当前危机刚刚缓和，许多国家情况仍然很糟，国际商品市场情况也不好，发展中国家的出口有互相挤占的现象，发达国家贸易摩擦，保护主义并没有缓和。在此情况下，不利于出口商品的销售，也不利于卖上好价。但是要对今后四五年、八年、十年的国际贸易前景作出准确的预测是十分困难的。从国际贸易发展的历史来看，特别是在第二次世界大战后，世界贸易的增长一般都略高于经济增长。总的看来，在今后五年、十年甚至更长的时期中，西方经济的增长率将是缓慢的、低速的，因此，世界贸易的增长率也将是比较低的。当然，每个国家、各个地区的具体情况不同，发展速度也是不一致的。我国 1983 年的出口增长率为 11.2%，进口增长率为 21.4%。为实现本世纪末外贸翻两番，我国外贸的实际年平均增长率大体需要保持在 7.5% 左右。当然，出口增长率应低于进口增长率，但是两者也不宜相差太大。

在此情况下，我国出口除瞄准工业发达国家市场外，也要重视对发展中国家，特别是人口多、资源丰富的发展中国家的出口。拉丁美洲国家的经济发展前景较非洲国家为好，我们应注意开展对拉美国家的贸易。也应把印度作为一个重要的贸易伙伴，同时也不应忽视对苏联、东欧国家的贸易。在石油生产国中，对尼日利亚、伊朗、伊拉克等国家发展贸易的前景也比较好，因为这些国家不仅有石油，也有其他资源，他们也要发展经济。对东南亚国家的贸易也是有潜力的。这些都需要做深入细致的工作。

我国的出口战略应当是，有步骤、有重点地实现商品多样化和市场多样化，逐步改变目前出口商品结构和地区分布的不合理状况。例如，应有计划、有重点地扩大机电产品的出口，培植和发展拳头商品的出口，增加对发展中国家的出口比重。1981 年我国对香港的出口占对发展中国家和地区出口的比重高达 60%，我们不应减少对香港的出口量，但应增加对发展中国家的出口贸易量，使香港的出口比重在总的出口比重中有所下降。同时也应加强对日、美贸易的研究，认真总结对西欧的贸易往来。

此外，必须重视增加非贸易收入，这也是偿还债务的重要外汇来源。从发展来看，我国的旅游收入和劳务收入是很有前途的。

总而言之，我们要树立长期利用外资的战略思想，尽可多地利用国外资金，作为国内资金的有益补充；从实际出发，把握好利用外资的重点，使稀缺的外汇资金能最大程度上发挥效益；把外资纳入国民经济发展计划，从而保证国民经济各部门稳定协调的发展；密切结合外贸的发展实际，有计划、有步骤、有重点地把出口搞上去。把上述四个方面有机地结合起来，这样，我国利用外资的工作将会为社会主义建设作出更大的贡献。

对我国对外金融发展战略的探讨*

近年来，我国农业、工业、外贸、金融等领域对各自的发展战略进行了深入探讨，全国各省市和经济区域也结合自己的实际情况提出奋斗目标和各项具体战略措施。这些奋斗目标和发展战略是相互联系、相互制约的，而且与整个经济体制的改革是密不可分的。但是，有一条基本的原则，都是为实现我国在本世纪末工农业生产总值翻两番的总目标服务的。对外金融发展战略是对外经济发展战略的重要组成部分，现就我国对外金融发展战略的几个问题提出一些初步看法。

一、对“七五”期间国际经济金融环境的估计

为了研究对外金融发展战略问题，首先要对我们所处的国际经济金融环境作一个基本估计。这就是西方经济将保持低速增长，发生经济金融危机和美元崩溃的可能性不大，最多可能出现低速增长中的经济衰退，美元基本保持稳定，对日元和联邦德国马克汇价可能要疲软一些，但仍然是国际上主要支付手段和计价结算货币。

1. 西方新技术革命开始迈进比较成熟的阶段，电子计算机、通信、航天、生物工程等高技术产业已成为经济发展的支柱行业。美国、西欧和日本等国家准备在高技术领域投入大量的资金，如美国的“星球大战”计划，西欧的尤里卡计划，这将很大程度上推动技术的进步，加快技术向生产力的转化，从而带动整个经济的发展。虽然西方利率水平很高，但是由于新技术、新产品、新行业利润高，因此这方面的投资有相当的承受能力。

2. 经济政策的变革和干预措施产生了较好的效果。西方货币学派和供应学派的理论在实际经济货币政策的运用中已到了比较成熟的时期，基本上控制了通货膨胀，使经济也有一定的增长，走出了经济“滞胀”。1985 年 9 月 22 日，西方五国联合干预外汇市场，使过高的美元汇价有所下降，市

* 本文原载《国际金融研究》1986 年第 1 期。

场反映较好，这不仅对美国有利，在一定程度上也缓和了西方国家之间及其与发展中国家的矛盾。

3. 西方经济结构，特别是经济区域性、地区性结构出现了有利于经济发展的变化。近几年，西方经济结构逐步进行了调整，虽然进度不快，但收到一些效果，如能源、交通的调整，通信、电子、太阳能、生物工程、太空技术等新技术领域的发展。值得指出的是，亚太地区经济发展越来越受到世界的注目。在80年代和90年代，世界经济中心东移，可能会引起世界经济格局的重要变化，特别是中国巨大的市场潜力将吸引大批角逐者。

4. 美、日、欧三大经济力量间既相互结合，又为争夺商品和资本市场相互斗争，货币金融局势将继续动荡不安。第三世界债务危机不可能在短期内根本解决，南北对话也不会有重大突破。美苏对峙，局部战争不断，国际政治紧张局势仍会存在，但世界大战是可以避免的。

从国内的情况看，"七五"期间我们的任务主要有三条：（1）为经济体制改革创造良好的经济环境和社会环境，使改革顺利开展，基本上奠定新的经济体制的基础；（2）加强重点建设、技术改造和智力开发，在物质技术条件方面为90年代经济和社会的继续发展准备必要的后续能力；（3）使人民生活继续有所改善。从实现工农业翻两番的经济发展宏伟战略目标来看，在战略部署上，前十年打基础，后十年振兴。

党中央所决定的开放14个沿海港口城市和海南岛，这是加速"四化"建设的重大决策。1997年，我们将收回香港主权，允许其现有制度保持50年不变，力争维持香港的稳定繁荣，保持其国际金融中心地位，这对我国对外金融战略有重要的意义和影响。

二、对外金融发展战略的方针

（一）筹措外汇资金解决国内建设资金不足，这是战略方针的第一个出发点

资金不足和技术管理水平落后是当前突出的矛盾。在前十年打基础，后十年振兴，无论是人民币资金，还是外汇资金都可能出现供不应求的局面，现在这个矛盾表现得更为突出。仅国家决定兴建的广东核电站、山西平朔煤矿和海上石油开发等几个大的能源项目看，估计所需外资就达200多亿美元。这些项目投资大，建设周期长，到80年代末和90年代初将形成集中借债高峰。其他方面所需的外资也将是大量的。因此，无论从近期经济

增长的需要，还是从长远发展来看，建设需要和外汇资金不足将是对外金融领域中的一个主要矛盾。如何在动荡的国际金融形势下，通过对外金融活动，充分利用国外资源和国际市场，趋利避害，解决这个矛盾，支持"四化"建设是我国对外金融战略方针的第一个出发点。

（二）促进出口创汇是战略方针的第二个出发点

"七五"期间生产建设有两个关键，一个是大力提高企业经济效益，另一个是积极增强出口创汇能力。我国是发展中国家，外汇短缺将不是短期的。我国与国际市场联系的程度如何，决定于自己的创汇能力如何。开放不能只进不出，必须有进有出，进多少取决于出多少，出得多才能进得多。"七五"计划能否实现的一个关键，是创出更多的外汇，实现国际收支平衡。我们要认真研究和制定外贸出口发展战略和系统的改革措施，建立出口生产体系，充分发挥经济特区、沿海开放城市和开放地带的作用，带动内地，发展更多的重点出口商品，采取灵活多样的形式，开拓国际市场，在增加出口的同时，要努力增加旅游、劳务等非贸易外汇收入。在这个基础上，要适当地利用一些外资，包括优惠贷款和商业贷款，以弥补国内建设资金之不足，这就是制定对外金融发展战略方针的第二个出发点。

三、对外金融发展战略重点

为了实现上述战略方针，应考虑以下几个方面的战略重点：

（一）支持能源、交通、通信和原材料重点建设项目

这是我国国民经济实现翻两番的关键项目，其中有相当大部分需要利用国外借款，这项任务国家安排主要由中国银行承担，这是外汇贷款的重点。

（二）支持老企业的技术改造

在"七五"计划后三年全国有近3 000个企业需要引进技术进行改造，特别是生产出口产品企业的改造。长期以来，我国出口越多，国家补贴越大，因此必须降低换汇成本，提高经济效益，加强产品的国际竞争能力，为国家多创外汇。对外金融战略应配合对外贸易的发展战略，大力支持和促进这个转变。

(三) 支持和促进新兴技术和产业的发展，迎接世界新技术革命的挑战

这是我国现代化建设具有战略意义的重大问题。我们应充分利用这一时机，抓紧引进和发展新的科技成果，并使之与传统工业的技术改造密切结合起来，同时给予必要的资金支持。根据我国情况，在加强引进技术的同时，要注重吸收、消化和创新，有的可与企业技改相结合，此外，还要支持农业的技术改造，增强我国传统农产品、土特产品在国际市场上的竞争力。

四、对我国利用外资规模的估计

利用外资规模必须与我国财力、物力、人力（包括技术能力）相适应，并受其制约，中心问题是配套能力、消化能力和偿还能力。

在估算利用外资规模时，首先要解决两个认识上的问题。一个是外资是否需要在一定期限内全部还清；二是利用外资应当控制在什么水平上。是否把规定在一定限期内还清全部外债作为利用外资的战略目标，回答是否定的。因为这样规定，就会与可能更多地利用一些外资进行建设的长期政策发生矛盾，如果对外资管理妥善，运用得当，完全可以有借有还，循环周转使用，保证实现对外经济发展战略目标利用外资的需要。所以，按照经济建设的不同时期和不同阶段的需要，把利用外资长期保持在一个合理的水平上是必要的，也是可行的。

那么，利用外资应控制在什么规模上比较合适呢？原则上应控制在为保持合理国民经济增长速度所需的国内资金不足的范围内，也就是根据实际的需要，首先考虑国内积累可提供的资金有多少，不足的部分就需要引进外资。有人估计，到本世纪末，我国需要的总投资为6 000亿~8 000亿美元，国内积累可满足3/4以上，不足额为1 500亿~2 000亿美元。这个数字不十分准确，可以参考。也就是说，总共需要1 500亿美元的外部资金才能保证经济增长按预定速度进行，又不致使积累率超过30%，使积累和消费的比例保持适度水平，为国民经济良性循环创造条件。当然，这1 500亿美元是指本世纪末利用外资的总额，由于不断的周转和循环，各个年份和各个时期利用外资的余额要小得多。对余额的控制主要受下面两个方面限制：(1) 债务的还本付息不超过当年出口收汇的20%，也就是说，外债余额不能超过当年出口收汇额；(2) 债务总规模要控制在一个工农业生产总值的百分比上，一般推算为4%~5%的水平。按此计算，1990年我国外

债余额可达300亿美元左右。

五、对外金融发展战略措施

（一）健全外汇计划管理制度

1. 安排好各种渠道的资金，控制对外债务的总规模。这包括几个方面的工作：（1）安排好国家外汇资金的收支分配计划；（2）充分发挥中国银行外汇资金的周转、融通和调剂作用；（3）安排好各种渠道外资的利用，充分发挥不同渠道资金的作用，即用好各种形式的外债和各种形式的直接投资。

无论是通过银行还是其他部门或地方上筹措的外资，实际上都是国家的对外负债，最后债务承担人仍是国家。以为借外债可以和国家计划脱钩的想法是不当的，这就会冲击计划，有可能与国力和偿还能力不适应，以致到期不能还本付息，影响国家对外信誉。

2. 建设项目要纳入国家计划，外汇收支和利用外资要纳入国家计划，便于搞好财政、信贷、物资、外汇的综合平衡，使建设需要与国家财力相适应。

3. 编制国际收支计划，根据不同时期的实际情况，灵活安排顺差和逆差。根据各国经验，在大规模建设时期，国际收支经常项目往往会有逆差，贸易收支也必然会有逆差，这是正常的，在投资形成生产力和出口能力后，逆差会缩小，有时还会出现顺差。因此在编制国际收支计划时应着眼于较长期的动态平衡。今后一个时期，我国宜保持适度逆差，以利于扩大利用外资加速引进。有一种观点认为，进出口要保持年度平衡，进多少取决于出多少，但我认为出多少与进多少是不能完全画等号的。比如，出口80可以进口100，出口100可以进口120，进口的增加应建立在出口增长的基础上，要辩证统一地看待平衡这个问题。编制国际收支计划要做到瞻前顾后，通盘考虑，把利用外资与外债的还本付息的收支结合起来，实现长期的基本平衡。

（二）保持合理的外汇储备水平

我国是计划经济国家，调节国际收支比西方国家要有效得多。人民币不是自由兑换的货币，维持汇价的稳定不需动用储备进行干预，我们还有几百吨黄金后盾，还有中国银行及利用国际金融机构和外国政府贷款等融通资金的渠道。在目前条件下，我国外汇储备完全可以保持在一个较低的合理水平上，即一般掌握在2~3个月的进口支付额。对保持2~3个月的进口支付额有三种理解：（1）指国家外汇库存；（2）指国家外汇储备（即包括国家外汇库存和中国银行外汇结存）；（3）指国际储备资产（除国家外汇储备外，还包括黄金和在国际货币基金组织拥有的储备头寸以及特别提款权）。

要使储备运用得当，首先要改革好外汇留成办法。近年来，实践证明虽然实行贸易和非贸易的外汇额度留成制度，在一定程度上调动了有关单位创汇的积极性，但在实际执行中确实存在一些问题。如外汇是高度集中在中央，部门和地方的留成只是表示他们拥有使用外汇的权利，如同拥有粮票，买粮食还需拿人民币购买。而库存的粮食，中央业已安排使用，一笔外汇，中央地方同时使用，造成“一女二嫁”“一女多嫁”。此外，留成比例不合理，造成某些商品向外汇留成高的地区流动，破坏了全国贸易计划的执行。因此必须改进外汇留成的办法：（1）加强外汇留成管理的计划性，国家做总体计划时，应充分考虑外汇留成的数额，不应超计划安排过多，挤占地方和企业的权益。（2）改变留成比例，理顺中央与部门、地方的关系，这个比例大致压缩在25%。留成比例最好按商品来划分，以鼓励出口贸易的发展，出口商品结构的改善。一些需要照顾的地区，可另行安排。（3）留成外汇应落实到创汇单位，维护他们支配和使用的权利。（4）开辟外汇调剂市场，充分发挥外汇资金的效益和作用，加速外汇资金的周转。（5）改额度留成为现汇留成。

（三）改革人民币汇价，逐步发挥汇价的经济杠杆作用

人民币汇率是我国外汇体制的重要组成部分，也是我国价格体制的组成部分，因此，人民币汇率的合理与否，对于我国国民经济，特别是对外经济金融的发展有重要影响。由于我国是有计划的商品经济国家，物价与国际市场物价是不挂钩的，人民币不是自由兑换的货币，因此不能过高地估计汇率在调节宏观经济中的作用，汇价的调整只有与财政、信贷、税收等手段相配合，才能发挥汇价在对外经济中的杠杆作用。

人民币汇价制度改革主要解决两个核心问题，一个是确定汇率水平，二是汇率经常性调整方式。在确定汇率水平时，要从我国劳动生产率不高，科学技术和管理水平低，要多利用一些国外资金这个前提出发，使人民币汇价能比较合理地反映人民币的对外价值。在汇率的经常性调整变动中，

应适应国际间货币汇率的变化和我对外经济贸易支付情况的变化，但变动不宜太频繁。不能把汇价水平的确定与经常性汇率的变动混淆起来。

（四）要充分发挥中国银行的优势和作用

中国银行是在我国特定历史条件下发展起来的具有独特性质的国家外汇专业银行。在对外开放政策下，中国银行已从过去主要办理国际结算发展到以筹资、融资、信贷业务为主，又经营租赁、信托、咨询、投资等各种业务的多功能的国际商业银行、外贸银行、投资银行、出口信贷银行和外汇银行。它拥有雄厚的资金实力，长期以来在国际上信誉卓著，基本上建立了一个适应国内外业务发展的全球化的机构和代理网络。它的这些优势是我国发展对外金融关系中的一支最重要的力量。应充分发挥和加强中国银行的优势，使它在执行开放政策中起更多、更大的作用。

（五）扩大国际金融活动和加强对外金融合作与联系

1. 随着经济往来和外贸的发展，国外金融机构应逐步增加，巩固阵地，发展壮大，立足海外，支援“四化”。

2. 引进外资银行可以带来资金和客户，带来先进的管理经验，有利于提高我国银行的业务技术水平。截至 1985 年底，已有 19 个国家的 85 家银行在我国设立了 140 多家代表处，深圳、厦门等特区还开设了一些外资银行的分行，不过对于外资银行的引进应采取积极慎重的态度。

3. 组成联合投资集团，例如合资财务公司、租赁公司、合资银行，这有利于我们更好地利用外资和学习外资银行的先进管理经验。

4. 参加国际金融机构，例如参加国际货币基金组织和世界银行可以利用其优惠贷款，参加亚洲开发银行、非洲开发银行有利于扩大与这些国家和地区的贸易和商品劳务出口，参加国际清算银行有利于扩大同世界各国的经济贸易往来与合作。

（六）加强调查研究，适应动荡多变的国际经济金融形势

要提高对汇率、利率、商品市场的分析预测，采取灵活对策。同时，加强对宏观政策的研究探讨，如利用外资，外汇平衡，人民币汇价，外汇体制等，以适应改革、开放和国民经济持续稳定、协调的发展。

（七）要重视和加强国际金融干部队伍的培养

没有一批能够掌握和熟悉国际国内经济金融专业知识的国际金融干部队伍，是很难实现银行现代化、国际化的目标的。所以，人才问题是保证任务实现的关键。这支金融队伍，还要有懂得法律和工程技术的专门人才。因此，要加强智力开发，人才培训，大力提高国际金融职工队伍的素质，克服人才不足的矛盾，这也是重要的战略措施。

忆一次开创性的会议*

改革开放至今已30年，回顾这30年的历程，有许多值得回忆的往事。这30年间，因为工作的关系，我参加过无数次关于经济、金融改革的研讨会。但是给我印象最深，一直没有忘怀的是1980年1月29日到2月6日在北京宣武门越秀宾馆召开的利用外资问题座谈会。

这次座谈会是由国务院进出口管理委员会、中国银行、社科院世经所、国际经济关系研究会联合召开。参加这个会的科研工作者、教学工作者、实务工作者以及新闻媒体共80多人。中国银行研究所承办了这次会议。我除了参会外，还担任了部分会务工作。

在这个会议上，与会者联系我国利用外资的情况，结合外国在这方面的经验教训，探讨了如何借好、管好、用好外资，为四个现代化服务。会议旗帜鲜明地提出利用外资的标准。总的标准就是是否有利于加速实现我国四个现代化。具体分析有六个方面：（1）利用外资是否有利于引进技术，实现科技现代化。（2）是否有利于发展生产。（3）是否有利于增强自力更生的能力。（4）是否有利于扩大出口。（5）是否有利于国民经济的综合平衡。（6）是否有利于人民生活水平的提高。座谈会提出的利用外资的标准，在理论上统一了认识，为我国顺利、快速利用外资起到重要作用。

我认为，这是改革开放以后一次非常重要的、第一个关于利用外资的学术研讨会。在我国利用外资的道路上，具有开创性和指导意义。

会议背景

这次会议的背景之一，是十一届三中全会以后，开始实行改革开放政策，也开始了对外经济的往来和吸收利用外资，这就涉及经济建设的政策、理论问题。当时在利用外资的问题上，仍有相当的阻力。过去特别在“文

---

* 本文原载《当代金融家》2008年第2期。

革”中，利用外资的观点是被批判的，认为利用外资是“洋奴哲学”，是搞资本主义、殖民主义等。

背景之二，是在1979年年底召开了全国进出口工作会议，会议制定了1980年利用外资、引进技术和发展对外贸易的方针与任务。会议要求出口完成150亿美元，争取160亿美元；决定进一步引进先进技术，引进一些项目；另外还探讨了开办合营企业问题。紧接着在1980年年初，中国银行召开了全国分行行长会议。根据中央的精神，会议研究并落实了更好地利用外资、搞好外汇收支服务对外贸易、更好地完成国家进出口任务的措施。

还有一个重要情况，就是当时的中央领导对利用外资有重要批示：“外贸工作要把生意做活，更多地积累外汇”；邓小平也批示，“银行要真正起到银行的作用，要办成真正的银行”，“有外资不用是蠢，用得不好更蠢”。上述两个会议就是为了贯彻落实这些指示精神召开的。

而这次学术研讨会，就是在上述背景下紧接着这两个实务工作会议后召开的，其目的就是讨论研究如何避免这两个“蠢”字。为此，这次会议实际上是从理论和实践两个方面，对利用外资、引进技术、管理经验以及外资和整个宏观经济的关系进行了深入的讨论。

主题报告

国务院进出口管理委员会副主任汪道涵作主题报告。他讲了关于利用外资的几个问题，提出几个艰巨任务：对特区，比如说广东、福建如何实行特殊政策和灵活措施；对北京、天津、上海三个直辖市以及全国的外贸体制改革怎么能更加完善；外汇管理办法如何更加灵活和严格；以及利用外资在借款方面需要一套什么样的章法；在发挥积极性的基础上，怎么加强统一领导，克服多头的现象。最后，他提出当年的工作重点是，抓国际收支平衡，研究利用外资的一些重大项目，加强体制和法律制度建设，深入调查研究，搞好干部培训。

中国银行崔延绪副行长也作了主题报告。他介绍了中国银行在引进外资方面的情况和问题。中国银行用海外机构特别是在香港、澳门等地的机构吸收的存款，和向外商银行吸收的一部分存款主要办了三件事：第一是支持了交通远洋船队的建设。当时中国银行的外汇存款贷给交通部用于买船，使我国自己的船队运输量能够占到我国出口量的65%，而且在改革开放以后把这部分资金转向了国内造船上。所以我国现在的造船事业突飞猛进是和当年通过中国银行利用外资分不开的。第二是对中央一些部门和地方办理短期外汇贷款，支持进口一些必要的原材料、小型设备，以发展出口商品生产。第三是为外贸提供了资金周转。例如中国银行提供的进出口结售汇，以及外贸贷款等。

在外汇体制改革和利用外资方面，当时中国银行工作做得比较多，因为在金融体制改革以前，中国银行是我国主要的利用外资的窗口。在会上崔延绪介绍了中国银行对外往来的情况：在一年多的时间里，中国银行与西方 17 个国家和地区的 150 多家银行进行了广泛接触，一共签订了 200 多亿美元的贷款协议。崔延绪在会上还介绍了中国银行组织外资的几种形式。可以说，中国银行在改革开放，利用外资方面走在前面，而且功不可没。在会上，崔延绪对利用外资提出了几个问题：使用外汇和组织外汇脱节；没有一个长远完整的规划；缺乏集中管理；利用外资是场复杂的斗争，甚至出现过一些骗子；引进的项目和基本建设脱节；外汇和人民币资金脱节，等等。最后，他还谈了中国银行把工作做活做好的几点措施。

真知灼见的研讨

在这个会议上，研究苏联、东欧的同志把苏联利用外资的一些情况、做法作了介绍和总结；对南斯拉夫、匈牙利、南非、罗马尼亚这些国家在利用外资方面的经验和教训提供了学术论文；还有一些同志对发达国家，如日本利用外资的经验和不足也作了交流；对一些发展中国家如亚洲的泰国、马来西亚、新加坡、韩国、印度，拉美的墨西哥、巴西、秘鲁等，在利用外资方面的得失作了分析。这些经验和教训对我国来说有很大的借鉴作用，至少说明利用外资在理论上是可行的，对我国的经济发展将会有所帮助的。

会议对发展中国家利用外资会不会导致政治、经济上沦为殖民地的观点进行了讨论，解决了一些所谓有普遍意义的经典问题。会议提出利用外资要有明确的计划和重点；强调要引进先进技术、先进的管理经验，重视培养技术管理人才；要消化引进的外资、要减少对外资过度的依赖；要掌握好借款的度，提高外资的效率和企业偿还能力；在利用外资的问题上要给予优惠，要立法；要保护外国投资者的合理收益，同时要限制其不利于本国的扩张；要注意可行性研究，力求以最小的代价获取最大的效果，等等。会议对利用外资的一些大的原则问题也进行了探讨，取得了比较一致的意见。

当时刚刚实行改革开放，在利用外资问题上涉及诸如外汇管理的问题，会议提出要进行体制改革，以适应新的形势要求。会议还探讨了利用外资的主要方式。当时有的同志主张发展合资企业；有的同志认为合资企业不宜多搞，要少搞，先摸索经验；有的则认为租赁方式有很多优点。什么方式最好，当时没有达成共识。

与会代表就利用外资的基本方针、原则作了探讨，但没有形成一致的、明确的看法。与会代表还提出，利用外资应该有一个规划，利用外资和国内计划要衔接，就是资金、物质、人力、技术要先安排好，这就是所谓的综合平衡，实际上就是一个国际收支平衡的问题。经过深入透彻的比较分析，与会代表在利用外资的理论问题上，基本达成共识。此外，利用外资的哪种方式更适合我国国情，或者说更适合我国当时的情况，比如，特区如何建设，外汇体制如何改革，中国银行应该发挥什么样的作用等，与会代表也提出了许多中肯的看法和建议。

首倡编制我国的国际收支平衡表

在这个会上，我提交了一篇题为《利用外资与国际收支平衡》的论文。在这篇文章里，我介绍了西方国家，特别是一些新兴的发展中国家 20 世纪 70 年代国际收支的一些情况，提出国际收支的不平衡反映外汇市场汇率的变化、储备的变化、通货膨胀的变化等，这些变化可能会对国家的经济状况产生影响和危害。如果我们处理不当，就会像有些国家那样长期处于收支不平衡状况，也就是陷入了借新债还旧债的陷阱。

我针对当时利用外资存在需求和供应脱节的现象指出，这主要是缺乏一个长远的比较切合实际的可行的规划，没有用国际收支平衡的观点、综合平衡的观点来指导外资的利用和组织。由于计划不完善，心中无数，往往零敲碎打，容易拉长战线，甚至造成混乱，因此提出要编制我国的国际收支平衡表。过去国家统计局只编外汇收支表，只反映外汇的增减，没有把资本项目编进去，没有按照综合平衡、复式会计的方式进行编制。

会后我把这个建议送给了国家计委、统计局，国家计委的领导作了批示，国家统计局约我就改编工作进行了几次讨论。我当时还设计了一个式样。我觉得通过完整的国际收支平衡表的编制，可以对未来年度的国际收支进行规划和预测。不仅可以预测贸易和非贸易的收支可以达到多大的顺差和逆差，而且还可以考虑到对外的负债什么时候应该付利息；外国投资利润的汇出，不仅要考虑到资本收入的可能，而且要考虑必须履行的资本支出。这样，就能够把外资的收支全部纳入国际收支计划，这对促进我国合理利用外资，起到一个心中有数的指导作用。后来因为这个建议，国家统计局和外汇管理局一起召开了专门会议，按照我的提议，编制了我国第一张国际收支平衡表。这项工作以后由外汇管理局负责，国际收支平衡表发展到现在已经很完善、很规范了。

我国在 1980 年 4 月恢复了在国际货币基金组织（IMF）的合法席位。在国际货币基金组织的帮助下，现在我国的国际收支平衡表越编越规范，做到了真实地记录一定时期我国对外债权、债务的关系。我国的中央银行——中国人民银行经国务院批准，于 1985 年 9 月 2 日首次公布了 1982—1984 年的国际收支概览表。1987 年 9 月 2 日又公布了 1985 年和 1986 年的国际收支概览表。此后，每年定期公布上一年的国际收支平衡表。

这次利用外资问题座谈会已经过去了近 30 年。我认为，与会代表很好地回答了如何避免小平同志指示的两个“蠢”字的问题。30 年来，我们应该充分肯定外资对我国国民经济快速发展所起的重要作用，改革开放是我国的基本国策，决不能动摇。但在利用外资上，“蠢”字问题仍然在不断地发生和重复出现，有的不是“利用外资”，而是“被外资利用”。当前，我们应进一步提高利用外资的质量，特别在进一步加快实施“走出去”战略时，应时时铭记如何避免“蠢”字问题的发生。对此，当年利用外资座谈会的精神至今仍然发人深省。

还债高峰期不等于债务危机*

1989年底，我国外债余额达413亿美元，到1990年6月底增加到454亿美元。从1990年起，我国逐渐进入还债高峰期。对此，有人认为，我国外债问题严峻，更有甚者，惊呼我国可能出现债务危机，并提出需严格控制对外借债、压缩进口、增加外汇储备等紧缩措施，以防堕入危机陷阱。

如何正确认识和分析我国外债状况，做好进入高峰期还本付息的工作，结合当前经济的治理整顿，从国际收支动态平衡的观点和对外经济金融发展战略的高度出发，来指导利用外资（外债）的管理，就显得格外突出。为此，亟须澄清和重视以下几个问题。

一、还债高峰不等于债务严重，更不是债务危机

我国所借外债大多始于80年代初，尤以1984—1985年较为集中。若按5~7年的偿还期限计算，这些债务从1990年开始进入还本付息的高峰期。所谓高峰，主要指还本付息密度集中的几个年份。理论上讲高峰期主要是由于外债余额的增大和短、中、长期外债结构失衡而形成的，属一种正常的经济现象，只在某些特殊的条件下，才会产生债务问题或危机。就我国债务现状而言，尚未严重到那种程度。

1. 从目前我国各项偿债考核指标来看，如1989年底，我国外债余额为413亿美元，约占当年出口创汇的83%，按牌价换算成人民币，占当年国民生产总值的9.7%，当年还本付息占出口收汇的8.1%。这与1984年的30.3%、2.4%和5%相比，确实增长较快，但都没有超过国际上公认的100%、15%、20%警戒线水平。

2. 从债务期限的结构来看，1985年底短期债务占59%，1986年下降到40%，1989年降到10%。也就是说，目前债务中90%是中长期债务，基本

---

* 本文原载《国际金融研究》1990年第10期，又曾以不同形式发表于1990年12月4日《经济日报》、1990年12月5日《中国日报》。

趋于合理，且商业银行信贷所占比重也大大下降。

3. 从外债的币种构成来看，经过几年调整，目前也较为合理，70% ~ 80% 是美元、日元、联邦德国马克，与出口收汇的币种相对称，从而起到避免风险和稳定本息支付的作用。

二、高峰期间，借新债还旧债是一种必要措施和手段

利用外资加快本国经济的发展，同时用增强出口能力的外汇收入来偿付本息，这是当前世界经济相互依存格局中的普遍做法。

从我国情况看，各种形式的外资主要用于进口项目，但是要产生效益，而直接或间接增强出口能力的项目周期较长。因此，当还债高峰来到时，如何安排还本付息尤为重要。如果把大部分出口收入用来还本付息，急剧压缩进口，显然不利于国民经济的发展，也不符合我国利用外资的发展战略。因此，从利用借债动态化系统过程的角度考虑，借新还旧，尤其是借低利还高利的债务，借以推迟还债期限，调整外债结构，这是一种正常的、有利于用好管好外债的必要手段。

三、高峰期间，保持适当的外贸逆差是可取的

利用外资、借用外债，反映在国际收支平衡表中的状况一般弥补为经常项目出现逆差。而经常项目的逆差，大多呈现为外贸逆差即进口大于出口，这部分逆差，在非贸易净收入不足以弥补的情况下，主要是通过外债，即资本项目中长、短期资本净流入来取得平衡。如果尚不能弥补，则需通过减少外汇储备来达致平衡。

如果在高峰期前我国总的外贸态势是进口大于出口，外贸呈现逆差，只要出口与进口都有增长，出口增长略高于进口的话，那么外贸逆差的幅度不会扩大，或呈下降的趋势。因此，保持适当外贸逆差，就能充分利用外资，延长和扩大资金周转回旋的余地，赢得时间进口必要的设备技术和原材料，保持良性循环，这样能保证国民经济持续、稳定、协调的发展。

如果不从整体全局考虑，没有一种国际收支动态平衡的观点，为了还本付息，想一下子改变外贸逆差的局面，势必猛压进口，不惜一切扩大出口，终止借款目标，这不仅不符合改革开放的国策，不利于外贸、外债结构的调整，甚至影响我国国民经济的治理整顿和发展。

四、千方百计增加非贸易收入减少非贸易支出

为保证还本付息，除了出口贸易保持稳定增长外，增加非贸易收入是极为重要的。三年治理整顿中，最好使我国国际收支经常项目达到平衡，并争取略有盈余。如果外贸略有逆差，那么，经常项目的平衡将完全依赖非贸易的盈余了。增加我国非贸易收入还是有一定有利条件的。我国的劳务市场具有较强的竞争力，旅游业可获巨大发展，而金融、保险业经营的国际化，也势必增加我国的金融创汇。从前几年情况看，非贸易收入约占当年出口收汇的1/4，成为我国外汇收入的重要来源。因此，我们应抓紧时机，积极改善各方面的环境，大力挖掘非贸易创汇的潜力。当然，在开源的同时，还应注意节流，尽量缩减各种不必要的支出，使目前非贸易盈余的势头得以维持和进一步扩大。

五、必须制定我国国际收支的中长期平衡规划

以国际收支动态平衡的观点来指导外资的利用，是当今世界对外经济发展战略的出发点。为此，必须制定符合我国国情的中长期国际收支平衡规划，增强调节国际收支的目的性、主动性和科学性。

我国进入偿债高峰期，也是三年经济调整期，因此，这个规划要充分考虑这一点，并以此确定国际收支调整的目标。近期内可实现经常项目的平衡、略有盈余，着重增加非贸易收入，使外贸出口增长速度超过进口增长，以适应外债还本付息的需要。中长期应选择在有效地利用外资的前提下，保持可维持的经常项目逆差，以利推动国民经济持续、稳定的发展。中长期规划应在充分考虑中央计划、财政、金融、对外贸易等业务主管部门意见的基础上规定，由政府决策部门监督执行，并可根据客观环境的变化及时修正。其中涉及外汇储备应维持在什么水平上、人民币对外汇率的制定原则，等等，这都需在充分调查研究的基础上，根据国内外经济发展状况加以制定。

六、加强外债的管理与监督

在90年代，我国外债管理的重点是进一步调整外债结构，这包括直接投资与间接投资的比率、官方资本与商业资本的比率、浮动利率与固定利率的比率、借款币种的比率、外债期限长短的比率等。在进行结构调整中，具体到借新债还旧债的实施与操作都涉及政策的倾斜和统筹的规划和安排，

并直接关系到国内基本建设投资、技术改造等影响国计民生的大事，因此，管理工作涉及国民经济宏观控制目标。要尽量扩大和用好国外政府、国际金融机构以及买方信贷，以利外债结构调整的实现，并可避免因债务还本付息引起的紧缩与衰退。要把握好借债的窗口，做到集中不分散，还要注意避免过多的金融机构或非金融财务信托公司过多的短期信贷融资，以防打乱或影响外债结构的调整。此外，国务院应建立外债管理委员会或小组，根据国家制订的国际收支平衡规划中的中期债务战略，召集有关部门，就外债管理的政策进行协调和统筹，并落实具体措施。

不能过分依赖外资*

——从墨西哥金融危机反思中国国际收支形势

1994年，中国的对外支付往来出现了一些好的势头：国际收支中的经常项目扭转了上年出现的逆差，实现了120亿美元的顺差（其中贸易顺差为56亿美元）；大量外资流入国内，外汇储备在年底达516亿美元，一年内翻了一番多，是我国历史上国际收支状况最好的年份；人民币汇率改革进展顺利，币值稳中趋升。面对这种形势，人们难免会滋生出一些盲目乐观的情绪。因此，我们认为有必要对上述情况作一些深入的分析，以求全面地了解情况并采取相应的对策。此外值得一提的是，前不久墨西哥发生了一场因经常项目长期失衡引发的货币危机，其影响深远。通过对这一事件的分析，我们可以发现不少可资借鉴的东西。

墨西哥在六年前开始实施新的经济政策，其中一项重要内容便是实行“爬行汇率制”（crawling peg），即把比索钉住美元，波动范围限制在一个很小的区域内。这项政策的初衷是通过稳定的汇率来促进墨、美之间的贸易，并借此降低国内通货膨胀率。这项政策确实起到了一定的效果，墨西哥经济在前几年一直快速增长，不仅一洗80年代债务危机之耻辱，而且成为拉美国家中的明星，通货膨胀率也由80年代末期的100%以上降至去年的10%左右。但这项政策也存在一个致命的缺点：由于两国通货膨胀率差异依然很大（美国在该时期的通胀率一直在3%左右），比索对美元汇率在很长时间没有调整过，致使币值高估，从而打击了出口，墨西哥便出现了长期性的经常项目逆差，例如在1994年其逆差额达280亿美元，占国民生产总值的8%。为平衡经常项目逆差，墨西哥大举借债，一方面以政府的名义发行了大量债券，尤其是以美元计值的短期债券，另一方面大力发展国内股票市场，吸引外国投资者。据估计，在1994年底，墨政府发行的以美元计值的短期债务余额达280亿美元，外国投资者主要是美国投资基金投放在墨

---

* 本文原载1995年4月15日香港《文汇报》。

股票市场上的资金总额达750亿美元。墨西哥利用外资流入来平衡经常项目逆差的做法并不是不可取，但问题的关键是，一个国家不可能长期利用外资来解决国内经济结构的失衡。墨西哥新政府上任后，于12月20日宣布比索贬值，以此来解决经常项目逆差问题，不期由此引发了投资者信心危机，外国资金闻风而逃，其势不可当。墨西哥比索不得不自由浮动，贬值达50%以上，股票价格掉下一半多，外汇储备濒于枯竭，墨西哥对外支付出现了严重的问题，不得不求助于美国和国际金融机构。在美国、国际货币基金组织和国际清算银行提供总计达500亿美元的贷款担保下，墨西哥货币危机风波现在才稍有平息。

墨西哥货币危机的教训是深刻的，在国际收支管理方面，至少有以下三条可资借鉴：（1）一个发展中国家不可能长期依赖外国资本流入来维持国际收支平衡。经常项目的失衡往往是由于经济结构的失调造成的，要及时调整经济政策，来纠正这种失衡，不要错过时机。墨西哥政府出于政治的考虑，一直拒绝货币贬值，以致到了无法维持的地步。（2）外国资金流入有时具有很大的破坏性，这不仅指短期资金，而且指那些随时可以兑现逃走的证券投资。现有通讯手段十分发达，全球市场一体化，一有风吹草动，这些证券投资在瞬时内便会逃之夭夭，从而对一国的对外支付造成严重压力。鉴此，发展中国家是否应该充分地发展旨在向外国投资者开放的国内证券市场，并把此作为引进外资的主要渠道之一，是很值得商榷的。至少这样做的时候要慎重，步骤要稳妥。（3）如果一个发展中国家准备实施资本项目下的货币可自由兑换，要选择一个理想的时机，即在国内宏观经济环境较为宽松、国际收支在一个时期内实现平衡的时候，切不可在时机不成熟时仓促为之。否则，在市场出现较大波动时，就会遭受外国投资者（主要在国内证券市场）抛售本币的压力。

中国是一个发展中国家，需要利用外资的流入来加快经济建设的步伐，但借鉴其他发展中国家的经验教训，对它不能过分依赖。外资只能用来弥补国内建设资金的不足，而不能取而代之。从国际收支平衡的角度，我们不能允许在经济起步时期资本项目出现逆差，即资金净流出，或者说资本外逃，但同时也不能认为资本项目的顺差越大越好，外汇储备越多越好。对外国资金的流入要加以分析，施以宏观控制。例如，由于去年人民币利率较高且汇率稳定，流入国内以套息为目的的短期资金已有存在，估计有10亿~20亿美元，这类“热钱”对我国经济非但没有多大益处，一有情况会马上跑掉，它只会对我国的货币政策产生干扰。

有鉴于此，我们要加强对外资流入、流出的宏观监督与管理，对长期资本流入，例如外国直接投资、官方援助资金、长期信贷等应持欢迎态度，提高其在外债中的比例，对短期资金流入则要给予适当限制，同时安排好外资的借、用、还，建立不同层次的偿债基金，尽量降低外资流出、流入对国内经济所造成的不利影响。

对我国国际收支状况的分析与思考*

一、我国国际收支的基本状况

我国完整的国际收支是自1978年以后才逐渐形成的。10年来，国际收支的基本状况发生了很大的变化，主要体现在四个方面：

第一，国际收支的构成改变，内容丰富。新中国成立后的前30年，我国对外经济活动不多，主要集中于商品进出口贸易和侨汇业务，两者的规模也不大。近十年情况大大改变。在整个国际收支中，除对外贸易和侨汇业务这两个传统项目以外，其他非贸易往来，如旅游、运输、劳务承包等和资本项目先后恢复和发展起来，并在国际收支中占有越来越重要的位置。

第二，国际交往的伙伴增多，与经济合作与发展组织中的主要工业国家的贸易、金融往来不断扩大，这类往来对我国国际收支的影响也愈来愈重要。目前我国的贸易伙伴已从过去的116个国家和地区增加到180多个。除港、澳地区以外，日本、欧洲经济共同体和美国已成为我国三个最大的贸易伙伴。过去我国与西方工业国家的资金借贷关系几乎没有，近十年我国吸收的外国贷款绝大部分来自日、德、美、英、法等发达国家的政府或商业银行，它们的对华直接投资在我国吸收的海外直接投资中也占有相当大的比重（仅次于香港）。

第三，国际收支的规模扩大，外汇储备总水平上升。近十年来，我国进出口总额猛增，1988年达794.2亿美元，比十年前增长2.8倍。十年累计进出口总额为5 051亿美元，是新中国成立以后前29年的2.98倍，我国出口占世界出口总额的比重和位次，1980年分别为0.92%和第28位，1987年提高到1.42%和第18位。资本项目收支增长尤其明显。其发生额1980年为38亿美元，1987年达323.3亿美元，增长了7.5倍。实际利用外资累计

---

* 本文与毛晓威合写，原载《国际金融研究》1990年第8期。

已达400亿美元以上，是过去30年利用外资总和的30倍。随着国际收支规模的扩大，国家外汇储备总水平上升。储备额1981年为46.73亿美元，1988年底达到175.48亿美元。

第四，国际收支在国民经济中的意义越来越重要。（1）涉外经济活动在国民经济活动中所占比重大大提高。例如，我国进出口贸易总额与国民收入之比，1980年为10.4%，1988年上升到32.5%。（2）国民经济对涉外经济的依存度不断加深。如我国年出口和进口增加额与国民收入增加额之比，1980年分别为17.6%和14.3%（1977年仅为3.9%和1.61%），以后8年平均水平分别为20.8%和19.9%。我国的许多基础原材料及成品的进口量与国内产量之比大幅度上升。实际利用外资额与国民收入增加额之比80年代初约为5%，1988年上升到15.7%。（3）对外经济交往明显地促进了国民经济结构的改善和社会生产力总水平的提高，缩短了我国工业水平与世界的差距。近年兴起的许多高技术产业很大程度上就是依靠外资发展起来的。

国际收支状况的变化与发展表明，随着改革开放政策的实施，我国在发展对外经济交往方面取得了长足的进步，这种进步推动国民经济从封闭的、内向的发展模式逐步转向开放的、外向型模式，加快了社会经济发展的步伐。

二、我国国际收支中存在的问题及其原因

近十年来我国国际收支的基本状况从总体上说是好的，但是同时也暴露出新的问题，即国际收支不平衡。

80年代前期（1980—1983年）除了个别年份（1981年）以外，我国国际收支中的外贸、经常项目均呈现适度的顺差，总收支略有盈余，外汇储备资产稳定增加，国际收支基本平衡。然而，1984年以后情况有所变化。对外贸易发展不平衡，尽管出口贸易基本保持增长势头，但进口极度膨胀，其增长速度大大超过出口。受此影响，1985—1988年，外贸、经常项目乃至总收支余额接连出现逆差。持续出现的逆差有40%依靠动用国家外汇储备支付，60%依靠对外借债弥补，其结果使国家外汇库存（不含中国银行外汇结存）明显减少，资本净流入大幅度增加，外债余额明显上升。5年内国家外汇库存从1983年的89.01亿美元下降到1988年底的33.72亿美元；1985年至1988年，外资流入每年平均递增30%，大大超过同期国民经济的发展速度。到1988年底外债余额已达到400多亿美元。

国际经验表明，一国国际收支不平衡是多种原因造成的，其中既有外部原因，也有内部原因。前者主要指国际商品市场需求的周期变动或资本市场的利率变动等。后者包括两个方面。其一，对某种经济发展模式的选择。在开放经济中，一国国内储蓄小于投资时往往可以借助国外储蓄加以补充（包括数量与质量两个方面），这种做法对于促进一国的经济发展有着明显的经济意义，发展中国家尤其如此。然而，选择这种发展模式通常意味着一定时期内本国国际收支经常项目出现较大逆差。其二，不正常的经济因素或政策因素的影响。如本国经济运行或经济结构状况不佳，本币汇率不合理，国内市场价格扭曲，宏观经济政策与管理措施不恰当等。我国的国际收支失衡可以说是两种原因交替作用的产物，但是主要应该归咎于后者。

我国属发展中国家，70 年代末以来，政府为加快经济发展的步伐选择了开放的经济发展模式，鼓励利用外资促进国内经济的增长。因此，从一定程度上说近年里国际收支出现逆差是现行发展模式的必然产物。假定其他经济因素正常变动，这种逆差并不成为问题。然而，深入剖析表明，近几年我国国际收支状况有所恶化很大程度上又是由不正常的经济性或政策性因素引起的，具体内容涉及经济总量、货币量、经济结构、价格和宏观决策与管理等五个方面：

1. 总量因素。经济过热，社会总需求膨胀。一国的贸易收支差额，进而国际收支状况首先与该国的国民总收入和总支出（或称对国内资源的吸收）存在着相关性。当总收入小于总支出时，差额依靠进口或称外资流入来弥补，因此外贸收支往往表现为逆差，反之为顺差。80 年代中期以来，受追求产值高速增长的传统发展战略思想影响，我国国民经济两度出现过热现象。社会消费和投资需求膨胀，其速度大大超过国民收入的增长。而国内现存的供给状况远不足以满足消费与投资饥渴的需要，从而形成巨大的供应缺口。面对这种情况，各级政府或企业为满足自身的需要纷纷求助于国外市场，导致商品大量进口。

2. 货币量因素。财政赤字，信贷扩张。企业进口需求膨胀必须有相应的资金支持。近十年我国国民收入超分配情况严重，财政赤字不断扩大，1985 年后赤字增长速度明显加快。与此同时，银行贷款规模与日俱增，存贷款差额不断扩大，其结果造成货币发行量过度增加，不仅刺激了国内需求，而且助长了进口需求的膨胀。

3. 结构因素。我国国民经济中的供需矛盾具有明显的结构性失衡特征。

如产业和生产结构不合理，投资方向趋同，布局重叠致使长短线产品长期并存，难以满足实际需要。外贸商品的结构不合理，出口商品中属国内生产和生活急需因而扩大出口的潜力受到制约的初级商品还占较大的比重。制成品的加工程度档次较低，在国际市场上的竞争力受到限制。进口商品，包括利用外资引进的技术设备中重复、盲目进口的商品占有不小的份额，用于直接出口创汇行业的商品比重较小。经济结构不够合理造成有效供给不足，既限制了出口创汇能力又强化了进口的刚性，进而影响到国际收支的平衡。

4. 价格因素。市场机制不完善，价格作用扭曲。经济体制改革以来，我国在国民经济运行中引入了市场机制，重视价值规律与利润最大化原则。然而，由于社会主义市场还不够完善，旧体制下形成的不合理的价格关系始终没有理顺，国内外价格体系相脱离以及人民币不可自由兑换且汇率估值过高等原因，市场机制或称价格机制在对外经济活动中的作用往往被扭曲。它没能充分地发挥促进和调节对外经贸活动的功能，同时在一定程度上产生了一些副作用。如出口商品的国内价格往往高于出口价格，换汇成本较高，因而常常抑制企业的出口积极性。进口商品的国内价格实行双轨制，促使生产企业或地方贸易公司始终保持很高的进口热情。

5. 政策因素。宏观经济决策和调控手段不完善。这可以从两个方面理解，其一，在整体发展策略上决策者片面追求经济高速度发展，并且一度接受了“赤字无害论”，采取了扩张性的财政政策，助长了经济过热的势头；其二，近年来政府为了鼓励出口和利用外资，在宏观经济管理方面就淡化政府对涉外经济的行政干预作用，扩大地方和企业经济自主权进行了大胆的改革，下放了部分外贸经营、外汇使用以及对外融资的权力。但是，由于决策者对于在新旧经济体制转换过程中如何保持必要的中央宏观调控职能，协调好宏观控制与微观搞活两者之间的关系认识不足，缺乏经验，因而，在改革旧体制的同时也放松了国家对外经济活动的必要的宏观管理，以致使国内经济过热和信贷扩张很快转换成对涉外经济领域的压力。

三、对我国国际收支失衡的认识

一国的国际收支完全平衡，即收支相抵余额为零只是一种理论抽象。从实践的角度考察，国际收支的平衡总是相对的，不平衡反而是绝对的。不仅如此，即使国际收支已经失衡，由于导致失衡的原因不同，失衡的性质也大不相同。因此，评价一国国际收支的状况不能采用孤立的、静止的方法，而应当联系该国的社会再生产周期变动、综合国力和国民经济整体发展战略等诸多因素作综合的、动态的分析。

具体地说，一国个别年度的外贸收支或经常项目收支存在逆差并不一定意味着整个国际收支状况不佳。关键在于这种逆差的性质，即看它是可以维持的还是不可维持的。

可维持的逆差具有两层含义。第一，指由某些暂时性因素引起的逆差，一旦暂时性因素消失，平衡即可恢复。由于这种逆差具有偶然性，所以不在我们讨论之列。第二，国家实施外向型经济发展战略的过程中必然出现的或有意保持的逆差。这种逆差的规模是目前国力所能够承受的，而且从动态的角度考察，它所体现的国外资金还能够保证：（1）使国内投资扩大到这样一点上，即边际投资收益等于或大于借款利息成本。换言之，投资收益不仅能保证借债国正常的还本付息，而且还能使其比以往获得更多的收入。（2）这种投资的收益不仅意味着国内产出增加，而且意味着出口增加，外汇收入增长。（3）随着时间的推移，经常项目收支余额从逆差移向平衡，再移向顺差；同时，外债逐渐减少直至消逝（见图1和图2）。

不可维持的逆差，是指因不正常的经济因素与政策因素导致国民经济低效益和总量失衡而诱发的、持续存在的逆差。这种逆差也意味着外资净流入，然而由于经济中存在的种种弊端使外资的效益无法抵补筹资的成本，且不能有效地增加外汇收入，所以经常项目收支余额长期存在着逆差，而且差额不断扩大以至于发生对外支付困难和债务危机（见图3和图4）。

一国的国际收支逆差属于什么性质或者说其能否维持，可以采用因果关系分析方法加以判断，并且可以用经济指标加以检验，即通常所说的：经常项目逆差/国民生产总值；外债余额/国民生产总值（负债率）；外债余额/当年商品与劳务出口收入（借债率）；年外债还本付息额/年出口外汇收入（偿债率）；国家外汇储备水平。以上指标反映一国基本国力对逆差的绝对承受能力，按照国际惯例这些指标的安全线依次为5%、30%、100%、20%，外汇储备相当于三个月的进口支付额。满足这些标准的逆差一般是可以维持的。此外，还需检验一国对逆差的相对承受能力，即分别对外债与出口的增长率，外债与国民收入的增长率，进口与出口的增长率进行比较。外债增长率和进口增长率低，意味着逆差是可以维持的，反之逆差则可能是不可维持的。

根据上述观点，我们分析一下我国国际收支失衡的性质。

从一方面看，近几年我国国际收支出现逆差首先是国家采取开放型经济发展战略的必然结果，这种发展战略对国民经济的影响总体而言是积极的。同时，近年来我国对逆差的绝对承受能力指标值均位于国际安全线以内（见表1）。所以，从这个意义上说，我国国际收支出现逆差属正常现象，这种逆差是可维持的。然而，从另一方面看，近年我国国际收支逆差在很大程度上确实又与若干非正常的经济因素和政策因素密切相关，而且我国对逆差的相对承受能力指标值也不理想。多年来外债增长速度大大高于出口和国民收入的增长速度，并有日益加快的趋势，进口增加的速度也总是快于出口。这表明中国的国际收支逆差状况中尚存在着导致不可维持的不稳定因素。

表1　　我国若干经济指标数值　　单位：%

项　　目	1984	1985	1986	1987	1988	1980－1988
经常项目逆差/GNP	－	4.9	2.5	－	1.0	
外债余额/GNP	2.4	7.2	8.1	9.9	10.6	
年外债余额/年出口收入	30.3	66.9	88.6	87.0	97.4	
年还本付息/年出口收入	5.0	3.3	24.2	14.7	15.1	12.3①
外汇储备水平（相当于××月进口额）	6.4 (3.6)②	3.5 (0.8)	3.3 (0.7)	4.6 (0.9)	4.1 (0.8)	

注：①总水平。

②不含中国银行外汇结存。

资料来源：《中国统计年鉴》1989年，《中国金融年鉴》1989年。

综合两方面的情况，我们认为，我国的国际收支逆差性质上属于基本上可以维持的失衡，即就综合国力而言，目前尚无大的问题，但是也隐含着不稳定因素。如果这些不利因素得不到治理，就有可能使国际收支状况真正恶化。因此为了保证目前的这种状态能够向更好的方向发展，必须对国际收支中存在的不稳定因素进行调节。

四、我国国际收支的调节

国际收支调节一般是指政府经济决策与管理部门利用宏观调控手段消除社会经济发展中存在的不稳定因素，改善国际收支状况，使其达到有利于国民经济持续、稳定、协调发展的均衡水平的过程。政府宏观调控手段包括间接的、经济调节手段和直接的、行政调节手段。在商品经济比较发达、市场机制较为健全的经济中，前者优势比较明显，反之，后者的意义更大一些。

近几年来，国家的宏观经济决策与管理部门针对我国实际情况，综合运用直接调节与间接调节两种方法管理国际收支，具体采取了两类措施：

1. 压缩经济总量，治理经济过热的痼疾，为改善国际收支状况创造良好的宏观经济环境。国务院实行经济紧缩与调整政策，动用行政计划和经济杠杆双重手段，紧缩财政支出和银行信贷，控制固定资产投资；清理基建项目，关、停、并、转部分加工工业；抑制社会集团购买力及个人消费基金的增长，鼓励增加国内储蓄，以求缓解社会总需求与总供给的矛盾。

2. 整顿对外经济秩序。一方面运用行政手段完善国家宏观调控职能。针对近年国际收支管理中暴露出来的宏观失控问题，政府决策部门在发挥地方和企业正当积极性的前提下，重申加强中央对外贸、外债和外汇资金的集中统一管理的必要性。同时，运用经济手段调整人民币汇率和部分进出口商品的关税及价格，缩小国内外市场商品价格的差别，逐步纠正对外经济领域中价格扭曲的现象，以保证进出口贸易协调发展。

上述措施收到了明显的效果。自 1989 年下半年起，国内宏观经济环境有所改善。过度的工业发展速度降下来，社会供求矛盾趋于缓和。与此同时，国际收支状况也有所改善。

然而，在实践中这些政策和措施也暴露出一些缺陷：

第一，缺少中长期规划。我国的国际收支不平衡是国民经济总量多年失衡的一种反应，因此，治理也应从长计议以便掌握调整的主动权。然而，以往的做法多属于“事后调节”，即在不平衡发生之后再寻找对策。这种做法带有一定的盲目性或者说比较被动，在政策选择上也容易出现短期行为，例如，紧缩经济中出现的“一刀切”现象。

第二，目前正在实施的总量紧缩政策与国际收支调节政策在一定程度上存在着两难矛盾。一方面，为了不使国际收支经常项目持续出现逆差，不发生外债偿还困难，必须确保出口贸易和利用外资建设的项目稳定发展。然而，实行全面的经济紧缩却会使各部门经济增长普遍放慢，进而影响到对外经济部门和企业的正常经营活动。另一方面，紧缩经济总量的主要目标在于缓解总供给与总需求的矛盾，抑制通货膨胀。然而，调整人民币汇率，利用行政手段鼓励出口、抑制进口等调节国际收支的措施却往往有加深国内市场供需矛盾，加剧通货膨胀的风险。两难矛盾的存在削弱了调节措施的效力。

第三，我国的国际收支失衡明显带有结构性失衡的特征，但是现行的政策措施侧重于对需求总量的管理，在调整结构方面效果尚不明显。

第四，调整人民币汇率虽然是平衡国际收支的一种手段，然而，在结构问题和市场条件没有明显改善的状况下，我国进出口商品的需求价格弹性和出口商品的供给价格弹性均较低，价格体系改革明显滞后。这无疑会妨碍汇率机制充分发挥作用，使汇率贬值的效应难以充分实现。

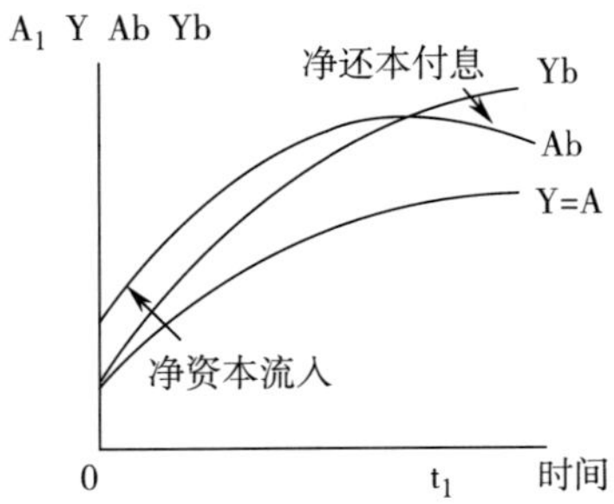

图 1　可维持的国际收支逆差状况下的经济增长运行轨迹[①]

Y = 国民生产总值（GNP），A = 总支出或对国内资源的吸收

Yb = 有外资条件下的国民生产总值

Ab = 有外资条件下的总支出

Y = A：无外资条件下的经济增长轨迹

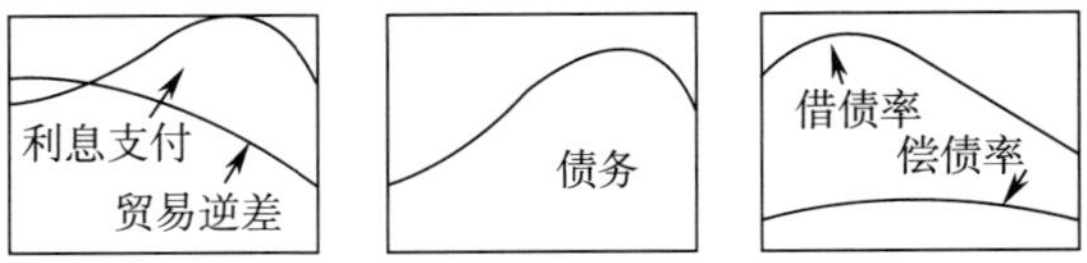

图 2　可以维持的逆差条件下债务指标变动轨迹

图 2、图 3 中符号的定义与图 1 相同。

第五，宏观经济政策与微观经济政策之间缺乏协调，主要表现为在实际的国际收支调节过程中往往出现对对外经济活动“一管就死”“一放就乱”的情况，使对外经济运行陷入“膨胀—紧缩—再膨胀—再紧缩”或者是“放活—管死—再放活—再管死”的怪圈。

这些缺陷影响了国际收支调节的效果。为此，要确保国际收支处于适度均衡的状态，还需要进一步完善原有的调节政策和措施，具体建议如下：

---

① 假定出口或进口分别与 Yb 或 Ab 保持正相关性。

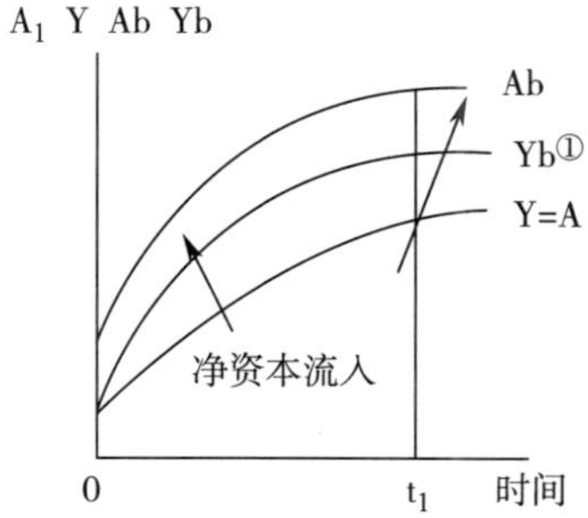

图3　不可维持的国际收支逆差条件下经济增长运行轨迹

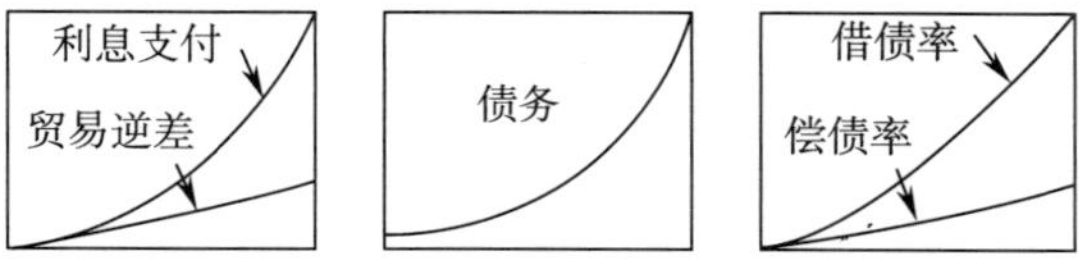

图4　不可维持的逆差条件下债务指标变动轨迹

1. 制定中长期的国际收支平衡规划，增强国际收支调节的目的性、主动性和科学性。今后的三年是我国经济调整的三年，也是我国外债还本付息进入“高峰”的三年。制定中长期平衡规划时要充分考虑到这一点，并据此确定国际收支调整的目标。近期内着眼于实现对外贸易和经常项目收支平衡乃至略有盈余，以适应外债还本付息的需要；长期目标则应选择在有效地利用外资的前提下保持可以维持的经常项目逆差，以利于推动国民经济更好、更快地向前发展。中长期平衡规划应当在充分考虑中央计划、财政、金融、对外经贸等业务主管部门意见的基础上制定，由政府决策部门监督执行，并且可以根据客观环境的变化及时修正。

2. 正确处理压缩经济总量与保持国民经济和对外经济适度增长的关系。调整经济或调节国际收支的最终目的应当是保证国内经济和对外经济更加健康地发展而不是限制它们的发展，因此“调节”要适度，政策上不搞“一刀切”。一方面，清理、压缩那些重复建设，压缩低效益、高消耗、产品又无销路的加工工业；另一方面，要实行产业倾斜政策，使经济资源从上述行业转移到对外经济部门，继续鼓励发展出口创汇和替代进口的产品，

① 在这种逆差状态下，Yb 虽然高于 Y = A，但是却始终不能自下而上与 Ab 相交，Ab 不断远离 Yb 移动直至时间 t_1。随后 Yb 与 Ab 同时呈下降趋势，外资净流入终止，表明国际收支状况恶化。

为它们开“绿灯”。

3. 在实施需求管理政策的同时注重结构调整。国际经验表明，采用包括需求管理和结构调整在内的一揽子调整措施，调节国际收支失衡，十分有利于调整的成功，并且可以使调整的代价减少到最低限度。因为结构调整有助于实现资源的合理分配，从而保证有效供给随支出转移和支出减少政策的实施而增加，最终消除国内供求矛盾和国际收支逆差。

就我国而言，结构调整的重点是：（1）改善产业结构。压缩一般加工工业，发展基础工业（这类产业发达与否是对外经济部门能否发展的前提。（2）改善对外贸易结构。提高出口商品质量、档次，增加花色品种，努力扩大深加工机电产品出口，适度发展初级产品出口。坚持严格控制和削减高档消费品、小轿车及国内能够生产的一般机电产品的进口。对其他生产资料也应排排队，分清轻、重、缓、急，杜绝盲目进口。（3）改善利用外资的结构。鼓励外商直接投资，注重引导外资投向直接创汇的项目，以利于外汇平衡。

4. 坚持、深化经济体制改革。现阶段汇率及其他经济调节机制作用有限，国际收支调节中存在着宏观经济政策与微观经济政策之间的矛盾，最终应归咎于有些目前尚且存在的旧经济体制的影响。解决这些问题的出路在于深化经济体制改革，建立、健全有计划的商品经济体制，将计划经济与市场调节有机地结合起来，以保证各项调节政策措施有效地发挥作用，最终实现对外经济稳定均衡地发展。

以新思维、新视角、新思路审视中国的外汇*

随着改革开放的深化，我国进一步融入国际社会，要求我们加快放松外汇管理体制，加快资本项目开放和人民币可兑换的步伐。这都要求我们密切关注外汇领域出现的新变化，用新思维、新视角、新思路来审视中国的外汇。

一、中国外汇领域出现的新变化

（一）从统一集中的外汇结售汇制度向意愿结售汇制度转变

中国作为发展中国家，曾经面临着储蓄缺口和外汇缺口两大困境。“双缺口”严重地制约着我国经济发展。这时外汇管理的主要目标就是保障国家对外汇这种稀缺资源的高度集中和统一支配。现在，我国已经成为世界贸易进出口和外汇储备的大国，已经告别了外汇短缺时代，因此，我国外汇管理的主要目标应该从“宽进严出”的强制性结售汇制度转变为意愿结售汇制度，以实现外汇资金流入和流出的均衡管理，维护国家金融安全和服务经济发展。

（二）从大力引进外资向有选择地引进外资转变

在改革开放政策的指引下，为了解决外汇缺口，中央和地方出台了各种吸引外资的优惠政策，引进外资甚至成了政府政绩和官员升迁的一项硬指标。引进外资对我国经济发展起到了积极作用，这一点应充分肯定。但由于注重了引进外资的数量，而不顾外资的质量，产生了不容忽视的负面影响。外资拿走了丰厚的利润，而留下了不可估量的环境污染；甚至一些外资控制了我们的经济命脉和一些与人民生活密切相关的产业，等等。应

---

* 本文原载《银行家》2010 年第 4 期。

该调整利用外资和外贸政策，从国家经济金融安全的长远利益角度，从符合我国经济结构调整和高科技产业振兴的角度，从有利于人民生活水平提高的角度，从保护我国的环境的角度，有选择地引进外资，提高引进外资的质量。

（三）从过分强调创汇向着重于用好汇、管好汇转变

在外汇短缺时代，为了积累更多的外汇为经济发展服务，国家采取了许多措施鼓励地方和企业多出口、多创汇；甚至把本来不多的自然资源、初级产品以低廉的价格出口换取外汇；个人劳务所得和华侨赡家汇款等等，都要卖给或存入国家银行。但随着我国对外经济的发展，企业和个人外汇收入不断增多，国家也采取了许多措施不断提高企业经常项目外汇账户限额，并扩大了企业和个人用汇的自主支配权，不断改进个人外汇管理，提高个人用汇额度。因此，我国的外汇管理已从过去的重于创汇、收汇向用好外汇、管好外汇转变，要在使用外汇中得到保值和增值。

（四）从被动的外汇风险管理向主动的外汇经营管理转变

所谓外汇风险就是外汇汇率变动带来的外汇价值的不确定性。这种不确定性既可能给外汇持有者（企业和个人）带来收益，也可能给外汇持有者带来难以估量的损失。因此，按照市场原则，主动经营外汇，学会如何防范和转移外汇风险，选择持有哪些外汇资产，处理好收益与风险之间的辩证关系、十分重要，由被动的外汇风险管理向主动的外汇经营管理转变。

（五）由国家统担外汇储备风险向各经济主体自担风险转变

长期以来，我国实行强制性的结售汇制度，企业的贸易或非贸易外汇收入必须卖给商业银行，而商业银行留够自己周转所需外汇之后，多余的外汇必须卖给中央银行，这就形成了中央银行的外汇储备。这样一来，外汇风险还是集中到中央银行。随着我国外汇管理制度的改革，随着意愿结售汇制度的推进，由国家统担外汇风险的格局，向各持汇主体转移。

（六）外汇储备资产进一步向储备资产多元化转变

目前在我国国家外汇储备中，绝大部分是美元资产。为了防止我国的外汇储备因美元贬值而缩水，将美元资产换成其他货币资产，实现储备多元化，是分散风险的一条重要出路。为了我国的外汇储备保值、增值，我

们不妨把一部分外汇储备转化为实物资源储备，将部分货币资产换为其他实物资产，进一步实现外汇储备资产多元化。

（七）由外汇储备大国利益向区域化和国际化的大国责任转变

在考虑我国外汇储备的使用时，我们不仅要考虑自身的利益，确保我国外汇储备“安全、流动、保值、增值”，也要考虑我国作为一个发展中大国和世界第一大外汇储备国家应该承担的国际责任。应该说，近几年来，我国外汇储备在承担国际责任方面是做了不少工作的。参与区域性货币互换，筹建共同外汇储备基金，购买国际货币基金组织发行的增值债券等等。在共同应对世界经济难题中，中国对外汇储备的使用和调整，显现了我国承担的大国责任。

（八）人民币由部分可兑换向完全可兑换转变

2000 年中国加入世界贸易组织之后，资本项目可兑换的步伐加快。2002 年我国推出了合格境外机构投资者（QFII）制度，允许境外投资者投资于我国资本市场；随后，相继允许银行、证券、保险等金融机构以自有资本或代客从事境外证券投资业务（QDII）等。人民币跨境结算的领域也逐步扩大。到目前为止，我国资本项目已经实现了部分可兑换，随着对外开放的日益扩大，人民币可兑换的步伐将会加快，最终实现人民币的完全可兑换。

二、以新思维审视中国的外汇

（一）重新审视人民币与外汇之间运动的关系

近年来，我国一般居民在支付活动中使用信用卡的比例逐步多了起来，但大多数仍为现金支付。就部门、企业、单位等集团之间购买关系来看，多为支票、汇款、托收、转账等结算关系，即通过各自银行的账户、处理双边或多边的结算关系。如果在生产、流通、消费及分配中涉及银行信用时，其资金的周转及运动就会更复杂，但无论哪一种形式的债权与债务结算均必须以人民币为媒介。

然而在我国与国外经济实体发生了经济金融业务关系后，其债权债务的结算运动方式则表现为：外汇的实体在国外，债权债务的转移运动均表现在我国银行在国外银行（包括自己的海外联行）的往来账户上，即收入外汇贷记，支付外汇借记。我国外汇资金的收入、支出、流入流出构成了外汇资金的运动，它在每一个环节都与人民币有着直接或间接的关系。特别需要指出的是，就外汇运动来说，任何一个时点上，外汇资金的流量的运动结果将主要反映两个存量的变化：一个是国家外汇储备，一个是国家对外债权债务。

外汇资金收入和支出的流量构成国家外汇储备存量的变化；外汇资金流入和流出的流量运动则构成国家对外债权存量的变化。而上述两组外汇资金的存量与人民币资金的关系是各不相同的。为此，在新时期，人民币与外汇资金的运动关系是否发生改变，对经济金融发展的影响是否出现新的特点，必须进行再认识。

（二）重新审视人民币汇率机制改革

一般来说，人民币在国内的购买力代表了它在国内的价值，但它在国外具有什么价值呢？这就要通过汇率来体现。汇率是通过其他一种货币的折算所代表的国外价值。汇率的基础当然是国内的物价水平，但汇率怎么能代表其国外价值呢？是高还是低，这个问题是很有学问的，高了不行，低了也不行。二战后，法国因受战争的影响，经济恢复一直缓慢，通货膨胀严重，法郎币值不稳，国内政治动荡。内阁总理像走马灯似的不停更换。上世纪50年代末，戴高乐上台当总统后，搞了一次法郎大贬值，对美元贬值17.5%。从此，法国的经济情况迅速扭转，走向稳定发展的道路，以致60年代带头用美元向美国兑换黄金。但是，上世纪80年代的日本，在经济快速增长，国际收支，特别是外贸顺差不断扩大的情况下，屈从美国的压力，在80年代中期签订了“广场协议”，促使日元大幅度升值，此后造成日本经济停滞徘徊十多年。

实行怎样的汇率制度是一个国家自己的主权。新时期对汇率的研究和改革必须充分认识到，一国汇率制度的选择主要取决于该国的经济体制、经济发展目标、经济规模、经济开放程度、进出口贸易结构、通货膨胀状况、金融市场化程度，其中经济体制和经济发展目标对汇率选择起根本作用。因此，研究人民币汇率改革，人民币汇率市场化进程，要切实把握我国外汇体制和外汇管理状况，汇率改革是否与外汇体制改革相适应、与改革开放相适应。

近年来，随着改革开放的深化，人民币汇率的运行机制也有所改进，并发生了很多实质性的变化。因此，只有重新认真审视这些变化，才能在新时期中，进一步明确人民币汇率机制改革的方向，才能进一步在国民经济和对外经济金融往来中发挥经济杠杆作用。

(三) 重新审视外汇储备管理与风险

温家宝总理在2007年全国金融工作会议上提出："进一步完善人民币汇率的形成机制，加强外汇储备经营管理，积极探索和拓展外汇储备的使用渠道和方式，采取综合措施促进国际收支平衡。"他的讲话指明了我国外汇储备经营改革的方向。

当前，我国经济金融界和许多学者对加强我国外汇储备经营管理、重新构建我国外汇储备管理体系提出了不少积极的建议和构想。我们认为，首先必须对我国外汇储备的形成、性质、特点再作深入的认识和分析，从国际收支失衡、全球外汇资产配置失衡、中美之间经济和贸易的特殊关系和模式来加强认识。所谓中—美独特的共生储蓄消费模式，简单地讲，该模式就是美国通过贸易逆差消费中国商品和劳务，以拉动中国经济增长；而中国则以获得的顺差购买美国国债，供给美国消费，因此形成中国储蓄—美国消费两个经济体协同增长的发展模式。该模式持续发展的结果，必然是中国的外汇储备越来越多，美国的贸易逆差越来越大。要改变这一模式，关键是中国能否修正自身的流动性偏好，但从现实看，这种能力很弱，一旦这种模式开始逆转，中国开始调整外汇储备结构，其结果不可避免会造成信用美元的进一步贬值乃至全球性通货膨胀。因此，必须权衡调整或调整后我国经济自身的得失和对全球经济的影响。因为中美经济失衡的调整不是一日之计，这与国际货币体系缺陷有关，与美元信用本位有关。因此，在新时期如何改善我国国际收支失衡，如何改善我国外汇储备的经营管理，规避储备过多产生的机会成本风险、汇率波动风险、金融资产贬值风险以及相关委托保管存放的金融机构倒闭的风险，为此，应努力做到外汇储备的"安全、灵活、保值、增值"，努力减少外汇储备过多的存量，努力减少中央银行基础货币的投放，努力提高外汇储备的投资运作水平，努力适当调整外汇储备的构成，是具有战略意义的大事。当然，改变调整我国外汇储备组成以及各种金融资产的构成涉及我国国际收支发展战略，也即对外经济贸易投资等一系列的重大方针政策，都需要认真审视。

(四) 重新审视外汇管理的原则和理念

新中国成立后，中央人民政府就指定中国人民银行为外汇管理机关，建立外汇管理制度对外汇收支进行管理。六十年来，外汇管理工作贯彻执行了国家不同时期发展经济、金融的方针、政策，积极组织外汇收入，把外汇集中在国家手里，按照社会主义建设的需要，合理分配和有效使用，取得了很大成绩。

1993 年 11 月 14 日《中共中央关于建立社会主义市场经济体制若干问题的决定》中提出："改革外汇管理体制，逐步使人民币成为可兑换货币。"这为我国外汇管理体制进一步改革明确了方向。1994 年 1 月 1 日起，实行人民币并轨，取消官方汇率，形成了以市场供求为基础的、单一的、有管理的浮动汇率制。建立统一的银行间外汇市场，取消外商投资企业一些非贸易用汇限制。1996 年 12 月 1 日实行经常项目可兑换。但对资本项目下的外汇收支继续实行计划管理和审批制度。2005 年 7 月 5 日，人民币对美元升值 2.1%，至今升值 20% 以上，并放宽了部分资本项下的外汇管制。

在新时期新形势下，特别在这场全球金融危机的冲击下，我们如何用新思维、新视角审视资本项目下外汇资金的管理，是继续实行计划管理，审批制度，在"堵"字上下工夫，还是把精力转向"疏"字上。也就是说，外汇管理的理念和原则从管理逐步向监管、监测、服务、预警转变。如何进一步为促进外汇的双向流动创造条件，如何为中国企业"走出去"创造条件，如何为资本项目的完全开放创造条件，也就是说在外汇管理的理念上要有超前意识和准备，为加快实现人民币可兑换打下基础。同时，也要把握好渐进、有序、可控的原则，应对好国际短期资金特别是热钱的冲击和干扰。

（五）重新审视引进外资的得失

改革开放 30 年来，引进外资对我国经济高速发展起到了重要的作用。近年来，外商投资由过去来料加工、投资设厂为主，扩大到股权投资和并购等方式，由加工制造业等传统领域逐步转向通信设备、计算机等高新技术领域特别是银行、保险、证券领域，这是外商直接投资的新动向。

在审视引进利用外资的得失时，必须充分肯定利用外资的作用，同时也必须用新思维加以审视。比如，如何全面、科学、辩证地一分为二地考量国有商业银行引进境外投资者，即要不要引进境外战略投资者，如何选择境外战略投资者；如何确定境内外战略投资者的股权定价；如何看待境外战略投资者的套现行为。比如，对外资参股控股中资金融机构需不需要，如何制定股权比例。比如，如何提高引进外资的质量，引导外资进入的领域。比如，如何加强防范外资以及外汇流出入对经济金融造成的冲击和风险，以及引发的经济安全问题。

在引进外资上，如何取得双赢或多赢不仅是一个经济问题，也是一个重要的政治问题、国际关系问题，同时也是一个经济金融安全问题。2007年，法国政府出台了一项旨在保护国内“战略行业”的政令，以此阻止了美国百事可乐对法国达能集团的收购。同样，美国国会基于国家安全，否决了我国中海油以185亿美元购买美国优尼科石油公司部分股权的交易。因此，凡是涉及国计民生、国家经济命脉的企业，必须认真权衡是否引进外资。如果允许参股，绝不允许其拥有控股权。

当前，我国出口约三分之二是由外企承担。我们应加强对外商投资企业本外币资金运动的分析和管理，及时确定和调整切实可行的政策措施。尤其应关注外企在自由结售汇中以及境内外筹措流动资金和其他配套资金时，都会对信贷投放、外汇储备的增减产生相当大的影响。

（六）重新审视中国企业“走出去”的风险

随着金融全球化的发展，并购市场活跃，特别在这场全球金融危机中，我国企业纷纷加大了“走出去”的力度，从滕中收购悍马到五矿收购世界第二大锌矿，工商银行收购南非标准银行，中投收购黑石基金等等，中国企业的屡次“出海”已成为世界经济舞台上的一大看点。

当前中国企业“走出去”面临许多机遇，同时也面临严峻挑战和风险。为此，中国企业必须加强应对风险特别是金融风险的措施，减少盲目性和提高跨国经营的能力。这些风险有：防范境外投资比例过高的风险；防范法律和监管政策的风险；跨国经营本土化的风险；不同类型业务整合的风险；“走出去”管理风险；

因此，“走出去”必须审时度势。在选择地区、国家、行业、企业时，必须仔细认真权衡，全面了解当地的投资环境、法律、法规；“走出去”要实现出海本土化，要与对外贸易、对外投资相结合；同时必须选择好时机，否则，容易上当受骗，而今真正缺少的仍然是国际金融人才。在当今百年一遇的金融风暴中，我们不应只做观察者，也不能匆忙上阵，应努力做到胜者不傲，挫者不馁，及时总结经验教训，打有准备的战争，在实战中取得双赢和多赢。

（七）重新审视人民币可兑换与国际化

我国经济体制改革的目的是建立社会主义市场经济体制。社会主义市场经济是国家宏观经济调控下的市场化的商品经济，是开放化的商品经济，它要求将国内价格体系与国际价格体系联系起来，将国内产业结构、经济结构融入世界经济结构，以市场作为合理配置资源的基础方式。它要求充分地参与国际分工和国际竞争，利用两种资源、两个市场以促进资金双向合理流动，优化国内资源配置，加速发展社会主义经济。这就要求人民币在很大程度上是可兑换的。随着经济金融全球化的深化，资本自由化已是必然的发展趋势。当前，国际资本流动的规模越来越大，手段越来越多，逃避资本管制的方法和渠道更为多样化，且更为隐蔽。在此情况下，资本管制的效力明显下降，不论正常或非正常的资本移动，维持资本管制的成本不断加大，对此，许多发展中国家加快了取消资本管制的步伐。我国是发展中的经济大国，正迈向经济强国。2001 年 12 月，我国加入世界贸易组织后，我国经济与世界经济交往的规模迅速扩大，所形成的各种债权债务结算不断扩大。这都要求人民币成为可兑换货币，成为可用于贸易支付结算的货币。在实现人民币国际化进程中，按照“三角悖论”的观点，中国现阶段要保持货币政策的独立性和汇率的稳定，只有放弃资本的自由流动，这就意味着，要加快实现中国资本项目可兑换的阻力和困难很大。但是，怎样看待“三角悖论”，难道这个三角就是不可逾越的吗？从我国外汇体制改革，从经常项目完全开放到逐步放开资本项目的进程来看，充分说明中国正以中国式的改革方式，创新性地在保持国家宏观调控的前提下，正确地处理了产业政策、贸易政策与金融政策三者协调的关系。也就是说，必须以新思维积极审视和探索，在实现了资本自由流动的情况下，仍然能保持货币政策的独立性和较好地维持汇率的稳定。

同时，也应从战略高度出发，加快推进资本项目的开放，实现人民币的可兑换，从而使人民币成为国际化的货币。中国应加快制定和提出实现人民币可兑换与国际化的实施方案和时间表，以及对利益和风险进行全面的评估。

第六篇
外汇储备管理篇

从西方黄金外汇储备的变化谈我国的储备管理运用*

70年代以来，美国停止接受外国中央银行按35美元一盎司的官价兑换黄金，美元两次法定贬值，以美元为中心的固定汇率制被浮动汇率制所取代。美国为了维持美元的地位，推行黄金非货币化的主张。1975年起，开放了国内黄金市场，允许黄金自由买卖，私人持有。1976年起，国际货币基金组织和美国财政部陆续拍卖了上千吨的黄金。1976年1月，国际货币基金组织牙买加会议决定废除黄金官价，取消货币含金量。从此，黄金与货币正式切断了固定的联系。西方各国的国际储备资产（即官方持有的黄金、外汇、在基金组织认缴的25%的可兑换外汇储备头寸以及分配而未调用的特别提款权）的状况发生了一些明显的变化。这些变化主要表现在两个方面：（1）西方官方黄金储备总额的下降，用于干预汇价和充当支付手段的作用减少，黄金储备分布的地区、国别构成发生了变化；（2）西方官方外汇储备总额（包括在基金组织的储备头寸和特别提款权）增加，地区、国别和币种构成以及支付进口的比例发生变化。下面分别概述以上变化的情况和分析这些变化的原因，同时，结合西方官方外汇、黄金储备的变化情况，对我国的外汇黄金储备的管理运用提出一些看法和建议。

一、西方官方黄金储备变化情况和原因

（一）官方黄金储备逐年减少，工业发达国家拥有的比例下降

1970年西方官方黄金储备额为105 787万盎司（合32 904吨），到1981年底减少到95 230万盎司（合29 621吨），减少了3 283吨，约10%。

工业发达国家所占的比重从1970年底的86.2%下降到1983年底的82.2%。与此同时，石油输出国组织从3.2%上升到4.4%，非产油的发展

* 本文原载《对外金融发展战略讨论文集》（中国金融出版社，1985）。

中国家从10.4%上升到12.3%。

（二）官方黄金储备减少的原因

应该承认和看到，官方黄金储备的减少，无疑与黄金非货币化、国际货币基金组织切断黄金与货币的固定联系有直接关系。如今，黄金价格按市场供求起伏动荡。因此，黄金作为货币价值基础的作用削弱了，黄金作为世界货币的职能无疑缩小了。黄金不再作为干预汇价和货币发行的保证，这就是官方黄金储备减少的主要原因。可以相信，这个总趋势还会继续下去的。

（三）各国采取的政策

虽然黄金的地位和作用削弱了，但是黄金作为货币商品的作用并没有完全消失，它仍然是社会的一般财富、国家财力后盾、国际储备资产和支付手段。因此，各国在制定自己的黄金储备政策时，主要是依据它们在世界中所处的政治、经济地位以及货币在国际货币体系和支付中的地位和作用，结合今后黄金与货币关系日益分离这样的总趋势来确定自己的政策。

1. 西方主要工业国基本采取维持不变的政策。虽然工业发达国家黄金储备量是下降的，这主要是1975—1978年美国政府拍卖的结果。自1979年起，美国已不再拍卖，中央银行对国内外黄金价格和供求也不进行干预。美国黄金持有量仍占世界第一位，储备中绝大部分是黄金，外汇比例很少，因为美元是国际上主要支付手段和储备货币。联邦德国黄金从无到有，从少到多，占世界第二位，近几年也没有变化。法国政府历来重视和强调黄金的货币作用。意大利在1975年为了维持汇价的稳定向联邦德国借款，曾用以市场价格计算的黄金作为抵押。法、意近几年虽然用市场价格来表示黄金储备，但官方储备量基本上没有变化。

2. 石油生产国和某些非产油的发展中国家采取了有限增加的政策。1973年中东战争以后至80年代前期，石油生产国国际收支大量顺差，外汇储备猛增。因此，用部分外汇投资于黄金，作为官方外汇保值的一种措施。但是增加量也并不太大。亚洲、拉美一些发展中国家也略有增加，大多是压缩了本国外汇的比重购买了黄金，或用本币购买国内生产或出售的黄金借以增加了官方的黄金储备。需要指出的是，我国自1980年参加国际货币基金组织，报了400吨黄金储备，这是亚洲地区官方黄金储备增长的主要原因之一。

3. 南非采取统一出售的政策。南非是世界上最大产金国，近几年每年产量在650吨至700吨，基本上全部出售，其官方黄金储备从1975年底至1981年底还有所减少。这是由于南非主要靠出售黄金来取得对外支付的外汇。

4. 苏联采取待机而售的政策。苏联是第二产金国，这几年年年出售，最少时55吨，最多时430吨，主要目的是为了解决对西方外汇支付的不足。

二、西方官方外汇储备的变化情况和原因

正由于黄金在一般情况下已不作为直接干预汇价和进行支付兑换的手段，外汇在国际储备资产中的地位和作用有明显加强。

（一）官方外汇储备数额增长的情况和原因

外汇储备额从1970年的454.5亿特别提款权（SDR）到1981年底增至3 050.6亿SDR，增长了5.6倍。

在基金组织的外汇储备头寸也从1970年的77亿SDR到1982年底增至254亿SDR，增长了2.3倍。

分配给各国的特别提款权从1970年的31.2亿SDR到1982年底上升到177.5亿SDR，增长了4.7倍。

据德意志联邦银行的资料，把上述三项具有外汇储备功能作用的储备资产的变化情况作统一计算，从1970年到1979年底为止，年平均增长率为25%。

外汇储备增加的主要原因是：

1. 受国际贸易增长的影响。官方外汇储备的主要作用之一，是作为国际收支周转的重要手段和平衡国际间债权债务往来的重要工具。因此，各国官方所拥有的流通手段须与国际贸易总量相适应。世界贸易量1970年为5 797亿美元，到1981年增至37 501亿美元，增长了5.5倍，平均年增长率为16.5%。由此看出官方外汇储备增长的速度与贸易发展速度是一致的。

2. 受国际货币基金组织各成员国认缴的份额增加的影响。在80年代初期，国际货币基金组织的份额已达890亿SDR，这无疑增强了国际货币基金组织的信贷能力，在解决各国国际收支出现不平衡时发挥一定作用。同时由于份额的25%必须缴纳自由外汇，这部分自由外汇作为官方外汇储备资产，将随着整个份额的增加而相应增加。

3. 特别提款权增加的原因。特别提款权是国际货币基金组织发行和创

造的储备资产。从国际货币基金组织的宗旨来看，今后将充分发挥其在国际储备资产中更大的职能作用。但在分配和使用上，各个国家、集团，发达国家与发展中国家之间还存在着重重矛盾。虽然它的发行有所增加，但是占整个外汇储备资产的比例还不很大。

（二）外汇储备资产和币种在构成上的变化及原因

截至1983年底的资料统计，上述三个部分的构成情况是：外汇占85.5%；在国际货币基金组织的外汇头寸占10.5%；特别提款权占4%。也就是说，后两项共占14.5%。这与1969年在国际货币基金组织没发行特别提款权时的基本情况差不多（当时外汇部分为83.1%，外汇储备头寸为16.9%）。当然，在有的年份还是变化较大的。比如，1979年外汇部分高达91.2%，而后两者分别为4.3%和4.6%。这是因为，当时各国还没完成新的增资。另外，1979年正值西方货币风潮和第二次石油危机，各国官方为了干预货币汇价和应付国际收支困难，保持了较多的外汇储备。

在外汇储备的币种构成上，近几年美元的比例有所下降，联邦德国马克和日元有所上升。这是西方经济发展不平衡性的表现。但是目前，美元所占比例仍高达70%～75%，它表明还没有一种货币能取代美元在国际储备资产中的特殊地位和作用。

（三）外汇储备分布的变化状况和原因

为了说明问题，我们试将西方国家实行浮动汇率以后和第一次石油危机爆发以前的1973年底的状况与1983年底的状况相比较。在这期间，工业发达国家的外汇储备所占的比例从66%下降到55%，石油输出国组织从9%上升到20%，发展中国家仍保持在25%。

这是因为，石油输出国组织石油收入猛增，国际收支经常项目出现顺差，最后导致外汇储备增加。从增减的状况看，其增加部分正好是工业发达国家减少的部分。那么为什么非产油的发展中国家其外汇储备的比例基本上没有变化呢？这里只是一个纯数字的比例状况，并不能真正反映发展中国家官方储备的本质。在上述发展中国家里，很有可能它们的官方储备全部或部分是借来的，但为了维持汇价和币值的稳定，为了维持最低的支付周转以及向外借债的信誉，它们不得不保持一定的外汇储备。

（四）外汇储备与进口支付的比例变化和原因

在1969年，美国还没取消按官价兑换黄金时，世界官方外汇储备只相当于9个星期的进口支付额。1971年至1972年上升到相当于16个星期的进口支付额。从1973年至1978年则减少到13.5个星期的水平。从1979年至1983年又下降到11.5个星期的水平。

从上述变化可以看出，1973年西方国家实行浮动汇率后，外汇储备相当于进口支付额的比重是呈下降趋势，大体保持在2至3个月的水平。但有的西方主要工业国如英国、丹麦、瑞典、荷兰、日本1982年的外汇储备只保持6个星期，即一个半月的水平。

为什么官方外汇储备出现下降的趋势呢？这是因为，一方面，国际经济贸易往来的支付方式日臻完善，用于差额支付的流通手段可相对减少。另一方面，各国加强了外汇储备的管理和运用，进一步发挥了资金的效益，因此，只要保持最低的合理的水平就够了。如果太多，将会增加管理的困难，承担各种风险，同时也不利于更好地利用国际金融机构和国际金融市场的资金。当然，各国要从实际出发，根据自己用汇的情况和国际收支状况，结合汇率、利率、资金流向的变化和发展，确定自己适当的储备水平。同时还应根据该国国民生产总值的大小以及外贸占国民生产总值的比例来确定，总值大、比例大，应保持多些，反之可以少些。当然还要考虑一国经济对外开放和依存的程度及其外汇制度等因素，同时还要看该国对外借款的信誉以及周转能力，如果借款能力强，就可保持少些储备。

三、我国外汇黄金储备的管理运用

（一）保持多少外汇储备为宜

我国目前国家外汇储备的构成包括两部分，即国家外汇库存和中国银行外汇结存。截至1983年底，国家外汇储备为143亿美元，其中国家外汇库存为89亿美元，中国银行外汇结存为54亿美元。

国家外汇库存是与人民币发生兑换关系后的外汇。比如，贸易公司出口商品获得100万美元的外汇后，必须卖给中国银行，中国银行按贸易结算汇价（例如1美元兑2.8元人民币）给公司280万元人民币，这100万美元就构成国家外汇的来源，当某公司进口设备需支付80万美元，这时公司需用224万元人民币（2.8×80万）向中国银行购买80万美元的外汇，这就构成国家的外汇支出。在外汇收支相抵后，出现的盈余就形成国家的外汇库存。因此，可以说，国家外汇库存是用人民币换来的，也就是用出口物资和劳务换来的，某些非贸易外汇收入（如侨汇）虽然不出口物资，但是银行也要支付人民币，对国内物资和劳务的供应有相应的影响。

中国银行的外汇结存与人民币没有直接的关系。它是中国银行（包括海外分支机构）在国外和国内吸收的外汇存款，减去对国内外的外汇贷款和投资。因此，中国银行的外汇结存，除了自有外汇资本外，实质上都是中国银行的负债。按国际货币基金组织的原则，一国的外汇储备包括该国官方持有的外汇，中国银行是国家的外汇专业银行，其持有的外汇被视做国家外汇储备的一部分。在国际上，不论官方机构持有的外汇资金来自何处，都被列做国家官方外汇储备的组成部分。

从国家外汇储备运用的角度看，上述国家外汇库存部分是实际掌握的、可以主动支配使用的，而中国银行的外汇结存是业务周转的库存资金，流动性较大，要支付一定代价，但安排使用好，不仅可以作为周转，其中有一部分稳定的国外存款余额（如港澳同胞存款）还可作长期使用。上述国家外汇储备的构成状况，与陈云同志所讲的“国家外汇储备在中国银行”、“国家外汇与中国银行外汇一起用”的精神是一致的。

目前我国的外汇储备相当于10个月的进口量，其中仅国家外汇库存部分也相当于4个多月的进口量。因此显然是多了。把过多的外汇储备保存下去，对国民经济是不利的。

1. 不能充分发挥外汇资金的效益。过多的外汇库存，造成资金积压，这不符合尽可能多地利用国外资源和充分发挥资金效益的方针。现在我们的情况是，一方面财力紧张，千方百计还在吸引外资；另一方面又守住大量外汇储备用不出去，这个矛盾应妥善解决。

2. 增加了人民币的投放，短缺了国内物资，从而扩大了市场的不平衡。1983年底近90亿美元的国家外汇库存共投放了260多亿元人民币，其中大部分是国内物资和劳务换来的。这就增加了国内的货币投放，而没有相应的物质给予填补，一定程度上造成货币供应量的增加，物资的紧张，对物价也有一定的冲击。

3. 造成财政的虚收，掩盖了财政赤字。最明显的是非贸易外汇收支方面的问题。由于从1981年起，贸易外汇结汇实行贸易牌价（即1美元=2.8元人民币），而非贸易仍用公开牌价（当时约为1美元=2元人民币），这两者相差约0.8元人民币。根据规定，当非贸易的外汇收入被作为贸易支出出售时，该差价归财政所有，但是财政在外汇未出售前，先把这个差价作为财政收入。实际上，财政是提前使用了银行垫付的人民币资金。又如，国家外汇库存所获得的外汇利息假设为10亿美元，财政部则按贸易牌价折算，把28亿元人民币（2.8×10亿）作为财政收入，而这28亿元人民币也是银行垫付的买汇资金。这几年上述垫付资金很大。

根据以上分析，我们认为，从我国的经验，参照国外情况，我国目前的外汇储备是可以降低到一个较合理的水平的。我国是社会主义计划经济的国家，进出口是有计划的，我们调整的手段比西方国家要有效得多。我们拥有几百吨的黄金作后盾，还有中国银行以及利用国际金融机构和外国政府信贷等融通资金的渠道。因此，在目前条件下，如果按国家外汇储备保持1至1个半月进口支付额的要求，国家外汇库存部分保留30亿美元上下就够了。今后几年内可压缩50亿至60亿美元用于生产建设上去（当然储备水平不是绝对的，随着形势变化，可相应调整）。

（二）怎样加强外汇储备的管理和运用

现在都说："国家外汇储备多是暂时的"。但是从我们掌握的情况来看，要想在"六五"的后两年，压缩50亿至60亿美元的储备还是有困难的。

一般来说，要把储备压下来，无非是减少出口，增加进口。减少出口看来是不可取的，这不仅会丧失国际市场，也会影响国内生产和就业以及税利的收入等等。储备过多，固然可以多用些，但是两三年中要增加50亿至60亿美元的进口，也并非是容易实现的。这主要受国家财力的制约。

1. 要有买汇的人民币资金和配套人民币资金以及所需的国内物资。因为这50亿～60亿美元的外汇，是银行通过人民币买来的，因此进口付汇时，进口单位首先要有一笔相应的人民币把它买回去，如果不把这笔买汇资金纳入计划是不行的。除此之外，还需要有相应的配套人民币资金，特别是进口一些大型的机器设备，需要增加基建，这就涉及人民币配套资金和国内供应的物资和器材。我们粗略地估算一下，增加60亿美元的进口，人民币买汇资金需要168亿元（2.8×60亿），每1美元进口平均配套资金按3元人民币计算，需配套资金180亿元（3×60亿），总共需人民币资金348亿元。如果每1美元进口物资按2.2元回收人民币的话，可回收132亿元，这样人民币资金还需216亿元（348亿元－132亿元）。

近两年，我国每年可用于固定资产投资总共只有700多亿元，而要压缩外汇储备，增加进口，就会影响到基本建设的规模。同样，利用外资进口设备，也涉及国内人民币资金的问题，即使是独资企业，也不可能一切设备、物资都从国外进口，也会涉及国内物资供应的问题。严格来说，外汇想与人民币脱钩是不可能的。因此，利用外资的规模也将受到国内财力大小的限制。

2. 如何减少人民币买汇和配套资金的使用。如上所述，要增加进口用汇，必须把人民币资金纳入计划。但我国财力有限，因此只能从进口的构成上打主意。一般来说，进口原材料和耐用消费品，基本上不用配套资金，而且资金回收率快，还能回笼更多的货币，但是形成不了再生产能力；进口成套设备，资金回收率慢，配套资金多，但是若干年后能形成较大的生产能力。从目前情况看，我国有几十万个企业急需进行技术改造，如果选择一些投资少、见效快、技术新、收益高的项目，而这些项目如果又能与出口有关，那么既促进了出口，增加创汇，还能增加税利和就业。对这种项目，就应优先安排。总之，只要在进口用汇上，根据国家建设的实际需要，有重点地加以使用，同时考虑进口一些人民币资金投放少、回笼快的原材料和消费品，制定出最佳的用汇方案，尽量减少和不挤占其他项目的用款，必要时，在综合平衡下还可适当地扩大基建的盘子。

3. 要解决好中央与地方的关系。要指出的是，在1983年底虽然国家外汇库存89亿美元。但是全国的留成外汇额度已超过了这个数字。打个比方，就如同发出去的粮票，已超过国家粮库的粮食。这是在今后外汇储备管理和运用上的一个值得重视的问题。为什么这几年地方上外汇额度这么多，积攒了这么多粮票，原因大致有如下几点：

（1）由于留成额度大多分散在企业手中，资金零散，往往办不了事。加之，企业不了解国际商品市场信息，不知进口什么商品，同时企业有舍不得用的思想，以致“粮票”用不出去。

（2）地方进口受计划的限制，往往地方愿进的项目，审批手续复杂，有时得不到批准。在一般情况下，由于进口商品作价受国内价格的限制，进口越多（除限制进口的某些耐用消费品外），地方财政贴补就越多。同时，也涉及地方买汇和配套人民币资金有限的问题。

（3）使用留成外汇没有给予一定的优惠，因此，地方往往愿意向中国银行或国际信托投资公司申请外汇贷款，用上述外汇进口物资，可以获得减免税的好处，有时还供应配套资金。

据了解，目前有的地方省市财政还是有一定财力的，因此如何动员它们把这笔财力拿出来购买外汇、搭配人民币资金，重点用于地方中小企业的技术改造，这无疑会对发挥外汇储备资金效益是有利的。问题是，要对留成外汇的使用办法作必要的修改和调整。

4. 外汇留成办法必须加以改进。这几年外汇留成办法对地方创汇的积极性有一定的促进作用，但是这与国家外汇储备应加强“集中管理，统一经营”的方针有一定矛盾。

但是，要改必须考虑地方的利益，同时要鼓励地方用汇，动员一部分地方的财力。我们考虑可从以下几方面改进：

（1）合理调整留成外汇额度的比例；（2）对留成额度规定一定有效期限，过期减少或作废；（3）对使用留成外汇进口的审批适当放宽；（4）对使用留成外汇给予一定的优惠。

为了贯彻“集中管理，统一经营”外汇管理的方针，在条件成熟时，我们倾向于改额度留成为现汇留成。现汇留成的好处是：（1）外汇与额度一致，避免“粮食”与“粮票”脱节，便于集中管理。（2）减少人民币的投放。比如规定现汇留成比例为20%，地方创汇单位如获得100美元外汇，80%结成人民币，20%的外汇不结汇，以现汇存在中国银行，地方有支配使用权。（3）现汇留成便于地方及时使用，如果不用，可存在中国银行获取外汇利息，中国银行可作为外汇贷款的资金来源，贷放给其他需要用汇的单位。如果地方上需要人民币，可卖给中国银行，这时留成的外汇也就自动取消。

当然，鼓励外汇使用，减少过多的储备，必须是在真正发挥资金效益的前提下，扩大必要的进口。特别是对一些用汇大的项目一定要事先做好可行性研究，如果设备进来后，压在库里，不能发挥生产效益，会造成更大浪费，这还不如存在国外获取一定利息有利了。目前中国银行正在加强这方面的工作，努力使国家外汇库存不遭受损失，而能获取更多的利息和收益。

5. 如何管好、用好国家外汇库存的利息。我们主张把国家外汇库存的利息单独划出来作为“国家外汇储备基金”。该基金由国家掌握，在非常情况下，可用来进口急需的战略物资和其他紧急的需要，也可作为支持出口的信贷利息的贴补基金，或可作为特别拨款借给特殊的用汇部门使用等等。该基金在先划出一部分给中国银行作为增资和公积金外，原则上应作为国家外汇储备的增资。平时可交中国银行统一周转使用，但账务上与中国银行营运资金分开。这样做，也可减少人民币资金的投放，避免财政的虚收。

（三）如何确定黄金储备的规模

黄金储备是整个国际储备中的一部分，目前仍具有国际最终清偿手段和国家财政后备的作用。这些年来，各国黄金储备保持相对稳定，不到不得已时基本不动用。由于历史、社会、经济等各种具体条件不同，各国的黄金储备在整个国际储备中占的比重悬殊很大。我国自1980年参加国际货币基金组织后，确定划出400吨（1 270万盎司）黄金作为储备，几年来没变动过。按当前黄金国际市场价格，相当于50亿美元。我国的黄金储备不论相对于国民生产总值或进口额或整个国际储备来说，与一般国家比都不算少。黄金储备过多，由于不能生息，会减少国家收益。我们认为，我国目前保持的黄金储备400吨水平已经足够了，不宜再增，必要时还可以适当压缩一些，使死钱变活。

国内新生产的黄金和门市购金应该出售，实现藏富于民的方针。近几年，我国黄金生产逐年增加，但国内工业首饰用金仅占产量的1/4，积存的黄金显然不应再充作储备。

处理新产黄金，一是向国际市场出售，二是扩大国内销售。在1983年前后，门市销售的首饰金合2 000元/两，这个价格远远高于国际市场价格800元/两（按牌价折）或1 120元/两（内部结算折价）。由于金价昂贵，国内需求极少，因此，只有合理地调整首饰的销售价格，才能刺激民众的需求。因为银行为收购这些黄金投放了大量的货币，而没有相应的物资投放市场，所以适当降价出售金首饰工艺品不仅可以藏富于民，还可以回笼货币，增加税利，减少国内通货膨胀的压力。

此外，还应考虑适当提高门市收购价格。在1983年前后门市收购价每两406元，与门市首饰金销售价每两2 000元悬殊太大。如果不把提高收购价与降低销售价结合起来，在两者之间有较大差距的情况下，群众会有购金吃亏的心理，这不利于藏富于民方针的实现。

我国外汇储备状况及加强管理的建议*

外汇储备，按照国际货币基金组织的定义，是指国家拥有的除黄金以外的对外支付手段。主要包括：（1）外汇；（2）在国际货币基金组织的外汇储备头寸；（3）所分配的尚未用完的特别提款权。目前，后两种外汇储备在我国约有10亿美元，只占国家外汇储备总额的极小部分。

一般说来，国家外汇储备主要反映在中央银行的外汇结存账户上。在我国，1979年以前，国家外汇储备是由大一统性质的中国人民银行实行集中管理。通过结汇（买汇或卖汇）制度，将外汇集中于国家。中国银行作为中国人民银行领导下的一个机构，负责办理对外支付、国际结算和国际融资等业务，并具体执行国家外汇储备的经营管理工作。1979年以后，中国银行从中国人民银行分设出来，独立履行国家外汇专业银行的职能，作为一个经济实体开展业务活动。因此我国外汇储备的构成和管理都发生了变化，产生了一些新的情况和问题，值得我们认真探讨和研究。

一、我国外汇储备的构成与现状

从1983年起，我国对外公布的国家外汇储备包括两个部分，即国家外汇库存和中国银行外汇结存。

国家外汇库存，是指国家对外贸易和非贸易外汇收支的差额。正差额表明收大于支，形成国家对外的债权。这部分外汇收支需通过中国银行用人民币办理结汇手续，因而要占用一定数量的人民币资金（这部分人民币资金由中国人民银行提供）。

中国银行外汇结存，是中国银行的外汇自有资金，加上中国银行在国内外吸收的外币存款以及中国银行通过发行债券或其他方式从国际金融市场筹集的外汇资金，减去中国银行在国内外的外汇贷款和投资。若为正差

* 本文原载1990年10月《北京金融》增刊第1期。

额，即存款大于放款，则构成中国银行的对外负债。这部分外汇收支无须经过中国银行办理结汇，而是直接收付外汇，因而不占用人民币资金。

近几年，我国外汇储备的状况变化较大。1984 年 9 月底，我国的外汇储备共有 166.74 亿美元，其中国家外汇库存为 121.84 亿美元，占储备总额的 73.07%，为历史高峰，中国银行外汇结存为 44.90 亿美元，占储备总额的 26.93%。此后，由于国家外汇管理失控，外汇资金投向出现某些偏差，致使国家外汇库存急剧下降，1986 年底降至 20.72 亿美元的低点。之后，国家采取了一些必要的措施使情况有所改善，国家外汇库存逐步回升至 1987 年底的 29.33 亿美元和 1990 年 3 月底的 83.17 亿美元。为了维护国家在国际经济中的地位和信誉，需按国际一般标准保持一定的储备与进口比例，即外汇储备额应满足 3 个月的进口支付额。随着我国进口额的不断扩大，外汇储备额也需随之扩大。但是仅靠我国的贸易和非贸易收支差额是不足以形成足够的储备实力的，还需要借助于中国银行的力量，以将国家外汇储备总额保持在较高的水平。为完成这一任务，中国银行扩大在国内外吸收外汇资金，压缩资金运用，从而使中国银行的外汇结存有了较大幅度的增长，至 1990 年 3 月底达 130.35 亿美元，致使国家外汇储备总额达 213.52 亿美元，中国银行的外汇结存占 63%。这样，就加大了中国银行对外负债额，超过了西方一般商业银行负债和资产的通常比例，并减少了中国银行的收益水平，从而使中国银行在地位与作用上，不仅仅等同于西方一般的商业银行，而是担负着政府政策性银行的职能，协助中央银行共同管理国家外汇储备。

二、我国外汇储备的管理原则

对外汇储备的管理，国际间普遍遵循的原则是安全、保值和盈利。但是由于构成我国外汇储备的资金性质和运动形式不同，因此在管理上也要有所区别和侧重。

（一）国家外汇库存的管理原则

国家外汇库存是国家对外的债权，主要用于支付进口商品所需的费用，由中国银行作为国家的外汇资产加以运用。因此这部分外汇储备管理的原则：（1）保持多元化的货币储备，以分散汇率变动的风险；（2）根据支付进口商品所需货币的币种和数量，确定该货币在储备中的比例；（3）选择储备货币形式时，既考虑它的收益率，同时又考虑它的流动性和安全性；

(4) 密切注意汇率变化的趋势，随时调整各种储备货币的比例。所以，国家外汇库存管理的中心是保值，而不是牟利。国际经济金融形势千变万化，预测分析与实际情况往往有所差异。如果不是根据支付需要随时作出调整，以维护国家的国际支付信誉，而是将外汇储备押在某种货币的升贬值上，那是很危险的，也是世界上大多数国家的银行不采纳的。

(二) 中国银行外汇结存的管理原则

中国银行的外汇结存是中国银行的对外负债，这一性质决定其管理原则与国家外汇库存的管理原则有所不同，即主要实行借什么货币、存什么货币、用什么货币、还什么货币的借、存、用、还货币一致性原则，以减少汇率风险。

中国银行的外汇结存作为对外负债，是由以下几方面构成的：

(1) 港澳中银集团存总行资金（主要是吸收当地居民存款）以及国内吸收的个人外币存款。受存款人币种偏好的制约，银行一般不能随意更换客户的存款币种。对于港元资金，我行大都套成美元，因为港元与美元实行联系汇率，因此套算后，虽然增大了美元构成的比例，但未构成风险。当然也不排除在应付日常性提存之外，有一个长期稳定的沉淀余额可以进行买卖，赚取利润的可能性，但这要冒风险，万一看不准，可能会造成亏损。

(2) 在国外发行债券筹集的资金以及借入政府贷款和银团贷款、国外同业资金。对这方面的资金，如果实行借、用、还货币一致性原则，就会发生汇率风险。例如发行的是日元债券，使用时换成美元，偿还时又需要支付日元，这两个兑换过程就会发生汇率风险。当然运用国际市场流行的货币调换技术（swap）融资又另当别论。

(3) 国内企业在中国银行的外汇存款。这部分外汇是有关部门的现汇存款和准备支付进口商品的款项，而且存款币种（无论是国家批给的，还是企业的现汇留成）往往与用汇币种出现不一致的状况，因而会发生汇率风险，虽然中国银行可以通过办理远期外汇买卖业务，把汇率风险转嫁出去，但是由于银行不能及时了解掌握企业的货币支付状况，因此这方面的工作还需要进一步改进。

此外，由于中国银行是将外汇资金的实体存放在外国银行，这里也有个安全问题需要注意。西方金融形势动荡不安，银行倒闭事件时有发生。如果存放外汇的银行选择不当，发生倒闭，就会使国家蒙受巨额外汇损失，所以在选择外国银行时必须慎之又慎。

三、对如何完善我国外汇储备管理的探讨

（一）西方的借鉴

从西方国家的经验来看，随着经济环境的不同，外汇管理松紧程度的不同，外汇储备的管理也有不同的特点。

第二次世界大战后至1973年，由于西方各国实行的是固定汇率制度，因此保持外汇储备安全性、盈利性和保值性问题并不突出，外汇储备的作用主要是满足进口支付需求为主，而不是干预汇率，因此这一时期对外汇储备的管理是与不同程度的外汇管理紧密联系在一起的。

以日本为例，从战后到1964年间，日本作为战败国，物资极度匮乏，通货膨胀严重，外汇长期短缺。这一时期，日本通过制定“外汇和外汇管理法”和“外资法”，实行严格的外汇管理制度。这一制度包括三方面的内容：（1）外汇集中制度；（2）外汇预算制度；（3）标准结算制度。

外汇集中制度是指日本大藏省集中掌握民间对外交易所获外汇的体制，规定所有居民有义务将所得外汇卖给日本外汇银行，并承担3个月内收回外币债权的义务。外汇银行再将外汇集中于大藏省，银行本身不能持有外汇。外汇高度集中，是因为当时日本的外汇储备极少，例如1949年到1951年，日本的外汇储备额分别为2.22亿美元、5.98亿美元和10.34亿美元。1952年，日本作为第14条成员国加入国际货币基金组织。为了有效地利用外汇资金和便利国际贸易，日本取消了对外汇银行的外汇实行高度集中的做法，允许外汇银行持有外汇。后来，涉外保险公司、外航运输公司贸易商社等经常从事国际交易的部门经过大藏省许可，在一定范围内也允许持有外汇。中央银行持有的外汇主要用于国际合作。1954年，日本唯一的专业外汇银行东京银行成立后，政府的外汇资金余额亦即外汇储备均存放在东京银行，这是东京银行与其他指定的（authorized）外汇银行之间最大的区别。

外汇预算制度即制定外汇收支计划。大藏省以预测可利用的外汇为基础，再确定外汇的总需求额在其范围内，根据各方面需要的程序分配外汇使用额，每半年分配一次，以量入为出，节约外汇，有效地利用外汇。

标准结算制度包括规定结算货币、结算期限和出口押汇信用证原则，限制提前支付和限制进口汇票支付期限。

1964年日本成为国际货币基金组织第8条国家时，废除了外汇预算制

度，进口管理制度改为进口分配制度，不再限制居民的外币兑换，非贸易和贸易开始自由化，结算方式一般也不限制。1952 年至 1967 年期间，日本的外汇储备额一直徘徊在 9 亿～15 亿美元，1967 年以后，日本的国际收支经常账户出现稳定顺差，外汇储备逐年增加，1973 年达 102 亿美元，1988 年 9 月达 902.8 亿美元，外汇和外贸管理法则于 1980 年彻底修改，对外交易、经常交易和资本交易基本上自由化。

1973 年以后，随着西方国家和日本实行浮动汇率制，外汇管理逐步放松，日本外汇储备的管理也出现不同的特点。这一时期的外汇储备分为两部分：一是大藏省外汇基金特别账户项下的一部分，这部分由日本银行作为代理，在东京外汇市场适时适量地进行买卖，以稳定日元汇率；另一部分是日本银行保持的，用于同外国中央银行的业务联系，例如日本银行要为外国中央银行掌握日元资金提供方便，要对国际机构进行必要的日元资金贷款，参加国际金融和货币方面的会议等。由此可见，日本银行的外汇储备与商业银行的外汇营运资金是截然分开的。中央银行的外汇储备主要用于干预汇率和国际金融合作，而商业银行的外汇资金则主要用于贸易与非贸易支付，商业银行并没有承担补充国家外汇储备的义务。商业银行在外汇市场出售的外汇或许买主是中央银行，但从商业银行角度看，是根据商业原则，即轧平头寸或预测汇率升降而投机盈利，从中央银行角度看，则是为实现货币政策目标而买卖。

（二）我国外汇管理的特点

我国目前所面临的经济环境是，国际上西方国家货币实行浮动汇率制，国际金融市场动荡不安，出口产品市场竞争激烈，我国的出口产品竞争力较弱，人民币不可自由兑换，实行固定汇率制度，外汇管理尚未自由化。因此，我国的外汇储备管理，既要满足安全、保值、盈利的要求，又要保持对外清偿能力，由此决定了我国外汇储备管理的特点主要有：

（1）目前我国的外汇储备资产主要由国家外汇专业银行中国银行经营管理，而外汇资金的实体都是以不同的资产形式存放在国外大银行，面临着汇率利率风险。（2）国家外汇库存和中国银行外汇结存这两部分外汇资金是一起运用的，相互补充不可分。（3）外汇储备是与进出口收付汇的周转紧密地联系在一起的，外汇储备仅是以期末差额的形式出现，而非以基金的形式出现。（4）国家外汇在国内的运动程序是，出口企业通过结汇将获得的外汇收入卖给国家，将得到的人民币偿还中国银行发放的人民币外贸贷款，同时得到一定比例的留成外汇额度。进口企业须持有计委批准的用汇指标，然后通过各种渠道（借款、自有资金）筹集人民币资金到中国银行买汇，中国银行收进人民币，代进口单位付出外汇。也就是说，在进出口贸易（非贸易）支付中，国家外汇通过中国银行的外汇买卖，与人民币作调换位置的运动。（5）国家外汇库存获得的利息与中国银行的经营收益分开，单独列账上交人民银行。可见我国外汇储备的管理不可避免地带有外汇管理的色彩。

（三）如何完善外汇储备管理

既然我国的外汇储备管理与外汇管理紧密相连，那么是否有必要将中国银行经营管理的国家外汇储备再进一步集中于中央银行呢？我们认为答案是否定的。

1. 从前述日本的经验来看，高度集中外汇的做法是在战后初期，外汇极度匮乏的情况下使用的，而我国目前的国际收支并未处于如此紧张的状态。而且中国银行作为国家外汇专业银行，已经代理国家行使集中国家外汇资金的职能，因而没有必要采取进一步集中国家外汇的手段。此外，我国目前的外汇储备管理制度是从 1979 年以前高度集中的体制下，经过多次改革发展起来的，因此再走回头路是不符合中国金融改革的方向和国际上金融自由化的趋势的。

2. 由于我国的外汇储备与进出口贸易和非贸易收支的周转是紧密联系在一起的，如果将外汇资产全部集中于中央银行，而中央银行又不能直接经营对企业和个人的贸易和非贸易收支，因而势必给我国的对外收支增加不必要的繁琐手续和不必要的汇兑成本，增加差错概率，从而会影响外汇资金的有效利用，甚至会影响我国的对外声誉。

3. 由于我国进口支付货币较为多元化，但出口收汇中美元占有较大的比例，因此在某些时点，需要用中国银行所吸收的存款和其他营运资金及时地协助调配，以满足对外支付的币种需求。如果人为地将这两部分资金割裂开来，也势必会影响我国外汇资产的收益、使用效益和我国的对外声誉。

4. 国家外汇储备资产的经营在中国银行的资产负债表中也占有一定的比例，如果人为地实行账户转移，损失的不仅仅是中国银行本身的资产负债，而是中国银行在整个对外金融活动中的声誉，从而对我国对外借款、筹资等方面的工作带来一系列的影响，并会提高对外筹资成本。

因此要完善国家外汇储备的管理，并不意味着将外汇高度集中于中央银行，而是有更多的工作可做：

1. 在开源节流上进一步下工夫。国家外汇库存作为贸易非贸易收支差额，需要稳定增长，只有这样才有实力逐步向基金形式过渡，这就需要在开源节流上狠下工夫。在开源方面，中央需采取积极主动的出口振兴政策，如出口优惠金融制度，包括担保和贴现出口预付票据，外汇票据抵押贷款等。出口票据保险制度，即对买进付款交单、承兑交单票据的银行，由于遭到拒付票款而造成的损失给予赔偿。在节流方面，应加强外汇投资方向的管理。目前我国对高档消费品的进口实行了一定的控制，但是仍有外国的咖啡、香皂、化妆品充斥市场，这对我国稀缺的外汇资源来说无疑是个很大的浪费，因此进口方面的管理仍需加强。

2. 严格外汇结算制度，限制提前付汇和拖后结汇，防止逃汇的现象发生。例如日本规定出口认证 1 年以内收汇，或见票 5 个月以内、装船后 6 个月以内结算；限制在装船通知书或货物到达之前支付货款，对进口延期支付限制在 4 个月以内等做法均可参考。

3. 逐步建立外汇储备基金制度。目前中央银行与国际金融机构有经常的联系，同时外汇市场正处于初级阶段，需要进一步完善。因此可以将中央银行的售金外汇、国际货币基金借款、中央银行办理的外汇抵押人民币贷款所集中的外汇资金以及开征外汇存款准备金合并起来，建立外汇储备基金，用以方便与国际金融机构的联系和干预外汇调剂市场汇价，为逐步完善外汇市场，逐步向弹性汇率制度过渡而做准备。

外汇储备管理之我见*

1996年12月，我国外汇储备已突破1 000亿美元大关。中央银行所执行的货币政策是适度从紧，以治理通货膨胀，保持持续增长为首要目标。在这种情况下，管好我国外汇储备，越来越成为一个非常重要的问题，谨提出以下不成熟的设想与建议，以期引起深入探讨。

1. 外汇储备应保持在什么水平？外汇储备的增加与减少是一个时期内国际收支顺差或逆差的必然结果，但反过来，我们也可以通过对外汇储备的管理与使用，使之服务于将来一个时期的国际收支平衡。根据我们的理解，国际收支平衡应是动态的平衡，即（1）从中、长期看，可以在有些年份出现顺差而在另一些年份出现逆差，只要顺差额与逆差额大体相当就行。（2）就某一年份而言，在国际收支基本平衡的前提下，允许出现各组成部分的不平衡，比如说在经常项目下允许贸易项目出现逆差，其亏空由非贸易顺差来弥补。根据国际收支动态平衡的要求，我们并不认为，外汇储备越多越好，而应保持一个合适的水平。按国际上通行的做法，在资本项目大体平衡的前提下，外汇储备能维持三个月的进口量就行了。但考虑到我国是个发展中国家，我们可适当增加一定的储备量，保持在500亿~800亿美元是可行的。我们可以动用一些外汇储备进口国内急需的物品，尤其是国外先进的设备和原材料，以支持国内的基础建设和平抑物价。这样的结果，在将来一两年内，贸易收支会出现进口大于出口的情况，其逆差将由外汇储备或者资本项目顺差弥补。

2. 人民币汇率应升还是贬？自外汇体制改革以来，人民币汇率稳中趋升。尽管人民币汇价是在外汇指定银行同业市场依据供求关系来决定的，但由于中央银行的经常性干预行为，它对汇率决定拥有相当大的影响。在这种情况下，中央银行可以通过市场行为，把货币汇率引向对自己的政策目标有利的方向，即让人民币逐步小幅度升值。去年央行也是这样做的，

---

* 本文原载巴黎《欧中贸易》1997年第1期。

外界总体反映是良好的。人民币汇率的升值，一方面有利于引进国内急需的技术、设备和原材料，对抑制物价上涨会起到积极作用；另一方面，也会促使出口企业降低换汇成本，提高产品的竞争力。此外，人民币升值还会降低不少单位、企业偿还外债的负担。在此，我们还想顺便指出一点，国内有不少人认为人民币在国内物价大幅上涨的情况下反而坚挺是“反常”现象，这种说法有些片面。因为汇率决定的基础不仅仅是购买力平价这一个因素，国际收支状况、资本流动等其他因素同样会发挥作用。在国外，在通货膨胀率较高的情况下，货币反而升值的例子是不少的。当然，现在的外汇市场还有些人为因素，我们要创造条件为人民币汇率决定提供一个主要由供求关系发生作用的、真正的市场，扩大进入市场交易的成员。中央银行进入市场仅仅是在需要进行干预、平抑汇率过度波动的时候，而不是参与经常性的外汇买卖，成为外汇的主要供求者。

3. 对外资流入要不要管理？借鉴其他发展中国家的经验和教训，我们需要加强对外资流入的监测与管理，不要认为外资流入越多越好，要予以区别对待。对短期资金的流入一定要严加限制，具体手段包括征收交易税，提高存款准备金率和规定资金存取的最低时限等；否则，规模巨大的、频繁的短期资金流出、流入会对国内货币政策造成严重干扰。我国引进外资应着重于长期国外资金，尤其是外国直接投资，并把这些资金引导到生产性、基础性等行业上去。总而言之，我国在近期内要尽量让资本项目保持顺差，以弥补经常项目可能出现的逆差。

4. 人民币自由兑换应具备什么条件？与外汇储备管理紧密相关的另一个重要问题是人民币可自由兑换的问题。自去年以来，人民币一定程度上实现了经常项目下的可兑换，为此，有不少人认为人民币在不太长的时期内可以实现资本项目下的可兑换。我们并不这样认为，人民币实现资本项目下的可兑换要比经常项目下的可兑换复杂得多，需要满足一些基本条件才行，否则会带来许多不利影响。这方面许多国家的经验教训可以借鉴，比如俄罗斯，由于时机不成熟，货币兑换后，本币大幅度贬值，资本大量外逃，国内经济受到严重损害。参照其他国家的经验和教训，我们认为人民币实现完全自由兑换至少应具备以下前提条件：（1）国内经济有长足的发展，国际贸易以及劳务、技术等其他生产要素的对外交流已达到了相当高的程度，从而提出了货币自由兑换的迫切要求。（2）国内经济结构趋于合理，不存在严重的结构失调，经常项目在中期内实现了平衡。（3）国内物价形成机制是以市场供求为基础的，国内物价与国际物价逐步接轨，物价在一定时期内保持稳定，国内居民对本币充满信心，不存在太高的通货膨胀预期。（4）在实现货币可兑付前，应有相当数量的外汇储备，用于平抑可能出现的波动及应付不测；中央银行要具备市场操作的经验和管理能力。（5）要继续实施一些必要的资本管制措施。货币可兑换与资本管制并不完全矛盾，许多发达国家如欧洲国家、日本等在50～60年代就实现了货币的可兑换，但直到80年代才完全解除了资本流动管制。因此，即便我们让人民币达到了完全可兑换，也要在一个相当长的时期内实行一些必要的资本管制措施。

5. 中央银行要加强对外汇储备的管理。国家外汇储备是以各种外币资产的形式存放在国外的，也就是说外汇的实体在国外。在国际金融市场异常动荡的今天，对其进行有效的管理已是刻不容缓的任务。国家外汇储备要以安全和保值为基本目标，避免任何投机活动，并尽量使利率、期限结构、币种与对外支付的需要保持一致。

具体建议如下：（1）最重要的是摆布好外汇储备的各种货币资产和期限结构，并根据变化作出战略调整。（2）由于中国银行在经营外汇上有较丰富的经验，因此把一部分储备交给中国银行总行及其海外行按市场利率的条件代为经管，这样做，一方面可确保资金安全，另一方面可确保收益。中国银行通过这些资金来源和运用增强了在国际金融市场运作的活力，但同时也承担了风险和市场成本。（3）下决心把一部分外汇储备交给国际上知名的投资基金代管。事实上，目前西方许多中央银行，如英格兰银行、日本银行、芬兰银行等都把部分储备交给一家或几家基金代管，这些基金由专家按不同比例的各种资产进行综合组合，并根据市场的变化调整组合结构。当然，对上述组合或调整均事先征得委托人的同意。从多年的情况看，交给基金管理的效益比自己管要好得多。（4）当西方利率总趋势走低时，应增大储备中西方政府债券的比例，一来风险小，二来收益高，三来容易变现（如德国联邦银行给境内商业银行提供“债券回收协议”的短期融资服务，如我国央行购买了德国政府债券可通过中国银行法兰克福分行向德央行抵押取得大金额短期资金融通，利率一般比市场低）。

6. 要尽快建立偿债基金。自对外开放以来，我国陆续在市场上筹措了大量资金，现已陆续进入了偿还期。为保证对外偿付的顺利进行，维护国家信誉，很有必要建立不同层次的偿债基金，并把它纳入国际收支平衡计划中通盘考虑。我不同意在目前国家外汇储备总额中划出一块建立基金。如果这样做就把国家极其宝贵的外汇资金搞死，而且减少了用于进口的正常支付手段。这实际上是，国家用大量的商品和劳务出口换来的外汇被束之高阁，这种做法也是与尽可能多地利用外资的精神相悖的。我认为，我国的外汇储备基金可包括以下几个方面的内容：（1）中央银行拥有的黄金外汇；（2）国际货币基金组织的借款；（3）中央银行办理外汇抵押人民币贷款所集中的外汇资金；（4）开征外汇存款准备金。这四个部分的外汇资金合在一起，其金额是颇为可观的。

7. 要注意对外商投资企业本、外币资金运用的分析，及时制定切实可行的政策措施。现在，各类外商投资企业已有几万家，进出口额在1994年达780亿美元，也就是说，全国1/3以上的外贸进出口是由“三资”企业来实现的。据报道，1996年第一季度，此项比例上升到45%。因此，外商投资企业在结、售汇过程中，以及筹措流动资金和其他配套资金等一系列经营活动，都会对现金投放、外汇增减产生相当的影响，为此要深入分析、研究。在新的形势下，越来越多的外资银行已被允许在国内开设分支机构，将来还会允许它们办理人民币业务，这就使得问题更加复杂起来。为此要充分估计外商投资企业对国内经济的正面、负面影响，并采取相应的政策措施。

8. 要深入研究国有商业银行（尤其是中国银行）外汇资产与国家外汇储备之间的关系，以及对国家支付能力、国际收支（特别是资本项目）的影响。现在国家外汇储备已移交人民银行经营与管理，但中国银行及其他国有银行、金融机构通过开办国内居民外币存款业务及在国际市场上融资，吸收了大量外币资金，并进而发放外币贷款。这些外币资金的转换与运用与国家外汇储备的变动乃至国际收支平衡都有着直接或间接的关系，值得进一步深入研究。

9. 要进一步研究外汇与人民币之间的关系，特别是由于人民币对外币汇率变化后所产生的影响和关系。此外，西方中央银行在统计外汇储备时，多数是以本币来表示，因此，由于汇率的变化就有一个账面盈亏的问题。目前我国的统计仍以外币来表示，在央行干预汇率时，所产生的盈亏以及与国内货币流通的关系都值得深入研究。

10. 要管好国家外汇储备，在资金安全的条件下，取得最优收益（汇价+利息），有必要建立一个专门研究美、日、德三国货币政策的部门，并且有必要在纽约、东京、法兰克福派长驻代表，密切跟踪此三国的货币政策动态，以便综合出一个比较准确的、较佳的摆布外汇储备货币结构和期限结构的方案来。

加强我国外汇储备管理的探讨*

——兼论储备是否越多越好

截至2003年3月底，我国国家外汇储备已高达3 160亿美元，在全球雄居第二。这表明我国经济地位提高，抵御国际金融风险的实力增强。为了保持我国经济健康、稳定、持续的发展，在经济全球化的背景下，如何更好地与国际接轨，审时度势、趋利避害，从金融安全以及更好地发挥国家外汇储备的有效性出发，都需要进一步加强对我国外汇储备水平和外汇储备管理的研究。

一、对我国外汇储备增长概况的分析

1994年1月1日，我国成功地实行了外汇体制改革，人民币官方汇率与外汇调剂市场汇率并轨，实行银行结售汇制度，对人民币汇率实行有管理的浮动。国际收支状况大为改善，外汇储备大幅度增加，人民币汇率和币值稳定，这是外汇体制改革成功的主要标志。特别是外汇储备大幅度增长，更是令世人瞩目。

1993年底，我国外汇储备仅为212亿美元，1996年12月突破1 000亿美元，到1997年底增至1 399亿美元。从1994年到1997年4年间，外汇储备累计增长了1 187亿美元，平均每年增加近300亿美元。1997年7月，由泰铢贬值引发东南亚金融危机，东南亚各国货币纷纷大幅度贬值，资金急剧外流，外汇储备大量流失，我国虽受一定幅度影响，但人民币汇率一直保持稳定，外汇储备没有减少，只是增长速度大大放慢。从1998年到2000年，外汇储备累计增长257亿美元，也就是说，截至2000年底，我国外汇储备为1 656亿美元，3年的增长额不如前4年的平均增长额。

从2001年起，我国外汇储备重新出现新的增长势头。2001年全年外汇储备出现净增466亿美元的历史纪录，这是亚洲金融危机负面影响完全消

---

* 本文原载《国际金融研究》2003年第7期。

失，在全球经济不景气的情况下，我国经济保持持续、快速增长的结果，为国际收支顺差奠定了坚实的基础。2001 年 10 月 18 日，我国外汇储备突破 2 000 亿美元，年底为 2 122 亿美元。

2002 年全年外汇储备净增 742 亿美元，再创历史新高，较上年末增长 35%，月均增加 61.8 亿美元，每工作日平均为 3 亿多美元，特别是 12 月份达 118 亿美元，为月增储备的最高纪录。2002 年是我国加入世贸组织的第一年，由于我国全面落实加入世贸组织的承诺，进一步扩大对外贸易，改善投资环境，建立了较为稳定、透明、有效的市场环境，增加了投资者的信心，加之西方经济仍处于低迷，促使外国直接投资大幅度增加，全年超过 500 亿美元，为世界第一位。与此同时，外贸也快速增长，总值达 6 207.9亿美元，其中出口为 3 255.7 亿美元，大大超出预计水平，比上年增长 22.3%；进口为 2 952.2 亿美元，增幅达 21.2%；外贸顺差为 303.5 亿美元，比上年增幅高达 35%。此外，由于美元利率不断下降，人民币利率水平高于美元，加之对人民币汇率的预计早已改善，这也起到增加外汇流入、减少外汇支出的作用。从国际收支错误与遗漏项目来看，金额也出现了减少。

总之，截至 2003 年 3 月底，我国的外汇储备为 3 160 亿美元，较 1993 年底的 212 亿美元增加了近 14 倍，比 1996 年底（亚洲金融危机前）增加了 1.9 倍。这在我国及其他发展中国家外汇储备增长的历史上是从未有过的。2002 年一年储备增长 742 亿美元，12 月增长 118 亿美元，每工作日增长 3 亿多美元，也是极为罕见的。

二、对外汇储备职能的分析

外汇储备作为一个国家经济金融实力的标志，是弥补本国国际收支逆差，稳定本国汇率以及维持本国国际信誉和地位的物质基础。外汇储备的职能作用主要有：

1. 调节国际收支平衡。在国际收支平衡表中，外汇储备是平衡项目，它是经常项目和资本项目收入及支出差额的反映。当一国国际收支出现顺差，特别是经常项目出现顺差时，通过增加储备资产总额，发挥“蓄水池”的调节作用。在一国由于政治、经济及自然等因素而造成的偶发性国际收支逆差时，可以动用储备来加以弥补；如果一国国际收支发生结构性不平衡需要采用调整产业结构、改善投资环境等较长时期后方能见效的政策措施来平衡国际收支时，也可以动用储备资产加以缓解，在一定程度上可减轻因调整而给国内经济带来的冲击。需要指出的是，由于外汇储备的数量毕竟有限，因此，其使用及投向必须与相关货币政策和产业政策等密切结合。

2. 稳定本国货币汇率。一国货币当局为了本国的利益，可以动用外汇储备来干预外汇市场，使本国货币汇率稳定在政府所希望的水平上。在一般情况下，这种干预影响市场参与者的心理，起到积极的效果。但是在面临巨大的国际资本投机风暴冲击时，往往造成储备流失、汇率贬值的结果。

3. 保证本国的国际信誉和地位。充足的外汇储备存量是维持本国正常开展对外经济往来、保证本国货币汇率稳定的物质基础。雄厚的储备将增强国外贸易商和投资商与本国开展经济往来的信心，有利于吸收利用国外投资、对外支付、定期偿还债务。良好的外汇储备也可以提高该国的国际信誉。外汇储备存量的变化也是国际有关资信评估机构确定一国信用等级的重要指标。

三、对如何确定外汇储备最佳水平的分析

由于各国所处的发展阶段不同，市场经济发展与对外经济交往的程度也不同，因此，对外汇储备的要求也各不相同。一个国家外汇储备水平究竟以多少为宜，并不存在一个确切的衡量标准。

1. 保持外汇储备存量的一般原则。一般来说，可以确定一个下限和上限。即根据该国经济发展水平，保证该国最低限度进出口贸易总量所必需的外汇储备来确定下限；同时，充分考虑该国经济发展最快时可能出现的对外支付所需要的外汇储备来确定上限。下限是国民经济发展的临界制约点，而上限则表明该国拥有充分的国际清偿能力。在上限和下限之间，形成一个适当的外汇储备区间。根据该国国民经济发展状况、对外经济交往和经济开放程度不断调整外汇储备的存量，有时可向下限方向靠，有时可向上限方向靠，上限和下限应进行阶段性调整。

2. 衡量外汇储备水平的指标。衡量和确定一国外汇储备水平的因素和指标很多，到目前为止，西方国家大多用经济估算的方式来衡量。一般说来，有三个最基本的参考指标：一是外汇储备量与国内生产总值之比，它反映了一国经济规模对外汇储备量的需求。二是外汇储备与对外债务总额之比，它反映了一国的对外清偿能力和国际信誉。上述两项指标，国际上并没有确切的标准量化比例。也就是说，外汇储备量与国内生产总值和外债余额之比到底应保持在什么水平最为适宜，并无一个统一标准，应根据

各国的具体情况以及当时国内外经济环境而定。三是外汇储备量与月平均进口额之比，这个比例是根据全世界储备总量占进口总额的比得出的。据统计，20 世纪 50 年代以来世界储备总额占进口比例从 80% 不断下降，到 70 ~90 年代，下降到 30% 以下，大约相当于 3 个月的进口额。但是因各国具体情况不同，并不能一概而论。美国经济学家特里芬通过对 60 多个国家的储备与进口比例进行分析得出结论，认为一国储备量以贸易进口额的 40% 为标准，以 20% 为最低限，若低于 30% 就应采取调节措施。一般按全年储备对进口的比例计算，约为 25%，即应满足 3 个月进口需求。

3. 对外汇储备应保持 3 个月进口额的分析。笔者认为，上述比例显然过于笼统和机械。虽然外汇储备是一国拥有的对外债权，但是，我们要弄清楚这个债权是如何形成的。一般来说，外汇储备主要由两部分组成。一个是国际收支中经常项目的净流入，另一个是资本项目的净流入，这两者之和组成外汇储备（在此没有考虑错误与遗漏项目，由于该项目有时数字很小，但变化大时对储备量的增减有很大影响）。如果外汇储备量主要是资本项目净流入，也就是说，该国外汇储备主要是靠国外资本流入所形成，即该国中央银行用本币购入了流入的外汇，这样形成的外汇储备不够稳定，当国际、国内经济形势发生剧烈变化时，很有可能引起外资的流出和储备流失。如果外汇储备主要由经常项目净流入，也即主要由贸易或非贸易顺差所形成，这样来源的储备相对比较稳定，因为这样形成的对外债权是靠该国自身商品和劳务等换来的，也即出口企业在收取外汇后，经银行结汇而形成的储备。

就世界各国而言，在资本项目完全开放和尚未开放的国家外汇储备的组成中，经常项目和资本项目净流入这两者到底应保持什么比例最为适合，仍要根据各国的国情、国民经济的结构、外贸金融开放的程度、货币汇率是否稳定等因素加以分析和判断。

四、我国外汇储备是否越多越好

我国加入世贸组织已一年多，国内金融市场正在逐步放开，外资流入也急剧增加，对外贸易也不断增长。近年来，我国国际收支经常项目和资本项目基本呈现双顺差的局面，错误与遗漏有时较大，有时减小，外汇储备则节节攀升。从我国的情况看，2002 年 GDP 突破 10 万亿元人民币，外汇储备大体相当于 GDP 的 1/4，这个比例在世界各国是相当突出的。2002 年 6 月底，我国外债余额为 1 691 亿美元，外汇储备存量是外债余额的 1.63 倍，该数字在世界各国也名列前茅。2002 年末，我国外汇储备量相当于当年一年的进口额，看起来显然多了，但是仍需要进行深入分析。

1. 我国的外汇储备保持在适度较高的水平是符合改革开放需要的。我国是一个发展中大国，2002 年虽然外贸进出口总额已分别排列世界第五位和第六位，国内生产总值突破 10 万亿元人民币大关，名列第七位，但是我国人均国内生产总值才接近 1 000 美元，我国离全面小康社会还有相当差距。我国人民币还不是完全可兑换的货币，资本项目的放开正在有序进行，但完全放开的条件尚未成熟。因此，为了保持我国对外经贸科技交流的持续增长，保持在国际支付中的良好形象和实力，外汇储备保持在适度较高的水平是适宜的。

2. 我国外汇储备水平应与国内外经济发展状况相一致。从 1994 年至 1997 年的 4 年里，我国外汇储备每年平均以 300 亿美元的速度增长。1997 年底增至 1 399 亿美元，这一时期正是亚洲爆发金融危机、我国香港实现回归之时。正是由于我国保持了较充实的外汇储备，一定程度上防止了亚洲金融危机的冲击，确保了香港顺利回归。1998 年到 2002 年是我国进一步扩大改革开放的时期，2001 年 11 月，我国成功加入世贸组织，进一步融入国际社会。这一期间，由于我国外贸的持续增长，国外投资大量增加，外汇储备又有较大增加。但是我们也应看到，近几年虽然我国经济保持高速度增长，但国内内需不足，经济结构面临新的调整，巨额不良资产急需进一步消化。从国际上看，2001 年，美国、日本、欧盟同时进入衰退，出现经济停滞、失业严重、通货紧缩，2002 年仍未走向复苏。因此，针对国内外形势的变化，2003 年，我们必须从新的视角审视和确定我国外汇储备水平，以更好地适应国内外经济形势发展的需要。

3. 我国外汇储备必须为我国经济发展服务，外汇储备并不是越多越好。从 1994 年以来我国外汇储备不断增长的状况看，外汇储备保持较高水平是必要的，但绝不是越多越好。同时，我们还应清楚地认识到，在当前我国资本项目没有开放的前提下，稳定汇率不须用大量储备进行干预，因此外汇储备并不是越多越好。尤其是经常项目净流入，也即外贸顺差所形成的外汇储备保持太多，对资源是一种浪费。储备是财富的化身，是使用实际财富的权利，这笔财富如果投放到生产和经营中去，可以促进经济发展，获取经济效益。如果持有太多，就等于把相应的那份实际财富让渡给别人使用，而没有为自己的经济发展服务。正因为这部分外汇储备是靠出口商品和劳务换来的，我们换到的只是存放在国外大银行的各种可兑换货币的存款或其他金融资产，虽然我们能收到一定的利息或收益回报，但是这些资金并未投入生产运营，外汇资金也没有充分发挥效益。拥有外汇储备是要付出代价的，因此，储备的存量应该在保证充裕支付的前提下，设法减少持有储备资产所付出的代价。

五、对加强我国外汇储备资产管理的探讨

一般来说，外汇储备管理应遵循的原则是：（1）保持多元化的货币储备，以分散汇率变动的风险；（2）根据进口商品、劳务或其他支付的需要，确定币种数量、期限结构以及各种货币资产在储备中的比例；（3）选择储备货币资产形式时，既要考虑它的收益率，同时必须考虑它的流动性、灵活性和安全性；（4）密切注意货币汇率的变化，及时或不定期地调整各种货币的比例。因此，国家外汇储备管理的原则是“安全、灵活、保值”。第一位是安全，只有在安全的前提下，保值才有基础；但是储备资产是支付工具，它应能随时变现，因此必须具有灵活性。这三者缺一不可。这里所指的安全，不仅是货币汇率和利率风险的防范，更重要的是变现、流通、兑换风险的防范，以及存放保管的风险防范。笔者认为，国家外汇储备管理的核心是保值，但绝不能从被动、片面的角度去理解和认识保值。也就是说，应该积极主动地在安排和考虑好对外支付的情况下，把储备当做金融资产进行管理和运作，在保值的基础上，除获取基本的利息收益外，努力争取适当增值。

笔者对如何更好地加强我国储备管理提出下列建议：

1. 重视储备的安全存放保管。目前，我国外汇储备大多是美元、欧元债券和主要西方货币表示的金融资产（包括外汇存款）。近年来，特别是“9·11”事件后，国际政治经济形势的动荡和发展都波及我国外汇储备的安全，这就涉及大量的储备资产存放的国家和银行，由哪些银行进行保管。因此，从战略上考虑，从安全出发，如何选择存放保管外汇储备资产具有重要意义。

2. 根据国内外形势，确定适合我国国情的外汇储备下限和上限以及外汇储备的区间。根据我国国民经济的发展状况、对外开放程度、国际收支状况以及宏观经济政策发展目标，制定阶段性的储备调整规划。

3. 适当减少储备，用于扩大内需。目前，我国仍处在通货紧缩状态，迫切需要积极扩大内需，促进国民经济持续健康稳定发展。可以拿出200亿美元用于进口高科技设备和技术，用进口来拉动内需，并使我国高新技术

迈向一个新台阶。可采取的办法有三种：（1）用国债也即通过财政部发行国债购买200亿美元外汇，进口物资和技术用做重点项目投资或其他技术改造。（2）通过国有商业银行向企业发放专门贷款购买外汇，用进口拉动内需。（3）国家发行200亿美元债券，企业（含银行）和个人可以用人民币购买。国家可把这部分储备资金用于西部大开发，以此拉动内需。上述措施必须得到有关部委的协调配合，共同实施才能取得积极效果。

4. 把部分储备交国外基金代管。可以尝试把部分外汇储备交国际上知名的投资基金代管。事实上，当前不少中央银行都把部分储备交给一家或几家基金代管，这些基金由专家将储备按不同比例进行资产组合，并根据市场变化调整结构。从多年的情况看，这些基金获取的收益较高。

5. 加强对外商投资企业本、外币资金运动的分析和管理。当前，我国出口的近一半由外企承担，为此，要注意对外商投资企业本、外币资金运动的分析，及时确定切实可行的政策措施。尤其是外商投资企业在结售汇中以及筹措流动资金和其他配套资金一系列活动时，都会对现金投放、外汇增减产生相当大的影响。

6. 加强对国有商业银行外汇资产的研究。要深入研究国有商业银行外汇资产与国家外汇储备的关系以及对国家支付（清偿）能力、国际收支（特别是资本项目）的影响。商业银行本、外币资金的转换和运作与国家外汇储备的变动乃至国际收支平衡都有间接或直接的关系。

7. 加强对外汇与人民币资金运动之间关系的研究。这涉及外汇储备的增减与基础货币投放的关系以及由此引起的对经济金融运行的影响和关系；涉及人民币对外币汇率变动（即上浮或下浮）后所产生的影响和关系以及它的变化对国民经济产生的影响和关系。

8. 加强对储备数据统计的研究。西方中央银行在统计公布外汇储备时，多数以本币来表示，因此当汇率发生变化时，就有一个账面盈亏问题。目前，我国的统计仍以美元表示，因此在折算时，特别是在央行干预汇率时，所产生的盈亏与国内货币折算流通的关系都值得深入研究。

加强我国外汇储备管理与运营之我见*

截至2006年2月底，我国国家外汇储备升高至8 536亿美元，雄踞全球第一。这表明我国经济地位的提高，抵御国际金融风险的实力增强。为了保持我国经济健康、稳定、持续地发展，在经济全球化的背景下，我国外汇储备管理应当更好地与国际接轨，审时度势、趋利避害，保障金融安全以及更好地发挥国家外汇储备的有效性。为此，笔者就确定我国外汇储备水平和加强外汇储备管理与运营，谈一些个人看法。

一、对我国外汇储备增长概况的分析

1994年1月1日，我国成功地实行了外汇体制改革，人民币官方汇率与外汇调剂市场汇率并轨，实行银行结售汇制度，对人民币汇率实行有管理的浮动。因此国际收支状况大为改善，外汇储备大幅度增加，人民币汇率和币值稳定。这是外汇体制改革成功的主要标志。特别是外汇储备大幅度增长，更加令世人瞩目。

1993年年底，我国外汇储备仅为212亿美元，1996年12月突破1 000亿美元，到1997年年底增至1 399亿美元。从1994年到1997年这4年间，外汇储备累计增长了1 187亿美元，平均每年增加近300亿美元。1997年7月，泰铢贬值引发亚洲金融危机，东南亚各国货币纷纷大幅度贬值，资金急剧外流，外汇储备大量流失。我国虽受一定影响，但人民币汇率一直保持稳定，外汇储备没有减少，只是增长速度大大放慢。从1998年到2000年这三年间，外汇储备累计增长257亿美元，也就是说截止到2000年年底，我国外汇储备为1 656亿美元，三年的增长额不如前四年年平均增长额。

但从2001年起，我国外汇储备重新出现新的增长势头。2001年全年外汇储备创下净增466亿美元的纪录，年底储备升至2 122亿美元。这是由于

---

* 本文原载《银行家》2006年第3期。

亚洲金融危机负面影响完全消失，在全球经济不景气的情况下，我国经济保持持续、快速增长，为国际收支顺差奠定了坚实的基础。

2002 年全年外汇储备净增 742 亿美元，年底达 2 864 亿美元，增幅为 35%。2003 年全年净增 1 168.4 亿美元，年底为 4 032.5 亿美元，增幅上升到 41%。2004 年年底，储备增至 6 099 亿美元，较上年猛增 2 066.5 亿美元，增幅为 51%。2005 年年底，储备再创历史新高，高达 8 189 亿美元，比上年增长 2 089 亿美元，增幅仍高达 35%。

2003 年至 2005 年，我国外汇储备急剧增长的主要原因是：首先，从 2002 年起，我国加入世界贸易组织。由于我国全面落实了加入世界贸易组织的承诺，对外贸易出现了持续增长的势头。三年来外贸顺差分别高达 360 亿美元、320 亿美元和 1 018 亿美元。其次，几年来外国直接投资每年都在 500 亿美元以上。最后，从 2003 年下半年起，人民币受到升值压力，出现升值预期，加大了国际资本的流入。虽然 2005 年 7 月 21 日，人民币只升值 2%，但是未能阻止国际资本的流入。

总之，截至 2005 年年底，我国的外汇储备较之 1993 年年底增加了近 40 倍，比 1996 年年底（亚洲金融危机前）增加 5 倍。这在我国及其他发展中国家外汇储备增长的历史上是从未有过的，每日、每月、每年的增幅也是极为罕见的。

二、对外汇储备职能的分析

从理论上讲，外汇储备的职能作用主要为：

1. 调节国际收支平衡。当一国国际收支出现顺差，特别是经常项目出现顺差时，通过增加储备资产总额，发挥“蓄水池”的调节作用。在一国由于政治、经济及自然等因素而造成的偶发性国际收支逆差时，可以动用储备来加以弥补。如果一国国际收支发生结构性不平衡需要采用调整产业结构、改善投资环境等较长时期方能见效的政策措施来平衡国际收支时，动用储备资产加以缓解，一定程度上可减轻调整给国内经济带来的冲击。需要指出的是，由于外汇储备的数量毕竟是有限的，因此，其使用及投向，必须与相关货币政策和产业政策等密切结合在一起。

2. 稳定本国货币汇率。一国货币当局为了本国的利益可以动用外汇储备来干预外汇市场，使本国货币汇率稳定在政府所希望的水平上。在一般情况下，这种干预影响市场参与者的心理，起到积极的效果。但是在面临巨大的国际资本投机风暴冲击时，往往造成储备流失、汇率贬值的结果。

亚洲金融危机中，很多国家就遭受了这样的打击。

3. 保证本国的国际信誉。充足的外汇储备存量是维持本国正常开展对外经济往来，以及保证本国货币汇率稳定的物质基础。拥有雄厚的储备，将增强国外贸易商和投资商与本国开展经济往来的信心，有利于吸收利用国外投资，有利于对外支付，有利于按期偿还债务。良好的外汇储备可以提高该国的国际信誉。外汇储备存量也是国际有关资信评估机构确定一国信用等级的重要指标。

三、对如何确定外汇储备最佳水平的分析

由于各国情况不同，发展阶段不同，市场经济发展与对外经济交往程度的不同，因此对外汇储备水平的要求也各不相同。一个国家外汇储备究竟多少为宜，并不存在一个确切的衡量标准。

1. 保持外汇储备存量的一般原则。一般来说，可以确定一个下限和上限。即根据该国经济发展水平，保证该国最低限度进出口贸易总量所必需的外汇储备来确定下限。同时，充分考虑该国经济发展最快时，可能出现的对外支付所需要的外汇储备来确定上限。下限是国民经济发展的临界制约点，而上限则表明该国拥有充分的国际清偿能力。在上限和下限之间，形成一个适当的外汇储备区间。根据该国国民经济发展状况、对外经济交往、经济开放程度不断调整外汇储备的存量，有时可向下限方向靠，有时可向上限方向靠。上限和下限应进行阶段性调整。

2. 衡量外汇储备水平的指标。衡量和确定一国外汇储备水平的因素和指标很多，到目前为止，西方国家大多采用经济估算或数理模型等方式来衡量。一般说来，有五个最基本的参考指标：一是外汇储备量与国内生产总值之比。它反映一国经济规模对于外汇储备量的需求。国际上对此并没有确切的量化标准，也就是说，外汇储备量与国内生产总值之比到底应保持在什么水平最为适宜，并无统一指标，应根据各国的具体情况以及当时国内外经济环境而定。二是外汇储备量与对外债务总额之比。它反映一国的对外清偿能力和国际信誉。国际经济界认为，一国外汇储备量占其外债余额 50% 为宜。三是外汇储备量与月平均进口额之比。20 世纪 60 年代，美国经济学家特里芬通过对 60 多个国家的储备与进口比例进行分析得出结论认为，一国储备量为贸易进口额的 40% 为标准，以 20% 为最低限，若低于 30% 就应采取调节措施。一般按全年储备对进口的比例计算，约为 25%，即应满足 3 个月进口需求。四是从储备需求来衡量是否适度。比如，可量化

的需求为正常的进口、偿债、外企利润的汇出，可根据维持正常进口的时间、外债偿还的比例、外企汇出利润的比例，得出理论规模数额，以此数据来衡量当前储备是否适度。五是从储备净收益最大化来获取最优储备水平。此观点认为，持有外汇储备会产生机会成本，它是国内生产性投资的收益与外汇储备资产收益之差。当国际收支出现逆差时，动用储备弥补赤字，能避免收入调整带来的经济冲击。持有储备过多，会降低国民收入水平。因此，收入水平和收入变化之间存在替代关系。为此，可以通过有关参数和建立数理模型，求出最佳水平。

四、对外汇储备组成的分析

1. 外汇储备是一国拥有的对外债权，我们要弄清楚这个债权是如何形成的。一般来说，外汇储备主要由两部分组成，一部分是国际收支中经常项目的净流入，另一部分是资本与金融项目的净流入，这两者之和组成外汇储备（在此没有考虑错误与遗漏项目，该项目有时数字很小，但变化大时对储备量的增减有很大影响）。如果外汇储备主要是由经常项目净流入，即主要由贸易或非贸易盈余形成，这种来源的外汇储备相对比较稳定。因为它所形成的对外债权是靠该国自身商品和劳务等换来的，属于真正的债权型的外汇储备。如果外汇储备主要是资本与金融项目的净流入，也就是说，该国外汇储备主要是靠国外资本流入所形成的，即国外直接投资、证券投资、国际借贷所形成的盈余，由于这些盈余属于最终必须偿还的资金，只是还本付息的方式和还款期限有所不同。从严格意义上讲，它不是真正具有债权性质的储备，因为当国际、国内经济形势发生剧烈变化时，很有可能引起外资的流出和储备的流失。

2. 值得指出的是，资本与金融项目中，外商投资企业的直接投资具有一定的稳定性，而证券投资特别是短期资本流入具有流动性、投机性，甚至一定程度的破坏性。经常项目中的贸易与非贸易盈余，如果是外商投资企业所实现的，从理论上讲，它随时可以把其中所获利润的部分汇出。因此，不能笼统判断机械地一概而论，哪个稳定或不稳定。

就世界各国而言，在资本项目完全开放或尚未开放的国家，它们外汇储备中，经常项目和资本与金融项目的盈余这两者到底应保持什么比例最为适合，这需要根据各国的国情，国民经济的结构，经济金融开放的程度，以及货币汇率是否稳定等因素加以分析和判断。

五、科学辩证地看待我国外汇储备的多与少

到今年年底，我国加入世界贸易组织的过渡期行将结束。届时国内金融市场将全面放开，我国将全方位地融入国际社会，外资流出流入也会急剧加大，对外贸易总额也将不断增长。近年来，我国国际收支经常项目和资本与金融项目基本呈现双顺差的局面，外汇储备节节攀升。从我国的情况来看，2002 年我国的 GDP 突破 10 万亿元人民币，近年来每年增幅都在 9% 以上。外汇储备大体相当于 GDP 的 1/4 到 1/3，这个比例在世界各国是相当突出的。2005 年 9 月底，我国外债余额为 2 674. 6 亿美元。外汇储备存量是外债余额的 3 倍，比例在世界各国名列前茅表明我国有足够的偿债能力。2005 年年底，我国外汇储备量相当于当年一年多的进口额。总的看来，我国外汇储备显然多了，但这需作认真深入的分析。

1. 我国的外汇储备保持在适度较高的水平是符合改革开放需要的。首先，我国是一个发展中大国，虽然 2005 年外贸进出口总额已列世界第三位，国内生产总值超过 18 万亿元人民币，名列世界第六位，但是我国人均国内生产总值才刚过 1 700 美元，我国离全面小康社会还有相当差距。因此，为了保持我国对外经贸科技交流的持续增长，保持在国际支付中的良好形象和实力，我国的外汇储备保持在适度较高的水平是符合改革开放需要的。其次，2006 年年底，我国金融市场将全面开放以及“十一五”期间将加快资本项目的开放，同时进一步加大“走出去”的步伐，人民币自由兑换也将提到议事日程。随着对国际资本流动的放宽，可能导致资本的大量流出入。为确保以上政策的实施，必将增大对外汇储备的需求。最后，外汇储备是一国政府抵御和化解金融危机最直接最重要的物质基础。在 20 世纪末的东南亚国家发生金融危机时，我国政府就是凭借其严格的资本管制和强大的外汇储备而逃过此劫，保证了国内经济稳定发展的大局。香港政府也背靠祖国内地的外汇储备及政府的伸援，运用自身的外汇基金，成功击退国际投机者的攻击，保证了香港的联系汇率制和港元的稳定，以及抵御了对股市的冲击。可见，在国际经济环境变数较多，经济危机频发的今天，充足的外汇储备是保证一国经济金融安全所必需的。

2. 我国外汇储备必须为我国经济发展服务，外汇储备并不是越多越好。首先，我们应清楚地认识到，尤其是经常项目净流入，也即贸易和非贸易顺差所形成的外汇储备保持太多，对资源是一种浪费。储备是财富的化身，是使用实际财富的权力。这笔财富如果投放到生产和经营中去，可以促进

经济的发展，获取经济效益。如果持有太多，就等于把相应的那份实际财富让渡给别人使用，而没有为自己的经济发展服务。正因为这部分外汇储备是靠出口商品和劳务换来的，我们换到的只是存放在国外大银行的各种可兑换货币的存款或其他金融资产，虽然从中我们能收到一定的利息或收益回报，但是这些资金并未投入生产运营，外汇资金也没有充分发挥效益。正因为拥有外汇储备是要付出代价的，因此，应该在保证充裕支付的前提下，设法减少持有储备资产所付出的代价。其次，当前在我国资本项目没有完全开放的前提下，稳定汇率不需用大量储备进行干预，因此，如何充分发挥储备的收益是一项不仅具有战术性，而且具有战略性的系统工程。最后，如果储备急剧增加，必然加大基础货币的投放。近两年来，我国外汇储备增加了4 000亿美元，相应增加了3.2万亿元人民币的投放。虽然中央银行通过各种方式加以回笼，但一定程度上增加了通货膨胀的压力和干扰了中央银行货币政策的实施。

六、加强我国外汇储备资产管理与运营

一般来说，外汇储备管理应遵循的原则是：（1）保持多元化的货币储备，以分散汇率变动的风险。（2）根据进口商品、劳务或其他支付的需要，确定币种数量、期限结构以及各种货币资产在储备中的比例。（3）选择储备货币资产形式时，既要考虑它的收益率，同时必须考虑它的流动性、灵活性和安全性。（4）密切注意货币汇率的变化，及时或不定期地调整各种货币的比例。因此，国家外汇储备管理的原则是："安全、灵活、保值、增值"。第一位是安全，只有在安全的前提下，保值、增值才有基础。但是储备资产是支付工具，它应能随时变现，因此必须具有灵活性。这四者缺一不可。当然这里所指的安全，不仅是货币汇率、利率风险的防范，更重要的是变现、流通、兑换风险的防范，以及存放保管与投资的风险防范。必须认识到，国家外汇储备管理的核心是保值，但绝不能停留在被动、片面的角度去理解和认识保值。也就是说，应该积极主动地在安排和考虑好对外支付的情况下，把储备当做金融资产进行管理和运营。在保值的基础上，除获取基本的利息收益外，努力争取适当投资增值。

对如何更好地加强我国储备管理和运营，笔者提出下列建议：

1. 重视储备的安全存放保管和资产的优化。目前，我国外汇储备大多是美元国债、欧元债券和主要西方货币表示的金融资产（包括外汇存款）。近年来，特别是"9·11"事件后，国际政治经济形势的动荡和发展都波及

我国外汇储备的安全。这就涉及大量的储备资产存放在哪些国家的哪些银行，由哪些银行进行保管的问题。因此，从战略上考虑，从安全出发，如何选择存放保管外汇储备资产具有重要意义。与此同时，由于国际金融市场的动荡，如何优化外汇储备的构成，适当调整各种资产特别是美元的比例尤为重要。

2. 把部分储备注资到一些公司，进行股权投资。目前，中央汇金公司就是一个很好的探索。从其投资的境内金融企业来看，其中建设银行已取得明显效益。应该考虑对一些知名跨国公司如能源等相关企业，通过国际资本市场等渠道和方式进行投资和收购。比如，西方一些大的跨国公司对我国企业投资参股，我们也可动用储备对它投资参股。这样做不仅可获取收益，并能形成你中有我，我中有你的态势，这将有助于国外企业更好地进行合作与发展。

3. 适当减少储备，用于扩大内需，支持科技领域的发展。可拿出几百亿美元用于进口高科技设备和技术，用进口来拉动内需，并使我国高新技术迈向一个新台阶，这将有助于我国科技自主创新的发展。

4. 加强对外商投资企业本、外币资金运动的分析和管理。当前，我国出口的一半以上是由外企承担。尤其是外商投资企业在结售汇中以及筹措流动资金和其他配套资金时，都会对现金投放、外汇增减产生相当大的影响。为此，要注意对外商投资企业本、外币资金运动的分析，及时确定切实可行的政策措施。

5. 加强对国有商业银行外汇资产的研究。要深入研究国有商业银行外汇资产与国家外汇储备的关系以及对国家支付（清偿）能力、国际收支（特别是资本项目）的影响。商业银行本、外币资金的转换和运营与国家外汇储备的变动乃至国际收支平衡都有间接或直接的关系。

6. 加强对外汇与人民币资金运动之间关系的研究。这涉及外汇储备的增减与基础货币投放的关系以及由此引起对经济金融运行的影响和关系，涉及人民币对外币汇率变动（即上浮或下浮）后所产生的影响和关系以及它的变化对国民经济产生的影响和关系。

7. 加强对储备数据统计的研究。西方中央银行在统计公布外汇储备时，多数以本币来表示，因此当汇率发生变化时，就有一个账面盈亏问题。目前，我国的统计仍以美元来表示。因此在折算时，特别在中央银行干预汇率时，所产生的盈亏与国内货币流通的关系都值得深入研究。

重新认识我国外汇储备的管理与经营*

2006 年年底，我国外汇储备高达 10 663 亿美元，雄踞世界第一。它不仅反映了我国经济实力的增强，也反映了我国在国际经济、国际支付中所处的重要地位。但是，外汇储备的增长过快、积累太多，一定程度上将加剧国际经济的失衡，不利于国际经济稳定持续地发展，也不利于构建和谐的国际经济秩序。如果外汇储备经营管理的水平不能及时提高和完善，也将影响我国货币政策的实施，造成通货膨胀压力。大量外汇资金以不同形式的金融资产存放在国外生息，意味着这笔庞大的资金脱离了国内现实扩大再生产的轨道，不能用来增强我国的经济实力、加快经济结构的调整，而且目前也不能用于海外直接投资、促进我国国际经济的合作与发展。从战略高度来看，实际上是对外汇资金的浪费。

针对上述情况，在今年全国金融工作会议上，温家宝总理指出："进一步完善人民币汇率的形成机制，加强外汇储备经营管理，积极探索和拓展外汇储备的使用渠道和方式，采取综合措施促进国际收支平衡。"温总理的讲话，公开表明了我国外汇储备管理的战略意图，明确了外汇储备管理体系的改革方向。

当前，经济理论界和有关部门的学者对加强我国外汇储备经营管理、构建我国外汇储备管理体系提出了不少积极的建议和构想。笔者认为，为了更好地构建符合我国实际情况的外汇储备管理体系，必须对我国外汇储备的形成、性质、特点再做深入的认识和分析。只有在充分、深入认识的基础上，才能真正建设符合我国实际的外汇储备经营管理制度。

一、对我国外汇储备形成的分析

1. 外汇储备是一国拥有的特殊债权。在反映国家对外债权、债务的国

---

* 本文原载《金融研究》2007 年第 7 期。

际收支表中，外汇储备由两部分构成：一个是国际收支经常项目的净流入，另一个是资本与金融项目的净流入。这两者之和构成外汇储备（在此没有考虑错误与遗漏项目，该项目金额时大时小，变化较大时对储备的增减有很大影响）。如果外汇储备主要是由经常项目净流入形成，即主要由贸易和非贸易盈余形成，则这种来源的储备相对稳定，因为它所形成的储备是靠我国商品和劳务的出口换来的。这部分可称做债权型的外汇储备。如果外汇储备主要是由资本和金融项目的净流入形成，也就是说主要由国外资本流入形成，即外商直接投资（FDI）、证券投资、国际借贷等项目所形成的盈余，从根本上讲，这部分盈余属于最终必须归还的资金，只不过付息方式和还款期限有所不同。严格来说，它不是真正具有债权性质的储备。因为当国际、国内经济政治形势发生变化时，很可能引起外资流出和储备的流失。

2. 外汇储备是国家用人民币置换来的特殊外汇债权。由于我国基本实行强制结售汇制度，可以说，国家外汇储备，无论是经常项目和资本金融项目的净流入，都是中央银行用人民币从拥有外汇的企业和个人（包括外企和外国人）手中购买的，对中央银行来说也是一种特殊的人民币负债。如果谁要用外汇，比如企业要用外汇进口，个人需要外汇出国旅游，必须用人民币购买外汇。

二、外汇储备的增减变化受经济政治形势的影响和制约

1. 必须清醒地认识到，外汇储备的变动与国际、国内经济政治形势的变化密切相关。当我国经济、世界经济处于良好的发展态势时，我国国际收支无论经常项目、资本和金融项目都是顺差，外汇储备也相应地增加。如从 2002 年至 2006 年的 5 年中，外汇储备从 2 684 亿美元增加到 10 663 亿美元，增长了 7 979 亿美元，平均增幅约 40%。如此巨额的增长在世界各国外汇增长的历史上是从未有过的，每年增幅之大也是极为罕见的。然而，当国内国际经济形势出现动荡、危机时，必将波及和影响外汇储备的增减。比如，1980 年年底，由于我国改革开放初期实施了错误的“洋冒进”政策，外汇储备急剧下降，减少到 -12.96 亿美元；1997 年 7 月亚洲金融危机爆发，东南亚各国货币纷纷大幅度贬值，导致外汇储备大量流失。我国也受到了一定程度的影响，虽然我国政府坚持了人民币汇率稳定的承诺，外汇储备没有减少，但增长速度大大放缓。因此，不仅要关注外汇储备快速增长的问题，而且还要高瞻远瞩，看到外汇储备未来会下降的可能性。

2. 密切关注外商投资企业所实现的贸易顺差和利润的使用和投向。如前所述，贸易盈余所形成的外汇储备具有稳定性，属于债权型的外汇储备。但是，我们在分析外商投资企业的外汇和人民币资金运动时，知道绝大多数外企在经营外贸出口时，先从商业银行获得人民币贷款用于购买原材料，进行加工，完成产品生产直至出口，待收到外汇后向银行结汇换取人民币，归还贷款及支付生产经营费用，余下的即为获取的利润。对此，应认真分析外企利润的形成、外贸顺差和外企利润的关系，并关注结汇后的人民币资金的使用和投向。因为从理论上说，外企是随时可以把利润汇出的，这样势必对外汇储备的规模和结构带来不确定的影响。

3. 关注和分析资本与金融项目中，外资流出流入的状况和规律。我们知道，资本与金融项目的净流入是形成我国外汇储备增长的重要因素。我国是 FDI 流入最多的国家，近几年外商直接投资每年都在 500 亿美元以上，FDI 在资本与金融项目中占有很大的比重。因此，有的学者把我国外汇储备增长的原因归咎于外商直接投资。但是，我们知道，利用外资的最好形式是直接投资。一般来说，FDI 一般不会造成外汇储备的急剧增加。因为 FDI 百分之七八十都表现为商品形态的实物资产，而不是外汇资产。也就是说，外商直接投资主要通过设备、半成品、原材料等实物，以及技术、专利等折算成金额，统计反映在国际收支平衡表中。而企业把直接投资的外汇资金直接换成人民币的做法，所占的比重并不大。但为什么在国际收支平衡表中，从表面上看 FDI 的净流入增加了外汇储备。这是因为国际收支核算是采取复式记账的方法，即以实物商品形态的直接投资记录在经常项目的贸易进口项下，即在全部进口中，包含了商品形式的直接投资进口。虽然在统计中，这笔外汇已经支出，但却没有实际支付外汇。因此，从统计角度看，仍然增加了一笔外汇储备。要改变资本与金融项目的顺差，应加快我国对外投资的步伐，而要减少贸易顺差必须相应增加进口。

从去年以来，相关数据显示，由于人民币升值的预期，在我国的直接投资中，直接结汇换成人民币的比重大幅增加，造成外汇储备的增长。这种现象有悖于直接投资的性质，对此，需特别关注。

4. 关注并加强监管证券投资和国际借贷等资金的流入动向。由证券投资渠道进入的外汇，绝大多数兑换成人民币，购买国内的股票、债券或进入房地产。而通过国际借贷进入的资金，多数是国内外资企业或中资企业的海外融资，这部分外资也要换成人民币投资于国内金融资产或房地产，它反映在我国对外短期外债的增加。截至 2006 年年底，我国外债余额约为

3 000 亿美元，同比增长 14%。其中短期外债增长 16%，短期外债占全部外债余额的比例达到 57% 左右，处于历史最高水平。而在 20 世纪八九十年代我国外债的 85% 以上为长期债务，短期债务基本上保持在 15% 左右。这种现象表明，以短期外债形式的资金流入增长迅猛，同时潜在风险也在增加。需要指出的是，这两部分外资的流入，一方面造成外汇储备的增加，加大了基础货币投放的压力；另一方面推动房地产价格居高不下。据国家统计局数据显示，2006 年境外资本投资我国房地产行业的金额达到 82.3 亿美元，比上年增加 57.9%。同时，大量资金进入股市，造成股市的波动加剧。由于上述资金都属于短期资金，具有极大的流动性、投机性，甚至在一定程度上具有破坏性，对此必须警惕它可能带来的危害和负面影响。

三、把握外汇储备增长过快的真正原因，积极探索改善的途径

1. 外贸顺差是我国外汇储备持续增长的最主要原因。对此，必须彻底改变鼓励外贸企业千方百计降低“成本”、实现“出口创汇”的经营理念。在一切为了创汇的政策指导下，出口部门尽量压低企业员工特别是农民工的工资。尤其是一些来料加工企业，它们出口的附加值本来就不高，其利润和竞争力主要体现在压低工人工资上。据英国《金融时报》今年 2 月 27 日的报道，自 2005 年以来，人民币对美元升值了约 6.5%。在大多数原材料价格也出现大幅上涨的情况下，中国出口产品的利润和数量仍有所增长。该报指出，即便是纺织业这样竞争最激烈的行业，在承受升值压力的条件下，利润仍然增长了 3.5%。这更加表明，在一切为了“出口创汇”的经营理念下，企业不是用提高劳动生产率，而是拼命压低工人工资来实现利润。世界银行的数据表明，居民工资收入占我国 GDP 的比重，已从 1998 年的 53% 降到了 2005 年的 41%。因此，如何保障企业工人应得的报酬和福利，改变靠压低工资成本增加竞争力、提高利润的做法，是出口部门应该认真对待并加以解决的问题。

2. 积极引导外资投向，调整外商投资企业的结构，改变对外资的过度优惠政策。2006 年年底，我国累计批准的外商投资企业多达 57.4 万户，实际使用外资金额为 6 919 亿美元。2005 年外资企业销售收入达 27 024 亿元，占全国销售收入总量的 37.5%。2006 年，外资企业共缴纳各类税收款 7 950 亿元，占全国税收总量的 21.12%。据有关资料分析，这 50 多万户企业，80% 以上属于加工制造类的中小企业。全部外企的出口占我国全部出口的 2/3。上述资料表明，外商投资企业在我国国民经济中占据重要地位并发挥

了重要作用。我们应该肯定改革开放以来利用外资的政策和外企对我国经济发展作出的贡献。没有它们，我国外贸不可能出现持续巨额的顺差。但是应该看到，长时期以来，外企享受了过度的优惠政策，特别是与国内企业在税收上的差异极大。近几年，地方政府处于对政绩的追求，实现 GDP 的快速增长，又采取其他优惠手段加大对外资的招商引资力度，这也是造成外企出口产品成本较低的原因。虽然国务院 2002 年 2 月 21 日颁布了《指导外商投资方向规定》，该规定详细地说明了鼓励类项目、限制类项目和禁止类项目，问题是如何认真切实地执行这个政策。2007 年 3 月召开的全国十届人大五次会议审议并通过新的企业所得税法草案，明确规定内资外资企业适用于统一的企业所得税，新税率确定为 25%。这改变了对外资的过度优惠政策，体现了内外资企业公平竞争的原则。

当前，外商投资由过去投资设厂为主扩大到股权投资和并购等，由加工制造业等传统领域逐步转向通信设备、计算机等高新技术领域以及金融、保险和证券等金融服务业领域，这是外商投资的新动向。如果外国机构把投资参股的外汇换成人民币，必然会增加外汇储备，对这一动向应密切关注。需要指出的是，外资企业的产品核心技术掌握在外方手里。因此我国制造业必须提高自主开发和自主创新能力，提高产品质量，强化品牌意识，提高产品竞争力。

3. 辩证地看待汇率因素造成储备的高增长。人民币汇率低估是造成我国外贸巨额顺差的原因之一，但绝不能把它当成主要原因，更不能把国际经济失衡，特别是中美贸易之间的失衡归结于人民币汇率。亚洲开发银行的研究报告指出："中国重估人民币汇率对全球贸易不平衡及美国贸易逆差所产生的影响十分有限。假设人民币汇率升值 10%，只能使美国的贸易逆差减少 36 亿美元。对美国贸易平衡来讲，从中国进口减少的部分很可能会被亚洲其他国家增加的部分所抵消。升值无法解决全球贸易失衡问题。"汇率问题是一个极其复杂的综合性问题。由于人们对人民币汇率有较强的升值预期，因此，虽然从 2005 年 7 月 21 日至今，人民币对美元汇率已升值 6.9%，但仍未能减少外资的流入，同时也没有放缓外汇储备的增长速度，美国等发达国家要求人民币汇率升值的压力仍未放松。对此，人民币汇率形成机制的改革必须坚持自主性、可控性和渐进性的原则。笔者认为，为了进一步实现汇率反映市场供求的原则，从参照一篮子货币到盯住一篮子货币的汇率机制改革需要有一个相当的过程。即便实现了盯住一篮子货币，美元、港元在篮子中的比重应该在 3/4 以上。在实际运行过程中，可根据具体情况对篮子货币和货币权重进行调整。与此同时，应增加外汇市场交易品种和交易方式，进一步提高外汇市场资源配置效率，完善做市商制度，为人民币汇率机制的完善奠定基础。

4. 从战略上改变外贸依存度偏高、储蓄率偏高、内需不足的状态，因为这些也是造成外汇储备增长的重要因素。据海关总署统计，2006 年我国外贸总额为 1.76 万亿美元，约占 GDP 的 68%；出口总额为 9 690 亿美元，约占 GDP 的 36%。两组数据都说明对外贸易和出口在国民经济中的占比过高。1 775 亿美元创纪录的巨额顺差，表明在进出口收支相抵后，我们把 1 775亿美元的商品和劳务提供给其他国家消费，其中美国成了由我国提供消费品的大户。我国是一个发展中的大国，经济增长主要应该由国内的消费支撑，发展内需是我国经济增长动力的根本所在。然而，我国处于经济转型和社会转轨的特殊阶段，社会保障制度尚不健全，我国最终消费占 GDP 的比重从 20 世纪 80 年代的 62% 下降到 2005 年的 52.1%，居民消费也从 1991 年的 48.8% 下降到 2005 年的 38.29%，处于历年来的最低水平。虽然居民储蓄高达 16 万亿元人民币，但是分配极不平衡，20% 的人占有 80% 的储蓄。这种储蓄结构决定了居民消费倾向偏低，造成储蓄过度、消费不足。当国内经济无法吸收大量储蓄时，必然有一部分储蓄以外汇（外贸顺差）的形式表现出来。与此同时，或由于某些制度性障碍（如对民营企业的歧视），国内投资一定程度上被具有优惠条件的外资所挤占。因此，为了减少国民经济的波动，必须降低对外需的过度依赖，刺激内需。要加快和完善包括医疗、教育、养老等社会保障体系的建设，促进农村经济建设的发展，努力缩小城乡差距，改变收入分配不公的现象，为扩大内需创造条件。要进一步促进和完善资本市场的发展，增加金融产品的种类，使储蓄从单纯的银行存款转变为多元化的金融资产，实现储蓄、投资和消费的良性循环。

四、外汇储备管理遵循的基本原则和外汇储备的使用方向

1. 外汇储备管理应遵循的原则是：（1）保持外汇储备的货币多元化，以分散汇率变动的风险。（2）根据进口商品、劳务和其他支付需要，确定各种货币的数量、期限结构以及各种货币资产在储备中的比例。（3）在确定储备货币资产的形式时，既要考虑储备资产的收益率，也要考虑流动性、灵活性和安全性。（4）密切注意储备货币汇率的变化，及时或不定期调整不同币种储备资产的比例。因此，国家外汇储备的管理原则是安全、灵活、

保值、增值。第一位是安全，只有在安全的前提下，保值和增值才有基础。但由于储备资产是支付工具，应该随时能变现，因此必须具有灵活性，这两者缺一不可。当然，这里所说的安全，不仅是货币汇率、利率风险的防范，更重要的是变现、流通、兑换风险的防范。因此，为减少储备资产风险，在考虑对外支付的情况下，应该采取积极主动的手段，把储备当做金融资产进行管理和运营。在保值的基础上，不仅仅要获取基本利息的收益，还要努力争取获得较高的投资收益，实现储备资产的增值。

2. 外汇储备最主要的需求是满足进口支付。外汇储备的使用，主要是为进口企业提供外汇支付。2006 年，我国全国进口用汇超过 7 916 亿美元，这是主要的需求。进口企业用人民币购得外汇，同时中央银行从市场回笼了基础货币。当然在出口结汇时，出口企业又用外汇换取了人民币，使得外汇储备增加和基础货币投放增加。因此，要合理安排进口付汇的时间以及出口结汇的时间，以便最大限度地提高外汇资金的使用效率。为此，应在外汇市场上开展远期、期货等衍生产品的交易。值得注意的是，有的学者提出，我国外汇储备过多，可以用来购买石油等战略物资，进而化解储备水平居高不下的状态。这些学者误把外汇储备当做中央银行的免费资源，有权用做各种用途。他们没有认识到，如果企业要进口石油，就必须要有足够的人民币向中央银行购买外汇。如果中央银行直接用外汇储备进口石油，就等同于中央银行用发行货币的方法进口石油。采取这种手段来降低储备水平是不正确的。

3. 外汇储备做好为企业“走出去”服务。随着我国经济实力的增强，国内企业加快了“走出去”的步伐。过去由于资本项目严格管制，国内企业的对外投资步伐缓慢。目前我国对外投资的管制已有很大程度的放开。我国企业特别是国有大型企业在国外进行收购兼并、参股投资，实现“你中有我、我中有你”，这有助于改善国际经济失衡，促进国际关系和谐、协调地发展。因此，我们不仅要把注意力放在国际资本的流入上面，同时也要关注我国资本流出的规模和方向。鉴于我国资本流出规模的不断增长，有的学者建议，加快我国资本项目开放的步伐，个别学者更期望能在 2008 年完全放开，甚至实现人民币的自由兑换。虽然目前资本项目下的多数管制都已放开，但是对于完全放开，尤其是人民币的自由兑换必须慎之又慎。

近年来，我国经济发展迅速，人民币币值坚挺，国际资本大量流入。国际资本看好中国的发展前景，看好中国概念股，预期人民币升值。但是，我们并不能保证，在我国今后十年经济发展的过程中，不出现经济低迷或危机。如果过早开放资本项目，过早实现人民币自由兑换，一旦经济滑坡或出现危机，不仅外资会迅速撤走，老百姓也会用人民币购买外汇，使资产流向国外。到时候，你就是有多少外汇储备也不能抵御兑换的压力。1998年的亚洲金融危机的教训已经十分深刻。据媒体报道，近年来内地居民在香港的银行的开户数量猛增，香港特别行政区政府已批准内地企业可以在香港发行人民币债券，人民币在香港实际上可以流通和自由兑换港元。加之内地企业可以在香港发行H股上市，也吸引了内地企业、基金和个人投资者投资香港股市。笔者认为，这无形地为我国资本流出开了口子，一旦人民币汇率升值到预期水平，或者出现下跌预期，都可能造成大量资本流向香港或者海外。

五、对外汇储备管理新构架体系的认识和辨析

当前，有的学者主张把我国外汇储备管理的组织架构分成两个部分，即中央持有官方外汇储备，满足支付和稳定货币政策的需要。这部分占大的比重，可称为流动性部分。另一部分由其他经济部门设立的外汇投资公司管理和运作，可用于国内外投资参股，追求尽可能高的收益。这部分在外汇储备中占较小的比重，可称为投资性部分。无论是哪部分在管理上都遵循外汇储备的管理原则，即“安全、灵活、保值、增值”，只不过投资性部分更具有增值、盈利的倾向，这样做的好处是：（1）可以减少外汇储备过多的存量。（2）可以减轻中央银行基础货币的投放压力，即划出去的投资性部分外汇资金，必须用人民币置换，这样就减少了中央银行货币的发行。（3）外汇投资公司可以按公司治理原则来组建，以市场化的方式运作，提高外汇储备的投资运作水平，特别是从事国际性的投资，从而为调整我国经济结构发挥积极的作用。

笔者同意和赞赏上述的外汇储备管理体系的构想。但是如何认真落实和实现新架构的优点则需深入细致地探讨和研究。

1. 如何减少外汇储备的存量。减少储备存量的方法很多，而且也较容易实现。（1）比如成立一家专业化的外汇投资公司，由该公司发行人民币特种债券，然后用所得人民币把外汇储备从中央银行买出来。（2）由财政部发行人民币特种国债，用该债券直接从中央银行把外汇置换出来，财政部可把这部分置换出来的外汇储备交由一家专业投资公司运作。（3）由财政部发行特种国债，所得人民币交给专业投资公司，由该公司把外汇储备买出来等。总之减少储备的方法很多，但原则是必须用人民币或人民币资

产置换。

2. 对外汇投资公司发行债券购得外汇储备的分析。我们知道，中央银行拥有的外汇储备是用人民币置换而来。外汇储备增减的同时，也势必导致流通中人民币相应地增减，从而实现二者的平衡。有的学者认为，只要成立专业化的外汇投资公司，由它发行人民币债券获得资金，用于购买外汇进行投资，这就可以阻断外汇储备和中央银行基础货币的联系，减少目前过剩的流动性。表面看来似乎可行，但实际上问题很多。我们姑且撇开外汇投资公司发行如此数量庞大的债券如何销售等具体问题不谈。假设外汇投资公司为了购买1 000亿美元的外汇，它要发行7 740亿元人民币的债券。如果发行成功，并用人民币购买了外汇，这就意味着中央银行回笼了7 740亿元人民币。但是，我们要知道，这笔庞大的人民币债券的发行，不仅涉及利率、期限结构等诸多问题，而且这笔债券由谁购买也是需要考虑的问题。一般来说，真正的购买者还是商业银行或其他机构投资者，虽然也会有居民，但不可能成为购买的主体。问题是，绝大部分债券的持有者商业银行与机构投资者，不可能保证其长期持有。商业银行随时可以向中央银行贴现，也可以在同业市场参与回购，居民也可以在二级市场出售。因此，这种方法虽然在一定时期内回笼了人民币，但从整个资金市场来看，实质上并没有减少基础货币的投放，也实现不了阻断的目的。而且，也会从资本市场的层面对市场产生冲击和影响。当然我们可以分批发行，每次的金额小一些，对金融市场的冲击也会小些，但从长期来看，其后果是一样的。

3. 对财政部发行债券置换外汇储备我们再做进一步分析。由财政部发行人民币特种国债，用于购买中央银行持有的外汇储备，财政部应负担发行特种国债的利息，这是购买外汇的主要成本。这种做法是利用财政部的特殊地位，实现人民币和外汇特殊形式的置换，置换的风险由财政部承担下来。如果财政部把这部分外汇储备交给专业投资公司运作，并没有减少基础货币的投放和过剩的流动性资产，只不过是改变了中央银行外汇储备的投向而已。如同持有美国国库券一样，中央银行又增加了持有我国财政部人民币特种债券。

4. 如何同时实现外汇储备和基础货币的双减少。笔者认为，可采用的办法有：（1）无论是专业的外汇投资公司还是财政部发行特种债券，期限都应该在10年以上甚至更长，利率应该更优惠，购买者应长期持有，不允许进入二级市场交易或向中央银行贴现。只有严格限制人民币特种债券持有者的交易，才能真正减少货币投放。（2）外汇投资公司持有的外汇，原则上只能用于海外的投资参股、收购或购买战略物资。如果投资国内企业，国内企业原则上不能将外汇换成人民币使用。

5. 明确外汇投资公司的性质、地位和作用。这家公司必须由全国人大立法设立，是一家非银行金融企业，具有法人地位，直接隶属于国务院或财政部。对该公司的资本金或营运资金在置换外汇的方式或手段上，可给予特殊政策。外汇投资公司承担汇率风险以及人民币债券的利息。在组建上可借鉴新加坡、韩国等国家政府投资公司的模式和运作方式。同时必须加强对外汇投资公司的监管，可由银监会或成立专门的监管机构对其实施监管。

6. 对中央银行管理的即仍由中央银行持有的外汇储备，可继续进行多元化的管理和运作。需要指出的是，由于人民币不是自由兑换货币，在国际支付往来中用人民币结算的比例非常小。而外汇储备水平同样很高的日本等发达国家，由于实施自由兑换的货币制度，它们在国际支付中，有相当部分比例是使用日元等本国货币。因而这些国家的一些进口不需要支付外汇，也不需要用本国货币向中央银行购买外汇。这些国家外汇储备的功能主要是稳定汇率和实施货币政策的需要。在经济稳定时期，完全可以把一部分外汇储备专门用于投资或其他需要。笔者认为，必须充分认识到这一点，我国中央银行必须拥有外汇储备的绝大部分，以备各种支付之需。当然我国外汇储备不是越多越好，但多了也不必过分害怕，而要认真探索如何更好地加强外汇储备的经营管理和确定恰当的使用渠道与方式。笔者认为，划出小部分的外汇储备让外汇专业投资公司经营管理，让其发挥作用的政策是积极可行的。

总之，外汇储备管理体系的改革具有重要的战略意义，对于减少外汇储备，减少流动性过剩，阻断外汇与中央银行基础货币的联系，充分发挥外汇储备的对外投资功能，促进我国经济体制改革的深化，特别是金融体制改革的深化，以及构建新型的对外经济关系都将产生积极的作用和影响。

参考文献

［1］李扬等：《应对流动性过剩的两个基本战略》，载《中国金融》，2007（3）。

［2］吉昱平等：《我国外汇储备的高速增长及其应对之道》，载《中国金融》，2007（3）。

［3］李扬、余维彬、曾刚：《中国外汇储备体制的改革》，载《金融论坛》，2007

（4）。

［4］吴念鲁:《加强我国外汇储备管理之我见》，载《当代银行家》，2006（2）。

［5］吕江林、杨玉凤：《当前我国资本大规模流入的原因及对策》，载《当代财经》，2007（2）。

［6］王元龙:《积极探索构建中国新型外汇储备经营管理体系》，载《金融时报》，2007－02－26。

关于“热钱之忧”的看法*

问答一：何谓热钱？如何看待高达1.75万亿美元的热钱？

我认为，所谓热钱主要是指基于获取高额利润的国外流入或流出投机性资金。从国际收支平衡表上来看，在经常项目和资本与金融项目中有热钱存在，这是不争的事实。特别在该国经济看好或突然发生动荡时，这部分资金便频繁进出入。规模有时候很大，一定程度上干扰破坏该国经济运行的秩序和稳定。但是这部分资金占比有多大，很难有一个定量比。当然，该数量与当时国际国内经济政治等形势与环境密切相关。

从我国目前的情况看，我认为，经常项目中具有热钱性质的资金约为10%上下，而在资本项目中的比例可能在15%左右，而且上述比例也随时在变化之中。也就是说，在1.7万亿美元储备中，热钱总数约为5 000亿美元。有人认为，当前热钱高达1.75万亿美元，超过了外汇储备总量，这一观点反映对外汇储备的形成缺乏基本了解。因为，热钱外汇流入国内必须兑换成人民币，才会对市场产生冲击。照此说有1.75万亿美元的热钱流入，那么我国的外汇储备就应该有3.45万亿美元。如果外汇不换成人民币，它的流入和流出对我国经济和外汇市场不会产生多大影响。

当前，有些外企基于成本增加、利润减少而撤离；有的外企、有些境外战略投资者把利润汇出，或出于某些原因外汇流出数字较大，这都属于正常范围。关注热钱流出，作一些深入调查很有必要。从目前条件看，流入大大高于流出，尚未构成热钱大规模流出的情况。

问答二：请问热钱与外债的关系？

近几年，在3 000多亿美元的外债余额中，短期外债的比例高达57%，但每年发生额并不大（近年数字有所增大），这与美元贬值，人民币升值有关。因为一些用汇单位（主要是外企）从国外借入美元，利率比人民币低，而且还有贬值好处，比借入人民币合算。这部分资金如果直接用于对外支

---

* 本文系2008年7月4日答《上海证券报》谢晓冬记者问，原文标题为《“热钱之忧”的看法》。

付，则与热钱无关；如果结汇，则必然引起外汇储备增加。该外债到期，用人民币买汇后，外汇流出，这是很正常的现象。当然，我们对非正常的短期外债形式流入、进入资本市场、房地产市场投资炒作的行为要加强监管的力度，而这部分资金总量并不大。因此，外债的增加与到期偿还不会危及汇率体系的安全。

问答三：热钱撤离对经济的影响如何？

热钱撤离，从国际收支角度来看，仍然是外资流出的问题，它必然反映在经常项目（如资本利润）汇出增加、资本项目（如短期资本）流出增加或者错误与遗漏项目资金流出增加。如果说 FDI 获利，外商投资企业把全部或部分利润汇出，这是一种正常行为。而过去由于出口型外企看好中国经济发展，把外贸顺差减去成本所获得的部分或全部利润进行再投资，这是造成我国外汇储备剧增的原因之一。至于外企或中资企业通过国外发债或通过国外母公司借入资金把外汇换成人民币用于国内，到期偿还本息也是正常行为。因此，通过国际收支平衡表完全可以预测今后上述资金流出入的情况。现在的情况是，应该汇出的比例太小，外企甚至是国内用汇的企业，都想获得人民币升值的好处。这样做的结果加大了中央银行基础货币投放的压力。我不担心多一些正当获利的外资（含热钱）流出，这对我国实现国际收支综合、动态平衡是有好处的。

中投公司作为我国的主权财富基金应为实现我国国际收支平衡、促进外汇储备保值增值、促进我国资本市场健康稳定发展起积极作用。在当今股市低迷的情况下，中投公司应在 H 股、A 股市场选择优质、具有发展前景的公司，以战略投资者的身份进行投资，持股 3 年。这对于抵制热钱抄底、阻止热钱迅速撤离都大有裨益，对于支持我国资本市场的发展也具有战略意义。

在我国 1.70 万亿美元的外汇储备中，热钱占 20% ~25%。与其探讨如何用好热钱，还不如集中精力、下工夫，管好、用好当前庞大的国家外汇储备。外汇储备管理的原则是：“安全、灵活、保值、增值”。第一位是安全，只有在安全的前提下，保值、增值才有基础。但由于储备资产是支付工具，应该随时能变现，因此必须具有灵活性，这两者缺一不可。这里面说的安全，不仅是货币汇率、利率风险的防范，更重要的是变现流通，兑换风险的防范。为减少储备的风险，在考虑对外支付情况下，应该采取积极主动的手段，把储备当做金融资产进行管理和运营。在保值基础上不仅仅要获取基本利息收益，还要努力争取获得较高的投资收益，实现储备资产的增值。

问答四：如何改善我国国际收支的失衡?

我认为，当前更重要的是，如何采取综合措施，逐步实现国际收支动态平衡，因为当前经济问题的症结在于国际收支失衡。所谓动态平衡是指国际收支中，经常项目可基本维持顺差，如果出现逆差，可用资本项目的顺差加以平衡，反之亦然。从动态平衡观点来看，不一定当年平衡，可把平衡期定为3~5年。为此，应增加能源、原材料、食品进口，扩大高新产品和技术进口，改变出口的地区结构和商品结构；进一步完善人民币汇率机制的改革；资本项目的开放必须有序、渐进、安全地进行，开放要有时间表。日本、英国、德国经常项目开放到资本项目开放，相隔时间分别为16年、18年、20年。1996年我国实现了经常项目的开放，如果相隔16~20年实行资本项目开放，开放的时间段应为2012—2016年。2007年我国GDP总量和贸易总额占全球的比重分别约为6%和13%，日本同期分别约为9%和8%。也就是说，从1996—2007年这些年来，我国GDP总量比日本少3%，但贸易总量高过5%。从一般估计看，到2012年后，我国GDP总量也可能超过日本。届时，从经济实力来看，我国已具备资本项目开放的条件，因此我们要认真分析其利弊得失，提出几套方案和时间表，最好不迟于2016年实现资本项目开放和人民币可兑换。

我认为，当我国货币的国内价格—利率和国外价格—汇率都实行了市场化，那就意味着我国社会主义市场经济体系基本建成。当然，同时也取决于其他生产要素市场化发展的程度。随着我国实体经济和资本市场的发展与壮大，人民币国际化必将实现。届时我国完成了从一个经济大国、经济强国迈向资本大国、资本强国的发展路径。从全球战略的高度来看，我国所建立和形成的经济金融体系完全有足够力量抵御热钱的流入和流出。当然，微观层面上的政策措施也很重要，但是宏观上、战略上的安排和规划更为重要。

以新思维审视中国外汇储备风险*

外汇储备是一国国际经济往来所形成的特殊外汇债权。2009 年 9 月底，我国外汇储备高达 2.27 万亿美元，居世界第一位。它不仅反映了我国经济实力的增强，也反映了我国在国际经济、国际支付中所处的重要地位。但是，外汇储备的增长过快，积累太多，一定程度上将加剧国际经济的失衡，不利于构建和谐的国际经济秩序。如果我国外汇储备管理水平不能及时提高和完善，不能积极探索和拓展外汇使用渠道和方式，改变不断增长的局面和势头，必将影响我国宏观调控的能力和货币政策的实施，造成通货膨胀的压力，不但影响我国经济持续、稳定、健康的发展，而且会带来直接的危害和风险。

一、外汇储备的形成、结构和性质

（一）外汇储备是国际经济往来所形成的外币债权

外汇储备是一国政府所持有的国际储备中的外汇部分，即一国政府保有的以外币表示的债权，是一个国家货币当局持有并可以随时兑换外国货币的资产。在反映国家对外债权、债务的国际收支表中，外汇储备作为一国拥有的特殊债权，主要由两部分构成：一个是国际收支经常项目的净流入，另一个是资本与金融项目的净流入，两者之和形成外汇储备。在此没有考虑净误差与遗漏项目，这一项目的数字一般较小，但其波动较大时也会对外汇储备的增量产生显著影响。

（二）外汇储备的形成结构分析

由经常项目净流入形成的外汇储备。这部分外汇储备主要由贸易和非贸易盈余形成，其性质相对稳定，风险较小，因为它所形成的储备是靠我

---

* 本文原载《广东金融学院学报》2010 年第 1 期，贾彦龙参与了本文的写作。

国商品和劳务的出口换来的。这部分可称做债权型的外汇储备。在2009年上半年新增外汇储备中，由经常项目净流入形成的部分为1 344.60亿美元，其中货物和服务项目所占的比重为76.10%，经常项目净流入占上半年新增外汇储备的72.31%。

由资本和金融项目的净流入形成的外汇储备。这部分外汇储备主要由国外资本净流入形成，即直接投资净额（外国在华直接投资与我国在外直接投资之差）、证券投资净额、国际借贷等项目。从根本上讲，这部分盈余属于最终必须归还的资金，只不过付息方式和还款期限有所不同。严格来说，它不是真正具有债权性质的储备，其性质不稳定，风险较大。在2009年上半年新增外汇储备中，由资本和金融项目净流入形成的部分为609.95亿美元，其中直接投资净额、证券投资净额和以国际借贷为主的其他投资所占比重分别为25.51%、33.09%和39.18%，资本和金融项目净流入占上半年新增外汇储备的32.80%。

表1　　2001年以来我国国际收支平衡表主要项目　　单位：亿美元

年份	储备资产增量	经常项目		资本和金融项目	
		差额	差额/储备增量	差额	差额/储备增量
2001	4 732.51	1 740.53	36.78%	3 477.54	73.48%
2002	7 550.71	3 542.20	46.91%	3 229.08	42.77%
2003	11 702.31	4 587.48	39.20%	5 272.59	45.06%
2004	20 636.40	6 865.92	33.27%	11 065.98	53.62%
2005	20 701.60	16 081.83	77.68%	6 296.39	30.41%
2006	24 698.10	25 326.79	102.55%	666.20	2.70%
2007	46 174.41	37 183.26	80.53%	7 350.93	15.92%
2008	41 897.84	42 610.74	101.70%	1 896.49	4.53%

数据来源：国家外汇管理局网站 www.safe.gov.cn。

（三）外汇储备是国家用人民币置换来的特殊外汇债权

无论是在强制结售汇还是意愿结售汇制度下，我国的外汇储备主要是中央银行用人民币从拥有外汇的企业和个人（包括外企和外国人）手中购买的，对中央银行来说是用基础货币投放置换来的特殊债权。在中央银行的资产负债表中，外汇储备一面表现为国外外汇资产，另一面对应着国内的货币发行，也就是中央银行的负债。

二、我国外汇储备形成结构与外汇、人民币资金运动的关系

我国国内的居民和非居民所形成的债权、债务的支付主要通过人民币进行结算，而在我国与国外经济实体发生了经济金融业务关系后，其债权债务的结算运动方式则表现为国内人民币资金与国外外汇资金的互动关系。外汇的收入、支出、流入流出构成了外汇资金的运动，它在每一个环节都与人民币有着直接或间接的关系。由于外汇的实体在国外，外汇债权债务的转移运动均表现在我国银行在国外银行（包括自己的海外联行）的往来账户上，即收入外汇贷记，支付外汇借记，因此，任何一个时点上，外汇资金的流量的运动结果将主要引起两个存量的变化：一个是国家外汇储备，另一个是国家对外债权债务。上文分析了我国外汇储备的形成结构，这里继续从外汇储备的形成结构入手分析外汇储备和人民币资金运动之间的关系。

当前，人民币与外汇资金的运动关系是否发生改变，对经济金融发展的影响是否出现新的特点，必须对国际收支有关项目资金流动风险进行再认识。

（一）经常项目相关的资金流动与外汇储备风险

在出口过程中，人民币和外汇的资金流动表现为：出口企业使用自有或借贷的人民币资金用以收购原材料偿付生产过程中的一切费用，进行出口商品生产，出口商品经海关出口并完成交付后，收到外汇货款，出口企业将这些外汇货款向商业银行进行结汇，结汇后企业的外汇资金减少而人民币资金增加，商业银行的外汇资金增加而人民币资金减少，出口企业再用结汇所得人民币资金偿还先期借贷或用于扩大再生产，其先后的人民币资金差表现为出口企业的利润。如果商业银行进一步向中央银行结汇，即将其所购得的出口企业外汇资金卖给中央银行，商业银行只是资产结构发生变化，其外汇资产转变为人民币资产，而中央银行则资产和负债同时发生变化，具体表现为资产方的外汇储备和负债方的货币发行同时增加。如果出口企业为外商企业，在其自身经营策略发生调整时，这些外商企业存在着将其人民币资金换汇汇出的可能，这将造成外汇储备的减少。

在进口过程中，人民币和外汇资金的流动表现为：进口企业以自有资金或借贷资金向商业银行购买外汇，使用外汇支付进口货款，在收货后，其将进口商品出售获得人民币资金，并用其偿还先期借贷或继续经营，其

先后的人民币资金差表现为进口企业的利润。如果商业银行向中央银行购汇，即使用企业购汇的外汇资金向中央银行购买外汇，商业银行只是资产结构发生变化，其人民币资产转化为外汇资产，而中央银行则资产和负债同时发生变化，具体表现为资产方的外汇储备和负债方的货币发行同时减少。

在非贸易收支过程中，一般不涉及商品的生产销售，各种收益和经常转移的资金流动仅表现为简单的人民币与外汇资金的互动，在商业银行向中央银行全额结汇购汇的情况下，表现为中央银行外汇储备和人民币货币发行的同步增减。

近年来，虽然经常项目中的进出口贸易和非贸易外汇资金呈增长的净流入状态，但从长远来看，外商企业的利润汇出以及非贸易支出的外汇需求可能会出现较大的增长，这给我国未来外汇储备稳定带来一定不确定性。

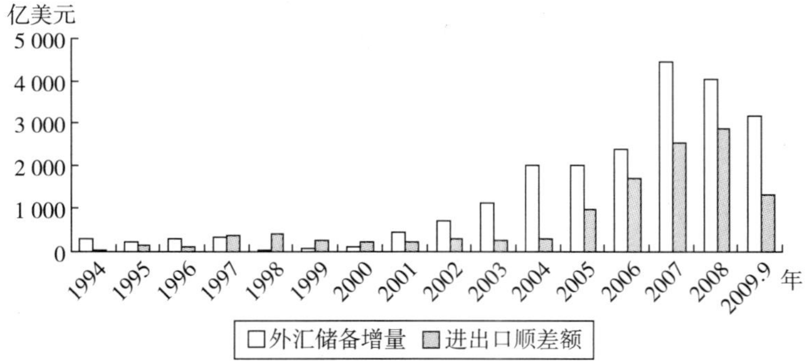

数据来源：中国人民银行、商务部网站。

图1　1994年以来我国进出口顺差和外汇储备增量情况图

（二）资本项目资金流动与外汇储备风险

在直接投资项目下，人民币和外汇资金的流动关系表现为：在外国直接投资进入时，外汇资金汇入境内商业银行，境内商业银行向其支付人民币资金，此时商业银行资产结构发生变化，外汇资金增加而人民币资金减少，这些人民币资金将通过境内投资的方式转化为各种形式的人民币资产，投资所得表现为人民币利润。如果商业银行将这部分外汇资金向人民银行结汇，那么此时商业银行只是资产结构发生变化，即外汇资金又转换回人民币资金，而中央银行则资产负债同时发生变化，具体表现为资产方的外汇储备和负债方的货币发行同时增加。这里需要指出的是，即使在外商投资企业以实物资产进行投资时，由于实物资产的入境在进出口中记入进口项目，但未发生实际的外汇资金流出，构成了经常项目流入的抵减因素，因此其对外汇储备的贡献应为正向的。在中国对外进行投资时，人民币和外汇资金的流动方向是相反的。在外商直接投资进入时形成的外汇储备存在着将投资利润汇出和撤资的不确定性。在对外直接投资时，存在着投资损失和资产转移的风险，虽然直接的风险承担主体不是中央银行，但是其人民币资金进出时的缩水也会在外汇储备的增减上有所反映。

在证券投资项目下，人民币和外汇的资金流动关系基本与直接投资是相同的，只是资金进入后所持有的资产形式不同而已，其人民币资金不是进入实体经济领域，而是转换成股票等各种类型的证券类资产。在资本项目尚未完全开放的情况下，我国的证券投资项目下的流入流出主要是合格境外投资者（QFII）和合格境内投资者（QDII）的资金运动。截至 2009 年 9 月末，我国外汇管理部门共批准 QFII 投资额度 157.2 亿美元，QDII 投资额度 559.51 亿元。在国内外经济环境发生波动时，QFII 存在着资金流出的可能，QDII 则存在着本币升值、国外资产价格下跌等市场风险，这些都会影响到我国外汇储备的稳定性。

在以国际借贷为主的其他投资项目下，人民币和外汇的资金流动关系则相对简单，只是资金币种的简单转换，在相应情况下造成外汇储备的增减，其对外汇储备的影响主要来自借贷币种对应的汇率和利率的不利波动。

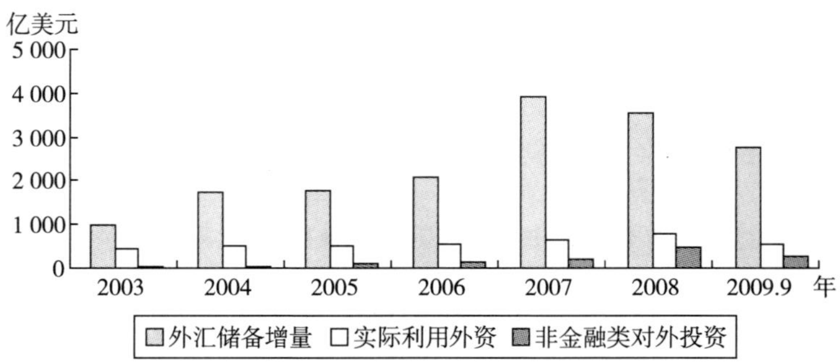

数据来源：中国人民银行、wind 资讯。

图 2　2003 年以来我国直接投资与外汇储备增量情况图

（三）“热钱”流动与外汇储备风险

“热钱”一般指追求汇率波动和资产升值等所带来的跨境套利收益的投

机性资金，具有高敏感性、高流动性和高投机性等特征，其他研究文献中也称其为游资、跨境套利资金等，甚至唐旭和梁猛（2007）认为外商投资企业通过国际贸易渠道产生的“长线投机资金”也具有了以获取人民币升值和国内资产价格上升收益的投机性特征。

“热钱”流入时的人民币和外汇资金流动关系表现为：外汇资金进入境内商业银行，商业银行支付相应人民币资金，人民币资金转换为存款、证券、房地产等各种形式的人民币资产，商业银行向中央银行结汇后，中央银行外汇储备增加。“热钱”流出时的资金流动方向则相反。

在当前人民币升值预期强烈的情况下，国际社会上的大量投机性资金涌入我国，这些“热钱”在经常项目、资本项目下通过虚假贸易、虚假投资、货币转换、地下钱庄甚至货币走私等方式流入我国境内，在我国境内以存款、各类证券甚至房地产等资产的形式存在着，伺机获取资产升值及人民币汇率升值的双重收益。目前估算“热钱”规模的方法大致有三种，一是误差与遗漏项目法，二是差值法，三是结构分析法。第一种方法使用国际收支平衡表中误差与遗漏作为“热钱”规模的替代数据，由于该项目是按照会计学中的复式记账法进行编制报表时的事后平衡项目，在计算方法和逻辑上都缺乏对“热钱”的代表性，已经被大部分研究人员所抛弃，但是当其与国际贸易总额的比重超出一定比例时应引起重视。第二种方法最基本的算法是认为“热钱”是外汇储备增量与贸易顺差和外国直接投资的差额，一些调整后的差值法通过考虑对华投资、QFII 和 QDII、外汇储备的运作和投资收益、个人和企业外汇资产变动等因素来使所涵盖范围更加全面，但该方法的最大缺陷是忽略了贸易顺差和外国直接投资中隐藏的“热钱”。第三种方法是通过国际收支的结构入手来分析经常项目和资本项目乃至其子项目中的“热钱”规模，这种方法一般通过经验比例来确定各项目中的合理部分，把不合理部分视同为“热钱”。按照最粗糙的差值法来计算，2009 年前 3 个季度我国“热钱”流入规模为 1 273.29 亿美元，占外汇储备增量的 38.99%，其中第三季度“热钱”流入规模为 816.92 亿美元，占当季外汇储备增量的 57.94%。这种粗略的估算方法一方面没有考虑外汇储备的投资收益、欧元等资产的升值收益，以及包括 QFII、QDII、合理的国际借贷、正常的服务和收益的汇入汇出等在内的其他国际收支往来的正常部分等因素，另一方面也没有考虑进出口和外国直接投资中的投机性资金流入。虽然这种方法缺乏一定的严密性，但用其衡量不同时期的“热钱”流入流出的大致方向和相对数量仍具有一定的参考价值。

从关注外汇储备的风险角度来看，研究可能存在的“热钱”流入和流出渠道比估算“热钱”的规模更有实际意义。除了传统认为的进出口贸易和外国直接投资中的投机成分外，部分短期外债、居民结汇和购汇的潜在规模、外商投资企业所控制的长线投机资金等都可能影响到外汇储备的稳定，并且其存量规模都已经达到了一定的程度。比如截至2009年上半年末，我国3 606亿美元的外债余额中有54%为短期外债，单个居民每年结汇和购汇额度均为5万美元，每年外商投资企业通过国际贸易产生的长线投机资金与贸易顺差之比平均已经达到了40%（唐旭、梁猛，2007）。

由于“热钱”的高流动性、高敏感性和高投机性，其大规模一致行动的可能性较大，流入时造成外汇储备的激增，增加了外汇储备的运营压力，流出时则会给外汇储备的安全性和流动性带来严峻压力。另外，“热钱”的大规模流入流出也会给国内的货币供应带来显著影响，增加了中央银行控制货币规模的难度，降低了货币政策有效性。“热钱”的大规模流入流出更主要的是给资本市场造成明显冲击，尤其是流动性较高的金融市场更容易受到“热钱”的冲击，突发性的资金与资本品的供给失衡会导致各类资产价格失真，进而影响到其市场功能的发挥。

三、对我国外汇储备的风险分析

外汇储备具有调节国际收支平衡、稳定本国货币汇率和保证本国国际信誉的重要作用，但是过多的外汇储备也是国际收支不平衡的表现，不利于一国经济的可持续发展，对一国的经济增长和经济结构都具有一定的不利影响。自2003年当年外汇储备增量首次突破1 000亿美元以来，我国外汇储备一直呈现出高速增长的态势，到2009年上半年末，我国外汇储备已占全球外汇储备30%以上。如此大规模的外汇储备，不仅造成了国内外汇占款的大量投放和人民币升值的压力，也给外汇管理部门的经营管理带来了较大的压力，并包含着巨大的金融风险。

（一）持有大量外汇储备意味着较高的机会成本

持有外汇储备意味着暂时放弃了其对应的实际资源的使用，适量的外汇储备对于保证国际经济活动的进行是有必要的，但随着外汇储备规模的增加，其边际成本将远远超出边际收益。作为发展中国家，我国虽然经济总量已经达到了一定的规模，但是人均产出仍然较低，地区之间的发展差异也比较显著，经济发展仍然需要较多的物质资源来进行支持。而外汇储备的形成一方面通过实物资源的净出口积累得越来越多，另一方面在境外主要以美国低息债券等金融资产的形式存在，反映了我国实物资源的净流出。过多的外汇储备意味着我们失去了国内经济扩大再生产的机会，放弃了本可以用来提高人均福利水平、改善经济发展不平衡所需的资源，而用其支持了储备货币发行国在其他国家获取资源。另外，由于外汇储备主要投资于美国低风险债券，虽然这些债券具有较高的流动性，但是考虑到利率下行、通货膨胀和美元贬值等因素的影响，这些投资的实际收益率处于较低水平，与其他投资渠道相比具有较高的机会成本。

（二）储备货币可能贬值产生的汇率风险

汇率的波动会影响到外汇储备的实际价值，其所造成的损失可能来自两个方面，一方面是外币的贬值，另一方面是本币的升值。我国的外汇储备中美元资产占比最高，因此，美元汇率的波动对我国外汇储备的影响是最为直接的，尤其是在如此大规模的外汇储备规模下，美元汇率的小幅下跌都会产生巨额的“缩水”。从反映美元币值的美元指数（USDX）的走势来看，2001 年美元指数的最高点为 121.02，2008 年的最低点为 71.15，贬值幅度为 41.21%。再从人民币汇率的角度看，从 2005 年 7 月 21 日完善人民币汇率形成机制改革以来，人民币对美元保持了温和升值的态势，汇率从汇改前的 8.27 上升至 6.8 左右的水平，升值幅度也超过了 20%。从两方面看，我国外汇储备仅由于汇率因素所造成的“缩水”规模就是相当可观的。从目前看，世界经济复苏、主要经济体经济基本面和货币政策方向都存在着较大的不确定性，美元继续贬值、人民币继续升值的可能性仍然很大，我国如此大规模的外汇储备仍然面临着较大的汇率风险。

（三）金融资产变动和金融机构倒闭产生的风险

目前，我国的外汇储备主要投资于外国政府债券，尤其是美国国债、准政府债和银行存款等高流动性和高信用等级的金融资产。这些债券虽然一般具有或者略低于其国家主权信用评级，但是本轮金融危机以来，“两房”危机、迪拜风波和希腊主权评级的下调都表明高信用等级债券也同样需要承担较大的风险。我国的外汇储备资产实体都在境外，无论是存款还是其他形式的金融资产，都存管或者托管在境外各类金融机构中，这些金融机构如果出现了流动性问题甚至破产关闭都将对我国外汇储备的安全构成威胁。此外，2007 年，我国通过财政部发行债券置换部分外汇储备设立了中国投资公司，中投公司是我国政府专门从事外汇资金投资管理业务的国有独资公司，是我国外汇储备管理多样化的一个重要尝试。中投公司所投资的对象与中央银行的外汇储备有较大的区别，从目前的运作来看，它更侧重于对股权和多种形式的另类资产进行投资，而这些资产往往具有高风险与高收益并存的特征，其资产价格的波动可能更为剧烈，同样存在投资企业损失倒闭的风险。

（四）增大境内流动性压力，影响金融调控能力，增加贸易摩擦频率

高速增长的外汇储备对应着外汇占款的激增，并通过商业银行的货币创造职能加以放大，造成了国内流动性的过剩，由于“三元悖论”的存在，我国中央银行面临提高利率以抑制货币投放快速增长和利差增加外汇继续流入的矛盾。为了抑制外汇占款造成的流动性增加，中央银行必须通过冲销手段回笼基础货币，然而在可用债券存量不足的情况下，新发国债和央行票据都存在着较高的对冲成本问题，其所支付的利息都相当于铸币税。其支付的利息如大于国外债券所获利息，将增大对冲成本。另外，双顺差和大量的外汇储备容易成为其他国家攻击我国贸易失衡和操纵汇率的理由，并以此为借口对我国进行包括反倾销、征收惩罚性关税等在内的各种形式的贸易制裁。

表2　　2001年以来我国外汇储备和外汇占款情况表

时间	外汇储备		外汇占款	
	余额（亿美元）	增速（%）	余额（亿元）	增速（%）
2000.12	1 655.74	7.05	14 291.14	-3.39
2001.12	2 121.65	28.14	17 856.43	24.95
2002.12	2 864.07	34.99	23 223.34	30.06
2003.12	4 032.51	40.80	34 846.92	50.05
2004.12	6 099.32	51.25	52 592.64	50.92
2005.12	8 188.72	34.26	71 211.12	35.40
2006.12	10 663.44	30.22	98 980.27	39.00
2007.12	15 282.49	43.32	128 377.3	29.70
2008.12	19 460.3	27.34	168 431.1	31.20
2009.09	22 725.95	—	185 374.5	—

数据来源：中国人民银行。

四、加强我国外汇储备管理的对策思考

1. 深入贯彻落实科学发展观，采取综合措施，转变经济增长方式，提高综合实力，改善国际收支失衡。转变经济增长方式是科学发展观的题中应有之义，历史罕见的国际金融危机使得我国面临的外部经济环境发生了重大的变化，经济运行的外部环境对我国经济增长方式转变形成了倒逼机制。刚刚结束的经济工作会议把加大经济结构调整力度，提高经济发展质量和效益，促进国际收支平衡等作为明年经济工作的主要任务。应通过多种方式将这些任务落在实处，比如：加快调整出口商品地区结构和商品结构以及经济整体结构，尤其是城乡二元结构，积极扩大内需，降低外贸依存度；增加能源、原材料等大宗商品进口，扩大高科技产品和技术的进口，提升我国科技水平；提高引进外资的质量，加强对外企本、外币资金运动的分析与管理，加强国家经济安全与产业安全；加强和完善资本市场的发展，充分发挥市场融资功能、资产价格发现与重估、定价与溢价功能等。通过这些综合措施，可以改善国际收支失衡的局面，使我国外汇储备的增量保持在平稳、健康和适度的水平。

2. 提高外汇储备的经营效益，拓宽外汇储备的投资范围，实现收益和风险的最佳组合。在调整我国内部经济结构的同时，提高我国外汇储备的管理水平和经营效益也是至关重要的。要鼓励有竞争力的企业“走出去”，在国家战略层面上应将金融企业的国际化和非金融企业的跨国经营结合起来，抓住经济和金融全球化所带来的机会，提升我国企业的国际竞争力。应加强中投公司作为国家主权基金的管理与运作水平，甚至可以考虑建立其他的专项基金，专门用于技术的引进、资源的并购等具有长远战略价值的投资方向，通过储备资产运作的多样化实现外汇储备投资收益和风险的最佳组合。

3. 积极稳妥地加快人民币国际化进程。虽然人民币的国际化将对我国的货币政策调控能力带来严峻考验，增加了国际经济环境波动对我国经济的影响，但人民币国际化的收益也是不言而喻的，同时也将减轻和解脱外汇储备风险的压力，也可以极大地提高我国在国际经济体系中的地位。目前我国已经初步具备了人民币国际化的基本条件，但仍然存在着金融市场不健全和资本项目不完全开放等制约因素，我们应协调各相关政府职能部门达成一致意见，有步骤地对境外人民币的流通进行引导和规范，积极开展区域货币合作，把上海打造成为全球国际金融中心和人民币交易中心。

4. 重视外汇储备的安全存放保管，提高企业，尤其是涉外企业及全民外汇风险意识和风险防范的能力。近年来，“9·11”事件后，国际政治经济形势的动荡和发展都波及我国外汇储备的安全，大量的外汇储备存放在哪些国家的银行，由哪些国家进行保管都是应该从战略高度和安全角度去考虑的重要问题，外汇储备经营部门应加强经营的水平，既要重视储备资产的经营效益，也要保证储备资产的安全存放和保管。另外，随着强制结售汇制度的取消，外汇管制的逐渐放松，我国个人和企业的外汇资产逐渐增多，而由于我们信息的劣势和经验的缺乏，提高涉外企业和广大居民的外汇风险意识也势在必行。

参考文献

［1］吴念鲁，陈全庚．人民币汇率研究［M］．北京：中国金融出版社，2002.

［2］吴念鲁．中国应对世界经济挑战的思考——金融热点再探析［M］．北京：中国金融出版社，2009.

［3］孔立平．次贷危机后中国外汇储备资产的风险及优化配置［J］．国际金融研究，2009（8）．

［4］唐旭、梁猛．中国贸易顺差中是否有热钱，有多少？［J］．金融研究，2007（9）．

［5］王元龙．我国外汇储备：安全性、成本风险及对策［J］．河南金融管理干部学院学报，2005（5）．

［6］吴念鲁．外汇风险及其防范［J］．新金融，2005（5）．

［7］吴念鲁．加强我国外汇储备管理与运营之我见［J］．银行家，2006（3）．

［8］吴念鲁．重新认识我国外汇储备的管理与经营［J］．金融研究，2007（10）．

从西方黄金用途谈我国的黄金销售*

黄金是一种特殊商品，马克思把黄金看做“是物质财富的代表”、“社会财富的集成”，并称“金银天然不是货币，但货币天然是金银”。长期以来，黄金在货币发展史中占有特殊的地位和作用。但是第二次世界大战后的近几十年来，由于经济发展不平衡规律的作用，美国从70年代以来已没有能力维持美元与黄金的固定比价（即人为规定1盎司黄金合35美元），也没有能力按这个价格向各国中央银行兑换黄金，于是美国竭力推行黄金非货币化的主张。1975年1月1日，美国开放了国内黄金市场，允许居民自由买卖和持有黄金，废除了自1933年以来“禁止美国私人持有黄金”的法令。1976年1月，国际货币基金组织在牙买加达成协议，决定废止黄金官价，承认浮动汇率制（该协议于1978年4月1日正式通过），这样，黄金与货币的固定联系正式切断了，也就是说，各国货币不再规定含金量，黄金价格取决于市场供求。黄金作为世界货币和货币价值基础的作用确实削弱了，但是它作为货币商品的作用并没有完全消失，它仍然是社会财富的代表，国家财力后盾的保证，以及主要的国际储备资产、国际上的支付手段。正因如此，当西方通货膨胀、货币贬值、政治经济局势动荡时，人们对黄金投资保值，投机牟利的需求激增，造成金价的大起大落。尽管金价时常波动，人们仍然把黄金作为保值、贮藏的手段。法国和印度居民历来就有传统的购买黄金的习惯，据联邦德国的一家大银行的不完全估计，这两个国家私人手中拥有的黄金都在2亿盎司以上。他们购买黄金的目的主要不在于投机牟利，而是贮藏保值，当然购买首饰和工艺品与美化生活有关，购买金币也是一种收藏喜好，同时都是一种高级的馈赠礼品。

据英国蒙塔古银行的资料统计，1983年西方黄金生产量为1 061吨，其中南非680吨、几内亚10吨，其他非洲国家32吨，加拿大69吨、美国50

---

* 本文原载1984年6月4日《经济日报》。

吨、拉丁美洲国家123吨；菲律宾27吨、巴布亚新几内亚18吨、澳大利亚32吨，其他亚洲、大洋洲国家9吨；欧洲11吨。若加上苏联出售的55吨，其他国家官方出售的174吨，私人出售的120吨，当年供应量为1 410吨。需求的情况是：欧洲380吨、北美200吨、中东180吨、远东240吨，其他地区45吨，上述1 045吨为私人需求，其余365吨为官方购买和新的投资。黄金使用的基本情况是：首饰等工艺品用金为620吨，工业用金（电子、镶牙等）为200吨，金币铸造用金为175吨。

从上述西方黄金供求的情况大致可以看出：首饰和工艺品是西方黄金的主要用途，在正常情况下占产量的60%～70%，如果加上金币和工业的需要，单靠当年的产量是不够用的。不足的部分以及私人和官方的需求，则是靠苏联和私人出售来取得平衡的。需要指出的是，当国际政治经济形势发生动荡时，将会出现变化。例如，1980年1月，西方金价最高曾涨至每盎司850美元，年平均价为615美元，当年官方购买和新的投资需求就高达655吨，首饰工艺品需求下降到400吨。

我国黄金生产和充作支付工具历史悠久，用黄金制作的首饰和工艺品具有很高的艺术价值。早在1888年，我国黄金产量已达43万两（1两等于1.00471金衡盎司），约合13.5吨（1吨等于32 150盎司），是世界上主要的产金国之一。解放后，由于种种原因，黄金产量增长很慢。粉碎“四人帮”后，特别是在党的十一届三中全会以来，我国黄金生产在党中央和国务院领导下，地质、冶金、银行、财政和地方有关部门协同配合，相互支持，国营、集体金矿和群众采金的产量有迅速的增加。近年来，山东、河南等地又发现了含金品位很高的富矿，黄金生产形势喜人。黄金产量的增长，还与价格政策的调整和给予外汇留成等优惠措施，以及引进国外先进设备和技术有关。

近几年，我国生产的黄金除了国内工业用金外，我们也制作了首饰、工艺品和纪念金币在国外和港澳地区出售，换取外汇。随着我国人民生活水平的不断提高，城乡居民要求购买金银首饰的也逐渐多起来，1983年，工艺首饰公司专门制作了一批首饰在上海、广州等大城市试销，受到居民的热烈欢迎。据了解，上海、广州等地区的有些年轻人在订婚、结婚时购买金戒指作为信物和纪念品，戴金项链的妇女也多起来。用首饰打扮自己早就不限于文艺界的女同志了。有的孩子满月，亲友购买带小金铃铛的手镯作为礼品。这反映了我国人民生活水平的提高。

为此，向我们提出一个问题，我国生产的黄金除了向国际市场出售换

数字媒体技术应用专业系列教材

视觉传播设计基础（第4版）

[美] Robin Landa 著

李科 译

CENGAGE Learning

高等教育出版社 HIGHER EDUCATION PRESS

计基础（第 4 版）（彩色版，引进版）

术基础（彩色版）

计——Adobe Photoshop CS5（彩色版）（附光盘）

与排版——Adobe Illustrator CS5 / InDesign CS5（彩色版）（附光盘）

制作——Adobe Flash CS5（彩色版）（附光盘）

制作——Adobe Flash ActionScript 3.0/Dreamweaver CS5（彩色版）（附光盘）

编辑——Adobe Premiere CS5（彩色版）（附光盘）

像合成——Adobe After Effects CS5/ Audition 3.0（彩色版）（附光盘）

现化制作——Autodesk 3ds Max 2011（彩色版）（附光盘）

画基础入门——Autodesk Maya 2011（彩色版）（附光盘）

维雕塑——Autodesk Mudbox 2011（彩色版）（附光盘）

赠送：

100 小时网上学习　免费下载多种资源

增值学习卡

网址：sve.hep.com.cn

网上学习 / 资源下载 / 权威专家在线答疑

防伪查询号码：106695881280

免费查询 / 甄别盗版 / 赢取大奖

ISBN 978-7-04-033998-7

取外汇外，是否应当考虑扩大国内黄金首饰、工艺品、金币的销售，乃至增加提供镶牙的用金。扩大黄金在国内的销售，对国家、对个人都有利。对国家来说，既能回笼货币，又能增加税利，不仅有助于促进黄金生产，也有利于四化建设；同时，它与黄金出口不一样，黄金仍留在国内，这是一种藏富于民的积极措施。对个人来说，购买黄金制品，既可以支援四化建设，又可以美化装饰，同时，从长远来看，也具有贮藏和保值作用。

在价格合理调整后，轻工、银行所属部门应放手生产各种花色品种的金银珠宝首饰、工艺品和纪念金币，聘请老金匠带徒传艺，增加制作和销售网点，积极推销，鼓励购买，以实现藏富于民、支援四化建设的目的。我们相信，随着国民经济的发展，广大城乡居民生活水平的蒸蒸日上，个人收入的提高，购买一点黄金首饰、工艺制品将如同人们购买一般高档商品那样，成为日常生活中比较普遍的现象。